Gabor Steingart
Weltkrieg um Wohlstand

SERIE PIPER

Zu diesem Buch

Für die reichen Länder des Westens beginnt die Globalisierungsbilanz zu kippen: Asien trumpft auf, während Europa und Amerika im Weltkrieg um Wohlstand zurückfallen. Die Methoden der
asiatischen Staaten sind gleichermaßen brutal wie erfolgreich:
Sie ertragen im Land bittere Armut, verursachen Umweltzerstö-
rungen in nie gekanntem Ausmaß, um ihre Kräfte in den Exportindustrien zu konzentrieren. Der Westen wird bei Löhnen und Sozialstandards unterboten, sein in Jahrzehnten erworbenes Wissen oftmals gezielt abgesaugt. Die Folgen spüren wir täglich:
Wanderten zuerst die einfachen Industriearbeitsplätze aus, gilt
die neueste Angriffswelle dem Mittelstand und den High-Tech-
Jobs. Das Zeitalter westlicher Dominanz geht zu Ende. Der Westen besitzt eine Vorahnung, aber keine ernstzunehmende Analyse der Bedrohung, sagt Gabor Steingart. Sein Buch liefert sie:
schonungslos und realistisch.

Gabor Steingart, geboren 1962, studierte Volkswirtschaft und Politikwis-
senschaft in Marburg und Berlin und absolvierte die Georg von Holtzbrinck-
Schule für Wirtschaftsjournalismus. Seit
1990 arbeitet er beim Spiegel und übernahm 2001 die Leitung des Hauptstadt-
büros in Berlin. Im Juli 2007 wechselte
er als Autor und Korrespondent in das
Büro in Washington. Sein Buch »Deutschland. Der Abstieg eines
Superstars« stand monatelang auf den Bestsellerlisten. 2004
wurde Steingart zum Wirtschaftsjournalisten des Jahres gewählt.

Gabor Steingart

Weltkrieg um Wohlstand

Wie Macht und Reichtum neu verteilt werden

Mit 24 Abbildungen und 8 Seiten farbigen Grafiken sowie einem
Nachwort zur Taschenbuchausgabe

Piper München Zürich

Dokumentation: Rainer Lübbert, Bernd Musa, Holger Wilkop
Grafiken: Martin Brinker

Von Gabor Steingart liegen bei Piper im Taschenbuch vor:
Deutschland. Der Abstieg eines Superstars
Die stumme Prinzessin
Der Fall Deutschland (mit Stefan Aust und Claus Richter)
Weltkrieg um Wohlstand

Mix
Produktgruppe aus vorbildlich bewirtschafteten
Wäldern und anderen kontrollierten Herkünften
www.fsc.org Zert.-Nr. GFA-COC-1223
© 1996 Forest Stewardship Council

Ungekürzte Taschenbuchausgabe
November 2007
© 2006 Piper Verlag GmbH, München
Umschlag: Büro Hamburg, Heike Dehning, Stefanie Levers
Bildredaktion: Alke Bücking, Charlotte Wippermann, Daniel Barthmann
Umschlagabbildung: A. Huber / U. Starke / Zefa / Corbis
Autorenfoto: Marco Urban
Satz: seitenweise, Tübingen
Papier: Munken Print von Arctic Paper Munkedals AB, Schweden
Druck und Bindung: Clausen & Bosse, Leck
Printed in Germany   ISBN 978-3-492-25074-0

www.piper.de

Inhalt

Vorwort

Wir wurden in eine Welt hineingeboren, die es bald nicht mehr geben wird. Vor unser aller Augen findet eine Metamorphose statt, wie sie im Leben der Nationen nicht alle Tage vorkommt. Milliardenvölker, die wir gestern noch als Teil der Dritten Welt ansahen, richten sich auf. Wir sind Zeitzeugen eines ungewöhnlichen Ausbruchs an Vitalität, wie Helmut Schmidt das nennt.

Die Zeit westlicher Dominanz geht damit zu Ende. Der Mittelpunkt der Welt wanderte nach zwei Weltkriegen von Europa nach Amerika, um sich nun in Richtung Asien zu verschieben. Eine neue Topographie der Macht bildet sich heraus. Wir sollten mit Wohlwollen und Respekt nach Fernost blicken, aber frei von Naivität. Es findet dort nicht eine Fortsetzung unserer Gegenwart statt, sondern der Beginn einer neuen.

Was mit dem Aufstieg Japans begann, mit dem Erstarken der Tigerstaaten Singapur, Hongkong, Taiwan und Südkorea sich fortsetzte, wird nun von Chinesen und Indern vollendet. Ihre Erfolge der letzten zehn Jahre sind das Beeindruckendste, was die Wirtschaftsgeschichte der Erde je gesehen hat: Die Engländer brauchten knapp 60 Jahre, die USA rund 40 Jahre, um ihr Bruttosozialprodukt pro Kopf zu verdoppeln, Japan schaffte es in etwa der gleichen Zeit, China benötigte nur zwölf Jahre. Schon im Jahr 2035 dürften China und Indien zusammen mit ihrer Kaufkraft den Weltmarkt beherrschen.

War der europäische Weltmarktanteil vor Ausbruch des Ersten Weltkriegs noch dreimal so groß wie der von China und Indien, wird er innerhalb der nächsten drei Jahrzehnte auf nur noch die Hälfte der Wirtschaftskraft dieser beiden Länder geschrumpft sein. Selbst die USA, der heute beherrschende Spieler auf dem Weltmarkt, sind dann hinter China und Indien zurückgefallen. Die Wirtschaftsmaschine des Westens bleibt auch künftig stark, aber sie ist dann nicht mehr die stärkste. Die westlichen Werte von Demokratie und Freiheit gelten noch, aber bei weitem nicht universell. Das Leben in New York, Paris, London und Berlin geht weiter, aber im fernen Asien entsteht eine neue Hochkultur, deren Selbstbewusstsein schnell auch in Übermut umschlagen kann.

Die neue Welt ist keineswegs friedlicher als die alte. Die modernen Siege werden auf dem Feld der Wirtschaft errungen. Aber von dort werden sie weitergetragen zu Politikern und Militärs. Berauscht vom märchenhaften Aufstieg der vergangenen Jahrzehnte erklärten die Ministerpräsidenten von China und Indien erst kürzlich, dass es ihnen darum ginge, »die Welt neu zu ordnen«. Die Aufrüstung in Asien hat bereits heute enorme Ausmaße angenommen. Die Atomrakete gilt als das Statussymbol der neuen Reichen.

Trotz internationaler Warenströme und intensiver Handelsverflechtung ist die Gefahr kriegerischer Konflikte nicht gesunken. Der Aufstieg Asiens wird von fiebriger Nervosität auf dem eigenen Kontinent begleitet. Die neu gewonnene Wirtschaftskraft hat das Selbstbewusstsein der Asiaten beflügelt und das Misstrauen untereinander verstärkt. Die ökonomischen Ungleichgewichte – die innerhalb der Nationen und die zwischen ihnen – sind ein Treibsatz von außerordentlicher Sprengkraft.

In Asien werden derzeit über zwei Milliarden Menschen zu Mitwirkenden an einem unerhörten Menschenexperiment, das es in dieser Größe und mit dieser Konsequenz nie zuvor gegeben hat. Mit großer Brutalität gegenüber der natürlichen Umwelt und den eigenen Landsleuten konzentrieren die »Angreiferstaaten« ihre Mittel in der Exportindustrie. Dort herrschen die rauen Sitten eines ursprünglichen Kapitalismus. Die sozialen Sicherungen bleiben ausgeschaltet, was den betroffenen Arbeitern und dem Westen gleichermaßen zu schaffen macht. Die Übernahme der einfachen Lohnarbeit war nur das Eröffnungsgebot der Asiaten. Der Angriff auf den Mittelstand und die modernen Hightech-Arbeitsplätze des Westens steht unmittelbar bevor. Die asiatischen Staaten haben ihre Investitionen in Forschung und Bildung in beeindruckende Höhen geschraubt. Ihr Ziel ist Dominanz, nicht stille Teilhabe. Sie wollen führen, nicht folgen.

Dieses Buch geht den Kräften nach, von denen die weltweite Veränderung angetrieben wird: Woher bezieht die Globalisierung ihre ungeheure Energie? Wie verändern und verformen sich unter der Wucht dieser Prozesse unser Leben und die politischen Systeme? Wer gewinnt und wer verliert auf dem neu entstehenden Weltarbeitsmarkt? Was bleibt von dem, was wir heute den Westen nennen?

Hier soll ein Blick auf eine Wirklichkeit geworfen werden, die in den Reden von Politikern und Wirtschaftsführern oft vernachlässigt, zuweilen verniedlicht und nicht selten geleugnet wird. Wenn es um das Verhältnis zu anderen Staaten geht, sprechen sie von Partnerschaft, um den Ereignissen das Schroffe zu nehmen. Sie erklären die Globalisierung zum Naturereignis, zur »Sturmflut«, wie der ehemalige Daimler-Chef Edzard Reuter sagt, auch um ihre Verantwortung zu relativieren. Viele behaupten noch immer, dass alle Völker gleichermaßen von diesem Prozess profitieren, obwohl genau das nicht der Fall ist. Doch so ist das zuweilen in der Politik: Mit der Sorge um die wählerwirksame Vermittlung von Erkenntnis verschwindet die Erkenntnis selbst.

Der Westen besitzt bis heute keine Bedrohungsanalyse. In

der Stunde der Herausforderung sind Gegner wie Befürworter der Globalisierung im Irrtum vereint. Die Globalisierungsbefürworter glauben, man könne mit Hilfe des Freihandels und eines weltweiten Kapitalmarkts gefahrlos seine Absatzgebiete erweitern. Die Antreiber des Prozesses seien automatisch auch die Gewinner. Die Globalisierungsgegner sehen mit den gleichen Augen auf die Welt, nur durch eine andere Brille. Die internationale Wirtschaftsverflechtung bedeutet für sie noch immer die Unterdrückung und Ausbeutung der Dritten Welt.

In Wahrheit haben Gewinner und Verlierer im Weltkrieg um Wohlstand die Rollen getauscht. Die neue Stärke der Asiaten führt zur Schwächung des Westens. Ihr Aufstieg ist unser Abstieg. In Europa sind schon heute Massenarbeitslosigkeit und Staatsverschuldung zu besichtigen. In Amerika wachsen Handelsbilanzdefizite und der Schuldenstand der Privathaushalte. Viele bezahlen den noch immer wachsenden Konsum mit neuen Krediten, also einem Teil jener Zukunft, die sie dadurch zerstören. Lange kann sich der Westen diese Gegenwart nicht mehr leisten.

Die Globalisierungsbilanz ist für den Westen gekippt. Die Angreiferstaaten konnten in den vergangenen zwei Jahrzehnten den produktiven Kern ihrer Volkswirtschaften, also jene Sphäre, in der Kapital und Arbeit miteinander reagieren, um den Wohlstand einer Nation zu mehren, spürbar vergrößern. Der produktive Kern des Westens hingegen zieht sich zusammen. China und Indien integrieren Jahr für Jahr Millionen von Menschen in den Arbeitsprozess, der Westen steuert Millionen Menschen aus. Für die Noch-Beschäftigten gibt es von allem weniger – weniger Lohn, weniger Kündigungsschutz, und auch der Sozialstaat zieht sich aus ihrem Leben zurück.

Die auf den Barrikaden der französischen Revolution errichteten Gesellschaften, den Werten von Freiheit, Gleichheit und Brüderlichkeit verpflichtet, stehen vor historischen Herausforderungen. Die westlichen Politiker reagieren fahrig, verstört und oft widersprüchlich. Sie preisen die Vorzüge der Globalisierung, um zeitgleich ihre Wähler auf die Wende zum Weniger einzuschwören. Dabei sind die Nationalstaaten nicht so machtlos, wie sie glauben. Die Europäische Union besitzt mehr politischen Spielraum, als sie von sich behauptet. Der Westen ist wehrhafter, als er derzeit erscheint. Gute Politik beginnt mit dem Aussprechen dessen, was ist. Dazu will dieses Buch ermuntern.

Berlin, im September 2006   Gabor Steingart

KAPITEL 1

Europa über alles.
Die Generalprobe der Globalisierung

Die Imperialisten kommen

Wer die Mächtigen des 19. Jahrhunderts mit denen zu Beginn des 21. Jahrhunderts vergleicht, stellt fest: Zu Zeiten von Napoleon, Königin Victoria und Kaiser Wilhelm II. ging es rauer zu als unter der Führung von Jacques Chirac, Tony Blair oder Angela Merkel. Die Herrschenden neigten dazu, die Dinge gewalttätig zu lösen. Sie waren roh und undemokratisch und hielten wenig von Menschen, die sich in Herkunft und Hautfarbe von ihnen unterschieden. Hunderttausende von Toten nahmen sie billigend in Kauf, wenn es denn der Durchsetzung ihrer Interessen diente. Was heute den Generalsekretär der Vereinten Nationen auf den Plan rufen und unweigerlich vor dem Kriegsverbrechertribunal enden müsste, garantierte seinerzeit einen goldumrandeten Eintrag im Buch der Geschichte. Eine mit Stolz zur Schau getragene Rücksichtslosigkeit war das Erkennungszeichen einer ganzen Epoche.

Nur eines hatten die Mächtigen von damals den heutigen Staats- und Regierungschefs voraus: Sie waren ehrlicher. Die kunstvoll ins Werk gesetzte Geheimdiplomatie überließ man den Botschaftern und Außenministern. Die Despoten pflegten im Umgang miteinander den direkten Ton. Freund und Feind wussten, woran sie waren. Wer in die vergangenen Jahrhunderte hineinhorcht, kann die mächtigen Männer hören, wie sie mit schnarrender Stimme ihr Wollen in Worte fassten, über Länder hinweg einander in Schonungslosigkeit verbunden. Vom ewigen Frieden eines Immanuel Kant träumten die wenigsten. Napoleon bekannte vor kriegsgefangenen Österreichern in großer Schlichtheit, wonach ihm der Sinn stand: »Ich will Schiffe, Kolonien, Handel.« Über ferne Kontinente wurde gesprochen wie über Schnäppchen, die es zu erhaschen galt, bevor der Nachbar zugriff. »Brächte man den größten Teil der Welt unter unsere Herrschaft«, so der englische Kolonialpolitiker (und Besitzer zahlreicher Diamantengruben) Cecil Rhodes, »würde das das Ende aller Kriege bedeuten.« Der Mann ging als der rücksichtsloseste Kolonialisierer in die afrikanische Geschichte ein. Sein Schlachtruf überdauerte die Jahrhunderte: »Ausdehnung ist alles.«

Die Hymne seiner Soldaten war befeuert vom Überlegenheitsgefühl, das sich zur Unterstützung gern auch der gerade erfundenen Maschinengewehre vom Typ »Maxim« bediente:

Vorwärts Ihr königlichen Soldaten, auf ins heidnische Land.
Die Gebetsbücher in Euren Taschen, die Gewehre in der Hand.
Tragt die ruhmreiche Botschaft dorthin, wo gehandelt werden
*   kann, es ist nicht schwer*
verbreitet die frohe Botschaft – mit einem Maxim-Gewehr.

Die Herzen der erbärmlichen Eingeborenen sind voller Sünde.
Verwandelt ihre heidnischen Tempel in spirituelle Gründe.
Und gehen sie mit Euren Lehren nicht einher,
haltet ihnen eine weitere Predigt – mit dem Maxim-Gewehr.

Wenn sie die zehn Gebote ungefähr erkennen,
müßt Ihr ihren Häuptling täuschen und ihr Land umbenennen;
Und wenn sie fehlgeleitet Euch zur Rechenschaft zieh'n
Haltet ihnen noch eine Predigt – mit der Maxim.

Am Ende des 19. und zu Beginn des 20. Jahrhunderts meldeten sich auch jene unmissverständlich zu Wort, die sich bisher eher zurückgehalten hatten, Amerikaner und Deutsche. Beide Nationen wollten mitreden, wenn es um die Neuaufteilung der Erdkugel ging. Die USA, so ihr damaliger Präsident Theodor Roosevelt, müssten »mit sanfter Stimme sprechen, aber einen dicken Knüppel in der Hand halten«. Der dicke Knüppel war die eigene Seestreitmacht, deren Aufbau er zügig vorantrieb.

Der deutsche Kaiser Wilhelm II. war bald weit über die Grenzen seines Reiches hinaus bekannt als Freund einer Sprache, in der Größenwahn und die Geringschätzung seiner Zeitgenossen unverstellt zum Ausdruck kamen. Den widerspenstigen Chinesen, die sich gegen westliche Willkür wehrten, schickte er Soldaten; sie sollten, so rief er den in Bremerhaven an Bord gehenden Militärs hinterher, im Reich der Mitte wüten »wie vor tausend Jahren die Hunnen unter ihrem König Etzel«. Das taten sie dann auch.

Heute ist das öffentliche Leben dagegen eine raffiniert ausgeleuchtete Maskerade. Schon die unbedeutendsten Politiker kommen als Staatsmänner in die Manege marschiert. Die meisten ihrer Posen sind nur geliehen. Wenn sie vom Kampf reden, dem gegen Massenarbeitslosigkeit und Armut, dem für saubere Luft oder den Weltfrieden, hoffen sie, dass auf diese Weise unbemerkt bleibt, wie sich ihr politisches Wirken am Ende wieder nur in einer schwer lesbaren Parlamentsdrucksache niederschlägt, die im wahren Leben des Landes kaum mehr als ein Aufstöhnen der öffentlich Bediensteten auslöst. Sie sind unehrlich, meist schon zu sich selbst.

Die Führungskräfte der Wirtschaft kaufen beim selben Schneider. Sie wollen als ehrsam gelten, auf keinen Fall als gierig; schlau wollen sie sein, nur ja nicht als verschlagen bezeichnet werden. Konzernherren nennen ihren Profit schamvoll Jahresüberschuss. Wer sie daran erinnert, dass dieser Überschuss anderswo abgezapft, zuweilen auch abgepresst wurde, beim Kunden, beim Arbeiter und nicht selten vom Staat, macht sich unbeliebt.

So ist es heute überall im öffentlichen Leben: Die Beteiligten versuchen, ihrem Tun das Schroffe zu nehmen. Sie meiden das Deutliche. Das bedeutet nun nicht, dass überall nur gelogen wird. Aber die Wahrheit wird zuweilen verschleiert, bis man sie nur noch erahnen kann. Die Regierungsvertreter sprechen von internationaler Partnerschaft, wo sie Dominanz meinen. Die Wirtschaftskapitäne reden von Wettbewerb, obwohl sie nichts sehnlicher wünschen als die Errichtung von Monopolen. Die Staaten lehnen Gewalt als Fortsetzung der Politik feierlich ab, derweil sie Militärapparate unterhalten, deren sündhaft teure Ausrüstung nur darauf wartet, erprobt zu werden. Die Globalisierung verkaufen uns derzeit alle – Konzernherren und Politiker – als ein einziges großes Friedenswerk, weil der Mensch, der mit einem anderen Menschen Handel treibt, ihm nicht zugleich nach dem Leben trachten kann.

Das allerdings ist nicht so logisch, wie es klingt. Das neue Wirtschaftssystem produzierte vom ersten Tag an Ungleichgewichte und Spannungen, die schon einmal die Architektur der Welt zum Einsturz brachten. Auch die heutige Welt der Globalisierung ist nicht so stabil, wie sie scheint. Wer die einzelnen Bauteile der Weltwirtschaft abtastet, spürt die Spannung, fühlt, wie es vibriert, bekommt eine Ahnung von dem, was uns noch bevorstehen könnte.

Der Blick in den Rückspiegel der Geschichte dient dem Verstehen unserer Gegenwart. Zumal es für uns Nachgeborene ein großes Glück ist, dass zu jener Zeit, als die Generalprobe der Globalisierung auf dem Spielplan stand, die Wahrheitsliebe weiter verbreitet war als heute. Die Demokratie war erfunden, aber nicht durchgesetzt. Die Pressefreiheit war ein Wunsch, aber noch nicht überall Wirklichkeit, sodass die Despoten weder Volk noch Pressezaren zu fürchten hatten. Sie sagten, was sie dachten, und oft genug plapperten sie auch nur so daher. So können wir uns durch die Jahrhunderte hindurch einen

Eindruck verschaffen von jener Zeit, als der Welthandel sich auszubreiten begann. Wir blicken auf die Urform unserer heutigen Wirtschaftsordnung, auf den Rohling der globalen Welt.

Damals ging es zum ersten Mal um jene Dinge, um die sich auch heute alles dreht: Arbeitslosigkeit und Ausbeutung, Rohstoffhunger und Expansionslust, Arbeiterrechte und Unternehmergewinn, und für die Staaten ging es seit jeher um die Frage aller Fragen: Knechtschaft oder Weltherrschaft?

Als die ersten Fabriken ihre Arbeit aufnahmen und wenig später auch die großen Kriegsschiffe unter Dampf vom Stapel liefen, hatte ein Typus Mensch seinen Auftritt, der im kollektiven Gedächtnis als Widerling überlebte. Er war bemerkenswert schon deshalb, weil er sich dazu bekannte, ein Raufbold zu sein. Er nannte sich Imperialist, was so rücksichtslos klang, wie es gemeint war. Kunst und Kultur waren sein Dekor, der Gewaltanwendung im Inneren wie im Äußeren aber galt seine Leidenschaft, die Welt war für ihn ein großer Abenteuerspielplatz.

Englands Königin Victoria schickte die Royal Navy in aller Herren Länder, um ein Territorium zu erobern, das ihr Heimatland um ein Vielfaches übertraf. Spaniens Herrscher führten allein in der zweiten Hälfte des 19. Jahrhunderts fünf überseeische Kriege, die zum Ärger des Königshauses allerdings alle verloren gingen. Napoleon hat von seinen 16 Jahren an der Spitze Frankreichs kaum eines ohne Krieg ausgehalten. Der Freiheitsruf des französischen Bürgertums – Liberté, Egalité, Fraternité – wurde in der Praxis anders übersetzt: Infanterie, Kavallerie, Artillerie.

Das Kolonialfieber hatte schließlich ausnahmslos alle Schichten der europäischen Nationen angesteckt. Es ging den Mächtigen der damaligen Zeit nicht darum, Geschichte zu durchleben oder sie gar zu erdulden, sondern Geschichte zu erschaffen. Die Herrscher hatten trotz all ihrer sprachlichen Grobheiten nichts zu fürchten, da selbst Arbeiterführer untereinander die gepfefferte Ausdrucksweise pflegten. Friedrich Engels nannte Ferdinand Lassalle einen »krausen Judenkopp«. Marx titulierte den sozialdemokratischen Nebenbuhler sogar als »Niggerjuden«.

Die Mächtigen lebten wie die Fische im Wasser, es umgab sie eine Gesellschaft, in der die Sitten so ungehobelt waren wie die Sprache. Schriftsteller und Verleger, die Männer der Wirtschaft und die Mehrzahl der kleinen Leute feuerten ihre Präsidenten und Kaiser an, nur ja kein Pardon zu geben. In England legte Charles Darwin seine Theorie vom »Kampf ums Dasein« vor, wonach nur die »Passendsten« überlebten. In Amerika sprach man von der »auserwählten angelsächsischen Rasse«, wofür der Philosoph John Fiske, als eine Art Berufungsinstanz für alle Amerikaner, das »Manifest Destiny«, das Manifest der historischen Vorhersehung seines Volkes, verfasste. In Deutschland fühlte man sich in ähnlicher Weise auserwählt, Großes und sogar Größtes zu leisten. An jeder Straßenecke war im ausgehenden 19. Jahrhundert von Weltherrschaft die Rede.

Die anderen Völker galten denen, die auf Eroberung aus waren, nicht viel. Die Chinesen verglich Johann Gottfried Herder, der in den Büchern unserer Zeit als Mann der Aufklärung geführt wird, mit einer »Kirchenmaus im Winterschlaf«, der nicht das Mindeste zuzutrauen sei: »Diese menschliche Rasse in dieser Region wird nie wie Römer und Griechen werden. Die Chinesen sind und bleiben: ein Volk, das von Natur ausgestattet wurde mit schmalen Augen, kurzen Nasen, einer flachen Stirn, wenig Bart, langen Ohren und vorstehenden Bäuchen; was ihre Institutionen hervorbringen konnten, haben sie hervorgebracht.«

Niemand in Europa widersprach, was die Chinesen uns bis heute verübeln. Es war geradezu modern, das asiatische Volk zu verleumden. Für Leopold von Ranke gehörte China zu den »Völkern des ewigen Stillstands«, der französische Philosoph und Außenminister Alexis de Tocqueville glaubte zu wissen warum: »Die Chinesen haben die Kraft verloren, sich zu verändern.«

Derartige Grobheiten waren meist das verbale Vorspiel für die Männer in Uniform, die danach umso beherzter zuschlagen konnten. Europa bestand damals aus einer Ansammlung von Staaten, denen das Morden in Übersee zur zweiten Natur geworden war. In den Königshäusern wurde Walzer gespielt, außerhalb der Landesgrenzen aber dominierte die Marschmusik. Der Buchautor Edward Morgan Forster ließ eine seiner Romanfiguren aussprechen, was damals von vielen Briten in den Kolonien gesagt oder zumindest gedacht wurde: »Wir sind nicht hier, um uns gut zu benehmen.« Das Recht des Stärkeren war den meisten damals Recht genug, um den Waffengang wider andere Völker zu wagen. Das Taufbecken einer ganzen Generation war mit Blut gefüllt.

Rohstoff Mensch.
Der Industriekapitalismus entsteht

Bevor die Imperialisten loslegen konnten, mussten erst noch die technischen Voraussetzungen geschaffen werden. Ohne Fabriken keine Serienproduktion, ohne Dampfschiffe kein Weltverkehr, ohne Stahlfabriken keine Panzer, ohne Chemieindustrie keine Gasgranaten, kurz gesagt: ohne Industrialisierung war keine wirkliche Globalisierung der Wirtschaft und des Krieges denkbar.

Erst mit einer Vielzahl von bahnbrechenden Erfindungen zur Mitte des 19. Jahrhunderts war es möglich, den weltweiten Kapitalismus zu errichten. »Die Welt hatte sich wie ein Schiff aus der Vertäuung losgerissen«, sagt Harvard-Professor David Landes über die Ereignisse der damaligen Zeit. Dabei war es keineswegs die ganze Welt, die sich da losgerissen hatte. Es war nur ihr westlicher Teil, ungefähr ein Siebtel der damaligen Weltbevölkerung.

Eine atemberaubende Aufwärtsbewegung begann, die erst Europa und schließlich die USA zu den Sternen trug. Inder und Chinesen, die bis zum Jahr 1500 mit ihrem Pro-Kopf-Einkommen fast gleichauf mit Westeuropa gelegen hatten, waren die großen Verlierer im Wettlauf zum Wohlstand. Das Wissen explodierte, aber nicht bei ihnen. Die Wirtschaft entfaltete sich, aber fernab ihrer Breitengrade.

Das westeuropäische Pro-Kopf-Einkommen zu Beginn der industriellen Revolution war erst doppelt so hoch wie das chinesische; zum Ende der Ära des kommunistischen Diktators Mao Zedong, also rund 150 Jahre später, verfügten die Westeuropäer im Durchschnitt über das vierzehnfache der Chinesen. Die Inder besaßen zu Beginn des 18. Jahrhunderts, also vor Eintritt in das Dampfmaschinenzeitalter, knapp die Hälfte der britischen Wirtschaftskraft. Zu Beginn des 20. Jahrhunderts aber leistete der durchschnittliche Brite das Siebenfache, auch deshalb, weil künstlich erzeugte Energie ihm bei der Arbeit half.

Nie zuvor gab es einen vergleichbaren Sprung in der Produktivität. Dank der neuen Techniken hatte sich der Westen, erst Europa, dann die USA, vom Rest der Welt entkoppelt. Die Menschheit war geteilt in technologische Habenichtse und die Besitzer der neuen Wunderwerkzeuge. Uneinholbar waren die Welten auseinander gerückt, so schien es hundert Jahre lang, bevor dieser Rest seine atemberaubende Aufholjagd begann. Aber warum kam es überhaupt zum Urknall der Weltökonomie? Warum ausgerechnet zu jener Zeit? Und warum nur im Westen?

Alles, was die Geschichtswissenschaft dazu herausgefunden hat, legt den Schluss nahe: Die mit Abstand wichtigste Triebkraft für die plötzliche Entfaltung des westlichen Erfindergeistes war der Zufall. Der eine Zufall tat sich mit einem zweiten

Zufall zusammen, eine Kettenreaktion der Zufälligkeiten kam in Gang, die das Leben auf der Erde bis heute veränderte. Vieles, was von den Experten dazu als Gewissheit präsentiert wird, ist vom Ende her gedacht. Niemand kann bis heute die wirklich entscheidenden Fragen klar beantworten: Warum zu dieser Zeit? Warum nur in Europa? Warum passierte alles mit dieser unglaublichen, die Weltgeschichte bis heute verändernden Wucht?

Viele im Westen glauben, es sei vor allem das protestantische Christentum mit seinem Arbeitsethos gewesen, das die Menschen zu Erfindern machte. Andere behaupten, es sei das gemäßigte Klima, das die europäischen Erfinder gegenüber ihren Kollegen aus Schwarzafrika oder Zentralasien begünstigt habe. Doch warum sollen der englische Nieselregen und das Aprilwetter in Deutschland besser zum Nachdenken geeignet sein als die Sonne von Marrakesch und die schwülen Sommer in Shanghai? Andere meinen denn auch, es war die Topografie, die den Ausschlag gab. Auf den Britischen Inseln und in den Alpentälern, geborgen hinter Wasser- oder Gesteinsmassen, habe sich freier, weil kleinteiliger denken lassen als in den großen zentral gelenkten Reichen wie Russland oder China. Aber befördert nicht das Leben von Insulanern und Gebirgsdörflern eine Lebensform, die wir gemeinhin mit Provinzlertum gleichsetzen?

Eine dritte Gruppe von Gelehrten verweist auf die segensreiche Wirkung der Aufklärung und damit auch der staatlichen Vorarbeit von Universitäten und Wissenschaftskollegien. Aber wieso perfektionierte ausgerechnet der Friseur und Perückenmacher Richard Arkwright die Spinnmaschine? Warum trug sich als Konstrukteur des ersten mit Dampfkraft betriebenen Webstuhls ein gewisser Edmund Cartwright ins Geschichtsbuch ein, der eigentlich als Pfarrer und Schriftsteller sein Brot verdiente? Wieso verdankt die Welt den ersten brauchbaren elektromagnetischen Telegrafen dem Künstler Samuel

Morse aus Massachusetts, der neben vielen Landschaften auch den US-Präsidenten James Monroe in Öl verewigte?

Besonderes Misstrauen ist gegenüber jenen angebracht, die glauben, sie hätten eine historische Gesetzmäßigkeit entdeckt. Der frühe Kapitalismus, sagen sie, habe naturgesetzlich all die Erfindungen hervorgebracht, die er zu seiner Entfaltung brauchte. Es war vernünftig, also geschah es. Mit körperlicher Kraft ließ sich die Arbeit der Textilarbeiterinnen nicht mehr steigern, also kam die »Spinning Jenny« ins Spiel. Die Massenwaren ließen sich nicht länger mit Postkutsche und Segelboot der Kundschaft zustellen, also war die Zeit von Ozeandampfer und Lokomotive gekommen. Und wie sollten die Menschen über die riesigen Weiten Amerikas miteinander sprechen, wenn nicht per Telegrafenleitung?

Aber seit wann siegt denn in der Menschheitsgeschichte das Vernünftige? Wenn die Geschichte eine vernunftbegabte Kraft wäre, warum blicken wir dann auf eine Abfolge tragischer Irrtümer und folgenschwerer Fehlentscheidungen? Es war doch im höchsten Maße unvernünftig, dass die chinesischen Kaiser im 15. Jahrhundert ihre Handelsflotte verbrannten und dem Reich für Jahrhunderte die Isolation verordneten. Wäre es nicht vernünftig gewesen, die an einem Februarabend des Jahres 1943 im Berliner Sportpalast Versammelten hätten diesem hysterischen Redner auf seine Frage »Wollt ihr den totalen Krieg?« ein entschiedenes »Nein« erwidert?

Alle genannten Bedingungen für die industrielle Revolution sind Gründe, aber keiner ist *der* Grund. Die industrielle Revolution ist eine Aneinanderreihung von Zufällen, die schon in dieser atemberaubenden Addition nichts anderes als zufällig sein können. Es war nicht Weltgeist und nicht Bestimmung, es war weder Gott noch die hohe Politik, es war für Europa und die USA das, was man gemeinhin eine glückliche Fügung nennt. Auch wenn dieses Glück zuweilen mehrere Anläufe brauchte, wie im Falle von Gottlieb Daimler.

Der Maschinenbauingenieur wurde von seinem Chef gebeten, die Firma zu verlassen, weil seine dauernden Tüftelarbeiten an einem Benzinmotor dem Inhaber missfielen. Daimler ging und fand in dem Konstrukteur Wilhelm Maybach zwar einen Gleichgesinnten, aber in ganz Deutschland keine einzige Firma, die ihren gemeinsam entwickelten Benzinmotor in Serie herstellen wollte. Eine Pariser Maschinenfabrik bot sich schließlich als Lizenznehmer an, sodass die industrielle Revolution nach all diesen Irrungen nun auch die Fortbewegung des Menschen revolutionieren konnte.

Aber so ist es nun einmal: Ausgerechnet jene Entwicklung, die ein Höchstmaß an Rationalität mit sich brachte, war in ihrer Entstehungsgeschichte irrational. Etwas Geheimnisvolles war mit den Bewohnern des Westens geschehen; die größte aller Veränderungen fand im Innersten der Menschen statt.

Die neue Sicht der Dinge.
Entdecker werden zu Erfindern

Irgendwann im 18. Jahrhundert erhielten die Naturwissenschaften einen spürbaren Zulauf. Immer mehr junge Menschen wollten Mathematiker werden, immer weniger Theologen. Wohlhabende Bürger richteten sich zu Hause Laboratorien ein und in den altehrwürdigen Clubs wie der Royal Society in London oder der Académie des sciences, ihrem Pariser Gegenstück, trafen sich nun die Pioniere der neuen Zeit. Die Lunar Society versammelte ihre Mitglieder bevorzugt in Vollmondnächten, weil man sich davon die größtmögliche Inspiration erwartete. Überraschend war die neue Denkweise der dort Versammelten: Aus den Wissenschaftsgesellschaften, die vorher aus Angst vor Ausspähung wie Geheimbünde operiert hatten, waren Diskussionsforen und Kooperationsbörsen geworden. Es gründeten sich Zeitschriften, in denen Wissenschaftler voller Stolz und erstmals auch mit nachprüfbarem Datum der Welt kundtaten, was sie bisher vor ihr verborgen hatten. Das war das eine.

Wichtiger noch war eine Bewusstseinsänderung, die sich zeitgleich ereignet hatte: Der Wissenschaftler, der bis dahin stolz auf eine gewisse Fremdheit gegenüber dem einfachen Leben war, verstand sich fortan nicht mehr allein als Beobachter von Wirklichkeit, sondern als einer, der mithilft, sie zu verändern. Aus dem Zuschauer wurde ein Handelnder, der wissenschaftliche Entdecker sah sich nun auch als Eroberer. Anstatt die Welt hinter Mikroskop oder Fernglas nur zu bestaunen, wollte er selbst Schöpfer von Wirklichkeit sein, weil sie ihm so, wie er sie vorfand, ungenügend erschien. Die Wissenschaftler waren dem normalen Volk damit auf halbem Wege entgegengekommen. Nun machte auch das Volk einen großen Schritt in Richtung Wissenschaft.

Überall in Europa entwickelten sich Mechanikerschulen und Tüftlerclubs. Der erfindende Praktiker betrat die Weltbühne. Er sah die Vögel und wollte fliegen, er beobachtete die Fische und dachte an ein Unterseeboot, er spürte die Kraft von Wasser und Hitze und machte sich daran, sie für sich zu nutzen. Große Teile der Unternehmerschaft waren begierig darauf, tausende von kleinen Produktionsverbesserungen in der Praxis zu erproben. Damit bot das Erfinden eine gute Möglichkeit, reich zu werden. Die Zahl der Patentanmeldungen stieg steil an, vor allem in England. Waren im Jahr 1770 erst knapp 300 Patente gemeldet worden, wurden 1810 bereits 1124 und weitere 20 Jahre später schließlich 2452 Erfindungen von Staats wegen registriert. Damit hatte die Wissenschaft ihre Nische verlassen, um sich der Welt als Produktivkraft anzudienen. Nicht der einmalige Einfall, die Erfindung der Erfindung war das Neue dieser Zeit.

Auch das Objekt des Interesses hatte sich verändert. Richtete sich in den Jahrhunderten vorher die Neugier auf die Entdeckung geheimnisvoller Tiere, Pflanzen und Völker in Übersee, galt der Wissensdrang nun den Gesetzmäßigkeiten von Naturwissenschaft, Mathematik und Astronomie. Nach den Fernreisen der vorangegangenen Epoche ging der Mensch auf eine Reise ins Innere der Welt. Das 19. Jahrhundert konnte so zum Jahrhundert tollkühner Gedanken und unerhörter Neuerungen werden. Die technischen Innovationen haben vieles, wie das Autofahren, erstmals möglich gemacht, und anderes, wie die Textilherstellung, enorm erleichtert. Und vor allem verlängerten sie das Leben, auch durch eine deutlich verbesserte Hygiene. Ein Brite lebte am Ende des 19. Jahrhunderts zwölf Jahre länger als zu seinem Beginn.

Es war vor allem ein europäisches Jahrhundert, wie sich im Rückblick unschwer erkennen lässt. Nahezu alles, was die Weltwirtschaft bis heute antreibt, wurde in jenen Ländern ausgetüftelt, die heute zum alten Europa zählen: Ein Italiener erfand 1800 die elektrische Batterie, ein Franzose die Nähmaschine. Die Engländer ließen 1838 das erste große Eisenschiff zu Wasser, Ende der 20er Jahre entstand die Fotografie. Nahezu alle Nationen des Kontinents trugen etwas zum Gelingen der Industrialisierung bei, auch die kleinen: ein Schwede erfand das Dynamit, ein Böhme die Schiffsschraube.

So begünstigte eine Erfindung die nächste. Es reichte ja nicht, sich die Lokomotive auszudenken, ohne die Druckluftbremse von George Westinghouse aus New York wäre das rollende Monstrum nicht schnell genug wieder zum Stehen gekommen. Über die Alpen hätte es selbst dieses Gefährt nicht geschafft, wäre da nicht der neue schwedische Wunderstoff Dynamit gewesen. In einem neun Jahre dauernden monotonen Wechsel von Sprengen und Schaufeln entstand der 15 Kilometer lange Sankt-Gotthard-Tunnel, der 1882 als Eisenbahnstrecke eingeweiht wurde.

Als sei der Westen an eine brennende Zündschnur angeschlossen, funkte und blitzte es überall. Den großen Durchbruch in der Fertigungstechnik brachte schließlich Henry Ford, der als Erfinder der Fließbandproduktion in die Geschichte einging. Dabei hatte er sie 1913 nicht erfunden, nur auf raffinierte Art abgekupfert. Der Besuch eines Schlachthofs öffnete ihm die Augen. Er sah, wie das tote Vieh am Haken durch die Hallen wanderte, jeder Arbeitsgang wurde von einer anderen Metzgergruppe ausgeführt; die Ersten entfernten die Innereien, die Zweiten die Haut, bevor die Dritten die Filets abschnitten und wieder andere Haxen und Koteletts aus dem Restkörper trennten, bis am Ende nur noch das Skelett übrig blieb. Ford übertrug diese Idee auf die Autoherstellung, mit dem Unterschied, dass er beim Skelett, dem Fahrzeug-Chassis, begann. Nacheinander ließ er von den unterschiedlichsten Experten den Motorblock und das Getriebe einbauen, bevor die Kabel verlegt, die Fenster eingesetzt und schließlich die Türen montiert wurden. Ford errichtete eine vierstöckige Produktionshalle, in der die Autoteile von oben nach unten wanderten, um die Halle schließlich als automobile Massenartikel zu verlassen.

Die Zeitgenossen waren überwältigt von dem, was sich vor ihren Augen abspielte. Der deutsche Nationalökonom Friedrich List, 30 Jahre vor Karl Marx geboren, verfasste eine Hommage an die Generation der Entdecker, die bis heute Gültigkeit besitzt: »Sie haben den Menschen befähigt, die Schätze der Erde aus den tiefsten Abgründen, wohin er früher nicht zu dringen vermochte, hervorzuheben, die Macht des Windes und der Wellen zu bekämpfen, sich mit der Schnelligkeit des Vogels von einem Ort zum anderen zu begeben; sie haben Wohlstand, Genüsse und Bevölkerung der Länder vermehrt, und die wohltätigen Wirkungen ihrer Arbeit wachsen fort und fort von Generation zu Generation.«

Der Fabrikarbeiter.
Fußsoldat des Industriezeitalters

Den Präsidenten, Kaisern, Ministern und Spitzenbeamten der westlichen Welt war schnell klar, dass die neuen Techniken für das Wohl und Wehe ihrer Nationen bedeutender sein würden als eine fette Kriegsbeute. Den Tüftlern ging es um Ruhm, den Unternehmen um gesteigerten Gewinn, den Staatsmännern aber schon damals um nichts Geringeres als die Ausweitung ihrer Macht. Nur wer technologisch hoch gerüstet war, konnte seine Handelsflotte mit Aussicht auf Erfolg in ferne Länder schicken. Und wenn der in Taler, Pfund oder Dollar zu zählende Profit auch zuweilen auf sich warten ließ, war zumindest sein kleiner Bruder, der Prestigegewinn, schnell zu erzielen.

Die Statthalter der Monarchie waren nicht weniger versessen auf glamouröse Einweihungsfeierlichkeiten als ihre demokratischen Nachfahren. Sie liebten es, Fabriken oder Bergwerksschächte zu eröffnen; gern warfen sie schon damals Champagnerflaschen gegen frisch lackierte Schiffsbäuche. Bei aller Kooperation zwischen den Staaten ging es immer auch darum, den anderen zu zeigen, wo die Zukunft zu Hause war. Die Weltausstellungen der damaligen Zeit waren die Olympiaden der Wirtschaftsdarwinisten. Die europäischen Reedereien wetteiferten auf ihren Atlantikrouten um das »Blaue Band« der Schnelligkeit; die »Norddeutsche Lloyd« gegen die »Compagnie Générale Transatlantique« und beide zusammen gegen die »White Star Line« der Briten. In der Nacht vom 14. auf den 15. April des Jahres 1912 ging die »White Star Line« vor allen anderen in die Weltgeschichte ein, wenn auch anders als von den Betreibern geplant. Der größte Ozeandampfer seiner Zeit erreichte schon bei der Jungfernfahrt das andere Ufer nicht. Die meisten Passagiere erfroren und ertranken. Der Schiffsname »Titanic« hat als Wahrzeichen des Machbarkeitswahns überlebt.

Die Menschheit erschrak, aber nur für wenige Sekunden. Der Weg in den Industriekapitalismus war unumkehrbar. Überall im Westen rotierten die Maschinen, sie benötigten Kohle, Eisenerz und Wasser, ließen sich mit Getreide, Baumwolle, Tabak und Holz beschicken, um am Ende der Prozedur Gewehre, Seife, Streichhölzer, Textilien, Zigaretten und Lebensmittel aller Art auszuliefern. Es wurden Produktivitätsrekorde aufgestellt wie nie zuvor und nie danach. Von der 1881 erfundenen Zigarettenrollmaschine reichten 15 Stück, um den gesamten jährlichen Zigarettenbedarf der USA zu decken. Bis zum Anfang des 19. Jahrhunderts, als Bauern und Handwerker ihrem mühsamen, aber eben auch behäbigen Tagewerk nachgingen, hatte es gerade mal für jährliche Steigerungsraten der Produktivität von 0,15 Prozent gereicht. Gegen Ende des Jahrhunderts wuchs sie um das Vierfache pro Jahr. Die Eisenproduktion in Europa hatte sich allein zwischen 1870 und 1890 fast verdoppelt, die Stahlproduktion legte zwischen 1880 und 1900 um das Zehnfache zu.

Die neue Zeit veränderte so ziemlich alles; die Gesprächsthemen der Menschen, ihre Art zu denken, zu sehen, zu fühlen, zu wohnen. Die industrielle Revolution war die wohl größte Revolution aller Zeiten. Kein Kontinent konnte sich ihr auf Dauer entziehen, kaum ein Land blieb unberührt, kein Mensch, keine Partei, kein Staat hat ihre Ergebnisse dauerhaft zu revidieren vermocht. »Alles Ständische und Stehende verdampft, alles Heilige wird entweiht«, heißt es im Kommunistischen Manifest von 1848 nicht ohne Ehrfurcht vor dem, was sich da abspielte.

Zugleich war das Entsetzen groß über die ungestüme Kraft der Veränderung, die beides erschaffen hatte – scheinbar grenzenlosen Reichtum und dicht daneben rechtlose Fabrikarbeiter, die in bitterer Armut lebten. Der Schriftsteller Charles

Dickens überlieferte ein Bild der damaligen Zustände: »Eine Stadt der Maschinen und Fabrikschlote; eine Stadt mit einem schwarzen Kanal und einem purpurrot schillernden, unangenehm riechenden Fluss; eine Stadt mit riesigen Gebäuden voller Fenster, hinter denen es den ganzen Tag lang ratterte und vibrierte und hinter denen sich der Kolben der Dampfmaschine monoton auf und nieder bewegte – wie der Kopf eines Elefanten in melancholischer Verwirrung.« Selbst ein bürgerlicher Ökonom wie List sagte angesichts des Elends in den Arbeiterquartieren eine »Bestialisierung« der Gesellschaft voraus.

Die neuen Kathedralen des Kapitalismus zogen die verarmten Massen vom Lande dennoch magisch an. Ein Zurück gab es nicht mehr. In den Dörfern wurden die immer zahlreicher werdenden Menschen aufgrund moderner Anbaumethoden nicht mehr in gleicher Anzahl gebraucht. Die Zukunft gehörte den Städten. Der Anteil der Landwirtschaft schmolz innerhalb weniger Jahrzehnte dahin. 1870 arbeiteten bereits 40 Prozent der Briten in der Industrie.

Die USA folgten mit Zeitverzug. 1870 arbeitete noch über die Hälfte der Beschäftigten in der Landwirtschaft, und nur einer von vier Amerikanern lebte in einer Stadt mit 2500 oder mehr Einwohnern. Innerhalb von 40 Jahren erhöhte sich der Anteil der Industriearbeiter auf zwei Drittel. Nahezu jeder zweite Amerikaner lebte nun in einer Stadt.

Die soziale Lage verbesserte sich zunächst kaum. In Frankreich, England und Deutschland entstanden Gewerkschaften und Arbeiterparteien, die bereit waren, für die Rechte ihrer Mitglieder zu kämpfen. Die Imperialisten aller Länder waren empört. Kaiser Wilhelm II. fühlte sich 1905 in seinen ehrgeizigen außenpolitischen Plänen regelrecht behindert durch die drohende Rebellion im Innern: »Dass wir wegen unserer Sozialdemokraten keinen Mann aus dem Land nehmen können, ohne äußere Gefahr«, das erzürnte ihn so sehr, dass er beide

Probleme mit Gewalt lösen wollte: »Erst die Sozialisten ab-
schießen, köpfen und unschädlich machen, wenn möglich per
Blutbad, und dann Krieg nach außen, aber nicht vorher und
nicht a tempo.«

Schneller, höher, tiefer.
Kapitalismus in der Krise

Im Innern der neuen Industriegesellschaften hatte sich die
Spannung spürbar erhöht. Die Schlote rauchten, Maschine
und Mensch arbeiteten im gleichen Takt, die neuen Produkti-
onsanlagen spuckten massenhaft Waren aus, für die der Markt
im Inland zu klein geschnitten war. Die entfesselte Produkti-
onsenergie war gewaltig und das Einkommen der Arbeiter zu
gering, als dass der Warenausstoß in nur einem Land hätte auf-
gefangen werden können.

Doch die neuen Fabrikbesitzer produzierten auf Teufel
komm raus. Erstmals deutete sich an, dass der Generalprobe
zur Globalisierung kein gutes Ende vorherbestimmt war. Das
neue System war und ist bis in unsere Tage hinein maßlos,
schwankend, zur Übertreibung neigend. Es findet in der Praxis
nicht von alleine jenes Gleichgewicht, dass die Theoretiker
sich von ihm erhofft hatten. So sackten vom Beginn der 70er
bis zur Mitte der 90er Jahre im 19. Jahrhundert die Großhan-
delspreise in Großbritannien um insgesamt 45 Prozent nach
unten. Erstmals war die Arbeiterschaft mit jenen beiden Phä-
nomenen konfrontiert, die wir heute nur zu gut kennen: Lohnsenkung wartete auf die einen, Arbeitslosigkeit auf die anderen. Willkür kam noch dazu: Wer aufbegehrte gegen seinen
Fabrikanten hatte womöglich Recht, aber keinerlei Rechte. Es
waren die Herrenjahre des Industriekapitalismus. Vorenthalte-
ner Lohn, körperliche Züchtigung und willkürliche Kündigungen waren an der Tagesordnung. Der Arbeitstag hatte bis zu 18

Stunden und das, was wir heute Sozialstaat nennen, existierte bestenfalls in Umrissen. 1891 musste Papst Leo XIII. die neuen Herren der Welt daran erinnern, dass sie »ihre Arbeiter nicht wie Sklaven behandeln dürfen«. Was viele dennoch taten. Die Zustände waren mit jenen im heutigen China und Indien vergleichbar, wo Millionen von einfachen Fabrikarbeitern ohne Vertretung ihrer Interessen bis zum Umfallen schuften müssen. Das neue System fiel schon in seiner Geburtsstunde durch rabiate Methoden auf.

Einen wirklichen Systemfehler schien der Industriekapitalismus auch noch zu besitzen. Dem sich vergrößernden Warenangebot der industriellen Megamaschine stand eine stagnierende Kaufkraft der Bevölkerung gegenüber. Oder anders gesagt: Die Arbeiter produzierten mehr Konserven und Kleider als sie kaufen konnten.

Es gab nur zwei Möglichkeiten, mit der Warenflut fertig zu werden. Möglichkeit eins lag in der Drosselung der Industrieproduktion, was ernsthaft nie erwogen wurde. Der Industriekapitalismus lebt von der angeborenen Sehnsucht der Menschen nach mehr. Das Streben nach mehr Profit, mehr Lohn und mehr Wohlstand blieb die Antriebskraft bis in unsere Tage.

Schnell rückte daher Möglichkeit zwei ins Bild, die sich zunehmender Beliebtheit erfreute: der Export. Denn im Handel mit anderen lässt sich zuweilen loswerden, wofür zu Hause kein Käufer zu finden ist. Auch wenn der Markt daheim gesättigt ist, kann er anderswo durchaus aufnahmefähig sein. Was im einen Land unverkäuflich scheint, wird sich im anderen womöglich sogar zum Kassenschlager entwickeln. Erst recht, wenn dieses andere Land fern der Heimat liegt und der Kaufmann bei dem, was er Markterschließung nennt, anders zu Werke gehen kann als zu Hause, brutaler zum Beispiel.

Die Überproduktion der Wirtschaft mit all ihren krisenhaften Begleiterscheinungen – Lohnverfall und Arbeitslosigkeit –

führte zum Gefühlsstau der betroffenen Gesellschaften. Unruhe machte sich breit, vor allem in der Arbeiterschaft. Wer den Bürgerkrieg vermeiden wolle, müsse zum Imperialisten werden, rief Cecil Rhodes den Machthabern zu. Also drängte der Imperialist nun mit aller Macht in fremde Länder. Er war verrückt nach Rohstoffen, nach Kautschuk, Zink, Erdöl, Kaffee, Tee, Gold und Diamanten; und er war scharf auf die fremde Arbeitskraft. Beides wollte er zu günstigem Tarif an sich reißen. Wenn schon exportieren, warum dann nicht gleich Waren, Gesetze und Polizeikräfte in einem Paket? Wenn man fremde Märkte beliefert, so die Grundidee, ist es doch besser, man besitzt sie auch.

Die britischen Flottenverbände und die Artillerie des Königshauses mussten nur die Tür aufstoßen, um der neuen Zeit den Weg zu bereiten. Italien vergrößerte zwischen 1800 und dem Beginn des Ersten Weltkriegs sein Territorium um 2,5 Millionen Quadratkilometer, Deutschland um 2,6 Millionen, Frankreich um rund neun Millionen und Großbritannien um rund zwölf Millionen Quadratkilometer. Der Weltkrieg um Wohlstand hatte begonnen, lange bevor die Militärs der europäischen Länder sich für den Ersten Weltkrieg in Stellung brachten.

Niemand bemerkte zunächst das herannahende Unheil. Dass bald schon 15 Millionen Europäer auf den Schlachtfeldern liegen würden, schien den Zeitgenossen ganz und gar undenkbar. Die Machtübernahme in den Kolonien streichelte die Seele der Europäer und füllte vielerorts auch ihre Schatztruhen. Sie hatten ohne allzu große Mühen und Kosten etwa ein Viertel des Erdballs neu aufgeteilt. Der Wohlstand im Westen stieg, der Welthandel erlebte seine vorläufige Blüte. Die Tonnage der Handelsschiffe hatte sich von 1850 bis 1875 vervierfacht und stieg in den folgenden vier Jahrzehnten nochmals um das Doppelte. Ein kraftvolles Europa war auf dem Zenit seiner Macht und seines Ansehens in der Welt angekommen. Die Generalprobe der Globalisierung schien überaus gelungen. Der Kontinent stand prachtvoll und erhaben da.

Großbritannien im Größenwahn

Die Imperialisten der ersten Stunde kannten keine Scham. Sie kamen als Besatzer und Protektoratsverwalter, als Förderer ihrer heimischen Wirtschaft und kühl kalkulierende Zerstörer all dessen, was dabei hinderlich war. Auf kulturelle Traditionen und Menschenleben wurde keine allzu große Rücksicht genommen, der Imperialist war ein Angreifer aus Überzeugung, der Mitleid als Ausdruck von Willensschwäche empfand. »Der Kapitalismus bringt den Krieg wie die Regenwolke den Sturm«, sagte der französische Sozialist Jean Jaurès.

Die Generalprobe zur Globalisierung können wir mit Fug und Recht als die enthemmteste Etappe auf der Jahrhunderte währenden Jagd nach Wohlstand bezeichnen. Die Einheimischen konnten schon froh sein, wenn sie als Arbeitssklaven, bürokratische Handlanger oder Mitglieder einer Marionettenregierung mit dem Leben davonkamen. Mit ihnen ging man zuweilen rüder um als mit dem Schlachtvieh unserer Tage. Allein im Kongo, der als rohstoffreiches Land galt und daher vom belgischen König Leopold II. als »Privatkolonie« geführt wurde, sind im Gefolge der westlichen Landnahme nach neueren Schätzungen rund zehn Millionen Menschen gewaltsam umgekommen.

Das Wort Krieg war damals in aller Munde: Preiskrieg, Handelskrieg, Wirtschaftskrieg, Kolonialkrieg, von wo es bis zum Weltkrieg nicht mehr allzu weit war. Die Bewohner fremder Kontinente waren – je nach Interessenlage des Westens – willige Arbeitskräfte, Kanonenfutter oder eben auch Konsumenten. Ihre Böden und Wälder dienten als kostenloses Rohstofflager. Ganze Länder, samt ihrer Einwohner, wurden zu

Tauschobjekten, die man sich gewalttätig aneignen oder im Zuge von Vertragsverhandlungen friedlich erwerben konnte. Portugal versuchte sogar, seine überseeischen Besitztümer den Deutschen zu verpfänden.

Damals glaubten die Mächtigen dem Aufstieg der eigenen Nation, der Sicherung und dem Ausbau von Einfluss und Wohlstand am besten durch die möglichst zügige Landnahme zu dienen. Es war eine wahrhaft ungestüme Variante des Welthandels, deren Verletzungen und Demütigungen im Gedächtnis der Völker bis heute weiterleben. Der Welthandel war vom ersten Tag an nicht das friedliche System des Warenaustausches, als das es heute vielfach ausgegeben wird. Es herrschte ein archaisches Verdrängen und Vernichten, was damals offen gesagt wurde und heute tunlichst verschwiegen wird. Von Anfang an gab England, eine Handelsnation schon vor Beginn der Industrialisierung, das Vorbild für die anderen ab. Die Briten zerstörten die Handelsflotten und Produktionsstandorte anderer Völker, um in deren Wirtschaftskreislauf zu drängen, was ihnen zunächst vortrefflich gelang. Sie mordeten für ein bisschen mehr an Wohlstand, sie hofften, dass ein sichtbarer Ertrag am Ende in ihren Schatullen landen würde. Das wichtigste Instrument der britischen Exportförderung waren die gemeinsam ausrückenden Handels- und Kriegsflotten, die größten der damaligen Welt.

Erst als die anderen Handelsnationen ebenfalls starke Meeresstreitkräfte aufboten, geriet die offene Seeschlacht aus der Mode. Mit den anderen sich entwickelnden Industrieländern, die in der Wahl der Waffen ebenfalls nicht zimperlich waren, suchte England nun den friedlichen Ausgleich. Die weniger entwickelten Regionen der Welt dagegen wurden weiterhin überfallen und als Absatz- und Beschaffungsmärkte in das Empire eingefügt. 1882 erfolgte die Besetzung Ägyptens, 1886 war Kenia dran, 1895 fasste die Britische Krone einige Teilgebiete zur Kolonie Rhodesien zusammen, 1898 folgte der Vorstoß in den Sudan. Am Vorabend des Ersten Weltkriegs beherrschte das Britische Empire rund 20 Prozent der bewohnbaren Erdoberfläche und der Weltbevölkerung. Jeder Engländer hatte damit statistisch über acht Menschen das Sagen, auf jeden Quadratkilometer Heimatbodens kamen 100 Quadratkilometer fremden Territoriums. Frankreich, die zweitgrößte Kolonialmacht der damaligen Zeit, konnte da nicht mithalten. Jedem Franzosen stand gerade mal ein Untertan gegenüber. Ein Quadratkilometer französischen Bodens wurde durch 18 Quadratkilometer andernorts ergänzt.

Die britische Kriegsmarine sicherte die Seepassagen; betrat man Terra incognita, wurde ein so genanntes Expeditionsheer losgeschickt, um die Widerstandskraft der Einheimischen, die Witterungsbedingungen und den Reichtum an Rohstoffen zu erkunden. Dank moderner Kriegsgeräte – und das hieß vor allem dank des tonnenweise mitgeschleppten Sprengstoffs – durchquerten sie die Gebiete fremder Herrscher. Kompliziert wurde es meist da, wo sie auf die Expeditionsheere anderer Imperialisten stießen.

So staunte der britische General Sir Horatio Kitchener nicht schlecht, als er mit fünf Kanonenbooten und einem Heer von mehr als 1000 Mann Mitte September 1898 in der sudanesischen Stadt Faschoda landete und über den Dächern der Stadt bereits die französische Trikolore wehte. Der französische Major Jean-Baptiste Marchand hatte sich zehn Wochen zuvor in der Stadt am Nil festgesetzt.

Der Franzose möge weichen, forderte der Brite unmissverständlich. General Kitchener wollte sich im Auftrag des Empire das fremde Afrika von Nord nach Süd einverleiben. Sein Ziel war eine Eisenbahnverbindung von Kairo bis zum südafrikanischen Kap der Guten Hoffnung, die Afrika wirtschaftlich für die Briten erschließen sollte. Kurzum: Faschoda war als Teil des Ganzen unverzichtbar.

Die Franzosen hatten ein ähnliches Ziel, wenn auch auf anderer Route, ins Visier genommen. Auf ihrer West-Ost-Querung waren sie in einem strapaziösen 14 Monate dauernden Marsch durch die glühende Hitze des Schwarzen Kontinents bis hierher vorgedrungen, angefeuert von den Politikern in Paris. »Wenn Frankreich verzichtet, werden andere seinen Platz einnehmen«, begründete der französische Ministerpräsident Jules Ferry den Expansionsdrang seines Landes.

Und nun also das: Zwei Europäer standen sich in Afrika gegenüber, vereint in der aggressiven Absicht, den Sudan auf keinen Fall sich selbst oder auch nur dem jeweils anderen zu überlassen. Eine Feindseligkeit baute sich in den Heimatländern auf, die sich schnell in einem europäischen Krieg hätte entladen können. Nach zähen Verhandlungen musste die Trikolore wieder eingerollt werden. Die Franzosen kamen zu der Erkenntnis, dass ihre Truppen nicht so stark waren wie ihr Machtanspruch. Im Sudan-Vertrag wurden alle Details geregelt: Das noch heute ärmliche afrikanische Land ging an die Briten; das angrenzende Tschadbecken wurde den Franzosen überlassen. Die Afrikaner blieben, was sie schon vorher waren: Menschen ohne Rechte.

Deutschland. Die verspätete Kolonialmacht

Die Deutschen spielten auf der Bühne der Weltpolitik nur eine Nebenrolle, zunächst gewollt und dann wider Willen. Otto von Bismarck hatte das im Januar 1871 von ihm gegründete Deutsche Reich in kluger Selbstbeschränkung für »saturiert« erklärt: »Wir gehören zu den saturierten Staaten, wir haben keine Bedürfnisse, die wir durch das Schwert erkämpfen könnten«, sagte er 1887.

Die Vernunft war auf seiner Seite. Bismarck hatte die Südländer Bayern, Württemberg, Baden und Hessen-Darmstadt mit dem Norddeutschen Bund zum Deutschen Reich fusioniert. Der bisher vergleichsweise kleine Staat Preußen stieg dadurch zum größten des Kontinents auf. Ohne Waffengewalt und ohne das bisherige Gleichgewicht der europäischen Mächte zu zerstören war ein Koloss entstanden. Damit das neue Reich nicht gleich umzingelt und überfallen würde, beteuerte Bismarck dessen Friedfertigkeit. Er war beileibe kein Pazifist. Er hatte selbst drei Kriege geführt – 1864 gegen Dänemark, 1866 gegen Österreich und Bayern, 1870/71 gegen Frankreich. Aber jetzt ging es ihm darum, das neu gegründete Reich zu stabilisieren. Das war nur ohne Krieg zu erreichen. Bismarck, der zeitlebens ein listiger Politiker, aber kein Hasardeur war, wusste genau, in welcher fiebrigen Erregung sich die Völker befanden. Die Stimmung der Zeit war aufgekratzt, viele waren geradezu fanatisch auf Eroberung und Unterwerfung aus. Er aber wusste: Wer mehr wollte, würde weniger bekommen.

Der junge Kaiser Wilhelm II. sah es anders. Bismarck musste im März 1890 abtreten und der Monarch ging unverzüglich daran, die nachfolgenden Politiker auf einen »neuen Kurs« festzulegen. »Wir wollen niemanden in den Schatten stellen, aber wir verlangen auch unseren Platz an der Sonne«, meldete der Außenminister des Reiches, Bernhard von Bülow, die deutschen Begehrlichkeiten an.

Aber wohin sollte der Kaiser seine Blicke richten? Was war das geeignete Objekt der Begierde? Afrika war vergeben und sollte es auch auf Jahrzehnte bleiben. Nach der Einigung von Faschoda war die Neigung von Franzosen und Briten groß, auch die übrige Welt zu filetieren. 1904 verabredeten sich die zwei europäischen Imperialmächte, welche Länder der Grande Armée und welche den Truppen der britischen Majestät zu gehorchen hatten. Die Deutschen waren empört.

Nicht das Prinzip der Machtverteilung störte sie. Das war die zeitgemäße Art, Politik zu machen, gegen die sie schlecht etwas einwenden konnten. Aber die Tatsache, dass Deutschland nicht bedacht worden war, stieß bitter auf. In einem Brief an seine Frau ließ der Vortragende Rat des Außenministeriums Friedrich von Holstein seiner Verärgerung freien Lauf: »Jetzt haben wir die Bescherung. England und Frankreich werden uns schwerlich angreifen, aber wir sind außerstande, irgendwelche überseeischen Erwerbungen zu machen. Ich verlange solche Erwerbungen nicht, aber eine Masse Menschen schreien danach und wundern sich, dass für Deutschland nichts abfällt.«

Also wurde in Berlin die Weltkarte erneut entrollt. Indien war besetzt, Afrika vergeben, Amerika uneinnehmbar, so geriet Asien ins Visier. Die Eroberung eines chinesischen Zipfels sollte zum Gesellenstück deutscher Kolonialpolitik werden.

China.
Ein Weltreich im Würgegriff des Westens

Das China des 19. Jahrhunderts war eine leichte Beute. Das Land war groß, aber nicht stark. Es war reich an Tradition, aber arm an Militärtechnik. Der chinesische Kaiser Qianlong hatte dem Westen den Rücken gekehrt, was von all seinen Fehlern der gravierendste war. Im Herbst 1793 verpasste er die letzte Gelegenheit, sich friedlich mit der Weltmacht England zu verständigen. Danach überfiel ihn der Westen. Sein Land wurde bei lebendigem Leibe gefleddert wie eine Leiche, was die meisten Europäer heute verdrängt haben. Das historische Gedächtnis der Chinesen funktioniert deutlich besser.

Es fing harmlos an. Eine Gesandtschaft der britischen Krone war im September 1793 in die Pekinger Sommerresidenz gereist und hatte dem Kaiser schöne Geschenke mitgebracht: ein aus Deutschland stammendes Planetarium, Fernrohre, Luftpumpen, Fenstergläser, Eisen- und Stahlprodukte aus Birmingham und Sheffield. Die Briten wollten Handel treiben. Der Mann in Peking sollte sehen und fühlen, welche Novitäten da im Angebot auf ihn warteten. Doch der Chinese wies die Visitenkarte der Moderne schnöde zurück. »Wir haben technologische Waren noch nie geschätzt und haben auch jetzt nicht den geringsten Bedarf an den Manufakturwaren deines Landes«, teilte er dem britischen König schriftlich mit. In völliger Fehleinschätzung seiner Machtposition schrieb er auch noch jenen Satz, den die britischen Übersetzer mit Rücksicht auf den Gemütszustand des Königs gar nicht erst übersetzten: »Wir, Kaiser durch die Gnade des Himmels, instruieren den König von England, unsere Anweisung zur Kenntnis zu nehmen.«

China war nicht willig, da gebrauchte England Gewalt. Mit seiner Handelsflotte belieferte das geschäftstüchtige Inselvolk nun die Schwarzhändler im Reich der Mitte. Unvorstellbare Mengen an Opium, hergestellt in Indien, gelangten nach China, in der Spitze 2500 Tonnen pro Saison. Die chinesische Bevölkerung war bald wie narkotisiert. Das Rauschgift zersetzte den Staat und schädigte die Volkswirtschaft. Überall in den Städten waren Drogenabhängige zu sehen. Experten schätzen, dass nahezu ein Viertel der chinesischen Bevölkerung zu dieser Zeit süchtig war. Die Briten waren einmarschiert, ohne das Land betreten zu haben.

Als der chinesische Kaiser Kisten voller Rauschgift beschlagnahmen ließ, war der Krieg mit den unsichtbaren Eindringlingen unvermeidlich. Die Briten hatten ohnehin nur auf ein Signal zum Losschlagen gewartet. Nun bekam das chinesische kaiserliche Heer jene tödliche Kollektion der Moderne geschickt, die aus den Waffenfabriken Englands stammte. Kanonen rollten an. Moderne Gewehre besorgten den Rest. Im August 1842 wurde China zwangsweise an den Weltmarkt angeschlossen.

In den Küstenstädten Kanton, Shanghai, Amoy, Fuzhou und Ningbo eröffneten die Briten Handelsniederlassungen, die als exterritoriale Gebiete nicht dem chinesischen Gesetz unterstanden. Die Insel Hongkong nahmen sich die Sieger als Trophäe. Das Monopol für die chinesischen Handelshäuser wurde aufgehoben, der Opiumhandel de facto legalisiert. Im Gefolge des gewonnenen Kriegs führten sie das System »ungleicher Verträge« weiter. Sie saßen bei dieser Art Handelsabkommen auf beiden Seiten des Schreibtisches: Sie setzten die Zölle herab und räumten sich zugleich selbst die günstigsten Handelsbedingungen ein. Kein Wunder also: Auf die anderen Kolonialmächte wirkte die britische Kriegsbeute wie ein Aufputschmittel. Die heute friedlichen Handelspartner der Chinesen aus dem fernen Europa, die Peking gern an die Einhaltung der Menschenrechte erinnern, haben dem damaligen 400-Millionen-Volk übel mitgespielt.

Die Russen besetzten die nördliche Mandschurei, die Franzosen annektierten Tongking, die Japaner nahmen sich die Insel Formosa und drängten darauf, dass Chinas bisheriger Vasallenstaat Korea unabhängig wurde. Die Bucht von Kiautschou mit dem Hafen von Tsingtau fielen an das Deutsche Reich, Port Arthur ging an die Russen, Weihai an England und die Region Kwangtschouwan gehörte fürs Erste zu Frankreich. Besonders groß war das Gedränge in der Hafenstadt Shanghai, wo sich Franzosen und Briten mal wieder nicht einigen konnten, wer nun das Sagen hatte.

Im Westen erinnert sich an all das kaum noch jemand, in China ist jeder Student im Bilde. Alle Menschenrechtsverletzungen, die der Westen dem heutigen China vorwirft, hat er an den Chinesen selbst begangen. Das Land wurde erniedrigt, gedemütigt und in Armut gehalten. Eine der ältesten Kulturnationen der Welt – in China wurde das Schwarzpulver erfunden, die Pockenschutzimpfung, Papier, Porzellan, Seide und der Kompass – diente den Staaten des Westens 70 Jahre lang als Selbstbedienungsladen. Lässt man Japan außen vor, so hat sich der Lebensstandard in Asien vom Beginn des 19. Jahrhunderts bis zur Mitte des 20. Jahrhunderts hinein nicht erhöht. Der Kontinent stand still – 150 Jahre lang.

Jeder Aufstand der Chinesen hat die Lage des Landes nur verschlimmert. Sie führten Krieg gegen die Franzosen – das nördliche Vietnam wurde französisches Protektorat. Sie wehrten sich gegen die Briten – und verloren ihren Einfluss auf Burma. Sie widersetzten sich den Japanern – Korea stand fortan unter japanischem Einfluss. Im Sommer 1900 erhob sich schließlich das einfache Volk gegen die Besatzer. »Fremde Teufel sind gekommen«, beginnt ein Aufruf zum Widerstand gegen die Eindringlinge des Westens. Die Volkserhebung wurde vom Westen auf den Namen Boxeraufstand getauft, weil viele der Aufständischen aus den ländlichen Boxervereinigungen stammten. Auch er wurde schließlich von einer internationalen Truppe niedergeschlagen. Ein erneutes Zeichen der Demut war nun gefragt. Eine »Sühnemission« der Chinesen musste nach Potsdam an den Hof von Kaiser Wilhelm II. reisen, um sich für den Aufstand zu entschuldigen.

Das stolze China war nur noch die Attrappe eines souveränen Staates. Gesang, Schriftzeichen und Polizeigewalt blieben erhalten, doch die Regierung in Peking war nicht mehr Herr im Hause. Der westliche Poltergeist hatte das Regiment übernommen. China, das am Vorabend des Ersten Weltkriegs ein Viertel der Weltbevölkerung stellte und mit damals 440 Millionen Einwohnern mehr als eineinhalbmal so viele Menschen beherbergte wie Westeuropa, war eine Kolonie des Westens geworden.

Wer geht, wer kommt?
Eine erste Globalisierungsbilanz

Die Europäer wollten mehr Wohlstand und zusätzliche Macht und bekamen am Ende doch nur wieder Krieg und Zerstörung. Der weltweite Kolonialismus entpuppte sich ökonomisch als eine große Fehlkalkulation. Jene Gesellschaften, in denen die Moderne begann, sahen sich in einen Jahrzehnte dauernden Erregungszustand versetzt. Am Ende entluden sich Abstiegsängste und Großmachtsträume in zwei bestialisch geführten Kriegen, wobei der erste zu Unrecht Weltkrieg heißt. Es war in Wahrheit ein europäischer Krieg, weil er in Europa angezettelt wurde, von dort aus bis ans Ende der Welt wütete, um zum grausamen Finale ins Zentrum der Eruption zurückzukehren.

In einer Zeitspanne von nur drei Jahrzehnten verschwand Europa ein zweites Mal unter Bergen von Schutt und Leichen. Ausgerechnet der Kontinent, der die Welt mit seinem Erfindungsreichtum beeindruckt, eingeschüchtert und schließlich in nahezu jeder Hinsicht dominiert hatte, ging erneut in Flammen auf. In Berlin sah man aus mehreren Kilometern Entfernung auf die Überreste der Gedächtniskirche, weil ringsum alles zusammengesackt war. Selbst als in der Londoner City die Häuser wieder standen, blieb das Weltfinanzzentrum in New York beheimatet, wohin es in den Kriegstagen umgezogen war. Angesichts der Kriegswirren in Europa hatte es Sicherheit gesucht und sie nur in Übersee gefunden.

Hatte der Erste Weltkrieg mit 15 Millionen Toten geendet, fügte der Zweite dieser Bilanz weitere 60 Millionen Tote hinzu. Die Entscheidungsgewalt über die europäischen Angelegenheiten lag seit dem Mai 1945 in Washington und Moskau. Deutschland war auf Lebensmittelspenden aus den USA angewiesen, in Osteuropa sang man gezwungenermaßen die Internationale.

Das militärische Ringen brach nicht aus heiterem Himmel los. Ihm war ein jahrzehntelanger Weltwirtschaftskrieg vorausgegangen. Den friedlichen Warenaustausch gab es nur in den Werken der ökonomischen Klassiker. Die Briten produzieren Tuch, die Portugiesen Wein, und der Austausch Tuch gegen Wein würde sich für beide günstig auswirken, so hatte es der britische Nationalökonom David Ricardo beschrieben. So hätte es sein können, aber so war es nicht. Während Karl Marx die Klugheit des Kapitalismus unterschätzte, hat Ricardo sie zu hoch eingestuft.

Jenes System, das in seinen besten Tagen aus Geld mehr Geld entstehen lässt, bedarf einer gut geölten politischen Regelungstechnik. Fehlt oder versagt sie, bricht der Geldkreislauf und überhaupt jedes vernünftige Wirtschaften zusammen. Das weit verzweigte Leitungssystem des Welthandels läuft heiß und explodiert, wenn die Machtfragen alles andere beiseite drängen. Die Welt gehört dann den Militärs, die Kaufleute sind bestenfalls noch als Finanziers der Völkerschlacht gefragt.

Wenn man der europäischen Geschichte einen Fehler vorhalten will, dann den: Der industriellen Revolution folgte keine Revolution des politischen Denkens. Die Erfinder und Tüftler hatten die Welt der Wirtschaft beschleunigt, die Staaten aber blieben stehen. Die Demokratie steckte noch in den Anfängen, sodass die Mächtigen der Politik weiter ihr Spiel spielen konnten: Nation gegen Nation, Armee gegen Armee. Die USA schauten aus der Ferne zu, besorgt und verängstigt, aber zunehmend auch auf ihre Chance lauernd.

Den Europäern der damaligen Zeit fehlte vieles, um miteinander in Frieden zu leben. In der Kompromisssuche war niemand geübt, es mangelte am Willen zum Ausgleich, vor allem aber gab es keine Institutionen, die Gelassenheit hätten vermitteln können: Es gab keine Europäische Union, keine Vereinten Nationen, es existierte kein Währungsverbund von Bedeutung, die G-8- und G-20-Gipfeltreffen waren noch nicht erfunden,

Weltwährungsfonds und Weltbank existierten noch nicht mal als Idee. Stattdessen Geraune und Gedröhne: Die Kirchen hatten ihre prägende Kraft bereits verloren, ein fiebriger Nationalismus drängte sich als Ersatzreligion auf. Die Spannung stieg, aber es fehlten die Sicherungen.

Die Interessenkonflikte zwischen den Nationalstaaten hatten sich über die Jahrzehnte verschärft. Denn der wachsende Wohlstand besaß von Anfang an einen Zwillingsbruder, der ihm auf Schritt und Tritt folgte: die Angst. Wo immer sich das Leben verbessert, folgt die Befürchtung, im nächsten Moment könne alles vorbei sein. Das Streben nach Wohlstand und die Angst, ihn zu verlieren, sind bis heute die zwei wichtigsten Antreiber der neuzeitlichen Geschichte.

Das englische Königreich wirkte früh schon erschöpft. Der schnelle Aufstieg vom Inselvolk zur Weltmacht hatte die politischen und ökonomischen Kräfte überdehnt. Die Neuerwerbungen in Übersee mochten prestigeträchtig und exotisch sein, rentierlich waren sie oft nicht. Zu den Kosten der Eroberung kamen die Kosten der Besatzung hinzu, die schnell ins Unermessliche steigen konnten. Wer gehofft hatte, mit dem Quadratmeilen-Imperialismus das Fundament für den weltgrößten Binnenmarkt gelegt zu haben, sah sich getäuscht. Englands Bedeutung für die Weltwirtschaft schrumpfte. Deutschlands Anteil an der weltweiten Industrieproduktion hatte bereits 1913 den der Engländer überholt.

Das Deutsche Reich war allein schon aufgrund seiner Einwohnerzahl ein großer Brocken, der jährlich schwerer wog. Aus den 40 Millionen Deutschen des Jahres 1870 waren vor Kriegsbeginn 65 Millionen geworden. In Europa lebten nur in Russland mehr Menschen. Durch seine Mittellage war das Reich politisch zwar im Zentrum aller Konflikte, aber der Handel profitierte. Die deutsche Industrieleistung schoss empor, überragte bald die der Nachbarstaaten. Aus den deutschen Hochöfen floss in den Jahren vor Kriegsbeginn mehr Rohstahl, als Franzosen, Russen und Engländer gemeinsam produzierten. Auch die neu entstandene chemische Industrie war ein Glanzstück. Mit Firmen wie Bayer, BASF und Hoechst produzierte sie damals rund 90 Prozent der industriellen Farbstoffe der Welt.

Die Konzerne bauten so die Bühne, auf der sich die Nationalisten aller deutschen Parteien wichtig taten. »Wir müssen kolonisieren, ob wir wollen oder nicht«, rief Reichskanzler Bülow seinen Landsleuten zu. Der liberale Politiker Friedrich Naumann glaubte »in den deutschen Gliedern frühlingsartigen Saft« zu spüren. So begann das aufwärtsstrebende Deutsche Reich mitten im Steigflug, den Absturz vorzubereiten. Auf Bismarcks Reichsgründung folgte bald schon das Unternehmen Größenwahn. Der Erste Weltkrieg begann nicht in Sarajewo, er begann in den europäischen Metropolen.

Tür auf für die Demokratie: Kaiser und Generalität übergaben schließlich ein geschundenes Land, unter dessen Ackerkrume der alte Völkerhass schon wieder keimte. Hitler und seine Nazipartei fanden reichlich Nahrung, die ihnen die Monarchie hinterlassen hatte.

Auch die anderen Europäer verrechneten sich gründlich. Die von ihnen so hitzig betriebene Kolonialpolitik brachte keinen dauerhaften Wohlstand. Frankreich, die zweitgrößte Kolonialmacht, war noch vor Kriegsausbruch ein Verlierer. Derweil sich das französische Imperium von 1871 bis 1900 um rund neun Millionen Quadratkilometer ausweitete, sackte sein Anteil an der Weltproduktion im selben Zeitraum um 20 Prozent nach unten. Wohin man auch schaute, die Franzosen konnten den Gewinn an Quadratmeilen nicht in ökonomische Stärke verwandeln. Ihre relative Bedeutung schrumpfte.

Die Franzosen waren schon damals eine politische Nation; ihr Geltungsdrang war größer als ihre ökonomische Leistung. Fortwährend tauschten sie, wie die anderen Kolonialmächte auch, ihr ökonomisches Kapital gegen politisches Prestige.

Sie taten es in der Hoffnung, dieser Tausch würde sich am Ende auch wirtschaftlich rentieren, was er aber nicht tat. Milliarden wurden in den Kolonien und vor allem in den Ländern der diversen Bündnispartner ausgegeben, in der Türkei, auf dem Balkan, und auch die Russen profitierten. Als Gegengewicht zu den verhassten Deutschen wurden sie von den spendierfreudigen Pariser Politikern aufs Schönste verwöhnt. All diese politischen Gratifikationen haben sich nie ordentlich verzinst, die Rendite der französischen Außenpolitik blieb kümmerlich. Am Vorabend des Kriegs war das Industriepotenzial der Franzosen um 60 Prozent kleiner als das der Deutschen. Selbst die Landwirtschaft, seit jeher in Frankreich ein nationales Heiligtum, erreichte pro Hektar nur 65 Prozent des deutschen Ausstoßes. Das Land war im Zuge der industriellen Revolution relativ zu den Konkurrenten Deutschland und Amerika ärmer geworden.

Italien war von Anfang an der Nachzügler der Modernisierung. 1913 lag das industrielle Produktionsvolumen bei einem Sechstel des britischen und bei einem Siebtel des deutschen. Vom großen Kuchen der Weltindustrieproduktion konnten die Italiener zur Jahrhundertwende nur 2,5 Prozent ergattern. Der Anteil sank sogar noch bis zum Kriegsbeginn. Die Familienclans, die damals schon das Land beherrschten, waren mächtig, aber im Weltmaßstab eben nicht mächtig genug. Italien blieb ein Agrarstaat mit angeschlossener Industrieproduktion.

Russland hatte die Morgenstunde der Globalisierung verschlafen. Schon vor Beginn der industriellen Revolution lag das große Land wirtschaftlich hinter den Staaten Westeuropas, danach driftete man noch weiter auseinander. Der Westen des Kontinents war immer schon wohlhabender, aber zunächst klaffte keineswegs der breite Wohlstandsgraben zwischen Ost und West. Im Jahr 1700 war das Pro-Kopf-Einkommen in Westeuropa (ohne Großbritannien) rund 60 Prozent höher als im Osten Europas. 120 Jahre später hatte sich der Abstand kaum verringert. Dann erst setzte die Kontinentaldrift ein: Nach der Jahrhundertwende ging es den Weststaaten mehr als doppelt so gut wie ihren östlichen Nachbarn. Die Völker des Ostens hatten wenig erfunden und auch die Erfindungen der anderen fanden kaum Beachtung. Die Bauernvölker sahen wohl, dass sich nebenan Großes tat, aber sie eiferten dem nicht nach. Sie waren Zuschauer, nicht Teilnehmer der Weltgeschichte.

Vor der eigenen Haustür konnten die westlichen Europäer schon früh die Widersprüchlichkeit der Globalisierung studieren: Die Welt war enger zusammengerückt und zugleich tief gespalten. Bald schon würden sich die russischen Modernisierungsverlierer dem Gegenentwurf zum Westen, dem Kommunismus und seiner Planwirtschaft, verschreiben. Die ökonomische Spaltung war der politischen und militärischen Entfremdung vorangegangen. Die spätere Zweiteilung des Kontinents war in der wirtschaftlichen Kontinentaldrift angelegt, lange bevor Lenin, Trotzki und Stalin die politische Bühne betraten.

Der Fehlstart. Warum die Generalprobe der Globalisierung scheitern musste

Der sich verschärfende Weltwirtschaftskrieg bedeutete vor allem für die Briten den Abstieg. Früh schon fielen Adam Smith die hohen Kosten auf, die zur Sicherung der Kolonien nötig waren. »Unsere Staatsmänner sollten endlich den goldenen Traum, den sie und wohl auch das Volk geträumt haben, verwirklichen oder aber aus ihm aufwachen«, rief der Ökonom seiner Nation zu. Wenn die Provinzen des britischen Reichs nicht dazu gebracht werden konnten, zum Unterhalt des Empire beizutragen, sollte man sich von ihnen trennen. Großbritannien sei gut beraten, Ansichten und Pläne der tatsächlichen Mittelmäßigkeit seiner Lage anzupassen.

Die britische Krone aber wollte nichts hören und nichts sehen. Sie litt an einem heftigen Kolonialfieber, auch wenn die Eroberungszüge zunehmend einem Substanzverzehr gleichkamen. Die Siege, die England über andere Völker feierte, waren getarnte Niederlagen, denn sie gingen mit einer Erosion der ökonomischen Macht einher. Was hatte man da eigentlich erobert: große Wüsten, hohe Gebirgsketten, undurchdringliches Dschungelland, und nicht zu vergessen die Millionen Menschen, die sich über Kontinente hinweg einig waren, an ihre Imperatoren nur das Nötigste abzuliefern.

Es gab für viele Mitglieder der britischen Elite gute Gründe, das Kolonialsystem zu verlängern. Die Militärs ließen es sich gut gehen. Die Kolonialherren taten sich wichtig. Die Schifffahrtsgesellschaften atmeten durch. Aber die Wertschöpfung kam so nicht voran. Mutwillig, so scheint es im Rückblick, verabschiedete sich eine Weltmacht von der Bühne; jeder Werktag war ein kleiner Schritt in Richtung Kulisse. Mit dem dauernden Bewachen, Belauern und Niederkämpfen hatte das Land seine Aufmerksamkeitsökonomie vergeudet, sodass nicht mehr ausreichend Reserven blieben für die eigentliche Wohlstandsmehrung.

Wer sehen wollte, konnte damals schon sehen: Dieses Modell der Globalisierung, die Unterwerfung von Völkern und Kontinenten in der Absicht, sie auszubeuten, war nicht rentabel zu betreiben. Die Anfangsinvestition der Eroberung war zu hoch. Für die Sicherheit musste auch danach bezahlt werden. Die Produktivität des ganzen Territoriums sank, weil die Neuerwerbungen zu allem Möglichen motiviert waren, aber nicht zum Arbeiten.

Die Briten waren zum Schluss nicht einmal mehr Eroberer, sondern nur noch Verteidiger. Die 350 Millionen Menschen der Kolonien wollten sich partout nicht den 40 Millionen

Briten unterordnen. Überall im weit verzweigten Imperium brannte es, Aufstände in Indien flackerten auf. Nahezu jeder Prestigegewinn, vorneweg die Ernennung von Königin Victoria zur Kaiserin von Indien, wurde kurz darauf mit einem Verlust an Stabilität bezahlt. Ein Drittel des indischen Territoriums musste bis zum Ende der 50er Jahre ein zweites Mal erobert werden. Das britische Reich war reich, aber vor allem war es reich an Konflikten. In London sprach man wichtigtuerisch von »permanenten Interessen«. Aber worin lagen diese eigentlich begründet? Wem nutzte die ständige Keilerei? Was hätte man nicht alles mit diesem Geld und dieser Energie begründen können, vielleicht sogar ein Weltreich von größerer Stabilität.

Der Erfindergeist aber, dem England in Wahrheit seinen märchenhaften Aufstieg verdankte, verkümmerte zusehends. Die eigentliche Kernenergie des Kapitalismus, jene Sphäre der Wirtschaft, in der bahnbrechende Ideen entstehen, die danach für technologische Sprünge sorgen, verlor spürbar an Intensität. Jeder verließ sich bald schon auf den anderen: Zu Hause schaute man auf die Kolonie. In der Kolonie wartete man auf die Heimat. So war das Empire mit seinen Mandatsgebieten, Protektoraten, Dominions, strategischen Stützpunkten und Siedlungsgebieten der sicherste Weg, mit unermesslichem Aufwand einen minimalen Ertrag zu erzielen. Der fünf Jahre tobende Unabhängigkeitskrieg mit den späteren Bürgern der USA kostete England zu heutigen Preisen gerechnet rund 234 Millionen Pfund und endete 1783 mit dem Verlust der profitabelsten Kolonie. Die Briten wurden gedemütigt, die Amerikaner aber waren endlich frei. Bald sollten sie stark genug sein, das Mutterland auch ökonomisch in die Schranken zu weisen.

Die Briten dachten nicht daran, die Gründe ihres Scheiterns zu analysieren. Es gab für sie kein Innehalten und keine noch so kurze Phase der Besinnung. Politiker, Militärs und die Mitglieder der Königsfamilie wollten die Schmach der amerikanischen Unabhängigkeit vergessen machen, weshalb sie wie in Raserei darangingen, weitere Völker zu unterjochen. Man sprach in London vom »Zweiten Empire«, das es nun zu begründen gelte.

Das Territorium weitete sich, der Ideenhaushalt der Weltmacht aber schmolz weiter dahin. Die Weltausstellung 1851 markiert den Höhe- und Wendepunkt des britischen Reichs. Im Londoner Crystal Palace konnten die englischen Exponate nahezu alle Preise gewinnen. Bei der Weltausstellung im Jahr 1867 in Paris waren es nur noch 10 Prozent. Im produktiven Kern des Landes brannte nicht mehr dasselbe Feuer wie in den Jahrzehnten zuvor. Da, wo in jeder Volkswirtschaft mit kühnen Ideen die großen Produktivitätsschübe ausgelöst werden, tat sich nicht mehr allzu viel. Wie unter der Lupe lässt sich erkennen, was wir bei anderen Nationen heute auch erleben. Schmilzt das Innerste des produktiven Kerns, erkalten schnell auch die äußeren Zonen, bald darauf setzt an den Rändern sogar ein Schrumpfungsprozess ein, der eine Volkswirtschaft von einst stattlicher Größe binnen kurzer Frist zum Sorgenfall werden lässt.

Die Briten hatten innerhalb weniger Jahrzehnte ihren Anteil an der weltweiten Industrieproduktion annähernd halbiert und verfügten im Vorkriegsjahr 1913 nur noch über 14 Prozent der weltweiten Wirtschaftleistung. Sie waren eine Abschiedsgesellschaft geworden, die dem neuen Angreiferstaat Amerika nichts mehr entgegenzusetzen hatte. Die eine Weltmacht ging, die andere kam. Der Aufstieg Amerikas und der Abstieg der Briten bedingten einander. Die weltweite »Économie dominante«, die es nach Ansicht des französischen Wirtschaftswissenschaftlers Perroux zu allen Zeiten gegeben hat, hieß nun nicht mehr Großbritannien. Mit den USA wuchs der neue »Master of the Universe« heran.

Die Wirtschaftskraft der Vereinigten Staaten von Amerika

wuchs in den Jahren 1870 bis 1880 je Einwohner um 2,7 Prozent. Die Briten schafften nicht mal das halbe Tempo. Und so ging es weiter bis zum Kriegsbeginn: plus 1,5 Prozent Wachstum je Einwohner in den USA über 30 lange Jahre, in denen Großbritannien nur noch zwei Drittel davon schaffte. Der relative Abstieg des britischen Empire hatte begonnen. Die Vereinigten Staaten überrundeten schließlich ihr wichtigstes Herkunftsland auch absolut. Eine neue Supermacht zeigte sich der Welt, wenn auch am Ende des 19. Jahrhunderts erst schemenhaft.

Die große Völkerschlacht bewirkte ein Übriges. Die Vereinigten Staaten standen nach dem Ersten Weltkrieg besser da als vorher. Schon 1913 dürften die USA rund ein Drittel der Weltindustrieprodukte hergestellt haben; nur fünf Jahre später, der Krieg hatte Europa in eine Zone der Verwüstung verwandelt, waren es über 50 Prozent. Mit dem Zweiten Weltkrieg, der gut zwei Jahrzehnte nach dem Ende des Ersten folgte, hatte sich Europa von der großen Bühne verabschiedet. Am Vorabend des Ersten Weltkriegs herrschten die europäischen Mächte, die zusammen weniger als zehn Prozent der Erdbevölkerung stellten, über fast ein Drittel der Menschheit. Nahezu der gesamte afrikanische Kontinent und fast zwei Drittel Asiens wurden aus Europa regiert. Doch Lenin irrte, als er den Imperialismus als »das höchste Stadium des Kapitalismus« beschrieb. Es war im Gegenteil ein Kapitalismus kurz vor dem Kippen.

Der Imperialismus war bei Lichte besehen die Vorstufe zum tiefen Fall der freien Wirtschaftssysteme, an dessen Ende ein Großteil Afrikas, halb Europa und weite Gebiete Asiens sozialistisch geworden waren. Eine Weltmachtposition des alten Europa wäre damals ökonomisch möglich gewesen, aber politisch war sie nicht zu bewerkstelligen. Es gab Deutsche, Franzosen, Briten, Holländer und Spanier, aber es fehlte an Europäern. Das Dampfmaschinenzeitalter hatte das Postkutschenzeitalter abgelöst, ohne dass die Staaten sich im selben Umfang verändert hatten. Sie waren Postkutschenstaaten geblieben. Vor allem Deutschland und England duellierten sich, bis keiner von beiden mehr stehen konnte.

Ökonomische Globalisierung, das zeigt die Geschichte Europas im gesamten 19. und in der ersten Hälfte des 20. Jahrhunderts, ist von allein kein Friedensgarant. Grob vereinfacht könnte man sagen: Europas Aufstieg war das Werk von Tüftlern, Technikern und Kaufleuten, der Niedergang ging auf das Konto von Militärs und Politikern. Die westeuropäischen Imperien zerfielen, der Wohlstand schrumpfte, Frankreich und Großbritannien verließen die Weltbühne, der deutsche Nationalstaat verlor erst seine Selbstachtung und am Ende für mehrere Jahrzehnte seine Souveränität. Die Generalprobe der Globalisierung war für alle europäischen Beteiligten gründlich schief gegangen. Ausgerechnet eine ehemalige Kolonie hatte nun ihren großen Auftritt.

KAPITEL 2

Das amerikanische Jahrhundert. Eine Schlussbilanz

Nation wider Willen

Eigentlich sprach alles dagegen, dass in Nordamerika jemals eine Weltmacht entstehen würde. Die bunte Schar, die im November des Jahres 1620 an Bord der Mayflower in der britischen Kronkolonie landete, zählte zu der Sorte Mensch, mit der eigentlich kein Staat zu machen ist. Wie die Neuankömmlinge der späteren Atlantikfrachter waren es vor allem religiöse Fanatiker, Tagträumer und Glücksritter, die aus England und vielen anderen Staaten Europas den Weg in die Fremde gesucht hatten. Unter ihnen befanden sich auffällig viele, die man daheim als verschrobene Existenzen und Querulanten, im günstigsten Fall als Idealisten bezeichnet hatte. Sie waren mehr gestrandet als gelandet. In der alten Heimat vermisste sie niemand.

Sie suchten freies Siedlerland, Gold, das große Glück; was alle suchen, wenn sie ihre Heimat mit nicht viel mehr verlassen, als sie tragen können. Nichts anderes treibt auch Ukrainer, Russen, Serben, Kroaten, Äthiopier und Afghanen, wenn sie ihre Freunde zurücklassen, um im Westen oder auch nur in der nächstgelegenen Millionenstadt ihrem Leben eine andere, erfreulichere Wendung zu geben. Umso stärker springt der Unterschied zu den damaligen Aussiedlern ins Auge: Sie wurden vom Schicksal verwöhnt wie keine Siedlergeneration davor und keine danach. Sie bekamen von allem, was sie begehrt hatten, derart reichlich, dass es nur verständlich ist, dass einige von ihnen sich noch heute für das erwählte Volk halten.

Sie waren in einem der größten, fruchtbarsten und klimatisch angenehmsten Flecken der Welt gelandet, sie stießen auf Gold und Öl in rauen Mengen. Fleißig waren sie dann von alleine: Als die Zeit dafür reif war, trieben sie die Industrialisierung in einem derart atemberaubenden Tempo voran, dass es den alten Europäern bald schon die Sprache verschlug. Sie rammten Telegrafenmasten in die Landschaft, verlegten Bahnschwellen, erfanden die Massenproduktion des Automobils, sie begründeten auf diesem Reichtum nicht nur eine »Great Power«, wie der britische Historiker Paul Kennedy meint, sondern das größte Imperium seit dem Untergang des Römischen Reiches. Der Dollar dominiert heute noch weltweit das Wirtschaftsgeschehen, das amerikanische Finanzsystem setzt den Standard. Wie einst die römischen Prokonsule sind die fünf Regionalkommandeure der US-Armee auf der Erdkugel verteilt, zuständig für Europa, Lateinamerika, den Mittleren Osten, den pazifischen Raum und Nordamerika. Außerhalb der USA sind derzeit rund 320 000 amerikanische Soldaten stationiert, in etwa die gleiche Zahl an Menschen, die um 1700 in den nordamerikanischen Kolonien lebten. Sie leiten humanitäre Kampfeinsätze, helfen beim Wiederaufbau zerfallener Staaten – und führen mit großer Selbstverständlichkeit Krieg gegen jedermann, der ihren Wirtschafts- oder Sicherheitsinteressen in die Quere kommt.

Das Überraschende daran ist nicht, dass diese Supermacht sich über andere erhebt, arrogant wirkt und mit zuweilen unglaublicher Härte zur Sache geht. Das ist das Wesen einer jeden Supermacht. Sobald sie sensibel und weich wird, nachdenklich oder gar nachgiebig, sind ihre Tage gezählt. Eine Großmacht hört auf, Großmacht zu sein, wenn sie ihre Fähigkeit zur Brutalität verliert. Sie wird dann vielleicht ein sympathischer Staat sein, wie die Schweiz oder Dänemark, aber kein mächtiger mehr.

Das Erstaunliche ist, dass Amerika sich überhaupt zu dieser

Supermacht entwickeln konnte. Der Weg zu Weltrang und Wohlstand war keineswegs vorgezeichnet, auch wenn es heute immer wieder behauptet wird. Das ist Geschichte aus dem Blickwinkel derer betrachtet, die schon den Ausgang des Abenteuers kennen. Aber zu Beginn zeigten die Wege überallhin, auch in Richtung Abgrund. Die Voraussetzungen für eine starke, geeinte und dauerhafte Nation waren sogar eher ungünstiger als anderswo. Denn vom Wesen der neuen Nation hatten die ersten Siedler keine Vorstellung, nicht einmal ihre Wunschvorstellung ging in diese Richtung.

Eigentlich waren sie der Heimat entlaufen, weil ihnen der Großkonflikt mit Krone und Kirche und all den anderen erstarrten Institutionen zu mühsam und wenig Erfolg versprechend schien. Eine Karriere im Zentrum des weltumspannenden Empires interessierte sie nicht. Sie waren Nonkonformisten, all die einstudierten Rituale von Königshaus und Westminster-Parlament empfanden sie als zu affektiert, als dass sie lange über deren Reform hätten nachdenken wollen. Sie suchten bewusst die Nische, wollten im Windschatten der großen Politik ihrem kleinen Glück zustreben, was im weitestgehenden Fall das Glück einiger Glaubensbrüder mit einschloss.

Das mühsame Leben in den neuen Ländereien, das kam hinzu, ließ ihnen kaum Zeit zum Nachdenken. Vor ihnen lag der fruchtbare Küstenstreifen, dahinter ein weites Land, für dessen Durchquerung zunächst nur Pferde und Planwagen zur Verfügung standen. Die Siedler besaßen weder Armee noch Verfassung. Der Kampf ums Überleben gestattete keine geistigen Ausschweifungen. Überall stemmte sich die indianische Urbevölkerung, die auf der Suche nach Nahrung das Land durchstreifte, den Neuankömmlingen entgegen. Deren Überlebenswille stand gegen den Willen der Ankömmlinge, die das Land nun für sich beanspruchten. Es war wie so oft: Das Entstehen einer neuen Kultur begann mit dem Zerstören der alten. Innerhalb von nur 100 Jahren nach dem ersten Kontakt verschwanden 90 Prozent der indianischen Urbevölkerung, die meisten starben durch eingeschleppte Krankheiten. Die Überlebenden wurden in Reservate gesperrt oder mussten sich als lebende Maskottchen verdingen. Der legendäre Häuptling der Hunkpapa-Sioux, Sitting Bull, endete als Darsteller in einer Wildwest-Show.

Die Neuankömmlinge darf man also, ohne ihnen zu nahe zu treten, als zwiespältige Gesellen bezeichnen; einerseits frömmelnd und fleißig, hilfsbereit gegenüber dem Nächsten. Auf der anderen Seite waren sie aus einem erkennbar harten Holz geschnitzt: Verdrängung und Unterdrückung waren die Wesensmerkmale schon ihres frühen Auftritts, die Ureinwohner wurden ausgerottet, die aus Afrika verschleppten Arbeitssklaven mussten arbeiten bis zum Umfallen. Wenige Jahre nach der Unabhängigkeitserklärung im Jahre 1776 zählten die späteren USA bereits rund drei Millionen Einwohner, davon 500 000 Sklaven.

Aber noch immer deutete nichts darauf hin, dass diese Menschen ihre Eltern und Großeltern bald schon übertrumpfen sollten. Die Vereinigten Staaten lagen selbst 80 Jahre nach ihrer Gründung deutlich hinter dem Standard des britischen Mutterlandes, das als Pionier der Industrialisierung dafür geschaffen schien, die übrige Welt für Jahrhunderte zu dominieren. Das weite, in seiner frühen Stunde noch durch keinerlei Kommunikationsstränge verbundene Amerika und die unterschiedliche Herkunft der Neuamerikaner ließen ein Auseinanderdriften erwarten, eher jedenfalls als die Ausbildung einer eigenen nationalen Identität. Man ging sich aus dem Weg, anstatt die Nähe des ethnisch anderen zu suchen. Im heutigen New York und den mittelatlantischen Kolonien tummelten sich zunächst Holländer und Skandinavier, Pennsylvania war das Zentrum der Deutschen, die Briten besiedelten die nördlichen Küstenregionen, Schotten, Skandinavier und wiederum Deutsche verteilten sich im Mittleren Westen. Die Furcht vor den Deutschen beispielsweise, die insgesamt rund neun Prozent und in Pennsylvania bis zu einem Drittel der Einwohner stellten, ließ Benjamin Franklin vor »Überfremdung« warnen.

Was die auseinander strebenden Teile des späteren Amerika zusammenhielt, war die Autorität der britischen Krone. Aber diese Kraft wirkte verrückterweise erst ab dem Tag, als sie sich gegen die Siedler richtete. England litt unter den Kosten der Kolonialpolitik, weshalb König George III. nach neuen Einnahmequellen suchte. So fiel sein Blick auf die nordamerikanischen Kolonien, die sich ökonomisch passabel entwickelten. Neue Steuern und Zölle wurden eingeführt. Was auch immer die 13 Kolonien kauften oder verkauften, die Krone hielt die Hand auf. Es wurde ihnen verboten, bestimmte Produkte wie Kleidung und Eisen herzustellen, da die Engländer sich unliebsame Konkurrenz vom Hals halten wollten. Eine Sondersteuer auf alle Schriftstücke mit rechtlicher Bedeutung – darunter auch Zeitungen, Kalender, Urkunden – wurde eingeführt. Die Krone begann sogar eine eigene königliche Bürokratie zum Eintreiben der Gelder aufzubauen.

Wer so dreist die Hand aufhält, darf mit dem Applaus der Geschröpften nicht rechnen. Die Stimmung verdüsterte sich, die Loyalität zum Mutterland begann zu schwinden. Britische Finanzbeamte wurden erstmals mit Teer bestrichen, um sie danach in einem Meer von Hühnerfedern zu baden. Teeren und Federn, das war im Amerika dieser Tage die gebräuchliche Form, sein Missfallen zum Ausdruck zu bringen.

Ein Krieg wurde schließlich unvermeidlich. Die Details dieses auf beiden Seiten fintenreich geführten Unabhängigkeitskriegs müssen uns hier nicht interessieren. Die Rechnung am Ende der achtjährigen Schlacht aber sah so aus: Die Briten, die sich mit einigen Indianerstämmen und einer nennenswerten Zahl von Sklaven gegen ihre amerikanischen Landsleute verbündet hatten, lagen bis zum Schluss gut im Rennen. Solange sie es ausschließlich mit der Siedlerarmee unter Führung

von George Washington zu tun hatten, schien ihr Sieg nur eine
Frage der Zeit. Auf unter 5000 Mann waren die amerikanischen Einheiten, die einst mit 20000 Mann gestartet waren,
bereits dezimiert, als Washington in seiner übergroßen Not
die Franzosen, seit jeher die Erzrivalen der Briten, zu Hilfe
rief. Die ließen sich nicht lange bitten, lieferten erst Kriegsgerät und Geld, schließlich unverbrauchte Truppen, immerhin
knapp 6000 Mann. Im Endspurt lagen die französisch-ameri-
kanischen Verbände vorn, was für die Briten eine militärische
Niederlage, vor allem aber eine beispiellose politische Bla-
mage bedeutete. 25000 Siedler waren gefallen, aber Amerika
war frei. Da kündigte sich das nächste Drama bereits an: Amerika wusste mit seiner neu gewonnenen Freiheit nichts anzufangen.

Als Akt der Notwehr und der Selbstbehauptung entstand ein
Staat, der eigentlich keiner sein wollte. Die Siedler schufen
Symbole einer Staatlichkeit, die sie im Grunde ihres Herzens
ablehnten. Sie frönten bald schon einem Fahnenkult, den sie in
England noch als albern empfunden hatten. Sie befassten sich
mit Freiheitsrechten und Verfassungszielen, was bisher nicht
ihre Neigung war. Sie fanden zueinander, obwohl sie das nie
im Leben vorgehabt hatten. »Entweder wir halten zusammen
oder wir hängen einzeln«, soll Franklin seinen Landsleuten
zugerufen haben. Ein Staat wider Willen war gegründet worden, nicht wie die Amerikaner bis heute glauben wollen von
Franklin, Washington und Jefferson, sondern von den damaligen Weltmächten Frankreich und Großbritannien. Die
einen hatten den Unabhängigkeitskrieg mit ihrer Zoll- und
Steuerpolitik angezettelt, die anderen ihn siegreich beendet.
Ohne die Briten kein Kampf, ohne die Franzosen kein Sieg.
Wenn es in der Geschichtsschreibung ehrlich zuginge, was seit
jeher nicht der Fall ist, müsste am amerikanischen Independen-
dence-Day den Staatsgründern George III. aus England und
Louis XVI. aus Frankreich gedacht werden. Dann würden die

amerikanischen Schulkinder als Erstes lernen, dass die Freiheitsstatue im New Yorker Hafen ein Geschenk der Pariser Regierung ist – als Symbol und Erinnerung einer von Franzosen erstrittenen Freiheit. Auch das Datum der Feierlichkeiten wäre bei dieser Gelegenheit den tatsächlichen Gegebenheiten anzupassen. Erst der Friedensvertrag von Paris am 3. September des Jahres 1783 begründete die Unabhängigkeit der Vereinigten Staaten, nicht die einseitige Willenserklärung, die am 4. Juli 1776 veröffentlicht wurde. Sie war nur die Absichtserklärung, aber nicht die Siegerurkunde, als die sie heute dargestellt wird.

Die »Vereinigten Staaten von Amerika« waren zunächst nicht viel mehr als eine Hochstapelei. Vereint waren die dreizehn Kolonien vor allem in ihrer Ratlosigkeit. Sollten sie ein lockerer Freundschaftsverband bleiben, wie es zahlreiche Politiker damals wünschten? Oder doch lieber einen Staatenbund bilden, dessen Machtzentrum die einzelnen Bundesländer sein würden? Würde die Berufung eines mit Macht ausgestatteten Präsidenten der Sache der Siedler hilfreich sein oder hatten die Kritiker Recht, die darin den »Fötus der Monarchie« zu erblicken glaubten? Die Siedler konnten sich nicht entscheiden.

Der Krieg hatte die innere Zerrissenheit des Kontinents nur überlagert, nicht geheilt. Ein Staat ohne Staatsidee, ohne Staatsvolk und ohne allgemein akzeptierte Steuervollmacht war entstanden, ein Gehäuse, dem im Innersten das Kraft- und Kontrollzentrum fehlte.

Staat im Säurebad. Eine Weltmacht entsteht

Wäre die Geschichte einfach so weiter nach vorn gestolpert, hätte dem Gemeinwesen der USA alles Mögliche bevorgestanden, nur kein erfülltes Leben. Die inneren Spannungen und Widersprüche hätten das Land immer wieder zur Beschäftigung mit sich selbst gezwungen und damit zur Erosion seiner ohnehin losen staatlichen Substanz geführt. Die heutige US-Regierung würde mit der ihr eigenen Strenge wahrscheinlich von einem »failing state« sprechen, einem zerfallenden Staat. Es fehlten 240 Jahre nach Ankunft der ersten Siedler noch immer die drei Mindestvoraussetzungen, um überhaupt Weltmacht werden zu können: Die USA brauchten dafür dringend eine stabile Staatlichkeit, kein britisches Hofzeremoniell und keine preußische Bürokratie, aber doch eine Führung mit Autorität in den letzten Dingen, zum Beispiel beim Kriegführen. Auch ein Ende der Kleinstaaterei – bei Zöllen, Währungen und Steuern – war vonnöten. Nur der große, von der West- bis zur Ostküste, von den Großen Seen bis zum Golf von Mexiko sich erstreckende Binnenmarkt würde die Magie der großen Zahl ermöglichen. Nur so war es im heraufziehenden Zeitalter des Kapitalismus, das ein Zeitalter der Massenproduktion werden sollte, möglich, von allem die optimale Stückzahl herzustellen. Die dritte Voraussetzung war die am schwierigsten zu schaffende, aber die wichtigste. Sie war von so hoher Bedeutung, dass sich hieran alles entscheiden würde und es daher lohnend schien, notfalls eine gewaltsame Klärung herbeizuführen.

In dieser Frage konnte es auf Dauer keine Kompromisse geben und wenn, dann nur um den Preis, dass eine Supermacht USA niemals das Licht der Welt erblicken würde: Die Sklaverei musste aufhören. Diese dauernde Knechtschaft war moralisch verwerflich, sie brachte unendliches und bis heute nicht verheiltes Leid. Aber um Moral ging es nur am Rande. Die Sklaverei war – und darauf kommt es hier an – auch ökonomisch und politisch ein Irrweg. Der Sklavenstaat war schon damals das Relikt einer versunkenen Epoche, ein Modell, das einer Herrenschicht zwar ein Leben ohne allzu große Anstrengung versprach, aber nicht im Mindesten geeignet war, die Anforderungen der neuen Zeit zu erfüllen. Unmündige Sklavenarbeiter waren im besten Fall fleißige Handwerker, geistige Produktivität aber war von ihnen nicht zu erwarten. Wer das Fundament seiner Volkswirtschaft auf weitgehend ungebildete Sklaven stützt, kann nicht sehr hoch bauen. Er schafft es nur bis zum Agrarstaat mit angegliederten Manufakturen. Ein imposanter produktiver Kern mit bahnbrechenden Ideen in der Mitte, um die herum sich die technische und naturwissenschaftliche Intelligenz bilden kann, die ihrerseits eine stabile Mittelschicht von gut ausgebildeten Arbeitern und Angestellten hervorbringt, kann so nicht entstehen. Der Sklavenstaat ist ein Niedrigenergiegehäuse, in dem eine Herrenschicht sich zwar aristokratisch gebärdet, bei all dem allerdings ökonomisch nicht viel zu Wege bringt.

Die eigentlichen Leistungsträger wachsen rechtlos und weitgehend bildungsfrei auf, was den produktiven Kern von Anfang an auf ein Minimum reduziert. Unfreie Menschen melden keine Patente an; sie wissen und wagen wenig, sie sind mittelmäßige Arbeiter und aufgrund ihrer Hungerlöhne taugen sie auch als Konsumenten nicht viel. Eine Hochleistungsmaschine, die technologische Durchbrüche nicht im Ausnahmefall zulässt, sondern als Regelfall ermöglicht, lässt sich mit Heerscharen von Entrechteten nicht in Gang setzen. Wer sich für den Sklavenstaat entscheidet, handelte unmoralisch *und* unklug. Die Lehre aus dem kränkelnden britischen Empire war ja gerade, dass Besitzen und Besetzen noch keine Gewähr für stolze Renditen bot. Warum war denn die East India Company zuweilen klamm, trotz all der Monopolrechte, die sie im indisch-britischen Handel genoss? Warum erwies sich Afrika als ein Milliardengrab für die Imperatoren vieler Länder, trotz der hemmungslosen Selbstbedienung? Wieso fiel Englands Wirtschaftsleistung im Vergleich zu den anderen westlichen Staaten praktisch mit jeder neuen überseeischen Besitzung weiter zurück, wo doch das Beherrschen möglichst vieler Menschen den Weg zu Reichtum und Macht weisen sollte?

Die Klügeren in den USA sahen das Problem, aber sie konnten es allein nicht lösen. Der Norden drängte auf ein Ende der Unterdrückung, die eine ökonomische Begrenzung und moralische Selbstverstümmelung der noch jungen Nation bedeutete. Der Süden aber weigerte sich. In den Sumpfgebieten, wo die großen Plantagen für Tabak und Baumwolle standen und das Malariavirus heimisch war, kamen die Sklaven bevorzugt zum Einsatz. In South Carolina überstieg die Zahl der rechtlosen schwarzen Arbeiter die der weißen Farmerfamilien.

Eine Spaltung der Nation stand auf der Tagesordnung oder als Alternative – schon wieder Krieg. Diesmal würde es der grausamste aller Kriegstypen sein, der Bürgerkrieg. Beide Seiten wollten dennoch kämpfen, wie sich bald zeigte. Das Kriegsziel des Südens war der Erhalt des Status quo – und damit der Abschied von jenen Aufstiegsphantasien, die im Norden herangereift waren. Das Kriegsziel des Nordens war es, eine Nation zu schaffen, die in der Lage sein würde, auch weltweit vorne mitzuspielen, die Grundvoraussetzungen dafür – der starke Staat, der einheitliche Binnenmarkt, die auf ökonomische Effizienz basierende Leistungsgesellschaft – sollten, wenn es denn nicht anders zu haben war, in einem kriegerischen Kraftakt geschaffen werden. Innerhalb von 100 Jahren gingen die Auswanderer erneut durch ein Säurebad. Das erste Mal waren sie als Siedler hineinmarschiert und als Staatsbürger wider Willen herausgekommen. Im zweiten Durchgang sollten sie das Flüchtige ihrer staatlichen Existenz verlieren, das Vorläufige und Unentschiedene würde sich ablösen und das Gestrige verdunsten. Am Ende konnte ein Volk die Weltbühne betreten, das stark genug war, um einen Platz in der vordersten Reihe der Nationen für sich beanspruchen zu dürfen.

Die Sklavenhaltergesellschaft.
Amerika befreit sich selbst

Die Gewinn- und Verlustrechnung dieser fast vierjährigen Auseinandersetzung weist den Norden und damit das moderne Amerika als den eindeutigen Sieger aus: Die Sklaven waren schließlich mehr oder minder frei, sie durften in die Parlamente einziehen, Familien gründen, eigene Firmen eröffnen. Dem bisherigen Geschäftsmodell der Südstaaten-Farmer war damit in der offiziellen Gesetzgebung der Boden entzogen.

Die neue Zeit hatte gesiegt, sie hielt nun in Georgia, Mississippi, Arkansas, Virginia, Louisiana und Tennessee Einzug, auch wenn es kein Triumphzug wurde. Die von vielen geforderte Bodenreform, die Sklaven hätte in Staatsbürger und Farmer verwandeln können, blieb aus. Aber immerhin war ihnen der Landerwerb nun nicht mehr verboten. Öffentliche Schulen wurden gebaut, erstmals auch für die Kinder der Farbigen. Amerika erlebte eine Bildungsexplosion, die dem aufstrebenden Industrieland gut bekam. Besuchten 1870 lediglich 52 000 Jugendliche ein College, hatte sich diese Zahl 20 Jahre später verdreifacht. Die Mentalität der Südstaaten blieb bestehen, aber sie war in die Nische des Folkloristischen verwiesen. Ihr Ehrgeiz, dem ganzen Gemeinwesen den Stempel eines Sklavenhalterstaats aufzudrücken, war nicht erloschen, aber er glimmte nur noch schwach. Amerika war, wenn auch unter Schmerzen, geeint.

Das Leistungsprinzip hatte sich gegen den rassistischen Ausbeuterstaat durchgesetzt, der moderne Industriekapitalismus gegen das Feudalsystem. Damit erst waren die Voraussetzungen für das Werden und Wachsen der Weltmacht USA geschaffen. Seit der Landung der Mayflower war Amerika stets ein Gebilde von eher flüchtigem Aggregatzustand gewesen, halb Staat, halb Illusion. Erst jetzt verfestigten sich die Strukturen, aus dem Staatsgebilde war – fast zeitgleich mit Bismarcks Reichsgründung – eine Nation geworden.

Von Stund an glühte die Volkswirtschaft. Wie auf einer Quecksilbersäule lässt sich anhand der ökonomischen Daten die erhöhte Betriebstemperatur des Landes ablesen. Der produktive Kern der Vereinigten Staaten lud sich regelrecht auf, vergrößerte sich bald schon in wilden Schüben. Im Innersten der Volkswirtschaft entstand jene Antriebsenergie, die bald darauf den politischen und militärischen Aufstieg des Landes ermöglichen sollte. Es kam in den folgenden Jahrzehnten zu eruptiven Wachstumsschüben, wie sie seither nur das Nachkriegseuropa und das heutige China erlebt haben. Allein in der kurzen Spanne zwischen 1870 bis 1900 verdreifachte sich das Bruttosozialprodukt und die Industrieproduktion legte um das Vierfache zu. Amerika schloss sich in derart rasantem Tempo an den weltweiten Handel an, dass Briten, Franzosen und Deutsche ihren Augen kaum trauten. Hatte der Wert der Ausfuhren 1870 noch 500 Millionen Dollar betragen, war er bis 1900 bereits auf 1,5 Milliarden Dollar gestiegen, schaffte 1910 die 2-Milliarden-Grenze und schoss nach dem Kriegsausbruch in Europa auf rund drei Milliarden Dollar empor.

Wohin man das Thermometer auch hält, es liefert Daten von erhabener Größe. In den drei Jahrzehnten bis zur Jahrhundertwende stieg die Getreideernte um etwa 260 Prozent, die Kohleförderung um 800 Prozent und die Produktion von Stahlschienen für den Eisenbahnbau um über 520 Prozent, was dem Zusammenwachsen des Landes gut bekam. Ein erster Vergleich mit dem unterentwickelten Russland, das sich später auch als Weltmacht versuchen sollte, drängt sich auf: Den nur 70 000 Bahnkilometern der Russen standen am Vorabend des Ersten Weltkriegs 400 000 Bahnkilometer in den USA gegenüber.

Dieses im Säurebad gehärtete Amerika, unabhängig nach außen und geeint im Innern, wurde nun zum Ziel aller Aufstiegswilligen. Sie kamen, weil hier die Bedingungen für persönlichen Wohlstand günstig schienen. Sie blieben, weil es für sie Arbeit, Land und persönliche Freiheit gab. Der produktive Kern der entstehenden Supermacht konnte sich auch deshalb so enorm vergrößern, weil immer neue Menschen mit neuen Ideen in sein Innerstes vorrückten. Ihre Leistungskraft befeuerte ihn, ihr Wille zum Wohlstand schuf scheinbar aus dem Nichts die bis heute größte Volkswirtschaft der Welt. Die Willenskraft, die dem Land zuwuchs, können wir nicht messen, wohl aber die Anzahl ihrer Träger, die hereinströmenden Menschenmassen. Allein zwischen 1870 und 1890 legte die Einwohnerzahl der USA um 50 Prozent auf 60 Millionen Menschen zu. Die Neuankömmlinge wanderten ohne größeren Zeitverzug in die Industriezonen von Pittsburgh, Detroit und Cleveland, wo sie am Hochofen und später in der Autoproduktion Großes leisteten. Lag der Ausländeranteil unter den Industriearbeitern im Jahr 1870 erst bei rund 30 Prozent, betrug er zur Jahrhundertwende bereits 60 Prozent. Diese zugewanderte Industriearbeiterschaft arbeitete und sie sparte, was fast genauso wichtig war.

Ihr Sparkapital bildete das Investitionskapital der USA, mit dem der Aufstieg zur führenden Industrienation finanziert wurde. George Westinghouse schuf einen der bedeutendsten Elektrokonzerne, John D. Rockefeller sein Ölimperium, Henry Ford ließ die größte Autofirma der Welt entstehen, die französische Einwandererfamilie Du Pont de Nemours gründete einen Chemiegiganten, wie ihn die Neue Welt bis dahin noch nicht gesehen hatte. In New York stieg der Bankier John Pierpont Morgan zur Ikone der Wall Street auf. Geradezu mustergültig war ein Wirtschaftskreislauf in Gang gekommen, in dem zunächst Arbeit Kapital entstehen ließ, woraufhin das Kapital wieder Arbeit schaffte.

Das Militär jener Jahre hielt sich auffällig zurück. Die US-Armee besaß vor 100 Jahren nur sieben Prozent der personellen Stärke von heute. Sie war nicht Weltpolizist und nicht

Interventionsarmee, sondern Dienstleistungsfirma für die Siedler. Ihre wichtigste Aufgabe bestand darin, den Neuamerikanern den Weg durch die Indianergebiete freizuschießen. Bis zum Beginn des Ersten Weltkriegs spielte das Militär nur eine untergeordnete Rolle. Die russische Armee war achtmal größer, aber Amerika produzierte fast siebenmal so viel Stahl. Alle Aufmerksamkeit der amerikanischen Elite galt dem Gedeihen im Innern. Noch 1892 schlug ein Kolumnist des *New York Herald* vor, das Außenministerium in Gänze abzuschaffen, da es für Amerika in Übersee keine bedeutenden Aufgaben zu erledigen gebe.

Die Briten wollten es zunächst gar nicht wahrhaben, was da passiert war. Die Auswanderer hatten die Daheimbleiber ökonomisch überrundet. Die Mutter England war die Weltmacht des ausgehenden 19. Jahrhunderts. Die amerikanische Tochter übernahm nach dem Ersten Weltkrieg die Führungsrolle. Ohne die Völkerschlacht hätten die USA die Europäer in ihrer Gesamtheit wohl erst 1925 übertroffen und wären – unter Beibehaltung der vor dem Krieg erzielten Wachstumsraten – spätestens dann zur größten Volkswirtschaft aufgestiegen. Doch die Europäer konnten es nicht abwarten, in die zweite Liga abzurutschen. So war denn schon 1919, kaum hatten sich die Dämpfe von Phosgen, Senf- und Chlorgas über den Schützengräben des Ersten Weltkriegs verzogen, die neue Weltsupermacht jenseits des Atlantiks zu erkennen.

Knapp vier Jahrhunderte hatte die europäische Weltherrschaft gehalten. Verschiedene Führungsnationen wechselten einander ab, aber stets blieb Europa der Mittelpunkt des Geschehens. Die Aufstiegsgesellschaften einer ganzen Epoche stammten aus Europa. Weitere hundert Jahre schienen gesichert; die überlegenen See- und Landstreitkräfte von Briten und Deutschen, die auch von Frankreich und Belgien erworbenen Unterdrückungs- und Eroberungstechniken, die frühe Industrialisierung, ausgelöst von einem einzigartigen Feuerwerk der Ideen, das war der Treibstoff, mit dem Europa seinen kometenhaften Aufstieg hätte fortsetzen können. Aber nun war ein anderer Stern aufgestiegen, größer in seiner ökonomischen Substanz, beeindruckend in seiner technologischen Strahlkraft und von großer politischer Geschlossenheit.

Erst der Krieg hatte den Amerikanern das große Glück gebracht. Vielleicht kam es auch deshalb zu ihnen, weil sie nie mit Hurra in die Schlacht zogen. Sie waren brutale, rohe und stets sehr entschlossene Kämpfer, aber sie führten nicht Krieg um des Krieges willen. Sie waren von der Sehnsucht nach mehr Macht, mehr Wohlstand und weniger Bedrohung getrieben, aber sie lebten nicht in der Wahnvorstellung, die Welt unterjochen zu müssen. Das Töten von Menschen nahmen sie in Kauf wie jede Nation, die sich zum Kriegführen entschließt. Aber sie metzelten nicht drauflos wie die Briten in Indien und die Franzosen in Afrika, sie errichteten auch keine monströsen Mordfabriken, wie die Deutschen unter Hitler es taten.

Wenn man genau hinschaut, sind die Amerikaner sogar eher bedächtige Kriegsbeginner. Sie warten und zaudern, bis es nicht mehr anders geht. Der Unabhängigkeitskrieg wurde von den Engländern provoziert. In ihre zwei großen überseeischen Kriege sind die USA hineingezogen, eher noch hineingestoßen worden.

Jeder dieser bewaffneten Konflikte endete für sie mit einem Zugewinn an Macht, Prestige und Wohlstand. Die Kraftprobe mit den Briten verhalf ihnen zu einem eigenen Staat. Der Indianerkrieg sorgte für neues Land. Selbst jene grausame Schlacht, in der Amerikaner gegen Amerikaner antraten, ist dem Land gut bekommen. Sie schweißte den Staat zur Nation zusammen. Das vereinte Amerika wuchs aus sich selbst heraus zur ökonomischen Weltmacht heran. Den großen politischen Schub aber brachten die nun folgenden drei Kriege, die im Unterschied zu den drei vorangegangenen auf fremdem Territorium geführt wurden. Was vorher galt, galt nun erst recht:

Jeder Waffengang ein Aufstieg, die Gewinne überstiegen die Opfer um ein Vielfaches. So ist es beileibe nicht nach allen Kriegen. Insbesondere die Deutschen haben durch die beiden von ihnen angezettelten Waffengänge nichts gewonnen, sondern zwei Mal alles verloren. Die Kriege der Amerikaner hingegen zahlten sich aus: Auf der Sollseite standen unbestreitbar Elend und Schmerz der betroffenen Generation, auf der Habenseite aber funkeln bis heute die enormen Zugewinne an politischer und ökonomischer Macht.

Der erste Auswärtskrieg tobte vor der eigenen Landesgrenze. Es war im Rückblick betrachtet nicht viel mehr als ein Testlauf. US-Außenminister John Hay sprach damals von dem »wunderbaren kleinen Krieg«. Mutwillig legte sich Amerika nach anfänglichem Zögern des Präsidenten mit den Spaniern an. Ein brennendes US-Schiff im Hafen von Havanna, damals spanisch beherrscht, lieferte den Anlass. Der kaum vier Monate dauernde amerikanisch-spanische Krieg besiegelte das Ende der spanischen Kolonialmacht. Im Friedensvertrag musste Spanien Puerto Rico, Guam und die Philippinen an die USA abtreten, derweil Kuba de facto ein US-Protektorat wurde. Bereits zu Beginn des neuen Jahrhunderts entstand der amerikanische Marinestützpunkt Guantanamo Bay.

Zwei größere Waffengänge in Übersee folgten. Nach dem Ersten Weltkrieg war Amerika bereits Weltmacht. Der Zweite Weltkrieg ließ die Weltmacht zur Supermacht aufsteigen. Von Kriegsbegeisterung konnte in keinem der Fälle die Rede sein. Der Unabhängigkeitskrieg war umstritten bis in die Stunden des Sieges und weit darüber hinaus. Viele wollten nicht gegen ihr Mutterland antreten. Das Eingreifen in den Ersten Weltkrieg schien bis zuletzt ein Ding der Unmöglichkeit. Ausweislich der Meinungsumfragen, die schon damals durchgeführt wurden, waren zwei Drittel der US-Bürger dagegen. Präsident Wilson lieh dem Volkswillen seine Stimme. Das Land, sagte er, sei »zu stolz, um zu kämpfen« (»too proud to fight«), Ziel seiner Politik sei der Friede, »weil der Friede, nicht der Kampf, das heilende und erhebende Element der Welt ist«. Dabei war das erhebende Element für sein Land, wie sich bald herausstellen sollte, der siegreich absolvierte Krieg.

Der Präsident mahnte die Deutschen zur Mäßigung, er brach die diplomatischen Beziehungen zu ihnen ab, aber er konnte sich nicht zu einer regulären Kriegserklärung durchringen. Erst als deutsche U-Boote verstärkt auch amerikanische Schiffe attackierten, griff Amerika in die Völkerschlacht ein. Der Himmel über den verschiedenen Frontabschnitten hatte sich längst verfinstert. Bewegungskrieg, Stellungskrieg, Zermürbungskrieg, das waren die Vokabeln dieser Jahre. Europa verwandelte sich mit jedem Kriegstag in eine Zone der Verwüstung, in der Sieger und Besiegte kaum mehr zu unterscheiden sein würden. Die Amerikaner mit ihren unverbrauchten Divisionen bewirkten vor allem eines, sie demoralisierten die Deutschen. Der entscheidende Anschlag war der auf die Kampfmoral. Die Kraftmeierei der Deutschen klang zunehmend lächerlich, die Durchhalteparolen ihrer Militärs stießen plötzlich auf taube Ohren in der Zivilbevölkerung. Noch Anfang des Jahres 1917, drei Monate vor der Kriegserklärung der Amerikaner, hatte Admiral Eduard von Capelle, Staatssekretär im Reichsmarineamt, dem Parlament zugerufen: »Die Amerikaner werden noch nicht mal ankommen, weil unsere U-Boote sie versenken werden. Also bedeutet Amerika militärisch null und noch einmal null und zum dritten Mal null.«

In Wahrheit lief die Ankunft der Amerikaner in Frankreich reibungslos. Die Intervention der USA bedeutete für das Land dreimal den Sieg: militärisch, politisch und ökonomisch. Die Deutschen besaßen nicht mehr die Kraft, diesen nicht kriegshungrigen, aber eben doch in all seinen Fasern kriegswilligen Truppenkörper zurückzuwerfen. Am Tag des amerikanischen Eingreifens war das Schicksal der deutschen kaiserlichen Armee besiegelt.

Das der Amerikaner auch. Da ihr eigenes Territorium in Gänze frei von Verwüstung blieb, sprang sofort nach Ende der Kampfhandlungen der Exportmotor an. Was der Frieden nicht gebracht hatte, besorgte der Krieg. Dank seiner Zerstörungskraft schaffte er den leeren Raum, in den hinein die US-Wirtschaftsmaschine expandieren konnte. Das Land erzeugte nun weltweit knapp die Hälfte aller industriellen Güter, das Nationaleinkommen war so groß wie das der 23 wohlhabendsten Staaten der Welt. Aus dem Schuldnerstaat USA war im Laufe der Kriegsjahre ein Gläubigerland geworden, was den unschätzbaren Vorteil hatte, dass man an den Zinszahlungen anderer Völker kräftig verdiente. Von den knapp 13 Milliarden Dollar, die sich andere Staaten in Amerika geliehen hatte, stammten allein zehn Milliarden aus Kriegsanleihen. Noch Jahrzehnte nach Ende der Kampfhandlungen profitierten die Vereinigten Staaten von ihrem Einsatz. Der Erste Weltkrieg war der Katalysator, mit dessen Hilfe aus einer Regionalmacht eine Weltmacht geworden war. »Wir sind nicht länger Bewohner einer Provinz«, rief Präsident Wilson nun den Kongressabgeordneten zu. Der Krieg habe die Amerikaner »zu Bürgern der Welt« gemacht, sagte er, was im Grunde eine Untertreibung war. Die USA waren nicht Bürger der Welt, sie waren ihr Bürgermeister geworden.

Die ehemaligen europäischen Supermächte hatten im Weltmachtpoker ausgespielt. Wenn man ihre stotternde und vielfach sogar stillgelegte Wirtschaftsmaschinerie betrachtet, springt der relative Aufstieg der USA noch deutlicher ins Auge. Die Errungenschaften der Industrialisierung waren vielerorts in Europa nahezu rückstandsfrei weggesprengt worden: Bahnstrecken, Telegrafenleitungen, Fabriken und hunderttausende von Wohnhäusern, in denen die Arbeiterschaft ihr Quartier besaß. Der Krieg hatte einerseits den europäischen Wohlstand von mehreren Jahren vernichtet und andererseits die Bedingungen zerstört, die für einen schnellen Wiederaufstieg nötig gewesen wären. Russlands Wirtschaftskraft nach dem Krieg entsprach nur noch 13 Prozent der vor dem Krieg erzielten Leistung. Aber auch in Deutschland und Frankreich sackte der Warenausstoß auf nur noch zwei Drittel des Vorkriegsniveaus.

Die Gewichte unter den Großmächten hatten sich auf dramatische Weise zu Ungunsten der europäischen Industriestaaten verschoben. Die Globalisierung ging weiter, aber mit anderem Vorzeichen. Der Schlussgong des Krieges beendete das europäische Jahrhundert. Die Weltindustrieproduktion stieg von 1913 bis 1925 um 22 Prozent, ohne dass die Europäer an dieser Steigerung noch einen nennenswerten Anteil besaßen. Amerikas Industrieausstoß wuchs im selben Zeitraum um nahezu 50 Prozent. Alle Messinstrumente, mit denen sich der Erfolg einer Gesellschaft überprüfen lässt, drehten jenseits des Atlantiks in den grünen Bereich: Die Zahl der Studenten hatte sich zwischen 1900 und 1920 verdoppelt, jeder fünfte Amerikaner besaß 1929 bereits ein Automobil, was sich in Großbritannien nur jeder Zehnte leisten konnte. Die Reallöhne in den US-Fahrzeugfabriken waren in den zehn ersten Nachkriegsjahren um 30 Prozent gestiegen, was auch die übrigen Branchen mit nach oben zog.

Der viktorianische Lebensstil verblasste jenseits des Atlantiks schneller, als es den Briten lieb war. Trotz Prohibition regierte in den amerikanischen Großstädten König Alkohol, die jungen Leute wippten im Takt von Swing und Jazz, Sigmund Freud wurde populär und im Alltagsleben der Geschlechter hielt der Gleichheitsgedanke Einzug. Das Abenteuer der Moderne hatte begonnen.

Allerdings konnten auch die Amerikaner die Früchte ihres Sieges nicht lange genießen. Die industriellen Kapazitäten wuchsen schneller als die Nachfrage. Dem ungestümen Aufbruch nach Kriegsende folgte bald schon eine tiefe Depression mit allem, was dazugehört: Konkurse tausendfach, Börsenabsturz und Massenarbeitslosigkeit peinigten die Gesellschaft in der Beletage und ärger noch im Kellergeschoss. Zweifel an der Überlegenheit des kapitalistischen Systems tauchten auf. Der Himmel über Amerika verfinsterte sich, die Blitze der heraufziehenden Weltwirtschaftskrise erhellten den Blick auf ein Land, das seiner neuen Position als Weltmacht nicht gewachsen war.

Der Bürgermeister der Welt reagierte wie ein Provinzfürst. Die Weltwirtschaft war global, die amerikanischen Politiker waren es nicht. Sie schauten über den Tellerrand ihres Nationalstaats kaum hinaus. Auf die Überkapazitäten im eigenen Land reagierten sie mit rigoroser Abschottung gegenüber den europäischen Importen, was der Weltwirtschaft in dieser Phase schlecht bekam. Zumal im Inland die Kaufkraft zusammengesackt war wie ein erkaltetes Soufflé. Die hohen Börsenverluste verdarben die Konsumlust. Viele hatten auf Kredit spekuliert und mussten nun kräftig abzahlen. Industrie und Konsumenten waren in Widerspruch zueinander geraten. Dort die Überproduktion der Fabriken, hier die schwindende Kaufkraft der Bürger, und schon krachte es. Die Elementarkräfte, die Amerika in die Große Depression trieben, waren gewaltig.

Dass diese Krise jahrelang anhielt, war freilich von Menschenhand zu verantworten. Die Regierung unter Präsident Herbert Hoover reagierte zwar, aber sie reagierte falsch. Bisher hatte sie ihre Lieferanten in Europa, die noch vom Weltkrieg gezeichnet waren, mit Krediten versorgt. Nun forderte sie das Geld zurück. Und sie erhöhte die Einfuhrzölle, und zwar im Durchschnitt auf über 40 Prozent, was für ausländische Kaufleute praktisch ein Zutrittsverbot zum amerikanischen Markt bedeutete. Binnen weniger Monate befand sich die Welt in einem veritablen Weltwirtschaftskrieg mit all seinen Begleiterscheinungen: Drohungen und Ultimaten, neuen Zöllen, Quoten und Kaufboykotten. Die Globalisierung der Volkswirtschaften bildete sich zurück. Das Weltsozialprodukt schrumpfte. Im

Durchschnitt des Jahres 1933 war fast ein Viertel der erwerbsfähigen Amerikaner arbeitslos, knapp 13 Millionen Menschen
standen auf der Straße.

Das amerikanische Bruttoinlandsprodukt fiel in der Zeit
von 1929 bis 1933 fast um die Hälfte und drückte viele Familien unter das Existenzminimum. In den Wohnquartieren
herrschte Hunger. In Chicago wurden Lehrer, die seit zwölf
Monaten kein Gehalt mehr bekommen hatten, im Klassenzim-
mer ohnmächtig. In den Städten gab es Hungertote wie im
europäischen Mittelalter. Es kam vielerorts in den USA zur
Plünderung von Lebensmitteltransporten und zu Protest-
demonstrationen in Sichtweite des Weißen Hauses. Ein offenbar gefühlsarmer US-Präsident Hoover schickte den Unzufrie-
denen die Kavallerie mit gezückten Säbeln auf den Hals,
unterstützt von Panzerwagen und Tränengas. Die Erfolgsgeschichte Amerikas war nicht beendet, aber sie war zumindest
jäh unterbrochen.

Hitlers Hilfe. Wie die USA vom Zweiten Weltkrieg profitierten

Der Zweite Weltkrieg kam für die USA wie gerufen. Der neu-
erliche Unfrieden auf dem alten Kontinent war das Beste, was
der Weltmacht im Werden passieren konnte. Der US-Präsident, der nach Hoovers fulminanter Abwahl nun Franklin De-
lano Roosevelt hieß, zögerte zwar, sich erneut in eine europäische Auseinandersetzung einzumischen. Doch am Ende tat er
es. Der ökonomische und politische Nutzen dieses Krieges lag
fast ausschließlich bei den Amerikanern. Sie hatten ihn nicht
gewollt und nicht befördert, aber sie haben von ihm profitiert
wie niemand sonst.

Der Dämmerzustand der Großen Depression wurde beendet, die Wirtschaft wuchs schon vor dem eigentlichen Waffen-

gang wieder in atemberaubendem Tempo. Der heranwehende Pulverdampf stimulierte sie. Die Selbstzweifel, die Börsenkrach und Massenarbeitslosigkeit Ende der 20er und zu Beginn der 30er Jahre ausgelöst hatten, waren auf einmal wie weggeblasen. Der Krieg in Europa löste eine Initialzündung aus, die schließlich zur kraftvollsten Aufwärtsbewegung in der amerikanischen Geschichte führte. Der Wechsel von der Friedens- zur Kriegswirtschaft sorgte fast über Nacht für die Auslastung der Stahlwerke, deren Kapazitäten vorher zu zwei Dritteln brachlagen. Allein der 1940 gefasste Beschluss des Kongresses, die US-Flotte annähernd zu verdoppeln, wirkte auf die Fabriken der Schwerindustrie wie ein Aufputschmittel.

Der Wirtschaftskreislauf kam derart kraftvoll in Schwung, dass Arbeitskräfte bald schon knapp wurden. Immer mehr Menschen verließen ihr Zuhause, um sich in den Fabriken als Industriearbeiter oder bei der Armee als Soldaten zu verdingen. Die Arbeitslosigkeit verringerte sich nicht nur – sie verschwand.

18,7 Millionen Menschen, die bis dahin ein Leben außerhalb des produktiven Kerns geführt hatten, strebten ihm nun willig zu. Mit ihrer Energie heizten sie das Wirtschaftsgeschehen an. Zu den knapp neun Millionen Arbeitslosen, die den Weg zurück ins Erwerbsleben fanden, gesellten sich sage und schreibe zehn Millionen Menschen, die bisher nicht dem Arbeitsmarkt zur Verfügung gestanden hatten. Hausfrauen und Ältere, aber auch Schüler und Studenten drängte es nun zur Lohnarbeit. Lange vor dem Kriegseintritt der USA hatte damit eine ökonomische Mobilmachung eingesetzt.

Stahlwerke und Rüstungsschmieden ächzten unter Volllast, die Armee wurde zum größten Arbeitgeber des Landes, der mit seinem Verlangen nach neuen Panzern, Flugzeugträgern und Maschinengewehren die Wirtschaft immer weiter anregte. Die Gehälter der neuen Werktätigen und der Rekruten flossen in die Kassen des Einzelhandels, der nun mit seinen Bestellungen kaum mehr nachkam. So sprang der Funke von den Rüstungsbetrieben auf die Fabriken der Konsumgüterindustrie über. Das auf dem Höhepunkt der Großen Depression halbierte Sozialprodukt erreichte Ende 1940 bereits wieder den alten Stand. Bis zum Kriegsende verdoppelte sich der Ausstoß an Waren und Dienstleistungen noch einmal.

Dass der Staat diesen Aufschwung zum größten Teil mit Krediten finanzierte, störte damals niemanden. Diese Form des Zukunftsverzehrs galt auch wissenschaftlich als der letzte Schrei. Wer nicht als altmodisch gelten wollte, redete der Staatsverschuldung das Wort. Der Schuldenstand des Bundes betrug 1933 erst 22 Milliarden Dollar. Er wuchs bis 1940 auf gut 50 Milliarden, betrug 1942 bereits 79 Milliarden, 1943 schließlich 143 Milliarden, schoss 1944 auf 204 Milliarden hoch und endete im letzten Kriegsjahr bei rund 260 Milliarden Dollar. Nie zuvor in der Geschichte der Menschheit stürzte sich die Staatsführung eines demokratischen Landes derart hemmungslos in die Verschuldung. Die Regierung Roosevelt hatte in den Jahren von 1940 bis 1945 doppelt so viel Geld ausgegeben wie ihre Vorgänger in den 150 Jahren davor.

Aber wie passt das zusammen, dort die mit großer Entschlossenheit betriebene ökonomische Mobilmachung und auf der anderen Seite das Zögern vor dem Kriegseintritt? In seinen Briefen musste der in Bedrängnis geratene Winston Churchill den Amtskollegen im Weißen Haus mal bettelnd, mal drohend zum Mittun anhalten. »Wenn wir untergehen …«, so begann der Britenpremier des Öfteren seine Ausführungen, mit denen er amerikanischen Beistand herbeizuschreiben suchte.

Die Amerikaner zögerten; Monat um Monat, Jahr für Jahr, was ihrer späteren Weltmachtstellung gut bekam. Die Raffinesse der damaligen Politik lag in ihrer Widersprüchlichkeit. Die Regierung rüstete kraftvoll auf, aber sie schlug nicht gleich los. Die USA schliefen nicht, sie schauten auch nicht weg, sie lauerten wie eine Katze auf den richtigen Zeitpunkt zum Absprung. Für viele war dieses Warten unerträglich und für Millionen Menschen in Russland und den deutschen Konzentrationslagern bedeutete es den sicheren Tod. Was sollte denn noch passieren, fragten sich die Zeitgenossen, um den großen Fackelträger der Freiheit in eine Auseinandersetzung mit den Diktatoren Hitler und Mussolini zu zwingen? Das stolze Frankreich war überrannt; Polen, Norwegen, Griechenland und das Baltikum in die Knechtschaft geschickt, im Innern Deutschlands klirrten die Scheiben von Synagogen und jüdischen Geschäften, in Auschwitz hatte eine präzise arbeitende Mordindustrie ihre Arbeit aufgenommen, Russland war ermattet und selbst in einer Koalition mit England würde es dieses enthemmte Deutschland nicht zurückwerfen können. Churchills berühmte Blut-Schweiß-und-Tränen-Rede, in der er seine Landsleute einschwor auf den »Krieg gegen eine monströse Tyrannei, wie sie nie übertroffen worden ist im finsteren Katalog der Verbrechen der Menschheit«, blieb ausgerechnet in Amerika ohne Resonanz. »Sieg um jeden Preis«, donnerte der englische Premierminister, aber die Amerikaner schienen nicht bereit, irgendeinen Preis zahlen zu wollen.

Churchill brandmarkte den Diktator in Berlin als »Verkörperung des Hasses«, als eine »Missgeburt aus Neid und Schande«, er sah in ihm einen »Brutherd von Seelenkrebs«. Die USA aber blieben scheinbar ungerührt auf der Zuschauertribüne der Weltgeschichte sitzen. Wie versteinert blickten sie auf das lichterloh brennende London und auf das Treiben der SS-Verbände, die hinter den Kampflinien an der Ausrottung der Zivilvölker arbeiteten. Ein größenwahnsinniger und womöglich vom Zaudern der Vereinigten Staaten ermunterter Hitler erklärte den USA kurz vor Weihnachten im Jahre 1941 den Krieg. Und was tat Amerika? Es blieb weiter in Lauerstellung.

Erst am 8. November des Jahres 1942 landete die Weltmacht in Afrika, um von dort nach Europa überzusetzen. Das lange Warten war moralisch unverzeihlich; es irritiert bis heute. Ökonomisch und militärisch aber legte es den Grundstein für die Weltsupermacht USA, auch wenn das der damaligen Führung des Landes so klar womöglich nicht gewesen ist. Instinktiv entschieden die Verantwortlichen im Interesse ihres Landes richtig. Eingreifen mussten die Amerikaner, aber je später sie es taten, desto besser war es für sie. Der eigene Aufstieg würde umso strahlender, womöglich gar irreversibel sein, wenn die anderen bereits in Schutt und Asche lagen. Das sagte niemand, das vertraute keiner, den wir kennen, seinem Tagebuch an, aber das war die Logik dieser lähmenden Jahre, in denen Europa in sich zusammensackte. Nicht der Kriegseintritt, der späte Kriegseintritt sicherte den USA die spätere Machtposition.

Ungefähr ein Viertel aller Industrieanlagen in Europa war bei Kriegsende zerstört. In Deutschland funktionierten nur noch 20 Prozent des Schienennetzes. Amerika aber war in Gänze unberührt geblieben. Als Präsident Roosevelt sich schließlich zur Invasion entschied, war Hitler-Deutschland längst unfähig zum transatlantischen Gegenschlag.

Amerika hatte am Ende auch bei den Kriegstoten ungleich weniger Verluste zu melden. Auf einen gefallenen US-Bürger entfielen etwa 18 tote Deutsche und 58 getötete Russen. Die USA hatten 400 000 Opfer zu beklagen, die Sowjets 23 Millionen. Überhaupt trug Russland die Hauptlast des Krieges und erhielt dennoch nur die ökonomisch unbedeutenderen Länder Osteuropas. Auf den Schultern von Ungarn, Rumänen, Bulgaren, Letten, Litauern, Esten und einem knappen deutschen Drittel ließ sich keine Weltmacht von Rang begründen.

Die Briten wurden später von aller Welt als Siegerstaat behandelt. Das war sehr höflich, aber der Wahrheit entsprach es nicht. Sie hatten noch vor den Russen den Weltkrieg verloren. Mit der bedingungslosen Kapitulation der deutschen Wehrmacht mussten sie und auch die Franzosen die große Bühne verlassen. Ihr Sitz im Weltsicherheitsrat ist nicht viel mehr als eine Grußadresse an die Vergangenheit. Es war Churchills

Kampfeinsatz, diese enorme Zähigkeit der Jahre 1940 und 1941, die Hitlers schnellen Durchbruch verhinderte und so die Zeit bis zum Kriegseintritt der Vereinigten Staaten überbrückte. Der große, knorrige Staatsmann rettete seinem Land die Freiheit, aber der Preis, den er dafür zu entrichten hatte, war hoch.

England musste als Gegenleistung für die Waffenlieferungen der USA seine Luft- und Flottenbasen von Neufundland über Jamaika bis nach British-Guayana an die Amerikaner übergeben. Wo vorher die Flagge des britischen Empires wehte, flatterte nun das amerikanische Sternenbanner. Am Ende des Krieges hatten die Briten einen Verlust zu besichtigen, der weit über die zerbombten Innenstädte hinausreichte: das Kolonialreich befand sich in Auflösung, die Seestreitkraft war schwer ramponiert, das Weltfinanzzentrum von London nach New York umgezogen und der Staatshaushalt musste regelmäßige Überweisungen in die USA leisten. Roosevelt folgte dem Drängen und Bitten Churchills, aber der Einsatz der US-Armee war nicht kostenlos. Der Preis, den der amerikanische Präsident dafür einstrich, war nichts Geringeres als die Vormachtstellung auf der Welt.

Total global. Ein Land blüht auf

Der befürchtete Kriegskater blieb den Amerikanern erspart; die Umstellung von der Kriegs- auf die Friedensproduktion geriet der Regierung zum Meisterstück. Der produktive Kern des Landes wurde mit neuen Arbeitskräften und neuem Kapital kräftig befeuert. Beides gab es nun reichlich. Das in den Kriegsjahren aufgestaute Familieneinkommen wurde zügig an die Industrie weitergereicht. Die rund zehn Millionen Soldaten, die meisten von ihnen hatten vorher keinen Arbeitsplatz besessen, schickte man nicht nach Hause, obwohl das nahe lag.

Sie wurden aber auch nicht einfach in Richtung Fabriktor gestoßen, was sich als Alternative anbot. Der Staat verhielt sich
über alle Maßen vorausschauend. Er bot jedem Soldaten eine
Ausbildung oder ein Stipendium an, sodass die zehn Millionen
tröpfchen- und nicht schubweise den Weg in das zivile Berufs-
leben fanden. Das bedeutete einen Zeitaufschub und zugleich
eine millionenfache Qualifizierung, eine Aufwertung des
Arbeitskräftepotentials, wie es sie mit dieser Entschiedenheit
sonst nirgendwo auf der Welt gegeben hatte. Der produktive
Kern Amerikas erweiterte sich um zehn Millionen Menschen,
das war das eine. Wichtiger aber war: Er glühte aufgrund der
höherwertigeren Arbeitskräfte deutlich intensiver als zuvor.
Die großen Produktivitätssprünge der Nachkriegszeit wären
ohne diesen Bildungsschub der Beschäftigten wahrscheinlich
nicht möglich gewesen.

Im Äußeren widmete sich die Supermacht nun dem Vormarsch der amerikanischen Konzerne, denn das Siedlerland
im Westen war verteilt und erschlossen. Nun aber konnte die
Grenze bis weit über den Atlantik verschoben werden: Die
Demokratien in Frankreich, Deutschland, Italien, Österreich,
Belgien, Luxemburg, der Schweiz und in Skandinavien boten
sich als neues Zielgebiet der US-Investoren an, die Nach-
kriegsdiktaturen in Spanien und Portugal mussten dagegen
noch warten. Ein weltweiter Kapitalmarkt entstand, dessen
vornehmstes Ziel es war, die Staaten Westeuropas an die Wert-
schöpfungskreisläufe der USA anzuschließen. Zweistellige
Milliardenbeträge flossen über den Atlantik, als Aufbauhilfe
oder präziser gesagt als eine Art Anschlussgebühr. Die Russen
beschwerten sich, aber das half ihnen nicht viel. Der Westen
steigerte seine Produktivität, der Osten seine Propaganda.
Moskaus Außenminister Molotow nannte die Wirtschaftshilfe
der USA »imperialistisch«, was sie ohne Zweifel auch war. Sie
sollte vor allem den Interessen der Vereinigten Staaten dienen.
Bei der ökonomischen Landnahme Westeuropas galt die Devi-

se, die US-Präsident Calvin Coolidge schon in den 20er Jahren ausgegeben hatte: »Amerikas Geschäft ist das Geschäft.«

Bis zum Kriegsende waren die USA ein großes und erfolgreiches, aber noch kein globales Land gewesen. Über 90 Prozent des Nationaleinkommens wurden innerhalb der Landesgrenzen erwirtschaftet. Der Außenhandel verharrte seit der Weltwirtschaftskrise auf niedrigem Niveau und auch die Investitionen amerikanischer Firmen in Übersee fielen nicht weiter ins Gewicht. Im Weltkrieg gegen Hitler aber waren die Militärs den Konzernen vorausgeeilt. Das globale Feld war bereitet, die Männer der Wirtschaft mussten nur noch hinterherstürmen, was sie auch taten. Sie brachten den Ford Mustang mit und den Dollar, sie legten Rock 'n' Roll auf und hatten in den Filmfabriken Hollywoods bereits auch die Träume vorproduziert. Der deutsche Filmemacher Wim Wenders sprach später von der »Kolonialisierung der Phantasie«.

Die Kontinente heißen zwar weiter Amerika und Europa, aber ökonomisch, politisch und kulturell hatte mit dem Ende des Zweiten Weltkriegs erneut eine Kontinentaldrift eingesetzt. Ein Territorium bildete sich heraus, das zwar nicht Ackerboden, Seelandschaft und Bergmassiv miteinander teilt, wohl aber die geistigen Landschaften und das wirtschaftliche Betriebssystem von mehr als einer halben Milliarde Menschen. Ein staatenloses Gebilde von außerordentlicher Anziehungskraft war entstanden, das wir gemeinhin »den Westen« nennen. Eine Welt wurde für alle sichtbar, in der materieller Wohlstand und individuelle Freiheit bald aufs Engste miteinander verschmolzen.

Die Grundlage des Neuen war auch hier die Zerstörung des Alten. Der europäische Anspruch auf Weltherrschaft hatte sich nach zwei erfolglosen Anläufen erledigt. Die Amerikaner kamen als die Befreier eines Kontinents, der mit sich selbst nicht im Frieden leben konnte. Für nahezu alle Lebensbereiche hatten sie den Europäern etwas zu bieten, was sich gegenüber dem Vorherigen als Verbesserung erwies, tragfähig auch in den Jahrzehnten danach. Ihre Demokratievorstellungen waren genauso willkommen wie ihre Popkultur. Sie erzogen die Europäer zur konsequenten Trennung der Gewalten und zur stärkeren Achtung der Provinzen. Sie installierten die Grundregeln für einen weltweiten Kapitalismus, der auf Leistung und Wettbewerb beruhte und sich seine Legitimation in Europa auch dadurch erwarb, dass er die Not der frühen Jahre schnell beseitigte.

Zu Unrecht gilt der Einmarsch der Amerikaner in Europa als Landnahme herzloser Kapitalisten. In Wahrheit fiel der zweite Anlauf zur Globalisierung deutlich moderater aus als der erste, den die Europäer allein zu verantworten hatten. Der neue Kapitalismus nach amerikanischer Art war weniger raubeinig als die bis dahin gültige europäische Variante. Seine politische Führung war weniger großmannssüchtig, erstmals gab es auch verlässliche Checks and Balances. Das Aggressive in Wirtschaft und Staat war nicht verschwunden, aber es war weniger offensichtlich. Vor allem die Willkür verschwand, die Fabrikanten und Polizeikräfte nicht nur in Deutschland zuvor an den Tag gelegt hatten. Selbstverständlich ging es weiter darum, materielle Vorteile auf Kosten anderer zu erwirtschaften, aber Demütigung und Deklassierung der Verlierer sollten wenn möglich vermieden werden. Dort, wo das amerikanische Wirtschaftssystem der sozialen Korrektur bedurfte, legten die Europäer, vor allem Franzosen, Deutsche und Skandinavier, nochmals Hand an. Sie schufen ihre eigene Variante der Marktwirtschaft, die mit den Verlierern des Wirtschaftslebens weniger rabiat und den Gewinnern weniger großzügig verfährt. Jetzt erst, im Brutkasten amerikanischer Aufbauhilfe, war Europa nach links gerückt; weiter nach links, als es die USA jemals waren.

Auch der amerikanischen Bevölkerung ist dieser zweite Anlauf der Globalisierung gut bekommen. Denn mit der Amerikanisierung Europas ging unverkennbar auch eine Europäisierung Amerikas einher. Nun erst entstand ein Sozialstaat, der mehr zu bieten hatte als Suppenküche und Kleiderkammer. Die USA waren der große Nachzügler unter den westlichen Wohlfahrtsstaaten gewesen, der nun allerdings hastig aufschloss. Die 50er, 60er und 70er Jahre können aus Sicht der sozial Schwächeren als die goldenen Jahrzehnte bezeichnet werden. Allein von 1950 bis 1960 vermehrte sich das Sozialprodukt Amerikas um real 41 Prozent. Der Wohlfahrtsstaat erlebte seine bis dahin größte Expansion. Der Anteil der Geldleistungen, die an Hilfsbedürftige ausbezahlt wurden, betrug 1960 erst sieben Prozent des Nationaleinkommens. 1975 hatte sich diese Sozialleistungsquote bei nochmals erheblich gesteigerter Wirtschaftskraft mehr als verdoppelt. Rechnet man die betrieblichen Sozialleistungen wie Renten- und Krankenversicherung dazu, erreichten die USA 1975 eine Sozialleistungsquote von stolzen 21 Prozent. Damit lag das Land gleichauf mit den meisten Europäern. Selbst der Spitzenreiter Dänemark, der damals 24 Prozent seines Nationalprodukts für das Soziale ausgab, war nun in Sichtweite. Noch immer hatten nicht annähernd alle Amerikaner eine Krankenversicherung, aber immerhin 90 Prozent der Beschäftigten verfügten über eine gesetzliche Rentenversicherung. Diese gesetzlichen Kleinstrenten wurden für knapp 40 Prozent der Beschäftigten durch Pensionsfonds der Betriebe aufgebessert.

Ausgerechnet ein Mitglied der amerikanischen Oberschicht wurde zum Vorkämpfer des mitfühlenden Kapitalismus: John F. Kennedy. In seiner ersten Ansprache zur Lage der Nation malte er ein düsteres Bild der wirtschaftlichen Lage (»Seit dreieinhalb Jahren ist unsere Wirtschaft schlapp, seit sieben Jahren ist unser Wachstum vermindert, die landwirtschaftlichen Einkommen fallen seit neun Jahren.«), doch das wirklich Auffällige war nicht der Befund, sondern seine Antwort darauf. Die nämlich fiel deutlich anders aus als zu Zeiten der

Weltwirtschaftskrise. Kennedy wollte nicht sparen und kürzen, er schickte auch keine Maßhalteappelle ins Land. Er wollte die von Arbeitslosigkeit gezeichneten Regionen mit staatlicher Hilfe wieder aufbauen und sie nicht dem Regulativ des Marktes überlassen. Er versprach, die »Kaufkraft der am schlechtesten bezahlten Arbeiter anzuheben«. Ihm ginge es darum, so sagte er, »mehr Essen zu den Familien der Arbeitslosen zu bringen und ihren bedürftigen Kindern Hilfe anzubieten«. Es klang nach Sozialpolitik, aber es war vor allem Wirtschaftspolitik, die da betrieben wurde. Kennedy versuchte dem Abwärtsstrudel durch eine Anhebung der Massenkaufkraft zu entkommen, was damals auch gelang.

Kennedys Worte galten über seinen Tod hinaus. Die Mindestlöhne und die Arbeitslosenunterstützung wurden erhöht, staatliche Kleinstrenten eingeführt und am Ende schmückte auch eine kostenlose Krankenhausversorgung für alle bedürftigen Amerikaner jene Bilanz, die nach dem Präsidentenmord von Kennedys einstigem Vize Lyndon B. Johnson vorgelegt wurde. Sein Ziel sei die alle Schichten verbindende »Great Society«, also die Schaffung einer gleichermaßen großen wie großartigen Gesellschaft, rief Johnson seinen Anhängern zu. Die Sozialausgaben des Budgets wurden in seiner Amtszeit fast verdoppelt. Das Land, das bis zur Weltwirtschaftskrise praktisch keinerlei soziale Absicherungen besaß, wurde nun zu einem Sozialstaat ausgebaut, der seinen Bürgern nicht Almosen, sondern Rechtsansprüche verschaffte. Dem amerikanischen Kapitalismus war ein Herz eingepflanzt worden.

Die düsteren Prophezeiungen der kommunistischen Propaganda waren damit eindrucksvoll widerlegt. Die Verelendung der Werktätigen im Westen blieb aus, der Kapitalismus zeigte sein menschliches Antlitz. Der Profit der Unternehmer und das Wohlergehen der Arbeitnehmer waren kein Widerspruch mehr, sondern schienen einander zu bedingen. Die Sozialpartnerschaft hatte nicht für die Beseitigung, wohl aber für die Be-

friedung der unterschiedlichen Interessen gesorgt. Der Nach-
kriegswesten konnte den Bürgern damit erkennbar mehr bieten
als der nervöse Kapitalismus der Vor- und der Zwischenkriegs-
zeit. Europa und die USA waren binnen weniger Jahre in eine
Zone von Wohlstand und Friedfertigkeit verwandelt worden.

Kennedy und Keynes.
Das Traumpaar der 60er Jahre

Kennedy und Johnson waren keine Romantiker. Sie sahen sich
mit einer Situation konfrontiert, die ohnehin zu Träumerei
wenig Anlass bot. Zu Beginn der 60er Jahre zog das Gespenst
der Massenarbeitslosigkeit wieder mal durchs Land. Die Wirtschaft stotterte, die Einkommen stagnierten, sieben Prozent
der Beschäftigten oder rund fünf Millionen Menschen standen
ohne Job da. Amerika verlor Marktanteile im weltweiten Warenaustausch, auch deshalb, weil Europa wieder zu Kräften gekommen war. Die Automatisierung der Fabriken tat ein Übriges, die Arbeitslosigkeit zu erhöhen.

Kaum im Amt, berief Kennedy daher einen hochkarätigen
Wissenschaftlerstab ins Weiße Haus. Dazu gehörte auch der
MIT-Professor und spätere Nobelpreisträger Paul Samuelson,
der im Zweiten Weltkrieg schon der Roosevelt-Regierung geholfen hatte, die US-Ökonomie in eine Kriegswirtschaft zu
verwandeln. Samuelson war ein Anhänger von John Maynard
Keynes, jenem britischen Ökonomen, der aus den Erfahrungen
der Weltwirtschaftskrise den Schluss zog, dass der Staat in krisenhaften Situationen selbst zum Akteur werden müsse. Die
Regierung solle Geld lockermachen und es eigenhändig in
den ökonomischen Kreislauf pumpen.

Kennedy war fasziniert von der neuen Lehre, Johnson auch.
Sie gingen mit einer für heutige Verhältnisse geradezu unfass-
baren Gründlichkeit daran, sie in die Tat umzusetzen. Die bis

dahin größte Steuersenkung der westlichen Welt wurde in einer zwei Jahre dauernden Arbeit vorbereitet. Es sollte Steuernachlässe für alle geben, auch für Spitzenverdiener und Aktiengesellschaften. Kennedy und Johnson wollten der Wirtschaft Schwung verleihen, wofür sie ausnahmslos alle Beteiligten in Kaufstimmung bringen mussten. Daher galt: Keine Ausnahmen für niemanden. Die Öffentlichkeit sollte keinen Anlass haben, nach Verlierern und Gewinnern der Reform zu fahnden. Es durfte für diese Steuerreform keine Gegenfinanzierung geben, weil jede Einsparung an anderer Stelle den tatsächlichen und auch den atmosphärischen Effekt zerstört hätte. Also wurden 14 Milliarden Dollar, damals immerhin rund zwei Prozent des amerikanischen Nationaleinkommens, vom Staat an die Gesellschaft zurücküberwiesen.

Die Wirkung war, wie im Lehrbuch versprochen, beeindruckend. Die Stimmung im Land hellte sich auf, die Menschen konsumierten wieder, die Industrie erhöhte die Kapazitäten, die Konjunktur gewann an Fahrt. Wie von Geisterhand verschwanden die Arbeitslosen von der Straße. Das wirklich Erstaunliche aber war, dass auch der Staat profitierte: Trotz der Steuersenkung stiegen nun die Staatseinnahmen. Es war, als würden die Bürger ihrem Staat als Dank für das großzügige Steuergeschenk ein weitaus größeres Geldgeschenk zurückgeben.

So gelang es den Demokraten, die Flaute zwischen Koreakrieg und Vietnamkrieg zu überbrücken. Die Zeitschrift *Time* setzte am 31. Dezember 1965 dem Helden des Aufschwungs auf ihrem Titelbild ein Denkmal: John Maynard Keynes. »Nun sind wir alle Keynesianer geworden«, wird Milton Friedmann darin zitiert, was allerdings eine grobe Verkürzung war: »Nun sind wir alle Keynesianer und zugleich ist es keiner mehr«, hatte der Keynes-Gegenspieler ironisch angemerkt. Er meinte damit, dass die ökonomischen Lehren des Briten – in dieser Weise pragmatisch angewandt – sich von seinen eigenen Überlegungen kaum mehr unterschieden. Steuerreformen gehören seither zum Repertoire linker wie konservativer Politiker, wenn es darum geht, die Wirtschaft auf Trab zu bringen. Nur die Theoretiker streiten weiter darüber, ob ein solcher Schritt eher die Nachfrageseite stärkt, weil er die Bürger entlastet, oder doch eher den Angebotskräften nutzt, weil im gleichen Umfang die Firmen profitieren.

Noch etwas anderes war bedeutsam in dieser kurzen Kennedy-Ära. In der Krise zu Beginn der 60er Jahre spürte Amerika erstmals die Schattenseiten der neuzeitlichen Globalisierung. Lederwarenhersteller, Textil- und Schuhfabrikanten gerieten unter Importdruck; die US-Farmer auch. Das Land begann unruhig zu werden. Von Lohndrückerei war im Kongress die Rede, von unfairem Handel, vor allem mit Blick auf das Treiben der Europäer. Kennedy sah als erster Regierungschef einen Zusammenhang zwischen der weltweiten Liberalisierung des Handels und den Arbeitsplatzverlusten der US-Industrie. Ohne Zweifel wollte er den Freihandel, er senkte die Zölle und baute Importquoten ab wie kaum ein Präsident zuvor. Aber er wollte Freihandel nicht um jeden Preis. »So wie die Regierung den Soldaten bei der Wiedereingliederung half, so wie sie half, die Friedensproduktion auf Kriegsproduktion umzustellen und wieder zurück, so ist es ihre Verpflichtung, all jenen zu helfen, die unter der Handelspolitik leiden«, sagte er im Januar 1962. Es gehe ihm nicht um staatliche Bevormundung der Unternehmer, wohl aber darum, denen zur Seite zu stehen, die der Importdruck aus dem Wirtschaftsleben katapultiere. So entstand ein Gesetz, das den Ausgesteuerten Wiedereingliederungshilfe versprach. Vor allem aber entstand eine frühe Sensibilität für die andere, weniger sonnige Seite des Freihandels. Was viele im Westen heute noch gern verschweigen, sprach Kennedy im denkbar frühesten Stadium an: Die Globalisierung nützt nicht allen gleichermaßen. Sie produziert auch Verlierer.

Kennedy ging, das Thema blieb. Die Importe, die zu seinen Lebzeiten erst knapp drei Prozent des Bruttosozialprodukts ausmachten, verfünfzehnfachten sich bis 1980 und übertrafen seit 1976 dauerhaft die Exporte. Die Handelsbilanz war gekippt, mitten im Präsidentschaftswahlkampf. Beide großen Parteien griffen das Thema auf. »Wenn Industrien und ihre Arbeitsplätze von auswärtiger Konkurrenz nachteilig betroffen sind, sind Anpassungshilfen anzubieten«, hieß es nun auch im Wahlprogramm der Republikaner. Die Demokraten forderten »fairen Handel« und versprachen ihren Wählern, sich für die Anhebung von Arbeitsstandards in jenen Ländern einzusetzen, die »durch niedrige Löhne amerikanisches Kapital anziehen und so unsere Ökonomie schädigen«. Beide gemeinsam schossen sich auf Japaner und Westeuropäer ein, die ihre Märkte abschotten und ihre eigenen Industrien mit Exportsubventionen päppeln würden. Der Handel war zum Politikum geworden.

Unter dem Druck einer sich verschlechternden Handelsbilanz sah sich die Regierung zur politischen Aktion gezwungen. Schon Nixon begann mit der japanischen Regierung eine jahrelang andauernde Verhandlungsrunde über die Handelspraktiken und das Zollregime. Und er setzte im August 1971 kurzerhand das bis dahin geltende Weltwährungssystem außer Kraft, das an den Dollar gekoppelt war. Es sollte in der noch unruhigen Nachkriegswelt Schwankungen vermeiden helfen und der Spekulation den Boden entziehen, was bis dahin auch gut funktioniert hatte. Nixon aber wollte nun etwas anderes; er wollte Freiheit für den Dollar, um ihn bei Bedarf im Alleingang abwerten zu können. Die Exporte aus den USA sollten dadurch erstens verbilligt und zweitens gesteigert werden.

Nixon hatte sich verkalkuliert. Die Verbilligung trat ein, ohne dass es zu einer Steigerung der Exporte kam. Die Kaufleute aller Länder ließen sich von Nixons risikoreichem Manöver nicht beeindrucken. Der Importsog verstärkte sich sogar.

Die Regierung begann nun, die Japaner und ihre rigiden Einfuhrgesetze auch öffentlich zu attackieren. Die CIA warnte vor einer Abhängigkeit der amerikanischen Rüstungsindustrie von japanischen Speicherchips. Doch die Japaner waren zäh. Sie hörten zu, sie nickten, sie versprachen Linderung und taten nichts, sie zu erreichen. Stur hielten sie an ihren Einfuhrzöllen fest, die wie eine unsichtbare Mauer die noch junge Computer- und Elektronikindustrie umgaben. IBM und Texas Instruments, die Ikonen der US-Industrie, sollten attackiert werden, so hatte es das Ministerium für Handel und Industrie in Tokio beschlossen. Mitsubishi Electric, Fujitsu, Hitachi und Toshiba waren auserwählt, zur Weltspitze vorzudringen; im Heimatmarkt hielt man ihnen dafür die ausländische Konkurrenz vom Leibe. Die japanischen Bürger zahlten, das war der Sinn der Politik, für zunächst schlechte Elektronik einen hohen Preis, was nichts anderes bedeutete als eine Sondersteuer zum Aufbau nationaler Industrieimperien. Die Amerikaner reagierten ungehalten. »Ohne Änderungen im Außenhandel«, so der damalige US-Finanzminister George Shultz, »können wir die Wechselkurse verändern, bis die Hölle gefriert, und wir werden nichts dafür bekommen.«

Washington fand sich nur schwer zurecht in einer Welt der verschärften Konkurrenz. Europa war erstarkt, Teile Asiens erwacht, das nur kurze Zeitalter amerikanischer Dominanz auf den Weltmärkten neigte sich früh schon dem Ende zu. Es war die amerikanische Industrie, die als Erste auf die Veränderungen reagierte. Sie zog sich aus etlichen Landstrichen Amerikas zurück, ihre Investitionen in fernen Ländern hingegen schwollen an. Das Kapital wanderte aus, nach Asien und nach Europa, wo sich ein großer Binnenmarkt bildete. Samuelson sah Amerika auf dem Weg zu einer industriefreien »Bürowirtschaft«, in der es jene schwer haben würden, die nicht von der Rendite ihrer Auslandsinvestitionen leben könnten. Die Nation habe aufgehört, der für alle verbindliche Bezugsrahmen zu sein, schrieb zu Beginn der 90er Jahre der Harvard-Ökonom und spätere Arbeitsminister der Clinton-Regierung Robert Reich: »Regierung, Unternehmen und Bürger sitzen nicht länger in einem Boot.«

Aber noch reichten die Gewinne der Gewinner, die Verluste der Verlierer auszugleichen. Dafür war der Sozialstaat unentbehrlich geworden. Viele Konservative hatten zunächst geglaubt, er sei eine Erfindung der Demokraten und lasse sich im nächsten Aufschwung wieder stutzen oder womöglich sogar liquidieren. Doch der Tod des Sozialen trat nicht ein. Richard Nixon, den seine Freunde »Tricky Dick« nannten, überlebte in unserer Erinnerung als erzkonservativer Finsterling. Aber diese Rolle verdankt er vor allem den illegalen Abhöraktionen im Washingtoner Watergatekomplex, dem damaligen Wahlkampfquartier der Demokraten. Im Regierungsalltag aber war er ein Sozialdemokrat geworden. Als eine Stagnation 1967 die Staatseinnahmen verringerte, wollte er von staatlicher Sparsamkeit nichts wissen. Er steuerte gegen, genau wie Keynes es gelehrt hatte. Er ließ den Haushalt planvoll ins Defizit schießen, um so die erschlafften Kräfte der Privatwirtschaft zu beleben und die Kaufkraft zu kräftigen. In seiner Amtszeit kam es zum massiven Ausbau des Sozialstaats. Eine bundeseinheitliche Sozialhilfe für Alte und Behinderte wurde eingeführt, die staatlichen Rentenleistungen erhöhte keiner so kraftvoll wie er. Sie stiegen fortan automatisch mit der Inflation. Den konservativen Haudegen seiner Partei verweigerte »Tricky Dick« sogar das schlechte Gewissen, was das Establishment mächtig in Rage brachte. Selbstbewusst stellte sich Nixon im Januar 1971 vor den Kongress und bekannte: »Nun bin auch ich Keynesianer geworden.«

Sein Wirtschaftsberater Herbert Stein, ein Gelehrter aus Chicago und bekennender Keynes-Gegner, konnte es zunächst gar nicht fassen. Tagelang, so berichtete er später, habe er die an den Präsidenten gerichteten Briefe erboster Parteifreunde beantworten müssen. Pflichtgemäß habe er ihn verteidigt, obwohl er selbst sehr empört gewesen sei. Das Bekenntnis seines Chefs empfand er als einen obszön zur Schau gestellten Opportunismus: »Nixon wollte als modern gelten, er wollte den Intellektuellen und Liberalen gefallen.«

Ronald Reagan wollte das Gegenteil, er liebte die Provokation und setzte den Kontrapunkt, wo er nur konnte. Im kollektiven Gedächtnis überlebte er als der Mann, der den Sozialstaat zurückdrängte. »Der Staat ist nicht die Lösung des Problems, er ist unser Problem«, sagte er zum Amtsantritt Anfang 1981. Er versprach seinen Wählern, die vor allem der weißen Ober- und Mittelklasse entstammten, die Sozialleistungen zu beschneiden, die Steuersätze zu senken, die Rüstungsausgaben zu steigern und den Staatshaushalt aus der Schuldenfalle zu befreien. Kaum im Weißen Haus angekommen, eröffnete der Präsident das Feuer auf die Gewerkschaften. 11 000 streikende Fluglotsen wurden entlassen. Reagan machte sie zum Symbol seiner Entschlossenheit. Es galt schließlich, eine »konservative Revolution« zu vollstrecken, in der Außen- wie in der Wirtschaftspolitik; seine Anhänger sprachen wichtigtuerisch von den »Reagonomics«.

Darin lag wahrscheinlich Reagans eigentliche Fähigkeit, mit der er alle Zeitgenossen überragte: Er konnte theatralisch sein, er verstand es, Symbole zu setzen und setzen zu lassen, er war kantig und klar, zumindest in seinen Worten. In Wahrheit hat kein anderer Präsident die eigenen Ideale so kaltschnäuzig ignoriert und zuweilen sogar in ihr Gegenteil verkehrt wie Ronald Reagan. Das Geschichtsbild, das er hinterließ, kontrastiert in zuweilen aberwitziger Weise mit den tatsächlichen Begebenheiten. Seine Bilanz weist ihn als größten Schuldenmacher aller Zeiten auf, das Budgetdefizit stieg von 74 Milliarden Dollar vor Reagans Amtszeit auf 221 Milliarden Dollar 1986. Es gab Kürzungen im Sozialetat hier und dort, worunter vor allem die Ärmsten der Armen zu leiden hatten. Doch ein

Rückbau des amerikanischen Sozialstaats blieb aus; die Sozialleistungsquote, also der Anteil des Nationaleinkommens, den Firmen und Staat für das Soziale verwenden, stieg in seiner Amtszeit kontinuierlich an. Selbst der staatliche Anteil allein weist keine Schrumpfung auf. Unter seiner Führung haben sich die jährlichen Subventionen für notleidende Farmer auf rund 30 Milliarden Dollar verachtfacht.

Insgesamt hinterließ Reagan seinen Landsleuten mehr und nicht weniger Staat: Die Zahl der Bundesbediensteten stieg um über vier Prozent, obwohl er immer mit Personalabbau für sich geworben hatte. Die Zahl der Ministerien weitete er aus, von elf auf 14, während er im Wahlkampf ihre Reduzierung versprochen hatte. Er führte die Staatsausgaben nicht wie angekündigt zurück, sondern erhöhte sie, selbst wenn man die enorm gestiegenen Rüstungsausgaben abzieht, steht ein Plus unter der Bilanz. Die im Wahlkampf annoncierte Steuerreform kam, aber es folgten ihr 13 Steuererhöhungen und diverse Beitragsanhebungen bei den Sozialversicherungen, die er allesamt nicht angekündigt hatte. Der Präsident brauchte das Geld schließlich, um es in die Rüstungsindustrie zu stecken. Die Experten sprechen vom »Militärkeynesianismus«.

Der Sozialstaat überlebte also auch Reagan – vor allem deshalb, weil er gebraucht wurde. Die Wirtschaftsmaschine der Vereinigten Staaten führte ihm in immer kürzeren Abständen die Bedürftigen zu. Er musste sie auffangen, alimentieren, ausbilden, pflegen, denn der Reichtum des Landes vermehrte sich, aber nicht für alle. Die Arbeitslosigkeit lag Mitte der 70er Jahre bei bis zu neun Prozent und übertraf in den 80er Jahren erstmals auch die Zehn-Prozent-Marke. Vor allem für viele einfache Arbeiter und die Vielzahl der Ungebildeten sind die USA ein Land der begrenzten Möglichkeiten geblieben. Die Industriebeschäftigung hatte bereits im Jahr 1979 ihre größte Ausdehnung erreicht und schrumpfte von nun an in atemberaubendem Tempo. Alle Präsidenten spürten, dass die

Volkswirtschaft im Außenhandel unter Druck geraten war. Als Präsident Johnson sein Amt antrat, hatte der Anteil am Weltgüterexport noch 15 Prozent betragen, am Ende der Ära Ronald Reagan waren es nur noch neun Prozent.

Bei den Einfuhren bietet sich das spiegelverkehrte Bild. Seit Beginn der 60er Jahre stiegen die Importe steil an, hatten sich bis 1972 mehr als verdreifacht. Zu Beginn der 80er Jahre stürzte die Handelsbilanz dann fast senkrecht ins Minus, von wo aus sie sich schubweise weiter nach unten bohrte. Die Herkunft der Importe ließ sich schnell identifizieren: Es war Asien, zunächst nur Japan und die Tigerstaaten, das den Amerikanern so arg zusetzte. China kam schließlich hinzu. 1995 stammten allein 42 Prozent der US-Importe aus dem Handel mit den asiatischen Staaten. Der Anteil Europas an den amerikanischen Importen dagegen stagnierte seit Jahrzehnten bei knapp 20 Prozent.

Viele hielten das langsame Wachstum der Exporte und die dramatische Zunahme der Importe zunächst für eine Laune der Geschichte. Heute wissen wir, dass damit eine Veränderung in den weltweiten Wirtschaftsbeziehungen begann, deren Ende wir noch nicht kennen. Die USA waren noch immer die größte Volkswirtschaft der Welt, aber ihre Dominanz war gebrochen.

Das Optimismus-Gen.
Wenn Stärken zu Schwächen werden

Die Stärken der USA sind heute auch ihre Schwächen, weshalb es lohnt, sie genauer zu betrachten. Im Wesentlichen sind es drei Erfolgsfaktoren, die man in dieser Mischung nur zwischen Boston und Los Angeles vorfindet. Es handelt sich um drei Exklusivitäten, deren gleichzeitiges Auftreten den bisherigen Weltruhm der Vereinigten Staaten begründete.

Erstens: Optimismus und Wagemut in dieser hohen Konzentration gibt es nirgendwo sonst. Amerika ist das Land, das am stärksten dem Neuen zustrebt, nicht erst seit gestern (wie die Osteuropäer) und nicht erst seit drei Jahrzehnten (wie die Chinesen), sondern vom ersten Tag der Besiedlung an. Neugier ohne Beklommenheit ist offenbar im Gencode dieser Nation abgespeichert.

Der bis heute anhaltende Zustrom von Leistungswilligen und Abenteuerlustigen, der mithalf, allein seit 1980 das Heer der Beschäftigten um 44 Millionen Menschen aufzustocken, sorgt für eine ständige Auffrischung der Ressource Wagemut. Es ist eben nicht der Zuwachs an Menschen allein. Der Zuwachs von 17 Millionen verunsicherten Menschen, die sich auf die Wahrung ihrer verbrieften Rechte konzentrieren und nicht auf eine außerordentliche Kraftanstrengung, bewirkt das Gegenteil, wie das wiedervereinte Deutschland erfahren musste.

Zweitens: Die USA sind radikal global. Schon ihre Entstehungsgeschichte, als sich die Aufmüpfigen aller Länder auf dem Boden der heutigen Vereinigten Staaten vereinigten, weist sie als Weltenkinder aus. Helmut Schmidt nennt die Gründer Amerikas eine »Elite der Vitalität«, die bis heute ihre Gene weitervererbt habe. Ihre Sprache dominiert, hat das Spanische und das Französische bereits in der zweiten Hälfte des abgelaufenen Jahrhunderts verdrängt. Ihre Alltagskultur, vom T-Shirt über den Rock'n'Roll bis zur E-Mail, hat die halbe Welt auf friedliche Weise kolonialisiert. Von Beginn an drängten auch die Konzerne in andere Länder, um Handel zu treiben und Produktionsstätten zu errichten. Die multinationalen Konzerne waren keine amerikanische Erfindung, aber sie wurden ihre Spezialität.

Drittens: Die USA sind die einzige Nation der Erde, die weltweit Geschäfte in eigener Währung abwickeln kann. Der Dollar wurde das Zahlungsmittel der Welt. Wer ihn besitzen will, muss ihn in den Vereinigten Staaten einkaufen. Alle wichtigen Entscheidungen über die Menge des umlaufenden Bargelds oder die Höhe der Leitzinsen werden innerhalb der Landesgrenzen getroffen, was ein Höchstmaß an nationaler Selbständigkeit garantiert. In den Adern der Weltwirtschaft pulsiert amerikanisches Blut. Nahezu jedes zweite Geschäft wird in Dollar abgewickelt, zwei Drittel aller Währungsreserven halten die Staaten in Dollar. Schon der französische Nachkriegspräsident de Gaulle bewunderte dieses »exorbitante Privileg«.

Nun zur Kehrseite der Medaille. Erstens: Die Bürger der USA sind derart optimistisch, dass die Grenze zur Naivität fließend verläuft. Die addierte Verschuldung von Staat, Firmen und Privathaushalten übersteigt alle bisherigen Dimensionen. Im Gottvertrauen auf eine Zukunft, die rosiger aussieht als die Gegenwart, genehmigen sich Millionen von Haushalten einen Vorschuss, der so hoch ausfällt, dass er das Erreichen eben dieser Zukunft gefährdet. Die Unter- und die Mittelschicht haben das Sparen praktisch eingestellt. Sie leben zu Beginn des 21. Jahrhunderts wie eine afrikanische Großfamilie von der Hand in den Mund, ohne jede finanzielle Vorratshaltung.

Zweitens: Die Globalisierung schlägt zurück. Die USA haben den weltweiten Warenaustausch wie keine andere Nation vorangetrieben, mit dem Ergebnis, dass eine Erosion ihrer angestammten Industrie eingesetzt hat. Einige Produktionszweige, vorneweg die Möbelindustrie, die Unterhaltungselektronik, viele Autozulieferer und neuerdings auch die Computerfertigung, haben das Land verlassen. Der Freihandel nützte in jüngster Zeit vor allem den Angreiferstaaten, die sich von den Weltmarktanteilen der Vereinigten Staaten eine dicke Scheibe abschnitten.

Drittens: Der Dollar macht die USA nicht nur stark, er macht sie auch verwundbar. Die Regierung pumpte ihn derart geschäftstüchtig in alle Welt, dass der amerikanische Geldkreislauf heute von außen zum Kollabieren gebracht werden kann – zum Beispiel aus Peking. Bill Clinton sprach von »strategischer Partnerschaft«, George Bush bereits von »strategischer Rivalität« gegenüber China. Beide meinten das Gleiche. Es gibt eine Abhängigkeit, die in normalen Zeiten zur Zusammenarbeit verpflichtet. Wenn die Zeiten andere sind, lädt sie auch zur Kraftprobe ein.

Wer die Vereinigten Staaten zu Beginn des 21. Jahrhunderts betrachtet, sieht noch immer eine Weltmacht. Aber es ist eine Weltmacht, die von außen Konkurrenz und im Innern Schwierigkeiten bekommen hat. Die Rückkoppelungen der Globalisierung sind gerade für die weltoffene US-Wirtschaft derart heftig, dass weite Teile der amerikanischen Arbeiterschaft mittlerweile mit dem Rücken zur Wand stehen. Der Aufstieg der Asiaten führte bisher nur zum relativen Abstieg der amerikanischen Volkswirtschaft. Aber für viele Arbeiter der Unter- und Mittelschicht ist dieser Abstieg bereits ein absoluter, denn sie besitzen von allem weniger als zuvor; weniger Geld, weniger Ansehen und auch die Chancen auf einen gesellschaftlichen Wiederaufstieg haben sich für sie enorm verschlechtert. Im Weltkrieg um Wohlstand sind sie die Verlierer. Das ist ihr Schicksal, aber nicht ihre Schuld. Und mitnichten ist es ihre Privatangelegenheit. Jede Nation, erst recht aber eine Gesellschaft, die das Streben nach Glück in den Rang eines Grundrechts erhoben hat, muss sich unbequeme Fragen stellen lassen, wenn ein immer größer werdender Teil ihrer Einwohner vom allgemeinen Wohlstand entkoppelt wird.

Mittelschicht in Auflösung. Die neue Ungleichheit

Der US-Kongress berief am 28. Oktober 1998 eine hochkarätig besetzte Kommission, um die Auswirkungen des Handelsbilanzdefizits und das Sterben der Industriearbeit zu untersuchen. Donald Rumsfeld, der heutige Verteidigungsminister,

Robert Zoellick, der damalige Handelsbeauftragte, Anne Krueger, die heutige Nummer zwei des Weltwährungsfonds, und MIT-Professor Lester Thurow verschafften sich im Präsidentenauftrag ein Bild der Lage. Bis zum Ende der 70er Jahre, so das Ergebnis des Kommissionsberichts, war die Welt der Amerikaner in Ordnung. In den ersten drei Jahrzehnten nach Kriegsende wuchsen die Familieneinkommen in allen Bevölkerungsschichten nahezu gleich schnell, mit leichtem Vorteil für die Einkommen der Armen. Das unterste Fünftel der US-Gesellschaft legte um 120 Prozent zu, das zweite Fünftel um 101 Prozent, das dritte Fünftel um 107 Prozent, das vierte Fünftel um 114 Prozent und das letzte Fünftel wuchs nur um 94 Prozent. Das war der in Zahlen gegossene amerikanische Traum.

Dann aber drehte sich der Trend. Japan war erwacht, die weltweiten Handelsströme änderten ihre Laufrichtung. Die Kapitalisten lösten sich von der heimatlichen Scholle und suchten nun auf eigene Faust nach geeigneten Anlageorten. Die ausländischen Direktinvestitionen, die bis dahin mehr oder minder im Gleichklang mit den Exporten gewachsen waren, schossen nach oben. Bis dahin dienten die Investitionen im Ausland fast ausschließlich der Exportförderung deutscher, amerikanischer oder französischer Waren, nun aber begann die Verlagerung der Fabriken. Für den Weltmarkt wurde zunehmend weltweit produziert, was zu einer Neuverteilung von Kapital und Arbeit führte. Die globale Produktion wuchs zwischen 1985 und 1995 um gut 100 Prozent. Die im Ausland getätigten Direktinvestitionen aber legten im gleichen Zeitraum um fast 500 Prozent zu. Mit dieser Wanderung des Produktionsfaktors Kapital begann auch der Produktionsfaktor Arbeit unruhig zu werden.

Die neuen Jobs entstanden anderswo, was nicht ohne Rückwirkungen auf die Familieneinkommen in den Vereinigten Staaten blieb. Innerhalb der nächsten zwei Jahrzehnte schrumpfte das Einkommen im untersten Fünftel um 1,4 Prozent, das zweite Fünftel legte immerhin noch um 6,2 Prozent zu, das dritte Fünftel wuchs um 11,1 Prozent, das vierte Fünftel um 19 Prozent, die Spitze der Pyramide, wo die Antreiber, die Vordenker und Profiteure der Globalisierung zu Hause sind, erzielte Einkommenszuwächse von 42 Prozent.

Die Kommission misstraute ihren Zahlen. Denn Familieneinkommen setzen sich aus Löhnen, Aktien, Mieteinnahmen und Hausverkäufen zusammen. Wer nichts besitzt, kann auch keine noch so kleine Rendite erzielen. Selbst bei unveränderten Löhnen entwickeln sich Arm und Reich also automatisch auseinander, wenn der eine Wertpapiere hält und der andere nicht. Jeder Zins ist schließlich besser als gar keiner. Also gingen die Experten daran, sich nur die Löhne anzuschauen. Wer verdient was? Wie verhalten sich die Einkommen der Unterschicht zu denen von Mittelschicht und Oberklasse? Wie hat sich die Bezahlung mit den Jahren verändert?

Nun wurde deutlich, was sich in Amerika wirklich abgespielt hatte. Eine Lohndrift war in Gang gekommen, die im unteren Drittel der Einkommenspyramide zur Teilentwertung der menschlichen Arbeitskraft geführt hatte. Bis in die 70er Jahre hinein wuchsen die Einkommen aller Gruppen gleichermaßen, bis dann von Beginn bis zur Mitte der 80er Jahre zuerst die Unterschicht spürbar absackte – minus 15 Prozent bei den Männern. Die Oberklasse stieg im gleichen Zeitraum um zehn Prozent. Dann verlor auch die Mittelschicht den Halt. Ab 1985 rutschte ihr Lohnniveau ab, derweil die oberen Einkommen ab Mitte der 90er Jahre nochmals deutlich zulegen konnten. Seither tat sich nicht mehr viel. Arbeit und Armut bildeten nicht mehr länger ein Gegensatzpaar: Unten blieb unten, oben ist seither ganz oben. Die ehemalige Mitte der Gesellschaft nähert sich allmählich der Unterschicht. Ihr in den Wohnzimmern ausgestellter Wohlstand ist vielerorts nur eine moderne Form der Hochstapelei. Auch vom Augenschein properer Vorstädte sollte sich niemand blenden lassen. Der unter dem Carport versammelte Wagenpark gehört in aller Regel der Bank.

Der Unterschied zur Glanzzeit der amerikanischen Volkswirtschaft, als das Land Wohlstand für fast alle produzierte, ist auf den Armaturen der Volkswirtschaft präzise ablesbar: Bis in die 70er Jahre hinein glühte der produktive Kern des Landes derart intensiv, dass er in alle Welt ausstrahlte. Die USA lieferten Dollar und Waren überallhin. Die Kernenergie des amerikanischen Imperiums half beim Wiederaufbau des kriegszerstörten Europa und in Japan. Die Vereinigten Staaten waren für vier Jahrzehnte der größte Netto-Exporteur und der größte Kreditverleiher der Welt. Alles lief so, wie es in den Lehrbüchern geschrieben steht: Die reichste Nation der Welt pumpte Geld und Waren in die ärmeren Staaten. Die USA entnahmen aus ihrem eigenen produktiven Kern jene Energie, mit der sie andere Länder zum Glühen oder doch wenigstens zum Glimmen brachten. Sie waren das unumstrittene Kraftzentrum der Welt, von dem aus die Energieströme sich in alle Richtungen verteilten.

Auch ohne Militäreinsatz war das US-Kapital überall beheimatet. Viele haben es als Segen und manche als Fluch empfunden, in jedem Fall war es für Amerika ein einträgliches Geschäft: Auf dem Höhepunkt ihrer ökonomischen Macht hielt die westliche Führungsnation im Ausland eine Nettovermögensposition in Höhe von 13 Prozent ihres Sozialprodukts. Oder anders ausgedrückt: Der produktive Kern des Landes hatte sich so enorm vergrößert, das er nun Filialen in aller Herren Länder besaß.

Diese über jeden Zweifel erhabenen USA gibt es nicht mehr. Das Kraftzentrum ist noch immer kräftiger als andere, aber die Energie fließt seit einigen Jahren in die umgekehrte Richtung. Heute wird der produktive Kern Nordamerikas von Asiaten, Lateinamerikanern und Europäern mitversorgt. Der größte Exporteur wurde zum größten Importeur der Welt. Der wichtigste Kreditgeber verwandelte sich in den bedeutendsten Kreditnehmer. Heute sind es die Ausländer, die in den Vereinigten Staaten eine Nettovermögensposition in Höhe von 2,5 Billionen Dollar oder 21 Prozent des amerikanischen Inlandsprodukts halten. Neun Prozent aller Aktien, 17 Prozent der Industrieschuldverschreibungen und 24 Prozent der Staatsanleihen werden von Ausländern gehalten.

Die Ursache dieser neuen Wirklichkeit ist weder die Faulheit der Amerikaner noch ihre unbestrittene Konsumlust. Verantwortlich ist die US-Industrie, beziehungsweise das wenige, was davon übrig blieb: Sie hat sich innerhalb nur weniger Jahrzehnte halbiert. Zum Inlandsprodukt trägt sie nur noch 17 Prozent bei, alle relevanten Volkswirtschaften der Welt liefern heute Waren in die USA, ohne in gleichem Umfang dort einzukaufen. Im Handel mit China betrug das Defizit 2005 rund 200 Milliarden Dollar, im Handel mit Japan waren es gut 80 Milliarden Dollar, mit Europa über 120 Milliarden Dollar. Selbst in den Handelsbeziehungen mit weniger entwickelten Volkswirtschaften wie der Ukraine und Russland kann Amerika keine Handelsüberschüsse mehr erzielen. Jeden Tag werden in den Vereinigten Staaten Schiffsladungen gelöscht, denen keine Handelsware aus US-Produktion mehr gegenübersteht. Viele Containerschiffe fahren leer zurück.

Wer nach Entlastungsmaterial zugunsten der Supermacht sucht, wird zumindest in der Handelsbilanz nicht fündig. Es sind eben nicht Rohstoffe und irgendwelche importierten Zulieferteile, die für das vergrößerte Ungleichgewicht sorgen. Die Position für die Ölimporte beispielsweise fällt mit rund 160 Milliarden Dollar nicht so stark ins Gewicht, wie viele glauben. Es sind die Spitzenprodukte einer entwickelten Volkswirtschaft – Autos, Computer, Fernseher, Spielekonsolen –, die von überall her bezogen werden, ohne dass die eigene Herstellung in gleichem Umfang auf dem Weltmarkt loszuschlagen ist.

Selbst mit ausgewiesenen Spitzenprodukten machen die Amerikaner kein Geschäft mehr. 1989 erwirtschafteten sie mit Gütern der Hochtechnologie ein Plus von 35 Milliarden Dollar. 2002 rutschte auch diese Teilbilanz ins Minus, von wo sie sich weiter nach unten entwickelte. Seither wird mehr Hightech ein- als ausgeführt. Selbst wenn man die unsichtbaren Produkte der Dienstleistungsgesellschaft, das Beraten und Projektieren, das Installieren und Reparieren, hinzuzählt, tritt keine Trendumkehr ein.

Nun geht es in der Weltwirtschaft nicht viel anders zu als im Kaufmannsladen, wo die Stammkundschaft ein Recht darauf hat, dass »angeschrieben« wird, bevor man ihr die Tür zeigt. Doch irgendwann reißt der Geduldsfaden, im Kaufmannsladen und auch in der Weltökonomie. Normalerweise lassen dann die Importe nach, was dazu führt, dass die Konsumenten auf dem Trockenen sitzen. Oder ihre Währung verfällt, was denselben Effekt hätte. Der einzige Ausweg besteht darin, dass der Kunde mit den großen Dauerfehlbeträgen eine für alle sichtbare Kraftanstrengung unternimmt, mit dem ehrgeizigen Ziel, seine Lieferfähigkeit zu erhöhen. Schon des Öfteren sind Nettoimporteure zu Nettoexporteuren aufgestiegen. Das Nachkriegsdeutschland hat es geschafft, Japaner und Chinesen auch.

In den USA ist bisher nichts von alldem zu beobachten: keine Inflation, keine Drosselung der Importe, keine Kraftanstrengung. Die Amerikaner konsumieren heute fast doppelt so viel wie die Europäer, hemmungslos kauft das Land Waren von überall ein, ohne selbst in gleichem Umfang zu liefern. Eine raffinierte Variante der Wirklichkeit ist zu besichtigen, bei der Schein und Sein eine Art Partnerschaft eingegangen sind. Das amerikanische Volk, so versuchen Politiker und Ökonomen ihm einzureden, habe die Gesetze der ökonomischen Schwerkraft außer Kraft gesetzt. Die Kaufleute anderer Länder hätten keine andere Wahl. Sie müssten die Weltkonsummacht USA beliefern, allein schon, um ihre Produktionsstätten weiterhin auszulasten. Konsum ohne Leistung sei ein Zeichen imperialer Stärke, behaupten sie in ihrem Übermut.

Die Dollarillusion

Betrachten wir also den Dollar nicht mehr als Zahlungsmittel, sondern als eine ganz und gar eigenständige Warengruppe. Setzen wir den Verkauf von Staatsanleihen, Schuldverschreibungen und Aktien gedanklich gleich mit dem Verkauf von Computern, Hollywoodfilmen und Stahlrohren, und schon sieht die Welt deutlich freundlicher aus. Die Gesamtbilanz von Waren, Dienstleistungen und Geld ist ausgeglichen. Die Amerikaner sind keine großen Verkäufer von Industrieprodukten mehr. Aber sie sind unschlagbar im Verkaufen des Dollars.

Um diesen Verkaufserfolg zu verstehen, muss man die Psyche der Dollaraufkäufer kennen. Zwei Dinge sind es vor allem, die sich jeder Geldanleger wünscht: hohe Rendite und hohe Sicherheit. Weil beides zusammen niemals zu haben ist, sind die Investoren von Haus aus Zeitgenossen mit schwankendem Gemütszustand. Angst und Gier wechseln einander ab, wobei die großen Geldanleger, zum Beispiel Konzerne und Staaten, die Sicherheit eindeutig bevorzugen. Ihre Angst ist größer als ihre Gier. Sie verzichten freiwillig auf den ganz großen Profit, wenn nur die Haltbarkeit ihrer Milliarden gesichert ist. Sie fürchten politische Unruhen, sie hassen allzu heftige Währungsschwankungen und schon der Gedanke an eine schleichende Geldentwertung kann sie in Panikstimmung versetzen.

Es gibt nur wenige Länder, die angesichts dieser Gefahren eine größtmögliche relative Sicherheit bieten: allen voran die USA. Deshalb ist der Dollar nicht nur Handels- und Anlagewährung, er ist vor allem auch die Reservewährung der Welt. Fast alle Staaten misstrauen ihrer eigenen Währung und legen das Geld aus dem Tresorraum ihrer nationalen Notenbank lieber in den Vereinigten Staaten an, bevorzugt in Staatsanleihen. Politische Unruhen sind dort so gut wie ausgeschlossen. Die Inflation wird von der Notenbank bekämpft. Die Spekulanten können angesichts der Größe des Währungsgebiets und der Menge an weltweit zirkulierenden Dollars keine Purzelbäume schlagen. Also kaufen die weltweiten Geldbesitzer die US-Währung in rauen Mengen.

Die USA besitzen nahezu ein Monopol auf die Ware Sicherheit. Der Erwerb einer US-Staatsanleihe ist für viele Investoren nichts anderes als der Kauf eines Konservierungsmittels. Weltweit wurden 2005 nur rund 20 Prozent aller Devisenreserven in Euro, aber über 60 Prozent in Dollar gehalten. Die Euro-Einführung war ein beachtlicher Erfolg, der hier nicht geschmälert werden soll. Aber der Dollar ist die Ankerwährung der Welt geblieben. Liegt dieser Anker auf Grund, bedeutet das große Stabilität für die angeschlossenen Volkswirtschaften. Reißt er sich los und beginnt im Meer der Weltfinanzen zu treiben, gerät mehr in Unordnung als nur das Austauschverhältnis von Währungen.

Aber warum sind dieselben Kaufleute, die früher Waren gekauft haben, nun derart närrisch auf Dollarscheine? Wieso vertrauen sie auf die Ware Sicherheit, die nicht beliebig vermehrbar ist? Jeder Student der Volkswirtschaft lernt doch, dass die Währung eines Landes nur so stabil und damit so wertvoll ist wie das, was die Volkswirtschaft dieses Landes zu bieten hat. Sieht und fühlt denn keiner, dass sich da eine Spannung aufbaut zwischen dem Traum und der Realität, die sich eines Tages zum Schaden von Millionen Menschen entladen kann?

Und ob das gesehen wird! Die Investoren sehen es, sie staunen, sie schütteln den Kopf, es fröstelt sie sogar, aber: Sie kaufen weiter Dollar. Wie die Besessenen tun sie es. Je größer der Zweifel, desto gieriger ordern sie nach. Denn das Verrückte an diesen Investoren und ihrem Geschäftsgebaren ist eben das:

Der Käufer ist nicht nur Käufer. Indem er das Produkt Sicherheit kauft, erzeugt er es. Hört er morgen mit dem Kaufen auf, schmilzt das Vertrauen und die Unsicherheit wächst. Der Traum wäre ausgeträumt, der Dollar geriete ins Trudeln und alle bisherigen Dollarreichtümer würden an Wert verlieren, was der Investor natürlich nicht will. Das einzige Mittel gegen eine Dollarschwäche ist daher seine Stärkung. Es spielt für viele bereits keine Rolle mehr, ob die amerikanische Währung das Vertrauen noch rechtfertigt oder nicht. Das neue, für alle brandgefährliche Spiel funktioniert genau andersherum: Der Dollar verdient das Vertrauen, weil er es sonst verliert. Man kauft ihn, um ihn nicht verkaufen zu müssen. Der Dollar ist stark, weil nur das gegen seine Schwäche hilft. Es wird mit großer Beharrlichkeit gegen die Realität angeträumt und angekauft, weil das tatsächlich den Traum für einige Zeit zur Realität werden lässt.

Natürlich wissen die Teilnehmer des Spiels, dass Währungen auf Dauer nicht stärker sein können als die ihnen zugrunde liegenden Volkswirtschaften. Konsum ohne Produktion, Import ohne Export, Wachstum auf Kredit, das alles kann es dauerhaft nur im Jenseits geben, im hiesigen Leben wird es keinen Bestand haben. Es war der ehemalige IMF-Chefökonom Kenneth Rogoff, ein Mann mit klarem Kopf und losem Mundwerk, der die US-Politik kürzlich lobte, um sie in Wahrheit zu kritisieren: Der Aufschwung in den USA sei »der beste Aufschwung, den man für Geld kaufen kann«.

Aber wenn die Dinge derart offensichtlich sind, warum zucken die Investoren dann nicht zurück? Warum lassen sich Ausländer und US-Präsidenten verschiedenster Couleur, ja selbst die für ihre Seriosität bekannten Notenbankgouverneure auf ein so riskantes Spiel ein, das am Ende alles verbrennen kann? Wieso greifen nicht jene Mechanismen der Marktkontrolle, die doch gerade die kapitalistischen Systeme gegenüber den Plansystemen auszeichnen sollten?

Die Antwort ist erschreckend einfach: Alle wissen um die Gefährlichkeit des Spiels, aber es scheint ihnen weniger gefährlich als auszusteigen. Denn was haben sie von einer allzu hektischen Reaktion zu erwarten? Beginnen die Investoren selbst damit, ihre Banknoten und Staatsanleihen auf den Markt zu werfen, verlieren sie ihr Geld, päckchenweise oder in einem Rutsch. Beides würden sie gern vermeiden und sei es nur für eine Weile. Der Präsident, der die Situation auch nur als Thema anerkennt, verliert womöglich sein Amt, weil der Unmut der Regierten sich ein Ventil suchen wird. Die Notenbankgouverneure, obwohl noch am ehesten der Wahrheit verpflichtet, haben den Zeitpunkt zur Intervention längst verpasst.

Der legendäre Notenbankpräsident Alan Greenspan tat vieles, die Dollarillusion sogar zu nähren. Wann immer die Zweifel sich verstärkten, erhöhte er den Zins, der immer auch eine Risikoprämie für die Anleger ist. Wurden Zweifel an der Nachhaltigkeit des Wirtschaftswachstums laut, steuerte der große Nuschler, der die Finanzwelt sonst so gern im Unklaren hält, mit erstaunlicher Präzision dagegen. »Unterm Strich scheint der Sektor der Privathaushalte in guter Verfassung«, sagte er im Oktober 2004. Die Manager der Weltfinanzmärkte verehren ihn vor allem deshalb, weil er ihren Traum um Jahre verlängert hat.

Sein Nachfolger hat keine andere Chance, als diesen Kurs fortzusetzen. Er weiß, dass es in seiner Position keine folgenfreien Ratschläge gibt. Wenn er vor einer Schieflage warnt, ist sie mit hoher Wahrscheinlichkeit im selben Moment schon eingetreten. Selbst wenn er leise Worte findet, den Umstand zu umschreiben, wird der Finanzmarkt ihn sehr genau verstehen. Alle warten ja nur auf ein Signal zur Trendumkehr, das sie nicht erhoffen, aber vor allem nicht verpassen dürfen.

Panikblüte. Die Scheinerfolge der USA

Nun ließe sich mit Fug und Recht einwenden, dass die Finanz-märkte normalerweise nicht dem Willen der Politik gehorchen. Warum also erfolgt nicht mit Hilfe der Selbstregulierung eine Korrektur dieses teuflischen Treibens? Wer oder was hindert die Finanzinvestoren, mit dem Dollar ähnlich zu verfahren wie mit den Aktien der New Economy?

Sie werden es tun. Die Frage ist nur wann. Die Finanzinves-toren sind keine Finanzbeamten. Sie lieben den Exzess, in immer wiederkehrenden Abständen bringen sie die Märkte zum Überschießen. Sie sind nun mal von Berufs wegen Speku-lanten, die mit dem Risiko der Übertreibung leben. Ihre Be-rufseinstellung ähnelt der von Formel-1-Piloten, deren Ziel der Sieg und nicht das unfallfreie Fahren ist.

Unklar ist nur noch, mit welcher Wucht das Großereignis eintritt. Oft schon haben Experten die Folgen einer Dollar-schmelze durchgespielt. Setzte der Abwärtstrend ein, würden in Stufen steigende Kreditzinsen folgen, um den Wertverlust zu stoppen. Die Dollarkrise würde dadurch binnen weniger Tage aus der Welt der Währungen in die reale Welt der Fabri-ken, Geschäfte und Haushaltskassen überspringen. Private In-vestitionen von Groß und Klein sind bei steigenden Zinsen weniger rentierlich, die Menschen würden sparen, die Wirt-schaft stottern, bevor sie schließlich zu schrumpfen begänne. Die ersten Massenentlassungen wären zu beklagen. Der Kon-sum der Amerikaner müsste erneut drastisch zurückgefahren werden, weil nun Arbeitslosigkeit und Pleitewellen das Land erschütterten. Millionen Haushalte könnten ihre Bankkredite nicht mehr bedienen. Parallel würden auch die Immobilien-preise und die Aktiennotierungen sinken, die jahrelang über-höht waren und als Beleihungsgrundlage für Konsumkredite genutzt wurden. Platzt die Immobilienblase, sackt unweigerlich auch der Konsum weiter in sich zusammen, der Importsog würde zum Rinnsal, womit nun auch die Lieferländer in Schwierigkeiten gerieten. Es wäre nur noch eine Frage von Tagen, bis in den Zeitungen ein vor Jahrzehnten untergegangenes Wort wieder auftauchte: Weltwirtschaftskrise.

Schon einmal rutschte erst Amerika und dann die übrige Welt in eine tiefe Krise. Sie wurde »Die Große Depression« genannt, weil sie zehn Jahre dauerte und den USA Massenarbeitslosigkeit und Hungertote brachte. Die Wirtschaftskraft des Landes sank um rund ein Drittel. Der Krisenvirus wütete schließlich überall im Westen. In Deutschland waren auf dem Höhepunkt der Fieberkurve sechs Millionen Menschen arbeitslos.

Die heutigen Investoren leben in einem Zwiespalt, um den sie nicht zu beneiden sind. Sie sehen die relative Schwäche der US-Ökonomie und registrieren die tektonische Verschiebung in der Weltwirtschaft. Sie wissen, dass mit großem statistischem Aufwand versucht wird, den amerikanischen Traum in die Zukunft zu verlängern. So melden die Regierungsstatistiker seit längerem sensationelle Produktivitätserfolge der US-Ökonomie, die seltsamerweise seit Jahren zu keiner dem entsprechenden Lohnerhöhung führen. Das allerdings ist mehr als merkwürdig: Entweder kassiert die Kapitalseite die Früchte der gestiegenen Produktivität ganz alleine, was selbst im Kernland des Kapitalismus ein Politikum wäre. Oder es gibt diese Produktivitätsfortschritte vor allem in der Statistik, wofür vieles spricht.

Die halbe Welt staunt über die niedrige Arbeitslosigkeit in den USA. Die andere Hälfte der Welt weiß, dass diese Statistik das Ergebnis einer freiwilligen Telefonumfrage ist. Viele derer, die sich als Beschäftigte ausgeben, sind Handlanger und Tagelöhner. Wer auch nur eine Stunde pro Woche arbeitet, wird als »Beschäftigter« geführt. Da es als unsozial gilt, sich arbeitslos zu bekennen, sagt die amerikanische Statistik womöglich mehr über die geltenden Normen der amerikanischen Gesellschaft als über ihre tatsächliche Verfassung. Auch den hohen Wachstumsraten der Vereinigten Staaten ist nicht so ohne Weiteres zu trauen. Sie sind auch eine Folge der hohen privaten und staatlichen Schuldenaufnahme. Sie zeigen keineswegs einen aus eigener Kraft gesteigerten Ausstoß an heimischen Waren und Dienstleistungen. Allein das Defizit der Regierung war 2002 für fast die Hälfte des Wirtschaftswachstums verantwortlich, 2005 sogar für über 60 Prozent. Der Wirtschaftsriese USA wird gedopt, damit sein Leistungsabfall nicht so auffällt.

Für die Investoren auf den Kapitalmärkten ist eine Wirklichkeit erst dann eine Wirklichkeit, wenn die Mehrzahl der Anleger davon überzeugt ist – und sich entsprechend verhält. Derzeit belauert jeder den anderen. Alle wissen: Der Traum von der stabilen Wirtschaftssupermacht ist eigentlich ausgeträumt, aber alle halten die Augen noch eine Weile geschlossen.

Staatsanleihen und Aktien besitzen nun einmal keinen objektiven Wert, nichts was man sehen, wiegen, schmecken oder verspeisen könnte. Ihr Wert bemisst sich an dem Gottvertrauen der Investoren, dass die Kaufkraft von einer Million Dollar auch in zehn Jahren noch eine Million Dollar beträgt und sich nicht in der Zwischenzeit halbiert hat. Dieses Gottvertrauen wird nahezu im Sekundentakt an den Märkten gemessen und die Maßeinheit ist nichts anderes als das Vertrauen anderer Investoren. Solange es mehr Vertrauensselige als Misstrauische gibt, ist die Welt des Dollars (und der Weltwirtschaft) in Ordnung. Die Probleme beginnen an dem Tag, an dem das Verhältnis kippt.

Kompliziert wird der Vorgang dadurch, dass es keineswegs blindes Vertrauen ist, das die Anleger treibt. Es sind scheinbar harte Fakten, die sie darin bestärken, ihren Vertrauensbonus weiterhin zu gewähren. Das Wirtschaftswachstum der USA, auf dem Papier robust und imponierend Jahr um Jahr, ist für sie eine wichtige Kennziffer. Fällt es hoch aus, fühlen sie sich in ihrem Vertrauen in die Leistungskraft der amerikanischen Volkswirtschaft bestärkt. Zwar ist das Handelsbilanzdefizit seit seinem Auftauchen Mitte der 70er Jahre explodiert. Aber die Wirtschaft, sagen die Träumer mit wachsendem Selbstbewusstsein, wächst trotzdem sehr ordentlich; nicht so steil wie in China, aber immerhin doppelt so schnell wie in Europa.

Dabei ist gerade diese Kennziffer nicht so verlässlich wie sie aussieht. Das Vertrauen der Investoren hat diese Zahl mit hervorgebracht. Denn der Kaufpreis der Anleihe fließt auf nahezu direktem Weg in den Konsum des Staats, der Kaufpreis der Aktie stimuliert die Konsumlust der Firmen und erweitert die Kreditbasis von Millionen von Privathaushalten, was wiederum dem Konsum zugute kommt. So verwandeln sich die Erwartungen der Investoren, auch die, dass die USA weiter wachsen, in Gewissheiten. Das Vertrauenskapital bringt also selbst jene Wachstumsraten hervor, die es für seine Legitimation braucht. Denn die treibende Kraft hinter dem Wachstum der amerikanischen Volkswirtschaft ist eine Ausweitung des Konsums; was angesichts schrumpfender Lieferfähigkeit der Industrie und kaum mehr steigender Löhne der Beschäftigten eigentlich jeden verwundern muss. Aber alle kennen ja des Rätsels Lösung. Der wachsende Konsum basiert nicht auf einer Ausweitung der Produktion, einem steilen Anstieg der Löhne oder gar der Zunahme der Exporte, sondern zu seinem größten Teil auf steigenden Schulden. Aber warum gewähren die Banken immer neue Kredite? Sie tun es, weil sie als Beleihungsgrundlage die gestiegenen Preise für Aktien und Wohnimmobilien akzeptieren. So ist ein in sich geschlossener Kreislauf der wundersamen Geldvermehrung entstanden.

In den Bankbilanzen ist das ganze Ausmaß der Selbsttäuschung zu besichtigen: Die Spartätigkeit in Amerika ist zum Erliegen gekommen. Die Auslandsverschuldung der USA wächst an jedem Wochentag um die wahnwitzige Summe von rund 660 Millionen Dollar und liegt bei insgesamt 2,5 Billionen Dollar. Die Privathaushalte sind im In- und Ausland mittlerweile mit elf Billionen Dollar verschuldet, wobei 30 Prozent dieser Schulden allein seit 2003 entstanden sind. Die Amerikaner genießen eine Gegenwart, für die sie immer größere Stücke der Zukunft verkaufen. Mit Fug und Recht kann man heute sagen: Die Wirtschaftskrise, die der Welt ins Haus steht, ist die bestprognostizierbare der neueren Geschichte. Der amerikanische Boom der letzten Jahre ist nicht die Widerlegung der Krise, sondern ihr Vorbote.

Die Biologen haben ähnliche Symptome bei Pflanzen beobachtet, die unter dem Eintrag von Schadstoffen leiden. Bevor sie vergehen, bringen sie ein letztes Mal derart kräftige Triebe hervor, dass sie von ihren gesunden Artgenossen kaum zu unterscheiden sind. Der Volksmund spricht von Panikblüte.

Aber wer wird der Erste sein, der die Dollarillusion zerstört? Sind nicht alle Investoren durch ein unsichtbares Band miteinander verbunden, weil jede Attacke gegen die Leitwährung ihre eigenen Wertbestände schmälern und womöglich große Teile davon vernichten würde? Warum sollten die Notenbanken von Japan oder Peking ihre Dollars auf den Markt werfen? Welches Interesse hätten die US-Pensionsfonds, ihren Dollarreichtum mutwillig zu zerstören? Welchen Sinn ergibt es, die USA in eine schwere Krise zu schicken, die womöglich alle Staaten mitreißen wird?

Es ist dasselbe Motiv, das die Investoren einst zu Dollarkäufern machte: Angst. Diesmal ist es die Angst, dass andere schneller sind; die Angst, dass die Dollarstärke ohnehin nicht hält; die Angst, dass jeder Tag des Zuwartens ein Tag zu viel ist. Die Angst schließlich, dass der Herdentrieb der Weltfinanzmärkte einsetzt und man selbst hinterhertrottet.

Vielen ist der Dollar unheimlich geworden. Eines Morgens werden viele seiner Besitzer aufwachen, um mit neuem, glasklarem Blick auf die Daten der US-Wirtschaft zu schauen. So wie die Privatanleger eines Morgens mit ungetrübtem Blick auf die Aktien der New Economy blickten und Firmen sahen, deren Wert sich durch keinen noch so großen Gewinnsprung rechtfertigen ließ. Umsatzprognosen waren aufgestellt worden, die den Gesamtmarkt um ein Vielfaches übertrafen. An der Technologiebörse Nasdaq war ein Aktienmarkt zu bestaunen, dessen addierter Wert innerhalb weniger Jahre um 1000 Prozent zugelegt hatte, derweil die US-Wirtschaft im selben Zeitraum nominal nur um 25 Prozent gewachsen war. Die Gier hatte für einige Jahre die Angst überwunden, dann aber kehrte diese zurück. Die Kurse der Technologieaktien verloren binnen weniger Monate über 70 Prozent ihres Werts und liegen heute noch immer bei weniger als der Hälfte ihrer damaligen Notierungen. Selbst der Dow Jones, ein Börsenindex, in dem die wichtigsten und größten Firmen der Vereinigten Staaten zusammengefasst sind, büßte knapp 40 Prozent seines Werts ein.

Dem Dollar und den Dollaranleihen steht Ähnliches bevor. Die USA haben mehr Sicherheit verkauft, als sie zu bieten haben. Es wurden Erwartungen gehandelt, die sich deshalb als wertlos erweisen werden, weil sie nicht erfüllbar sind. So wie die New Economy weder das Wachstum noch die Gewinne liefern konnte, die sie den Anlegern prophezeit hatte, werden die Währungsverkäufer eines Tages einräumen müssen, dass die Wirtschaft hinter der Währung schwächer ist als behauptet.

Die Abhängigkeit ausländischer Notenbanken vom Dollar wird dessen Sturz verzögern, aber nicht verhindern. Eine Schneewehe hat sich gebildet, die zur Lawine heranwächst. Sie kann sich morgen lösen, in ein paar Monaten oder auch erst in Jahren. Vieles, von dem die Zeitgenossen glauben, es sei unsterblich, wird eine globale Währungskrise unter sich begraben; womöglich auch die Führungsrolle der USA.

Die von Clinton eingesetzte Kommission zur Untersuchung der negativen Handelsbilanz kam übrigens zu dem klaren Schluss, dass die Regierung alles tun müsse, um das weitere

Anwachsen der Ungleichgewichte bei Aus- und Einfuhren zu stoppen. Die Öffentlichkeit solle endlich vom Optimismus zum Realismus zurückkehren; die Bürger müssten zum Sparen angehalten werden, der Staat solle die Importe sanft drosseln helfen, um der Wucht einer harten Landung zu entgehen.

Nichts davon ist seither geschehen. In Wahrheit passiert von allem, was die Experten empfohlen hatten, sogar das Gegenteil. Die Verschuldung wächst, der Importsog verstärkt sich, ein durch die Wirklichkeit nicht mehr gedeckter Optimismus wurde zur Staatsräson. Kommissionsmitglied Lester Thurow zieht eine ernüchternde Bilanz: »Niemand wird eine amerikanische Zahlungsbilanzkrise für möglich halten«, sagt er. »Bis sie eintritt.«

KAPITEL 3

Neue Rivalen.
Die asiatische Herausforderung

Monster Mao

Der große Nationalheilige der Chinesen Mao Zedong hat eigentlich nur ein Verdienst erworben, das die Jahrhunderte überdauern wird. Von dieser Tat ist unklar, ob er sie aus Versehen oder mit Bedacht begangen hat. Er ließ dem späteren Reformer Deng Xiaoping alle nur mögliche Schmach antun. Aber er ließ ihn am Leben.

Zweimal enthob er ihn seiner Parteiämter; auf öffentlichen Versammlungen musste sich Deng wüst beschimpfen lassen. »Siedet den Hundekopf in heißem Öl«, riefen Maos Rote Garden ihm hinterher. Wer anderer Meinung war als der Große Vorsitzende, wie Mao sich selber nannte, hatte mit allem Möglichen zu rechnen, nur nicht mit Gnade. Dengs engste Mitstreiter wurden zu Tode gefoltert, sein Bruder erschlagen. Dengs ältesten Sohn trieben Maos Gefolgsleute im vierten Stock der Pekinger Universität derart in die Enge, dass er in seiner Verzweiflung aus dem Fenster sprang. Als Krüppel blieb er zeitlebens an den Rollstuhl gefesselt.

Nur den 1,53 Meter kleinen Deng, einen Mann von außergewöhnlicher Klugheit, ließ Mao körperlich unversehrt. Er degradierte ihn, er demütigte ihn, aber er tötete ihn nicht. Er ging ihm mehrfach an die Gurgel, aber er drückte nicht zu.

Für einen Mann seines Rufes ist das bemerkenswert. Der Historiker Hans-Peter Schwarz nennt Mao ein »Monster«, weil ihm Menschenleben nichts bedeuteten. Mit Hitler dürfen wir Mao nur deshalb nicht gleichsetzen, weil der Naziführer Millionen von Menschen planmäßig hat vergasen lassen, derweil die Mehrzahl von Maos Toten eher eine Begleiterscheinung seiner Politik war, wenn auch eine, die er billigend in Kauf nahm. Dessen Brutalität im Umgang mit seinen direkten Gegnern allerdings stand der Hitlerschen wenig nach. Umso erstaunlicher ist der Unterschied: Hitler hatte »das andere Deutschland« weitgehend ausgerottet oder ins Exil getrieben. Mao aber hinterließ dem Land aus seinem engsten Umfeld einen Nachfolger von historischer Statur. Die Wirtschaftsweltmacht China, auf die wir heute blicken, hat Deng Xiaoping erschaffen. Ohne ihn wäre das Riesenreich womöglich zum größten Armutsstaat der Erde herabgesunken, in Konkurrenz mit den zerfallenden afrikanischen Gemeinwesen. Er aber organisierte eine politische Wende, die beides war: radikal und erfolgreich.

Nach dem Tod des Großen Vorsitzenden im September 1976 besaß China mit Deng Xiaoping einen Führer, wie er einem Volk selbst über die Jahrhunderte nur selten geschenkt wird. Der zierliche Deng kann es aufnehmen mit den Großen der Weltgeschichte. Der Mann mit dem maskenhaften Lächeln und dem ungebrochenen Willen hat wie kein anderer Chinese die Laufrichtung der Geschichte verändert, was viele Europäer in den kommenden Jahrzehnten erst noch spüren werden. Riesig war das Reich der Mitte schon vor ihm, von fremden Einflüssen befreit und wieder geeint hat es Mao, auf den Weg zur Weltmacht aber hat es sich erst unter seiner Führung begeben. Mit Deng Xiaoping kehrte die Privatinitiative zurück, hielt der Wohlstand seinen Einzug im Leben von Millionen. Zu Beginn des 21. Jahrhunderts hat in China die Zahl der Aktionäre (66,5 Millionen) mit der Zahl der Parteimitglieder (69,6 Millionen) annähernd gleichgezogen.

Von Mao Zedong, Dengs Wegbegleiter, Peiniger und Lebensretter, wird vor allem die Erinnerung an eines der dunkelsten Kapitel der chinesischen Geschichte bleiben. Der ehemalige Volksschullehrer wurde durch den Bürgerkrieg, den er mit großer Zähigkeit führte, nach oben gespült. Am 1. Oktober des Jahres 1949 trat der 55-Jährige vor die Menschenmasse, die in Peking auf dem Platz des Himmlischen Friedens wartete, um die »Volksrepublik China« auszurufen. Der südchinesische Akzent wies ihn als Mann der Provinz aus. »Die Chinesen, die ein Viertel der Menschheit bilden, sind nunmehr aufgestanden«, rief er den Menschen zu.

Sie wären gern aufgestanden, aber mit Mao war an ein wirtschaftliches Wohlergehen nicht zu denken. Seine mit kurzen Unterbrechungen ein Vierteljahrhundert währende Regierungszeit bedeutete für das ohnehin bettelarme China einen weiteren Abstieg, den Millionen Menschen mit ihrem Leben bezahlten. Denn das war die Konstante der Mao-Zeit, was auch immer er ausprobierte, anordnete, durchsetzte: Der Blutzoll war hoch.

Der große Sprung zurück

Sein erster Fünfjahresplan, der im Januar 1953 in Kraft trat, offenbarte einen Abgrund an Naivität, wie er in der Führung eines so großen Landes nicht alle Tage vorkommt. Nach sowjetischem Vorbild sollten alle Mittel des Landes in den Aufbau der Schwerindustrie gesteckt werden. China brauche Stahlöfen, Kraftwerke, Lastwagenfabriken, das Land solle eine Chemieindustrie aufbauen und ein nationales Netz der Energieversorgung, hieß es darin. Das Investitionsgeld für diesen Kraftakt sollte – auch das war der Sowjetunion abgeschaut – aus der Landwirtschaft abgezogen werden. Der Denkfehler lag darin, dass die chinesische Landwirtschaft anders als die sowjetische keinerlei Überschüsse erwirtschaftete. Ihre Erträge reichten im allerbesten Fall, um die Bevölkerung zu ernähren, und selbst dafür langte es oft nicht. Das Produktivitätsniveau betrug nur ein Fünftel des sowjetischen; und nun sollte aus dieser Armutslandwirtschaft das Geld für den Aufbau der Schwerindustrie abgepresst werden. Das bedeutete nichts anderes, als Millionen von Bauern planmäßig so weit unter ihr Existenzminimum zu drücken, dass der Preis für ihre Planerfüllung letztlich ihr Leben sein würde. Später gestand Mao das Fehlurteil ein. Man habe versucht, sprach der scheinbar Geläuterte, den »Teich trockenzulegen, um die Fische zu fangen«.

Der wirkliche Wahnsinn aber folgte erst noch. Wenn schon die Industrialisierung auf Kosten der Landwirtschaft nicht funktionierte, wollte Mao nun eben die Landwirtschaft zwingen, sich selbst zu industrialisieren. Das stellte sich der Partei-, Staats- und Militärführer so vor: Die Bauern sollten die Winterzeit nutzen, um kleine Fabriken und befestigte Landstraßen zu bauen. Mao hoffte, die noch ungenutzte Arbeitskraft der Landbevölkerung, auch die der Frauen, in Kapital verwandeln zu können. Er glaubte einmal mehr an die wundersame Fischvermehrung. Die wesentlich schlichtere Idee, die Produktivität von Ackerbau und Viehzucht derart zu steigern, um aus den Überschusserträgen und den dann frei werdenden Arbeitskräften einen industriellen Aufbau finanzieren zu können, kam ihm nicht. So hatten es die Industriestaaten Europas vorgemacht. Mao aber wollte nichts lernen, vom Westen schon gar nicht.

Dass seine Kritiker im Politbüro von »linkem Abenteurertum« sprachen, bestärkte ihn nur in der Absicht, alles auf eine Karte zu setzen. Die Bauern sollten zum »Großen Sprung nach vorn« ansetzen. Die Parteikader teilten schließlich die rund 500 Millionen Menschen der ländlichen Regionen in 24 000 Volkskommunen ein. Das waren die neuen Grundeinheiten, die mit Hilfe eigener Kraftwerke und kleiner Stahlkochereien nun selbständig Straßen und Brücken bauen sollten. Im Mai

1958 segnete ein Parteikongress die Strategie des großen Sprungs ab. Der Generalsekretär des Zentralkomitees hieß Deng Xiaoping. An der Seite Maos absolvierte er seine Lehrzeit. So lernte er vor allem, was alles nicht funktionierte.

Begleitet von Marschmusik bauten die Bauern überall im Land Straßen und Staudämme, sie ließen sich in Abendkursen zu Stahlkochern umschulen und feuerten auf Dorfversammlungen mit hitzigen Parolen einander an. Derweil die Frauen die Felder beackerten, beschickten die Männer eine Million kleiner Hochöfen. In einer »Schlacht für Stahl«, wie die Parteiführung es nannte, wollte man zu den Kernländern der Industrialisierung aufschließen. »Es ist möglich, Großbritannien in 15 Jahren zu überholen«, war eine der gängigen Losungen jener Tage. In Wahrheit fiel China hinter sich selbst zurück.

Der große Sprung war auch deshalb ein großer Sprung nach hinten, weil jeder Chinese auf dem falschen Posten zum Einsatz kam. Die Bauern produzierten einen Stahl, der nahezu unbrauchbar war. Zugleich schrumpften die Ernteerträge, weil die Frauen beim Ackerbau nicht die Erfahrung und vor allem nicht die Kraft der Männer besaßen.

Für 1958 hatte die Pekinger Planzentrale mit 375 Millionen Tonnen Getreide gerechnet, aus denen schließlich 200 Millionen Tonnen wurden. 1959 sank der Ernteertrag weiter auf 170 Millionen Tonnen, 1960 auf 143 Millionen Tonnen, wo er auch im Folgejahr verharrte. Da die Parteikader stur auf den im Plan festgelegten Abgabemengen beharrten, gerieten die Menschen nun in eine tödliche Zangenbewegung: Der Staat verlangte höhere Getreideabgaben, streng nach Plan. Weil aber die Ertragskraft der Ackerböden sank, blieb nach Abzug der Ablieferungen nicht genügend, um das Landvolk zu ernähren. Der Hunger kehrte in die Dörfer zurück. Rinder, Kühe und Schweine verendeten oder wurden notgeschlachtet, was die Nahrungssituation weiter verschärfte. Unnachgiebig forderte der chinesische Staat, der den Sowjets leichtfertigerweise Zusagen über Getreidelieferungen gemacht hatte, seine Planzahlen ein. Mao wollte sich vor dem sowjetischen Staats- und Parteichef Nikita Chruschtschow keine Blöße geben.

Die Menschen in den Dörfern lieferten, was sie eigentlich zum Leben brauchten. Sie hungerten, sie magerten ab und schließlich starben sie. Wo immer sie gerade standen, brachen die ausgemergelten Gestalten zusammen, auf dem Weg zum Wochenmarkt, des Nachts am Hochofen, auf den Feldern. Ein Massensterben setzte ein, das in den Zeitungen Chinas keinerlei Erwähnung fand und auch dem Westen zunächst verborgen blieb. Bis zu 40 Millionen Chinesen, so die aktuelle westliche Schätzung, bezahlten den großen Sprung des Großen Vorsitzenden mit ihrem Leben. Es war die größte von Menschenhand verursachte Hungersnot in der Geschichte. Fotografien von toten Bauern, die am Straßenrand oder auf ihren Feldern lagen, erreichten erst mit Jahren Verspätung die westliche Öffentlichkeit.

»Im Moment gibt es noch viele Probleme, aber eine strahlende Zukunft liegt vor uns«, versuchte Mao auf einer Tagung des Politbüros die Lage zu beschönigen. Doch die Partei wollte keine Durchhalteparolen mehr hören. Mao musste sich als Gescheiterter aus der Politik zurückziehen, der Wirtschaftsexperte Deng Xiaoping übernahm die Staatsgeschäfte.

Die Erfolge des Deng Xiaoping verschafften dem von Mao heruntergewirtschafteten Land die dringend benötigte Atempause. Der kleine Mann, der in den 20er Jahren als Werkstudent in Paris bei Renault gearbeitet hatte, führte Pragmatismus als neue, lebensbejahende Tugend in das bis dahin ideologisch verhärtete Parteileben ein. Sein erklärtes Ziel war schon damals das Wiedererstarken der Nation. Er redete über Wirtschaftswachstum und Stabilität, nicht über Gleichheit und propagandistische Kampagnen. Er machte deutlich, dass Privatinitiative nicht eine beliebige Zutat, sondern unerlässliche Grundvoraussetzung für das Gelingen des nationalen Aufstiegs sei. »Es kommt nicht darauf an, ob eine Katze schwarz oder weiß ist; solange sie Mäuse fängt, ist sie eine gute Katze«, rief er den Delegierten einer Parteiversammlung bereits im Jahr 1962 zu. Später war er so stolz auf das gefundene Sprachbild, dass er ein Gemälde zweier Katzen anfertigen ließ. Die eine war schwarz, die andere weiß, das Bild hängte er in seinem Privathaus auf.

Mao aber grollte. Die neue Offenheit erschien ihm als Beliebigkeit; die modernen Methoden, den Einzelnen durch Leistungsanreize zu höherer Produktivität zu verführen, betrachtete er als Verrat an seinen Lehren. So saß er in seinem selbst gewählten Exil in Shanghai und beobachte das Pekinger Treiben mit wachsendem Missvergnügen. Die Zurückhaltung hielt nicht lange. So überraschend sich der Revolutionsheld zurückgezogen hatte, so unvermittelt tauchte er wieder in der Öffentlichkeit auf. Als sei nichts gewesen, besuchte er die nächstbeste Parteitagung im Januar des Jahres 1962 und sagte der Parteiführung um Deng den Kampf an. Dem Land stand eine erneute Prüfung seiner Leidensfähigkeit bevor.

Maos Triumph endete für seine Gegner erneut im gesellschaftlichen und politischen Exil. Der spätere Ministerpräsident Zhu Rongji wurde als Schweinehirt aufs Land geschickt, Deng Xiaoping überlebte als Arbeiter einer Traktorenfabrik. Aus dem Einparteienstaat war Ende der 60er Jahre ein Militärstaat geworden.

Das rote China. Eine Schadensbilanz

Mao war ein begnadeter Kriegsherr und Propagandist, aber ein miserabler Wirtschaftsführer. Von Ökonomie verstand er nicht viel, weshalb er es auch in den nun folgenden Jahren nicht schaffte, den Wohlstand in China heimisch werden zu lassen. Von allen sozialistischen Staaten war seiner der lausigste.

Die Sowjetunion erlebte immerhin in den 50er und 60er Jahren einen Aufstieg, der selbst den Westen beeindruckte. Stalins Industrialisierungsprogramm, das seine Nachfolger fortsetzten, katapultierte den Agrarstaat innerhalb weniger Jahre in das Industriezeitalter. Die Wachstumsraten lagen über denen des Westens, die Schwerindustrie machte enorme Fortschritte und auch auf dem Land konnte die Produktivität spürbar gesteigert werden. »Überholen ohne einzuholen«, lautete das selbstbewusste Walter-Ulbricht-Motto aus den 60er Jahren, das erst im Rückblick nach Größenwahn klingt. Damals schien sich das Glück mit den Sowjets und ihren deutschen Wasserträgern verbündet zu haben, weshalb auch in Westeuropa zu Beginn der 70er Jahre die Kommunisten respektable Wahlergebnisse erzielten.

Selbst diese ökonomische Scheinblüte ging an den Chinesen vorbei. Staatsgott Mao blieb wider alle Vernunft und entgegen den bisher gemachten Erfahrungen dabei, die Gleichheit zum Zentrum seiner Ideologie zu erheben. Er kollektivierte erst die Landwirtschaft und dann das Denken seiner Mitbürger. Sein Ziel war es allen Ernstes, die Persönlichkeit des Einzelnen auszulöschen, um ihn als williges Werkzeug in die Hände der Partei zu übergeben. Der Chinese sollte ein »namenloser Held« sein, eine »nie rostende Schraube in der revolutionären Maschine der Partei«, wie es der legendäre Vorzeigesoldat Lei Feng einst formulierte.

Den Menschen ist das nicht gut bekommen. Knapp ein Drittel der Chinesen vegetierte am Ende der Mao-Ära deutlich unterhalb des Existenzminimums. Sie erkrankten oft, starben früh und der Hunger war ihr ständiger Begleiter. Auf dem Land war es besonders arg, aber auch den Städtern brachte Mao keinen Fortschritt. Der Wohnraum in den Zentren schrumpfte für eine vierköpfige Familie von 17,2 Quadratmetern Anfang der 50er Jahre auf 14,4 Quadratmeter Mitte der 70er Jahre. Hinter den offiziellen Wachstumszahlen der Mao-

Zeit verbarg sich in Wahrheit eine äußerst dürftige Wirtschaftsentwicklung. Die vermeintlichen Zuwächse beruhten ausschließlich auf einem verstärkten Einsatz von Mensch und Material. Der Ertrag pro Arbeitsstunde und Kapitaleinheit sank kontinuierlich. Der Industrieausstoß basierte im Wesentlichen auf der Ausbeutung von Menschen und Rohstoffen, weshalb Mao beides zu befördern suchte. Er erklärte eine weiter steigende Geburtenrate zur Staatsräson und forderte in einer »Krieg gegen die Natur«-Kampagne seine Landsleute auf, die natürlichen Rohstoffe möglichst schonungslos auszubeuten.

Das Ergebnis war bedrückend: Die Bevölkerungszahl stieg in den Jahren Maos um 70 Prozent und die Umweltzerstörung schritt voran, sie fraß sich durch Böden, Grundwasser und Wälder und hinterließ überall ihre hässlichen Narben. Nur der Wohlstand konnte so nicht wachsen. Selbst die Qualifikation der Industriearbeiter sank spürbar, weil die Ideologie der Gleichheit sich gegen das Spezialistentum richtete. Als Mao abtrat, waren nur 2,6 Prozent der Industriearbeiter als Ingenieure und Techniker ausgebildet, zehn Jahre zuvor waren es noch doppelt so viele gewesen. Nicht einmal Chinas Landwirtschaft, von der Mao noch am meisten verstand, konnte Erfolge vorweisen. Es gelang ihr nicht, in jenen 25 Jahren den Pro-Kopf-Ausstoß an Getreide zu erhöhen. Selten hat ein so mächtiger Mann die Gesetze der Ökonomie derart hartnäckig missachtet.

Deng Xiaoping. Kleiner Mann ganz groß

Mit Deng stand ab 1978 ein außergewöhnlicher Politiker an der Spitze des Landes, und zwar schon aufgrund seiner Herkunft. Der ehemalige Jesuitenschüler war der Sohn eines Großgrundbesitzers und hatte als 16-Jähriger China für sechseinhalb

Jahre in Richtung Europa verlassen. Als Student in Frankreich lernte er den westlichen Lebensstil und seine Ideenwelt kennen, woraus er damals seine eigenen Schlussfolgerungen zog: Er wurde Kommunist. Nach weiterer Lehrzeit in Moskau, wo er sich dem Studium des Marxismus-Leninismus verschrieb, kehrte er mit 22 Jahren als Untergrundkämpfer nach China zurück. Er stieß zu den Rebellen in den Bergen, diente der Roten Armee als politischer Kommissar und Kommandeur diverser Schlachten.

1945 zog er ins Zentralkomitee der chinesischen KP ein, gehörte ab 1955 auch dem Politbüro und damit dem engsten Führungszirkel der Partei an. Ende der 60er Jahre, als Mao seine Kulturrevolution gegen die Pekinger Führung anführte, wurde Deng aller Ämter enthoben. Doch sechs Jahre später tauchte der Verfemte wieder auf, zunächst als stellvertretender Ministerpräsident, wenig später wurde er erneut ins Politbüro berufen. 1975 stand er ein weiteres Mal dem Großen Vorsitzenden als Stellvertreter zur Seite.

Nur ein Jahr währte diesmal die friedliche Zusammenarbeit der ehemaligen Kampfgefährten. Dann ließ der bereits vom Tod gezeichnete Mao seinen Vize erneut fallen. Deng musste einmal mehr aus Peking fliehen und es war sein großes Glück, dass Mao kurz darauf, am 9. September 1976, endlich verstarb und auch die von seiner Witwe angeführte Viererbande sich nicht lange halten konnte. Die Parteiführung trug nur kurze Zeit Trauer, in Wahrheit aber atmete sie durch. Vor allem holte sie Deng zurück ins Zentrum der Macht. Der mittlerweile 74-Jährige wurde Staats- und Parteichef, später gelang es ihm, auch noch die Führung der chinesischen Streitkräfte zu übernehmen. Er selbst bezeichnete sich als »Stehaufmännchen«.

In einem Alter, in dem viele Menschen kaum mehr den einfachsten Erfordernissen des Lebens gewachsen sind, leistete Deng einen beispiellosen Kraftakt. Er öffnete China, das so lange von der Welt abgeschlossen gelebt hatte. »Völker der Welt, vereinigt euch, besiegt die USA-Aggressoren und alle ihre Lakaien«, stand jahrzehntelang auf dem Spruchband, das ausländische Gäste am Pekinger Flughafen empfing. Einen »Volkskrieg der Weltdörfer gegen die Weltstädte« hatte noch kurz vor Dengs Machtantritt der chinesische Verteidigungsminister den Amerikanern angedroht. Nun wurden die Aggressoren hereingewunken und die Flughafen-Transparente eingerollt. Nicht als Freunde, wohl aber als Geschäftspartner waren die Westler fortan herzlich willkommen. Die halbwegs normalen Beziehungen zu den USA bildeten die Grundlage für den Aufbau einer chinesischen Exportindustrie. China kehrte in den Kreis der Weltgemeinschaft zurück, stieg bis in den Weltsicherheitsrat auf. Zu Zeiten von Maos Kulturrevolution hatte das Land 44 von 45 Botschaftern im Ausland abberufen.

Im Inland setzte Deng wieder auf den Einzelnen und seinen Ehrgeiz. Er überzeugte erst die Führungsschicht und danach das Volk von der Richtigkeit dieser Strategie, die natürlich eine Abkehr von Mao bedeutete. Deng stoppte den Abstieg des Landes und begann, zunächst unbemerkt von der Weltöffentlichkeit, eine Aufholjagd, die China Jahrzehnte später in die Spitzengruppe der mächtigsten Nationen führen sollte. Aus einem Agrarstaat mit angeschlossener Schwerindustrie wurde binnen kürzester Frist eine Exportmaschine, die Textilien, Computer und Autos für den Weltmarkt produziert. Den Greis Deng Xiaoping dürfen wir ohne Übertreibung als den Gründer der Weltmacht China bezeichnen. Fast 20 Jahre hielt sich der Winzling, dessen Vorname Xiaoping, ein Tarnname aus Revolutionstagen, übersetzt »kleine Flasche« bedeutet, an der Spitze des Riesenreichs. Der Tod beendete seine Amtszeit am Abend des 19. Februar 1997.

Kaum ein Zeitgenosse hat den Reformer Deng, der in Wahrheit ein Revolutionär war, bei Amtsantritt als solchen erkannt. Die Welt konzentrierte sich damals ein letztes Mal auf die

Konfrontation des Westens mit dem Osten. Die Sowjetunion marschierte Ende des Jahres in Afghanistan ein und gab als Supermacht ihre Schlussvorstellung, als eine neue Weltmacht sich auf den Weg machte. Es ging dem Reformer Deng nicht anders als später dem sowjetischen Regierungschef Michail Gorbatschow. Dessen Glasnost-Reden wurden vom Westen zunächst als üble Propaganda abgetan. Deutschlands Kanzler Helmut Kohl verglich den späteren Befreier Osteuropas und Wegbereiter der Deutschen Einheit mit Nazi-Propagandaminister Joseph Goebbels. Auch US-Präsident Ronald Reagan empfand tiefes Misstrauen.

Deng Xiaoping wurde nicht ganz so derb, dafür eher mitleidig von der Weltöffentlichkeit empfangen. Niemand ahnte, wie viel aufgestaute politische Kraft in diesem schon leicht gebeugten Mann steckte. Er sei »ein Übergangskandidat«, schrieben die Zeitungen in Deutschland, ein »Mann ohne jede Vision«, urteilte das *Wall Street Journal* und selbst der ehemalige US-Außenminister Henry Kissinger, dessen Urteilsvermögen für gewöhnlich gute Dienste leistet, sah in ihm »eine tragische Figur, die sich nicht aus dem Schatten Maos wird lösen können«.

China. Der Neustart

Der neue Führer Chinas ging zügig zur Sache. Senior Deng hatte keine Zeit zu verlieren. Schon auf der ersten Versammlung des Zentralkomitees seiner Kommunistischen Partei im Dezember 1978 erklärte er die umfassende Modernisierung des Landes zum alles überragenden Ziel. Die Neuausrichtung sollte die Landwirtschaft genauso betreffen wie die Industrie, die Armee ebenso wie die Bereiche Wissenschaft und Technologie. Wobei Deng die Bevölkerung und den Machtapparat der Partei nicht im Unklaren darüber ließ, was er unter »Modernisierung« verstand. Er hielt nichts von den Idealen der Maozeit, der Gleichmacherei, der Askese, dem permanenten Klassenkampf; er setzte auf die Triebkräfte des Egoismus, auf die Sehnsucht nach Unterscheidbarkeit, die mindestens so stark im Menschen angelegt ist wie der Wunsch nach Gleichheit.

»Der Zweck des Sozialismus ist es, das Land reich und stark zu machen«, sagte Deng. Wobei der Reichtum des Landes für ihn nur denkbar war, wenn auch der Einzelne reich werden dürfe. Eine Nation der Habenichtse war es nicht, die ihm vorschwebte. »Reich werden ist glorreich«, sagte er mit jener Klarheit und Deutlichkeit, die notwendig ist, um in einem Milliardenvolk Resonanz zu erreichen. Deng wollte das Denken verändern, die von Mao eingeschläferten Egoismen zu neuem Leben erwecken, sich die Sehnsucht der Menschen nach Wohlstand und Reichtum zunutze machen.

Dass Reichtum auch Ungleichheit bedeuten würde, hat er nie verschwiegen. Maos Ideal, eine Nation der Gleichen, was immer bedeutet hatte der gleich Armen, war damit Geschichte. Auch der Ausgleich zwischen Küstenregion und Inland, den Mao mit aberwitzigen Subventionen zugunsten der inländischen Regionen betrieben hatte, genoss nun keinerlei Priorität mehr. »Lasst einige schneller reich werden«, so Deng, »damit sie dann den anderen helfen.«

Auch gegenüber den Militärs fand er klare Worte. Ihre Bedürfnisse könnten unmöglich am Anfang der Umgestaltung stehen, sagte er ihnen. Das Geld für eine Modernisierung der Streitkräfte oder gar ihre Aufrüstung müsste erst verdient werden, weshalb eine schlagkräftige Rote Armee ein wichtiges, aber derzeit nicht das wichtigste Ziel seiner Politik sei.

Deng scheute sich nicht, auch seine Unerfahrenheit mit derartigen Umbauprozessen zu thematisieren. Er wusste, dass er nichts wusste. Neu war, dass ein politischer Führer das auch öffentlich zugab. Nach den Jahrzehnten, in denen an der Spitze ein angeblich Unfehlbarer gestanden hatte, war schon das eine

Sensation. Deng besaß keine Theorie des Umbaus und setzte an ihre Stelle auch keine neue Utopie; nicht einmal auf deren kleine Schwester, die Vision, griff er zurück. Er war ein Tastender, der sich in kleinen, aber kraftvollen Schritten seinen Weg bahnte. Ausgerechnet einem Volk, das mit der Muttermilch der Ideologie gesäugt worden war, predigte er nun die Vorzüge des Pragmatismus. »Niemand ist diese Straße gegangen. Deshalb müssen wir vorsichtig gehen«, mahnte er. Seine Grundsätze hat er nirgends niedergelegt, weil ihm schon das zu dogmatisch schien. Er lehnte den Personenkult seines Vorgängers ebenso ab wie die Neigung aller bisherigen KP-Führer, sich als große Theoretiker feiern zu lassen. Die Idee einiger Parteifreunde, ihn nach dem Tode in einem Mausoleum öffentlich aufzubahren, lehnte er ab. Er wies sie an, seine Asche mit dem Flugzeug über dem Meer zu verstreuen.

Persönliche Unterlagen, die nach seinem Tod gefunden wurde, belegen die ihm eigene Mischung aus Schlichtheit und Schlitzohrigkeit. Als er 1979 einen führenden Parteikader erstmals mit der Gründung einer Investmentfirma beauftragte, die westliches Kapital ins Land locken sollte, schrieb er ihm die Grundsätze seiner Umgestaltungspolitik in einfachen Sätzen auf: »Du wirst einem Unternehmen vorstehen, das ein offenes Fenster zur Außenwelt sein wird. Baue kein bürokratisches Unternehmen auf. Akzeptiere, was rational ist, lehne ab, was irrational ist. Du wirst nicht bestraft, wenn du Fehler machst. Du sollst das Geschäft mit den Methoden der Wirtschaft managen und Verträge unter kommerziellen Gesichtspunkten abschließen. Unterschreibe nur, wenn es Profite und Devisen bringt. Sonst unterschreibe nicht.«

Deng orientierte sich einseitig an den Ergebnissen. Fielen die unbefriedigend aus, steuerte er nach. So wurde seine Politik, die er zunächst noch als »Kombination von Planwirtschaft und Marktwirtschaft« bezeichnete, über die Jahre immer radikaler. Er war ein Patriot, der sein Land wieder an die Weltspitze bringen wollte. Und er war ein Menschenkenner. Wahrscheinlich ohne den britischen Nationalökonomen Adam Smith je gelesen zu haben, setzte er auf die Entfesselung des menschlichen Egoismus. Der Einzelne würde mit seiner angeborenen Sehnsucht nach Wohlstand, der ihm eigenen Gier nach Profit und Anerkennung, ohne es zu wollen sehr planmäßig den Aufstieg der ganzen Nation befördern. Das glaubte Smith und genau das glaubte auch Deng. Nach und nach verzichtete er auf das Instrument der staatlichen Planung, überließ die Regionen, die Firmen, die Menschen immer mehr sich selbst. »Verantwortlichkeit« war eines seiner Schlüsselworte. Er wollte, dass jeder an seiner Stelle Verantwortung übernahm, der Bauer für sein Land, der Manager für seine Fabrik, der Bürgermeister für seine Stadt, der einfache Mensch für sich selbst.

Wie klug seine Politik der kleinen Schritte war, fällt dem auf, der auf die Reformer andernorts blickt. Die Schocktherapeuten in Moskau, die unter Anleitung von Harvard-Professoren wie Jeffrey Sachs die Planwirtschaft auf einen Schlag in den Kapitalismus entließen, haben die Reste der Weltmacht Russland auf dem Gewissen. Dabei war die Ausgangslage der Russen nicht schlechter als die der Chinesen. Genau besehen war sie sogar besser: China ist im Vergleich ein rohstoffarmes Land, besitzt nur Bauxit, Eisen- und Kupfererz in größerer Menge. Russland dagegen sitzt auf einem Fass mit unermesslichen Rohölreserven und verfügt über bedeutende Erdgasvorkommen. Die Industrie der Sowjetunion hatte ihre besten Tage zwar hinter sich, aber ihr Wert übertraf den der chinesischen allemal. Uneffektiv waren beide Länder, aber die Sowjetunion war ein kränkelnder Industriestaat, China ein unfähiges Agrarland. Der abrupte Systemwechsel der Moskauer Führung hat die zweifellos vorhandenen Reichtümer des Landes in die Hände von wenigen gegeben. Ein Raubtierkapitalismus entstand, wie ihn selbst die USA nur aus der Zeit des Goldrausches kannten. Die russische Führung hatte ohne größeres Nachdenken den Glauben gewechselt, war von kommunistisch zu kapitalistisch konvertiert. Zehn Jahre nach der Implosion des Sowjetreichs lag der Lebensstandard in Russland noch immer unter dem der Gorbatschow-Ära.

Deutschland hat sich ähnlich blamiert. Die Regierung im Bonn des Jahres 1990 zeigte aller Welt, wie man es nicht machen darf. Die deutsche Einheit war geglückt, als das Kabinett mit Verve daranging, den Staatsbesitz der DDR zu privatisieren. Die Regierung hatte keine Vorbilder, aber warum hatte sie dann nicht wenigstens Zweifel? Kanzler und Finanzminister waren überzeugt, dass die schnelle Zerschlagung der Staatsfirmen sich segensreich auswirken würde. Also ließ der Staat los – aber es war niemand da, der die Firmen auffing. Die Unternehmen strauchelten, gingen in die Knie, in ihrer überwältigenden Mehrheit waren sie bald darauf verschwunden. Dem schnellen Privatisieren folgte das große Liquidieren. Nur ein Viertel aller Industriearbeitsplätze in der DDR überlebte. Es kam zur Deindustrialisierung ganzer Regionen, ein Exitus von Arbeitsplätzen setzte ein, wie er in dieser Geschwindigkeit nirgendwo sonst in der Wirtschaftsgeschichte zu besichtigen war.

Übrig blieb eine verlorene Generation, die nun weite Teile Ostdeutschlands bevölkert. Viele der Betroffenen werden unter den gegebenen Rahmenbedingungen nie wieder arbeiten können. Sie leben von den Hilfszahlungen des Westens, was ihnen und dem Staatshaushalt schwer zu schaffen macht. Der ehemalige Hamburger Bürgermeister und spätere Treuhand-Manager Klaus von Dohnanyi spricht vom »ständigen Blutverlust unserer Volkswirtschaft«. Ausgerechnet jenes Land, das nach verlorenem Weltkrieg das Wirtschaftswunder schaffte und damit Freund wie Feind beeindruckte, hatte sich verhoben. »Lasst uns das tun, von dem wir überzeugt sind, dass es nicht geht«, rief der damalige sächsische Kulturstaatssekretär Wolfgang Nowak den Deutschen noch zu. Doch die erschöpfte Republik wollte nichts mehr ausprobieren und das Unmögliche schon gar nicht. Ihr Glaubensbekenntnis hieß »weiter so«.

Umso heller strahlt die ökonomische Aufbauleistung eines Deng Xiaoping. Er fand das richtige Maß für Tiefe und Tempo der Reform, wie sich bald 30 Jahre nach ihrem Beginn unzweifelhaft sagen lässt. Er hat die Chinesen gefordert, aber nicht überfordert. Er hat die Parteikader heruntergestuft, aber nicht davongejagt. Er hat die Militärs vertröstet, aber nicht vergessen. Er hat das Land geöffnet, aber nicht für alle. Die Waren sind frei, die Währung nicht. Die Schattenseiten dürfen freilich nicht übersehen werden: Die Privatwirtschaft erhielt freies Geleit, die Demokratie aber blieb ausgesperrt. Deng drangsalierte sein Volk nicht, aber er ließ gnadenlos zuschlagen, wenn die Rolle der Partei in Frage gestellt schien. Das Massaker auf dem Platz des Himmlischen Friedens, als 1989 Panzer auf protestierende Studenten losrollten, hat er zu verantworten. Das ist der Blutspritzer auf seinem Anzug. Er wird mit den Jahren verblassen, aber verschwinden wird er nicht.

Der Westen traute dem Mao-Nachfolger auch deshalb nichts zu, weil man es für undenkbar hielt, dass eine Marktwirtschaft ohne Demokratie funktionieren könne. Demokratie und Marktwirtschaft seien wie siamesische Zwillinge, untrennbar miteinander verbunden, glaubte man hierzulande. Womöglich aber passen der Kapitalismus und ein autoritärer Staat sogar besser zusammen, als dem Westen lieb sein kann. Auch in der Welt der Wirtschaft gibt es schließlich keine Mehrheitsentscheidung; geführt wird von oben nach unten. Nicht von den Angestellten und Arbeitern, sondern vom Vorstand geht alle Macht aus. Eine innerbetriebliche Opposition gibt es nur so lange, bis sie offen in Erscheinung tritt. Danach wird sie unter Zuhilfenahme des Arbeitsrechts in die Schranken verwiesen. Auch der Nachfolger an der Spitze eines Unternehmens wird zuweilen eher nach den Regeln der feudalen Erbfolge bestimmt. Die Bezahlsysteme innerhalb der Unternehmen streben sogar das Gegenteil dessen an, was der moderne Sozialstaat will. Der Wohlfahrtsstaat versucht Ausgleich zu organisieren, der Konzern dagegen führt bewusst die Ungleichheit seiner Beschäftigten herbei. Mit Bonussystemen, Umsatzbeteiligungen, Gewinnprämien und Handelsprovisionen sucht er Leistung zu stimulieren, nicht Ungleichheit abzubauen.

Deng machte sich die Regeln der modernen Unternehmensführung zunutze und ging daran, die Mao-Vergangenheit abzuwickeln. Er entließ nach und nach die kollektivierten Bauern in die Freiheit. Erst durften sie nur kleine Teile ihrer Ernte auf freien Märkten verkaufen, schließlich die gesamten Jahreserträge ihrer Felder und Viehbestände. Zum Schluss gab der Staat ihnen sogar das Land zurück. 1983, also fünf Jahre nach dem Beginn der Reformpolitik, waren bereits 98 Prozent des Agrarlands wieder in der Hand der Bauern. Ab 1988 durften sie über ihre Scholle frei verfügen. Das Land konnte verpachtet, verkauft oder vererbt werden.

Die Eigenverantwortlichkeit wirkte Wunder. Die Landwirtschaft wuchs zu Beginn der 80er Jahre mit über neun Prozent im Jahr, die ländlichen Einkommen entwickelten sich erstmals im Leben der Volksrepublik rascher als die der Städter. Auch die kommunalen Unternehmen erlebten einen Aufschwung, mit dem so niemand gerechnet hatte. Die Klugheit und die Korrumpierbarkeit der lokalen Parteikader machten es möglich. Schon Mao hatte ihnen die Leitung von rund 700 000 kleineren Industrie- und Dienstleistungsunternehmen übertragen. Sie sollten die Landwirtschaft mit dem Nötigsten versorgen, mit Düngemitteln, Traktoren, Landmaschinen aller Art, Baustoffen und Strom. Doch erst die Reformpolitik machte diese Firmen zu einer profitablen Industrie. Deng strich die Subventionen der Zentrale, verzichtete aber im Gegenzug darauf, die Einnahmen der Kommunalfirmen zu konfiszieren. Die Kader wirtschafteten nun für ihre Kommune – und für sich selbst.

Denn unter dem Dach der Kommunalunternehmen entstanden die ersten echten privaten Unternehmen, die nur noch nach außen staatlich aussahen. Die Eigentümer zahlten eine Schutzgebühr an die Kader, die dafür alles taten, um den neuen Firmen Zugang zu den Märkten zu verschaffen. Unter ihrem Schutz regte sich der Eigennutz. Ein Kapitalismus mit roter Tarnkappe war entstanden.

Es bildeten sich kommunale Konzerne heraus, die nun auch in den Kernbereich der riesigen Staatskombinate vordrangen, die Konsumgüterproduktion. Die Zahl der Beschäftigten in der ländlichen Kleinindustrie stieg von knapp 30 Millionen zu Beginn der Reformen auf fast 170 Millionen bis zum Jahr 2000. Aus dem Stand hatte sich in China ein Mittelstand entwickelt, in dem Private und Parteikader nebeneinander existierten. Alle Beteiligten waren in erster Linie am Profit interessiert. Die Privaten nutzten den Schutz der Staatlichkeit, den die Parteikader garantierten. Die ersetzen bis heute das fehlende Regelwerk, das eine funktionierende Marktwirtschaft eigentlich braucht. Wer sich empören möchte, kann mit allem Recht sagen: Die Kader sind korrupt. Man kann aber auch sagen: Diese Kader sind Kartellbehörde, Wirtschaftsförderamt und Gerichtsstand in einem. Sie hauchten den Privaten das Leben ein, setzten so schließlich auch die Staatskolosse unter Druck, bis die Pekinger Plankommissare sich nach und nach zurückzogen. Ohne ihr Mittun hätte der chinesische Kapitalismus nicht entstehen können.

Die ländlichen Parteikader waren einst Maos Bannerträger, nun wurden sie zum Wegbereiter der Reformpolitik. Die Partei feuerte sie auf unzähligen Kongressen und Vollversammlungen an, nur ja alles zu tun, um das Wirtschaftswachstum zu entfachen: »Die Produktivkräfte zu entwickeln ist zu unserer zentralen Aufgabe geworden«, sagte der von Deng eingesetzte Generalsekretär Zhao Ziyang auf dem XIII. Parteikongress 1987. Er ermunterte sie, dabei auch unkonventionelle Wege zu gehen. »Was immer ihrem Wachstum förderlich ist, stimmt überein mit den fundamentalen Interessen der Menschen und ist daher für den Sozialismus notwendig und darf sein.«

Gut ein Drittel des heutigen Sozialprodukts in China wird von diesen ländlichen Unternehmen erwirtschaftet. Seit sich die Tarnkappenfirmen für westliches Kapital öffneten, laufen auch die Exportgeschäfte wie geschmiert. Hier werden Elektronikspielzeug, Handyzubehör und Teile für den Maschinenbau produziert. Ungefähr 30 Prozent der chinesischen Exporte stammt aus diesen Firmen.

Die Entscheidung mit der größten Durchschlagskraft aber war das Ende der von Mao gewollten Isolation des Landes. Erst der Eintritt in die Weltwirtschaft ermöglichte das chinesische Wirtschaftswunder. Denn nur auf den Weltmärkten zirkulierte jene gewaltige Energie, die bisher an dem Riesenland vorbeiströmte. Das Finanzkapital der Börsen und das Investitionskapital der Unternehmen machten bisher einen Bogen um China. Mao mochte die Kapitalisten nicht. Er hatte sein Land vor ihnen verbarrikadiert. Die Kapitalisten mochten China nicht, weil ihre Absicht, aus Kapital mehr Kapital zu machen, hier streng verboten war.

Deng suchte nach Anschlussstellen, die sein Land mit dem westlichen Kapital verbinden könnten. Die Exportindustrie, die von Grund auf neu entstand, wurde das Kraftzentrum der neuen Volkswirtschaft, die mit der alten zuweilen nur noch den Namen auf der Landkarte gemein hat. Das wohl erfolgreichste Gemeinschaftsunternehmen der Weltgeschichte nahm seine Arbeit auf. Jeder lieferte das, was er im Überfluss bereithielt: die Chinesen ihre Arbeitskraft, der Westen sein Kapital und seine Kaufkraft. Es begann mit weniger als 7 Millionen Dollar, die 1980 von ausländischen Investoren nach China transferiert wurden. 1990 waren daraus bereits 21 Milliarden Dollar geworden, heute beträgt die Summe aller in China von Ausländern getätigten Investitionen ungefähr 250 Milliarden Dollar, was in etwa dem Staatshaushalt der Bundesrepublik Deutschland entspricht. Aus der Verbindung von chinesischer Arbeitskraft mit westlichem Kapital entstand jene Exportmaschine, die im Weltkrieg um Wohlstand heute für Aufsehen sorgt.

Indien. Die Last der Vergangenheit

Was in China die späten Kaiser und dann die Kommunisten besorgten, erledigten in Indien die Briten mit der gleichen Gründlichkeit. Sie hielten das Land fast 200 Jahre in einem künstlichen Koma, politisch, militärisch und wirtschaftlich. Die Männer des britischen Empire taten vieles, um eine Industrialisierung zu verhindern. Der britische Staat ließ der Habgier seiner Geschäftsleute freien Lauf, und die hatten kein Interesse an einem starken Indien. So fusionierten imperialer Ehrgeiz und die Interessen der Kaufleute zu einem Besatzungsregime, das die Inder immer weiter von der Welt entfremdete. Der Hunger war schon vorher auf dem Subkontinent zu Hause, nun aber tobte er sich so richtig aus. Eine von den Besatzern zu verantwortende Hungerkatastrophe kostete noch kurz vor der Unabhängigkeit fast drei Millionen Indern das Leben.

Ökonomisch hatten die Inder keine Chance, auf eigenen Beinen zu stehen. Wann immer sie es versuchten, zog man ihnen den Boden unter den Füßen weg. Der Übergang von der Agrar- zur Industriegesellschaft wurde von den Besatzern derart planvoll vereitelt, dass schon das im Rückblick als eine gleichermaßen heimtückische wie beachtliche Leistung erscheint. Die Briten pressten den indischen Bauern eine hohe Grundsteuer ab, sodass es im Agrarstaat damaliger Prägung zu keiner nennenswerten Kapitalbildung kommen konnte. Zum Geldverdienen braucht man Geld. Die Volkswirtschaft Indiens aber blieb damit chronisch unterversorgt. 50 bis 60

Prozent eines Ernteertrags mussten bei der Obrigkeit abgeliefert werden. Rund die Hälfte aller indischen Steuereinnahmen wurde nach England überwiesen.

Die Bauern kämpften also gegen zwei übermächtige Gegner: den Monsun, der in unregelmäßigen Abständen ihre Ernte niederdrückte, um sie dann in seinen Wassermassen zu ertränken. Und gegen die Briten, die unerbittlich auf ihrer häufig nach Durchschnittswerten errechneten Grundsteuer bestanden, auch in Jahren, in denen es keinerlei Ernteertrag gab. Die Bauern rutschten so in eine tiefe und durch Fleiß nicht zu mildernde Abhängigkeit von ihren Gläubigern. Freie Bauern waren zu Agrarsklaven geworden; ein feudales Zwangssystem entstand, das die Grundvoraussetzung für das Entstehen eines Industriekapitalismus, die Kapitalbildung, unmöglich machte.

In Europa galten die Engländer als die Erfinder der Moderne, in Indien traten sie als deren großer Blockierer auf. Die gut 30 Millionen Briten der damaligen Zeit verhinderten, dass die 250 Millionen Inder von der Welle der Industrialisierung auch nur benetzt wurden. Großbritannien schoss nicht zuletzt dank der neuen Produktionstechniken zum politischen, wirtschaftlichen und militärischen Riesen empor, Indien aber blieb ein Zwerg, angewiesen auf dürre Böden und jahrhundertealte Handwerkstraditionen. Zwischen 1600 und 1870 ging die Wirtschaftsleistung je Einwohner sogar zurück. Zwischen 1870 und der am 15. August 1947 erfolgten Entlassung in die Unabhängigkeit lässt sich nur ein Miniwachstum von 0,2 Prozent pro Jahr und Kopf feststellen. Damit war der Subkontinent vom wirtschaftlichen Aufschwung der Europäer entkoppelt. In England, Deutschland, Frankreich und Italien explodierte in Zeiten der Industrialisierung beides, die Bevölkerung und die Wirtschaftsleistung pro Kopf. In Indien ging mit jedem Jahr der britischen Besatzung die Schere zwischen Mutterland und Kolonie weiter auseinander, bis man wie selbstverständlich dazu überging, von der Ersten und der Dritten Welt zu sprechen.

Die Armut in Indien, so viel lässt sich heute mit Gewissheit sagen, war nicht Gottes Werk und auch nicht das Produkt von Zufälligkeiten. Sie war von den Briten gewollt und wurde von Menschenhand mit großer Beharrlichkeit in die Neuzeit verlängert. Überall, wo sich die neuere Forschung mit dem Treiben der Kolonialisten befasst hat, kommt sie zu dramatischen Ergebnissen. So waren die Ernteerträge je Hektar im südlichen Dekhan am Ende der britischen Herrschaft auf nur zwei Drittel des Durchschnitts von 1870 geschrumpft. Die Lebenserwartung der einfachen Bevölkerung fiel zwischen 1871 und 1921 um 20 Prozent. Das dieser Niedergang nicht dem natürlichen Lauf der Geschichte entspricht, lässt sich am Beispiel Japans belegen. Der asiatische Inselstaat, dessen Territorium von den Kolonialmächten unberührt blieb, begann zur selben Zeit bereits seinen Aufstieg. Das Land industrialisierte sich, die Lebenserwartung stieg, der Wohlstand erreichte früh schon beachtliche Ausmaße.

Das wichtigste Unterdrückungsinstrument der Briten war nicht das Militär, sondern die Finanzverwaltung. Ein perfekt organisiertes System, das mit zehntausenden einheimischer Eintreiber arbeitete, sorgte für eine hohe Zahlungsmoral. Wer nicht mit Geldscheinen die gegen ihn bestehenden Forderungen begleichen konnte, musste Teile seiner Ernte abliefern. Wer auch dazu nicht fähig war, verlor sein Land. So wurden Eigentümer zu Pächtern und Pächter zu Kreditnehmern, die oftmals ihre eigene Ernte nur gegen Zahlung eines fast 40-prozentigen Zinses zurückbekamen. Was den Indern noch blieb, war zum Leben zu wenig und zum Sterben zu viel.

Nur zwei Prozent des Kolonialhaushalts waren für die Förderung von Landwirtschaft und Bildung reserviert; vier Prozent für öffentliche Bauprojekte. Die Besatzer dachten nicht im Traum daran, die indischen Textilmanufakturen mit neuen Maschinen zu bestücken. Die im Heimatland entwickelte Technik fand in Indien praktisch keinen Einsatz. Die Einfuhr der ersten Dampfmaschinen verzögerte sich um mehrere Jahrzehnte.

Die britische Regierung wollte erkennbar keinen Mitspieler oder gar Rivalen heranzüchten, sondern auf der anderen Erdhälfte ein Rohstoff- und Arbeitslager unterhalten, dessen Lebensstandard sich deutlich unterhalb der Zivilisationsgrenze bewegen sollte. Es galt die Baumwoll- und Indigoproduktion zu erhöhen, die Diamantminen auszubeuten und die Arbeitskraft lautlos abzuschöpfen, möglichst ohne den Widerstand der Einheimischen hervorzukitzeln. Die Briten wollten, das war der tiefere Sinn des kolonialen Abenteuers, mehr kassieren als investieren, die Latifundien im fernen Asien sollten einen saftigen Gewinn abwerfen und nicht den heimischen Steuerzahlern auf der Tasche liegen. Und tatsächlich ging im Falle Indiens die Rechnung zunächst auf: London finanzierte aus den Überweisungen der Bauern und Händler nicht nur die auf dem Subkontinent stationierten Beamten und Soldaten, es blieb auch ein ansehnlicher Batzen für den britischen Staatshaushalt übrig. Zu Recht betrachtete die Königin ihre indischen Ländereien als »Kronjuwel« des Imperiums.

Die indischen Tuchmanufakturen, die den Briten zu Beginn des 19. Jahrhunderts überlegen waren, konnten ihre Stellung im Weltmarkt so nicht halten. Die Besatzer übernahmen vielfach das Geschäft, derweil die Inder wieder auf das Niveau von Lieferanten und Zuarbeitern sanken. Der englischen Textilproduktion rund um Lancashire ist das gut bekommen. Die Rohstoffe waren nun günstiger denn je, ein Absatzmarkt von beeindruckender Größe war entstanden, der neue Industriekapitalismus überschwemmte die Kolonien ab den 20er Jahren des 19. Jahrhunderts mit seiner billigen Massenware. In Indien brach vielerorts das eben noch florierende Handwerk zusammen. Auch Brokatstickerei, Lederverarbeitung und Teppichknüpferei hatten plötzlich arg zu kämpfen.

Die Bevölkerung erkannte nach und nach, welches Spiel da

gespielt wurde. Die indische Duldsamkeit war groß, aber nicht groß genug, um das Treiben der Briten widerstandslos ertragen zu können. »Swadeshi« stand auf den Spruchbändern, die Schüler und Studenten im Frühjahr des Jahres 1905 durch die Straßen der großen Städte trugen: »Kauft die aus dem eigenen Land stammenden Waren«, bedeutete das. Boykottposten zogen vor den Geschäften der britischen Importeure auf, englische Bildungseinrichtungen wurden bestreikt, es kam landesweit zu Tumulten. Die Briten horchten auf und gingen daran, das Instrumentarium ihrer Herrschaft zu perfektionieren. Sie räumten den Indern politische Mitspracherechte ein, ließen später sogar ein Parlament zu, freilich ohne jede Machtbefugnis. Die wirtschaftliche Unterdrückung zu lockern oder auch nur zu lindern kam ihnen noch immer nicht in den Sinn.

Des Öfteren drängten die indischen Politiker darauf, sich mit Schutzzöllen gegen die englische Industrieware zur Wehr setzen zu dürfen. Hinter der Schutzmauer des Zolls wollten sie eine eigene Fabrikation heranwachsen lassen. Die Briten aber lehnten ab. Eine industrielle Fertigung gestatteten sie nur in jenen Wirtschaftssektoren, die nicht mit England konkurrierten, beispielsweise in der Jute- und der Teeproduktion. Ansonsten wurde nur das Nötigste investiert, da eine künstliche Bewässerungsanlage, dort ein Staudamm, am Ende der Besatzungszeit sogar ein Stahlwerk. Der produktive Kern Indiens konnte sich in den knapp 200 Jahren britischer Besatzungszeit nicht nennenswert vergrößern. Das Land blieb, was es vorher schon war, ein ökonomischer Winzling, reich nur an Kultur und Tradition. Der Anteil der Industrie an der gesamten Wirtschaftsleistung des Landes lag im Jahr des britischen Abzugs bei drei Prozent. Nicht einmal zwei Prozent der indischen Beschäftigten arbeiteten in einer Fabrik. Das Land war ein Agrarstaat geblieben.

Die Besatzer wirkten segensreich, wird heute von einigen Historikern behauptet. Viele Einzelposten werden den Briten auf der Habenseite ihrer Kolonialzeit in Rechnung gestellt, das meiste davon zu Unrecht. Auch die größte wirtschaftliche Leistung der Briten, der Eisenbahnbau, diente vor allem dem Abtransport der Rohstoffe und nicht der Industrialisierung. In Amerika und Europa war das anders: Im Gefolge der Eisenbahngesellschaften verzeichneten die Hersteller von Schienen, Weichen, Signalanlagen und Lokomotiven ein stetes Wachstum, was wiederum der Stahl- und Kohleproduktion mächtig Auftrieb gab. So zog im Westen mit den Dampflokomotiven auch der Wohlstand übers Land. In Indien dagegen wurden nahezu alle Zulieferteile für das neue Transportmittel aus Übersee herangeschafft, es gab keine nennenswerten industriellen Impulse aus dem Eisenbahnbau. Indien importierte bis zur Unabhängigkeit 14 420 Lokomotiven aus Großbritannien, fast 3 000 wurden aus anderen Industrienationen und nur 707 aus indischer Produktion bezogen. Die Einheimischen durften die Bahnschwellen verlegen. Als Lokführer aber kamen sie nicht zum Zuge, erst 1942 wurde der erste Inder in den Führerstand einer Lokomotive berufen.

Eine indische Elite bildeten die Briten nur in dem Umfang aus, wie es für die Verwaltung des Riesenreichs nützlich schien. Das einheitliche englische Rechtssystem, das vielfach als stolzes Erbe der Kolonialzeit gepriesen wird, gab es zu keiner Zeit. Das Londoner Recht galt nur für das von den Briten dominierte Geschäftsleben, derweil im Privatrecht das muslimische und das Hindu-Recht wirksam blieben. Heute noch macht dieser juristische Flickenteppich dem Land schwer zu schaffen.

Selbst die Sprache der Besatzer, Englisch, lernte keineswegs die Mehrzahl der Inder, wie heute gern behauptet wird. In Wahrheit wurden nur die wenigsten in die Herrschaftssprache der Kolonialzeit eingewiesen. Es waren keine zwei Prozent der damaligen Bevölkerung. Die Briten hatten eben nichts zu verschenken, nicht mal ihre Sprache.

Als sie im August 1947 die Kronkolonie in die Freiheit entließen, übergaben sie ein Land, das dem Mittelalter näher war als dem Industriezeitalter. Ein Millionenvolk war unter britischer Aufsicht hungrig, krank und ungebildet geblieben. Die westliche Welt hatte sich aus dem Würgegriff von Seuchen und himmelschreiender Armut mittlerweile befreit, Indien nicht. Die Lebenserwartung betrug 32 Jahre, rund 90 Prozent der Bevölkerung konnten nicht schreiben und lesen. Hungersnöte plagten weiterhin in unregelmäßigen Abständen das Land und rissen Millionen in den Tod. Die britische Krone hinterließ eine Gesellschaft, die überall Narben trug, auch an ihrer Seele.

Der Kolonialkomplex.
Indiens Angst vor dem Ausverkauf

Kaum in die Freiheit entlassen, wandten sich die Inder vom Westen ab. Nie wieder sollte das Land abhängig sein von diesen Peinigern. Nie wieder wollte man es dem Westen gestatten, sich auf dem Subkontinent auszubreiten. Das westliche Kapital galt als Bedrohung, die auf der Freiheit der Unternehmer beruhende Ordnung der Marktwirtschaft als Unterdrückungssystem und selbst die Handelsbeziehungen mit Europäern und Amerikanern standen unter keinem guten Stern. Die westlichen Werte rochen für die Inder nach Blut.

Dass die bürgerlichen Gesellschaften sich auf Freiheit, Gleichheit und Brüderlichkeit beriefen, klang in ihren Ohren wie ein Spottgesang. Meinungsfreiheit und die Unverletzbarkeit des Menschen, seiner Wohnung, seiner Gesundheit, seiner Würde, all das schien kaum mehr als ein neuerlicher Propagandatrick zu sein. Noch dazu einer, der sich leicht als solcher durchschauen ließ. Sie hatten doch am eigenen Leib das genaue Gegenteil erfahren: Der Westen stand für Unfreiheit und Ungleichheit und es konnte einem passieren, dass schon einfache Widerworte mit dem Tod bezahlt werden mussten.

Unzählige Aufstände hatten die Menschenfreunde, als sie noch Kolonialisierer waren, niedergeschlagen, nicht nur in ihrer Frühzeit. Kaum war das Flugzeug erfunden, wurde in der Provinz Panjab aus tief fliegenden Propellermaschinen auf die Einheimischen geschossen.

Ein indischer Rechtsanwalt von schmächtiger Gestalt, Mahatma Gandhi sein Name, machte früh von sich reden. Er nannte die Londoner Gesellschaft »satanisch« und rief seine Landsleute zum friedlichen Widerstand auf. Die Idee der Freiheit durchströmte das Land. Gandhi eilte von Provinz zu Provinz, um die Widerstandsgeister zu wecken und sie politisch in seine Richtung, die einer gewaltfreien Erhebung, zu drängen. So kam er zu den Indigobauern der Provinz Bihar, denen von den britischen Pflanzern übel mitgespielt wurde. Er half den Bauern des Distrikts Kheda, sich gegen die zu hohe Veranlagung bei der Grundsteuer zu wehren. Er stand den streikenden Textilarbeitern in Ahmadabad bei, die höhere Löhne und bessere Arbeitsbedingungen für sich verlangten. »Quit India«, gebt Indien auf, rief Gandhi den Briten zu, was sie schließlich auch taten. Vorher allerdings teilten sie das Riesenreich in zwei Hälften. Im Süden von British India entstand das heutige Indien, welches die Verfassung als einen demokratischen und religionsfreien Rechtsstaat konstituierte, in dem eine Diskriminierung nach Religion, Rasse, Geschlecht und aufgrund der Kaste verboten ist. Im Norden bildete sich der islamische Religionsstaat Pakistan, in dem die Verfassung vorschreibt, dass »kein Gesetz im Gegensatz zu den Forderungen und Lehren des Islam stehen darf«.

Pakistan hat den Weg zum Wohlstand bis heute nicht beschritten. Aber auch Indien ging einen Jahrzehnte dauernden, kräftezehrenden Umweg. Das Land warf sich ausgerechnet in der Stunde der Freiheit der Sowjetunion Stalins in den Arm. Den verlorenen Jahren der britischen Besatzung sollten weitere Jahrzehnte des Niedergangs folgen. Indien war zwar unabhängig, aber es wusste mit seiner Unabhängigkeit nicht viel anzufangen. Seine Führer standen am Tag nach der Unabhängigkeitsfeier wie eine Gruppe entlassener Sträflinge vorm großen Gefängnistor. Man war frei, aber innerlich leer. Man liebte die Freiheit, aber es war nicht sicher, ob sie diese Liebe auch erwidern würde. Man wollte den Fortschritt, aber wusste nicht so recht, wo er zu finden sein würde.

Da diente die Sowjetunion sich als der große Beschützer und Lehrer an. Kriegsgewinner Josef Stalin wurde auch im Indien dieser Tage kumpelhaft »Onkel Joe« gerufen. Seit an Seit mit seiner Roten Armee hatten die britisch-indischen Verbände gegen Hitlers Wehrmacht gekämpft. Nun stießen die Kommunisten in Delhi zu ihrer großen Freude auf einen Mann wie Jawaharlal Nehru. Der neue Premier hatte in England studiert, er liebte das Aristokratische ebenso wie die Demokratie. Aber seit Jugendtagen war er auf schwärmerische Weise dem Sozialismus zugetan. Zwar lehnte er Stalins Terror ab, aber die Methoden wirtschaftlicher Planung gefielen ihm sehr. Der Spross einer vornehmen, aus Kaschmir stammenden Familie glaubte, die Kommandowirtschaft sei der Marktwirtschaft haushoch überlegen. Die amerikanische Reporterlegende Cyrus L. Sulzberger, der Nehru 1952 zu einem anderthalbstündigen Gespräch traf, beschrieb den ersten Mann des freien Indien später so: »Er ist ein Wirrkopf, der zweifellos in eine Wolke des Idealismus gehüllt ist. Dass er ehrlich, intelligent und möglicherweise dynamisch ist, steht außer Frage. Trotzdem habe ich das Gefühl, dass er sich durch viele schwierige Probleme tastet, ohne recht zu wissen, wohin er geht, und ohne vorgefassten moralischen, politischen oder wirtschaftlichen Plan.«

Die Männer im Kreml waren für Nehru in vielerlei Hinsicht das Diapositiv zum Negativbild der Briten: Sie waren links, dem Worte nach antiimperialistisch und antikapitalistisch; ihnen, so glaubten mit Nehru viele Inder, könne man sich guten Gewissens anvertrauen.

Der erste Fünfjahresplan trat 1951 in Kraft, graue Wohnsilos in sowjetischer Plattenbauweise entstanden, die natürliche Umwelt diente im nun heraufziehenden indischen Industriezeitalter nicht mehr nur als Rohstofflager, sondern zusätzlich auch als kostenlose Müllkippe. Eine labyrinthähnliche Bürokratie entstand; ihre apathische Haltung gegenüber den Problemen des Landes ist die vielleicht schwerste Hypothek jener Zeit. Vor den höheren Gerichten Indiens waren im Jahr 2002 rund 50 000 Fälle länger als zehn Jahre anhängig, bei den unteren Ebenen der Gerichtsbarkeit rund eine Million. 1990 ging ein Prozess zu Ende, der 33 Jahre gedauert hatte und auch dadurch immer komplizierter wurde, dass 16 Zeugen zwischenzeitlich verstorben waren.

Es kam im realsozialistischen Indien zwar nicht zum Äußersten; die Zwangskollektivierung der Bauern und die Verstaatlichung des gesamten Wirtschaftslebens blieben dem Land erspart. Aber das war eher den wehrhaften Bauern und Nehrus Gegenspielern in der Kongresspartei zu verdanken. Er selbst flirtete mit der Idee einer Kommandowirtschaft nach sowjetischem Vorbild, die in ihrer ursprünglichen Form vom Bauern bis zur Bank alles verstaatlicht hätte. Der historische Kompromiss in Indien sah dann wie folgt aus: Der Staat übernahm die Regie bei allem, was neu hinzukam. Die Agrarwirtschaft, die Textilfabriken und das kleine Handwerk blieben in privater Regie. Die Schwerindustrie, die Energiewirtschaft und das Transportwesen entstanden unter staatlicher Führung. Ende der 60er Jahre, mittlerweile war bereits Nehrus Tochter Indira Gandhi zur Regierungschefin aufgestiegen, gerieten auch die Banken in staatliche Obhut, weil die herrische Landeschefin glaubte, die Geldversorgung so besser steuern zu können. Ein dritter Weg zwischen Kapitalismus und Kommunismus war beschritten, der sich bald schon als Sackgasse herausstellen sollte. Der Subkontinent war den falschen Lehrmeistern gefolgt.

Nur die Sowjets waren zufrieden. Sie wichen den Indern nicht mehr von der Seite. Das Land wurde zum wichtigen Adressaten der Moskauer Wirtschafts- und Militärhilfe. Man war Handelspartner und Waffenbruder geworden. Nachdem China zu Beginn der 60er Jahre nichts mehr von der Moskauer Führung wissen wollte, schmiegte sich Indien umso fester an die Kremlherrscher. Auf die Männer in Moskau war wenigstens Verlass: Ohne sowjetische Hilfe wäre der Bau einer eigenen Atombombe nicht so schnell gelungen. Die Freunde aus dem Kreml halfen auch, die indischen Erdölquellen zu erschließen.

Die Inder ließen ihrerseits auf ihre neuen Partner nichts kommen. Selbst der Einmarsch der Roten Armee in Afghanistan konnte die Führung in Delhi nicht aus dem Schatten der Sowjets lösen, was Richard Nixon schon wieder imponierte. Indira Gandhi, sagte er gegenüber Vertrauten, sei offenbar skrupelloser als er selbst.

Der Weckruf. Wie Gorbatschow die Inder zu Reformern machte

Die zweite Befreiung verdankt Indien niemand Geringerem als Michail Gorbatschow. Mit Glasnost und Perestroika versetzte er der siechen Sowjetunion den Todesstoß und erweckte Indien damit zu neuem Leben. Erst der Ausfall des Verbündeten und Lehrers schaffte den nötigen Freiraum im Handeln und – wichtiger noch – im Denken. Jetzt erst rafften sich die indischen Eliten auf, eine ehrliche Bilanz zu ziehen. Plötzlich fiel auf, was vorher keiner wahrhaben wollte: Die technische Basis der eigenen Volkswirtschaft war maroder als die der Sowjets. Für Investitionen fehlte der nahezu luftdicht vom Weltmarkt abgeschlossenen indischen Wirtschaft das nötige Kapital. Der Staatssektor hatte sich von 1960 bis 1990 verdreifacht und mit seiner Größe war vor allem seine Ineffizienz gewachsen. Viele der 240 von der Zentralregierung dirigierten Konzerne waren Beschäftigungsgesellschaften, die im internationalen Wettbewerb auf ewig bedeutungslos bleiben würden. Aber selbst das war bis dahin nicht aufgefallen, weil die indische Führung jahrzehntelang ihren Kolonialkomplex pflegte und an der globalen Arbeitsteilung gar kein Interesse besaß. Das Geschäft mit Im- und Exporten war noch aus Besatzertagen verpönt. Der Außenhandel wurde als ein besonders perfides Herrschaftsinstrument angesehen, von dem möglichst kein Gebrauch zu machen war.

Folgerichtig hielt man sich das internationale Kapital vom Leib, so gut es nur ging. Die Importzölle lagen in der Spitze bei über 300 Prozent des ursprünglichen Warenpreises. Das benachbarte China buhlte bereits um Investoren, da schreckte Indien sie weiter ab. Die Sehnsüchte in Delhi waren anders beschaffen als im Reich nebenan. Die Chinesen träumten in Dollar, in Indien hießen die Zauberworte noch immer: Planung, Kontrolle, Autarkie.

Nicht, dass man die Nachteile der Eigenbrötelei nicht gesehen hätte. Sie lagen ja auf der Hand, aber man nahm sie in Kauf. Viele Inder der Führungsschicht hatten es sich in den beengten ökonomischen Verhältnissen bequem gemacht, die scheinbar ein behagliches, weil überraschungsfreies und kräfteschonendes Leben garantierten. Alles lief nach Plan, vor allem ihre Karrieren; allerdings auch die weitere Verarmung der Massen. 1974 führte das indische Parlament eine Debatte über den Hunger, die das Elend im Lande hell ausleuchtete. Verhungerte würden verscharrt, ihre Knochen später ausgegraben, um daraus eine Suppe zu kochen, berichtete ein Abgeordneter. Wirtschaftsprofessor Shenoy, einst Mitglied im Planungsstab der Regierung und indischer Delegierter bei Währungsfonds und Weltbank, trat als Kronzeuge gegen die eigene Regierung auf: »Wir sind nicht einmal ein Entwicklungsland. Wir sind eine Gesellschaft, eine Wirtschaft im Verfall.«

Der Aufstieg zur Wirtschaftsmacht, das konnte nach vier Jahrzehnten Experimentierdauer als gesicherte Erkenntnis gelten, war mit den Instrumenten der Planbürokratie nicht zu schaffen. Selbst das Erreichte schien keineswegs gesichert. Die Inder spürten, dass eine Ära zu Ende ging. Ihr Blick richtete sich nun nach China, das man sich angewöhnt hatte als Feind, nicht als Vorbild zu betrachten. Lange vernachlässigte Fragen wurden nun gestellt: Was konnte China, was Indien nicht konnte? Wieso ließ das Zentralkomitee der chinesischen KP eine Siegesfanfare nach der anderen erklingen, wo man selbst am Rande der Zahlungsunfähigkeit entlangschrammte? Was wollten die ganzen Westler eigentlich dort? Wieso war der amerikanische Präsident Nixon schon so früh nach Peking gereist und nicht nach Delhi? Woher kam der ganze Reichtum in den Küstenstädten und warum fuhr nicht nur das Establishment plötzlich westliche Autos, während man selbst im hoffnungslos veralteten Hindustan Ambassador oder gar mit Ochsenkarren und Fahrrad über die löchrigen Straßen rumpelte?

Auch die anderen Staaten Südostasiens waren davongeeilt. In Singapur und Taiwan standen Wolkenkratzer und modernste Industriekomplexe. Südkoreas Wirtschaftskraft lag zu Beginn der 50er Jahre nur weniger als ein Viertel über der Indiens. Nun war dessen Pro-Kopf-Einkommen sechsmal höher. Mehr als vier Jahrzehnte nach den Unabhängigkeitsfeiern und fast 15 Jahre nach den ersten marktwirtschaftlichen Reformen unter Deng Xiaoping gab sich nun auch Indien einen Ruck. Vollstrecker des gewandelten Zeitgeistes wurde auch hier ein Mann, der seine Laufbahn eigentlich hinter sich hatte.

Reformer Rao. Ein Rentner dreht auf

Mit 70 Jahren blickte Narasimha Rao auf ein erfülltes Berufs-
leben in der zweiten Reihe der indischen Politik zurück. Er
sprach ein Dutzend Sprachen, hatte im Alter von 24 Jahren
zunächst als Übersetzer gearbeitet und sich auch als Dichter
versucht. Indira Gandhi verpflichtete den 53-Jährigen als
Generalsekretär der Kongresspartei, bevor sie ihn später zum
Außen- und danach zum Innenminister berief. Das Auffäl-
ligste an ihm war seine Unauffälligkeit. Viele Charakterisie-
rungen lieferten Weggefährten über ihn ab, aber niemand hat
je behauptet, er sei kühn, wagemutig oder willensstark gewesen. Als loyaler Diener seiner Herrin blieb er im Schatten der
großen Indira Gandhi, die ihn dafür schlecht, zuweilen auch
grob behandelte. Aber Rao war auch das: ein großer Erdulder,
kein Mann des Aufbegehrens. Er war im indischen Kastenwesen erzogen, das jedem seine Rolle in der Gesellschaft zu-
wies. Schon als Zehnjährigen hatten ihn seine Eltern verhei-
ratet.

Nach dem Attentat auf Indira Gandhi und der Wahlniederlage ihres Sohnes Rajiv Gandhi schied Rao 1989 aus der Regierung aus, er war alt und krank und man trat ihm wohl nicht
zu nahe, wenn man ihn einen abgehalfterten Politiker nannte.
Er war Antialkoholiker und Vegetarier, doch das Herz ließ sich
davon nicht beeindrucken. In Houston, Texas, musste er sich
einer Operation am offenen Herzen unterziehen. Im Ruhestand
wollte er noch ein literarisches Werk vollenden, das er in weiten Teilen bereits im Amt verfasst hatte. Er plante, die Regie-
rungskapitale Neu-Delhi in Richtung seiner südindischen Heimat zu verlassen. Die Umzugskisten waren gepackt.

Ein erneuter Mord kam dazwischen. Rajiv Gandhi, der die
Führung der Kongresspartei in der Opposition fortsetzte, fiel
nun selbst einem Anschlag zum Opfer. Sie war in ihrem Garten

von den eigenen Leibwächtern erschossen worden. Er wurde auf einer Wahlversammlung von einer Bombe zerfetzt. Nach einer Schockminute nominierte die Kongresspartei den Ruheständler Rao für das Amt des Regierungschefs, für das der wortkarge Senior drei unbestreitbare Vorteile besaß: Er war alt, er war vorzeigbar und er galt als wenig durchsetzungsstark. Er sollte ja nichts weiter als ein Übergangskandidat sein, der in den Augen der Jüngeren die eigentlich wichtigste aller Voraussetzungen erfüllte, nämlich die, dass er ihren Ambitionen nicht im Weg stand.

Aber das Schicksal hatte für Rao eine andere und weit wichtigere Rolle vorgesehen als die einer formalen Nummer eins. Er musste sich als Reformer versuchen. Was Michail Gorbatschow in Moskau und Deng Xiaoping in Peking begonnen hatten, wenn auch beide mit unterschiedlichem Erfolg, musste er nach siegreich bestandener Wahl nun in Indien probieren. Die Verhältnisse ließen ihm keine andere Wahl, als die schon lange überfällige und immer wieder vertagte Reform des Wirtschaftssystems voranzutreiben. Die Realität drängte in diese Richtung. Er musste sich nur noch von ihr treiben lassen.

Von der Sowjetunion hatte er nichts mehr zu erwarten, weder Hilfe noch Widerstand. Das Riesenreich, eben noch Gegenspieler der USA, ging vor den Augen der Weltöffentlichkeit in die Knie. Ihr letzter Regierungschef sagte zum Abschluss noch schöne Sätze über die Demokratie, die Transparenz einer Gesellschaft, den wirtschaftlichen Umbau. »Das neue Denken, wie es die Sowjetunion versteht, beruht auf den Realitäten dieses Jahrhunderts«, war so ein Satz von ihm. Doch die Realitäten waren schneller als Gorbatschow. Sie holten ihn ein und warfen ihn nieder. Gorbatschow musste mit ansehen, wie die Sowjetunion, die er doch hinüberretten wollte in die neue Zeit, seinen Händen entglitt. Er hatte alles auf einmal gewollt, die Demokratie und die Marktwirtschaft, und nichts davon bekommen. Während der traditionellen Maiparade des

Jahres 1990 wurde erstmals eine Sowjetführung von den Massen ausgepfiffen.

Indien stand wirtschaftlich schlechter da als der große Bruder. Mit 70 Milliarden Dollar Auslandsschulden war das Land nach Mexiko und Brasilien der drittgrößte Schuldner der Dritten Welt. Die Devisen reichten gerade noch, um die Importwaren der kommenden zwei Wochen zu bezahlen. Die Führung wandte sich Hilfe suchend in Richtung Westen. Doch die Bankiers schüttelten den Kopf. Denn längst war den Indern auch das Wichtigste, was ein Schuldenstaat zum Überleben braucht, verloren gegangen: die Kreditfähigkeit. Das Land hatte sich in all den Jahrzehnten der Planwirtschaft vom Weltmarkt abgemeldet; von internationaler Wettbewerbsfähigkeit konnte eigentlich nicht mehr gesprochen werden. Der Anteil indischer Produkte an den Weltausfuhren aller Staaten lag zu Beginn der 50er Jahre bei rund zwei Prozent, Anfang der 80er Jahre war er auf 0,4 Prozent gesunken. Die Vergangenheit hatte gezeigt, dass in Indien Werte vernichtet und nicht geschaffen wurden. Der produktive Kern des Landes, von dessen Energielieferung auch die Zinszahlungen an die internationalen Banken abhingen, zog sich seit längerem schon zusammen. Im Sommer 1991 zeichnete sich die internationale Zahlungsunfähigkeit ab.

Auch der Internationale Weltwährungsfonds war nur noch unter strengsten Auflagen bereit, eine Überweisung zu tätigen. Es gibt viele Möglichkeiten, seine Souveränität zu verlieren, eine leistungsschwache Volkswirtschaft ist eine davon. Im Juni 1991 mussten rund 20 Tonnen Gold aus den Tresoren der indischen Zentralbank in die Schweiz geflogen werden, weil der Währungsfonds in Washington nur unter dieser Bedingung zur finanziellen Soforthilfe bereit war. Die stolze indische Nation musste wie im Pfandleihhaus ihre Schätze auf den Tresen legen. Die Zukunft des Landes allein war keine Beleihungsgrundlage mehr. Eine wirklich komplizierte Lage war entstanden: Im Norden fehlte der Ansprechpartner, im Westen das Wohlwollen. Es war, als wären Minus- und Pluspol zweier Stromkabel für mehrere Sekunden miteinander in Berührung geraten: Die Initialzündung für eine indische Reformpolitik war erfolgt, ohne dass sich ihr jemand hätte entziehen können. Das Land sah sich zu einer Kraftanstrengung genötigt, wie sie in dieser Intensität einem Volk nicht alle Tage abverlangt wird.

Wahrscheinlich wäre ein Weiter-so sogar anstrengender gewesen als die Umkehr. Als Politiker der alten Ordnung war Rao in all seiner Behäbigkeit im Grunde der falsche Mann für das groß angelegte Reformwerk. Aber er war der falsche Mann zur richtigen Zeit am richtigen Ort. Am Ende ging er mit seiner Reformpolitik sogar deutlich über die Auflagen des Weltwährungsfonds hinaus.

Vielfach musste er nur die Bremsen der Bürokratie lösen, mit denen seine Vorgänger die Volkswirtschaft entschleunigt hatten. Er reduzierte die Import- und Exportzölle, sodass der Warenaustausch mit dem Ausland wieder wachsen konnte. Er baute das für nahezu jede Warengruppe geltende Lizenzsystem ab, wodurch auch im Inland erstmals ein Konkurrenzkampf um Preis und Qualität in Gang kam. Er lockte das Auslandskapital mit Steuerrabatten, anstatt es wie bisher mit Steueraufschlägen zu verschrecken. Die ersten Staatskonzerne wurden zur Privatisierung ausgeschrieben. Seit 1993 ist auch der Kurs der indischen Rupie im Außenhandel mehr oder minder frei handelbar, sodass die Geschäftsleute ihre in Indien verdienten Gelder mit nach Hause nehmen dürfen.

Dem Regierungschef standen zwei Männer von internationalem Format zur Seite. Finanzminister Manmohan Singh war in Oxford und Cambridge als Ökonom ausgebildet worden. Handelsminister Palaniappan Chidambaram stammte aus einer führenden Industriellenfamilie, die ihn nach Harvard geschickt hatte. Beide brannten darauf, ihr Land zu erneuern. Indien sollte politisch an den Westen herangeführt und ökono-

misch in die Weltwirtschaft integriert werden, Schritt für
Schritt, wenn möglich ohne die heimischen Unternehmen zu
überfordern. »Wandel ohne Trauma«, versprach Rao. Es werde
keine indische Schocktherapie geben, ergänzte sein Finanzminister. Aber, beschwor der Industriesprössling Chidambaram
seine Landsleute, es müsse sich gleichwohl vieles ändern:
»Ich sah, wie zudringlich, erdrückend und ineffizient der Staat
geworden war, wie er den Unternehmergeist erstickte, jede
Idee abtötete und dafür nichts zurückgab.«

Gemeinsam begegnete das Trio all jenen, die nun den »Aus-
verkauf Indiens« fürchteten, mit einer Politik der vielen Win-
kelzüge. Ihre größte Leistung lag in der Beharrlichkeit, mit der
sie das Reformziel verfolgten. Denn ein Selbstgänger waren
die Veränderungen, die tief ins Leben der Bevölkerung einschnitten, auch hier nicht. Die Mehrzahl der Inder sind zwar
gläubige Hindus und daher eher duldsam als aufbrausend; sie
glauben an das Schicksal, viele ergeben sich ihm sogar. Aber
nun grummelte es im Volk. Eisenbahnzüge wurden mit Steinen
beworfen, kaum dass Fahrpreiserhöhungen angekündigt waren. Die rund 200 000 Beschäftigten der Zollämter wurden unruhig angesichts ihres Bedeutungsverlustes. Im Juni 1992 kam
es zum Generalstreik gegen die Reformpolitik.

Rao aber tat das, was er die meiste Zeit in seinem Leben
getan hatte, er blieb standhaft. Er argumentierte gradlinig und
schlicht, er zeigte sich nur mittelmäßig beeindruckt vom Ge-
töse der Kritiker, auch wenn sie weit in seine Kongresspartei
vorgedrungen waren und ihm nach dem politischen Leben
trachteten: »Die Reformen sind nicht zurückzudrehen«, sagte
er immer wieder. In einer landesweit ausgestrahlten Rundfunk-
ansprache kündigte er an, »die Spinnweben zu zerreißen, die
der schnellen Industrialisierung ins Gehege kommen«. Sein
Finanzminister zitierte den großen französischen Schriftsteller
Victor Hugo mit dem erhabenen Satz: »Keine Macht der Welt
kann eine Idee aufhalten, deren Zeit gekommen ist.«

In mehrfacher Hinsicht stellten die indischen Reformer sich klüger an als die Männer im Kreml. Vor allem unterließen sie es, mit den Verantwortlichen der Vergangenheit heißen Herzens abzurechnen. Gandhi und Nehru durften ähnlich wie Mao als politische Museumsstücke in den Geschichtsbüchern überleben, die Säuberung fand nur gedanklich statt. Gandhis Symbole – das weiße Lendentuch und ein Spinnrad – wurden geräuschlos ausgemustert.

Rao und Singh vergaßen nie zu erwähnen, was alles bleiben würde. Sie berücksichtigten die Sehnsucht der Menschen nach dem Althergebrachten, auch wenn das wenig glanzvoll klang und international kaum beachtet wurde. Während Gorbatschow seine Landsleute unter dem Beifall des Westens aufpeitschte, beschwichtigten und beruhigten sie.

Das Glück war mit den Sanftmütigen. Anders als der Kremlmann konnte Raos Regierung schnelle wirtschaftliche Erfolge vorweisen. Die ausländischen Investoren klopften an, sie waren neugierig geworden. Auch viele Einheimische packten beherzt zu, kaum dass die Genehmigungsbürokratie ihnen mehr Luft zum Atmen ließ. In der fünfjährigen Schaffenszeit der Regierung Rao stieg das Industriewachstum in der Spitze auf zwölf Prozent. Erstmals gelang es, eine größere wirtschaftliche Dynamik als in den Tigerstaaten zu entfachen. Nach der Prognose der Investmentbanker von Goldman Sachs liegt Indien im Jahr 2050 hinter China und vor den USA auf Platz zwei der größten Wohlstandsproduzenten.

Wichtig für das Gelingen der Reformen war ein klares Bekenntnis zur Ungleichheit – und zur Ungleichzeitigkeit. Nach den Vorbildern aus Singapur, Taiwan und China entstanden Sonderwirtschaftszonen, also produktive Kleinstkerne, die vom Staat liebevoll bebrütet werden. Die Slums blieben bestehen, im Sommer sorgen Schwelbrände vielerorts für dicke Luft und im Winter versinken die Elendsquartiere im Schlamm, doch in den Sonderwirtschaftszonen werden die Kapitalisten aller Herren Länder auf das Schönste verwöhnt. Wovon in Amerika und Europa nur geträumt wird, ist hier Wirklichkeit geworden: Ein Mikrokosmos entstand, der den Investoren zumindest am Arbeitsplatz westlichen Lebensstandard garantiert. Mit Hilfe großer Aggregate werden die in Indien üblichen Stromausfälle überbrückt, geschlossene Wassersysteme sorgen für eine zuverlässige Trinkqualität.

Technisch gut ausgebildete Angestellte stehen in Indien in großer Zahl zur Verfügung. Der Staat tut viel dafür, dass der Nachschub nicht versiegt. Allein in der Region Bangalore gibt es drei Universitäten, 14 Ingenieurschulen und 47 Fachschulen und Forschungsinstitute. Jedes Jahr betreten über 400 000 neue Ingenieure den Arbeitsmarkt, von denen die Hälfte in die Computerindustrie strebt. Wenn sie unter sich sind, sprechen die westlichen Firmenchefs respektlos vom »brain shopping«, das sie hierher gelockt habe. Denn kaum irgendwo ist ein frisch ausgebildetes Technikerhirn so günstig zu haben wie in Indien. Der Umrechnungskurs ist denkbar einfach: Zehn Softwareentwickler kosten so viel wie in München einer.

Der mit Abstand wichtigste Rohstoff des Landes findet sich heute in den Köpfen seiner noch jungen Bevölkerung. Die Inder sind Experten im Erfinden und Benutzen von Software. Sie helfen den amerikanischen Steuerberatern, betreiben Call Center für die halbe Welt, entwickeln Software für Weltkonzerne wie Siemens, General Electric, Samsung und Nokia. Allein die Exporte von Software und IT-Dienstleistungen haben sich von 2000 bis 2005 auf 12 Milliarden Dollar mehr als verdreifacht. Das heutige China ist die Fabrik der Welt, Indien errichtete nebenan ein globales Dienstleistungszentrum. Die Regierungschefs beider Länder haben sich erst kürzlich besucht und eine engere Zusammenarbeit verabredet, was vor allem eines zeigt: Der eine nimmt den anderen ernst.

Noch fällt der Leistungsvergleich zwischen den beiden Riesenreichen eindeutig zu Gunsten der Chinesen aus. Die bereits

Ende der 70er Jahre gestartete Reformpolitik Dengs hat dem Land einen deutlichen Vorsprung verschafft. Das chinesische Autobahnnetz ist 60-mal größer, es existieren sechs Mal mehr Internetanschlüsse und 2005 traf in China das zehnfache an ausländischen Direktinvestitionen ein. Beide haben ihre Exportquoten im Verhältnis zum Sozialprodukt seit 1990 verdoppelt, aber die chinesischen Waren bestreiten mittlerweile 6,5 Prozent des Welthandels, die indischen erst 0,8 Prozent.

Indien schaut mit Neid und Anerkennung auf den fleißigen Nachbarn im Osten, der sich so zielstrebig aus dem Elend der Mao-Jahre herausgearbeitet hat. China blickt verwundert und erschrocken auf Indien, wo die Elite in einem einzigen kühnen Sprung versucht, vom Agrarstaat direkt in der Welt moderner Dienstleistungen zu landen. Gegenüber dem Westen fallen die beiden asiatischen Großreiche durch ihre übergroße Wachstumsfreude auf. Die von Kommunisten gelenkte Wirtschaft Chinas wuchs seit 1990 um 300 Prozent, die indische Volkswirtschaft um 130 Prozent. Zum Vergleich: Die Vereinigten Staaten schafften im selben Zeitraum knapp 60 Prozent, Deutschland nur 27 Prozent.

Mit der Wirtschaft wächst auch das Selbstbewusstsein. Schriftlich bat die indische Regierung im Juni 2003 alle westlichen Regierungen, die bilaterale Entwicklungshilfe nach Beendigung der laufenden Projekte einzustellen. Beim Weltwirtschaftsforum in Davos, dem jährlichen Treffpunkt der politischen und wirtschaftlichen Eliten, war es die indische Regierung, die nun ihrerseits Geschenke an die Reichen verteilte. Alle Teilnehmer des Forums fanden auf ihren Hotelzimmern einen Kaschmirschal und einen MP3-Player von Apple. Die Regierung will dem Westen damit vor allem eine Botschaft übermitteln: Völker der Welt, schaut auf dieses Land. Die Zeit der Hilfsbedürftigkeit ist vorbei, Indien schmeißt die Krücken weg und läuft von alleine.

Nur für Reformer Rao ging die Geschichte wenig erfreulich

aus. Seine Kongresspartei verlor nach fünf Jahren die Wahlen und er wenig später seine Ehre. Die indische Justiz stellte ihm in einem jahrelangen Korruptionsprozess nach. Am 12. Oktober 2000 wurde er aufgrund dürftiger Beweise rechtskräftig zu drei Jahren Haft auf Bewährung verurteilt. Er soll zum Zweck des Machterhalts Gelder an Parlamentarier und Regierungsmitglieder verteilt haben, in erster Linie, um sich und seine Reformpolitik abzusichern. Vier Jahre nach der Verurteilung starb der 83-Jährige in einem Krankenhaus von Neu-Delhi.

Die Angreiferstaaten. Asien vibriert

Die aufstrebenden Weltmächte sind schon heute deutlich imposanter, als es die Sowjetunion jemals war. Ihr Fundament beruht auf der Produktivität von Menschen und nicht auf der Propaganda von Funktionären. Millionen Menschen arbeiten und sparen, sie bilden Kapital, um mit diesem Treibstoff aufzusteigen zu den Mächtigen der Erde. Die wichtigste Produktivkraft dieser Völker ist nichts Größeres und nicht Geringeres als ihre Entschlossenheit, der bisherigen Geschichte ein neues, strahlenderes Kapitel hinzuzufügen.

Ihre Politiker unterstützen sie nicht nur, sie feuern sie an. Sie ringen nicht mit der gleichen Hingabe wie die Sowjetführer um Symbole und Abschlusskommuniqués, dafür kümmern sie sich deutlich energischer um die Wohlstandsanteile der ihnen anvertrauten Völker. Das Ergebnis der kollektiven Anstrengung ist unübersehbar: Die einst Unterentwickelten richten sich vor unser aller Augen auf. Millionen von gestern noch Bedürftigen strecken die Muskeln durch. Wir blicken in die Augen eines Gegenübers, das den ehrgeizigen und über jeden Zweifel erhabenen Beschluss gefasst hat, sein Dasein nicht länger am unteren Ende der Wohlstandsskala zu verbringen. Ein ganzer Kontinent, den viele irrtümlich für weniger leistungsstark hielten, tritt mit dem Anspruch an, es dem Westen gleichzutun. Die gesamte Wirtschaftskraft der Region ohne Japan hat sich seit 1970 mehr als versechsfacht. Die Wachstumsraten sind seit Jahrzehnten steil und alle Befürchtungen der westlichen Industriestaaten, die in Wahrheit Hoffnungen waren, soziale Unruhe oder ökologischer Kollaps werde das Superwachstum abbremsen, sind bisher nicht in Erfüllung gegangen.

Der Westen kann die Asiaten als Wettbewerber bezeichnen oder sie weiterhin Entwicklungsländer nennen. Ehrlicher wäre es, er würde diese Länder als das sehen, was sie auch sind: Angreiferstaaten. Im Weltkrieg um Wohlstand haben Chinesen, Inder und die meisten anderen Asiaten deutliche Geländegewinne vorzuweisen. Was in Japan begann, von dort auf die Stadtstaaten Singapur und Hongkong übersprang und schließlich die Tigerstaaten Südkorea und Taiwan erreichte, hat den Kontinent in eine ökonomische Zone höchster Energiekonzentration verwandelt. Sie alle haben den Weg zum Wohlstand beschritten, der die politische, ökonomische und später auch militärische Architektur der Welt verändern wird.

Es sind vor allem außergewöhnlich große Völker, die da nach den Sternen greifen. Wenn ihre Aufbauarbeit auch nur halbwegs ungestört weitergeht, wird China die USA innerhalb der nächsten 35 Jahre als Wirtschaftssupermacht ablösen. Indien folgt auf dem Fuß. Nahezu zweieinhalb Milliarden Menschen, mehr als das fünffache der Bevölkerung Europas, versuchen damit, ihrer Geschichte eine glückliche Wendung zu geben. Schon die Erfolge der letzten Jahre sind das Beeindruckendste, was die Wirtschaftsgeschichte je gesehen hat: Die Engländer brauchten knapp 60 Jahre, um ihr Bruttosozialprodukt pro Kopf zu verdoppeln, die USA rund 40 Jahre, Japan schaffte es in etwa der gleichen Zeit, Indonesien in 17 und China in nur zwölf Jahren.

Diesmal wird der Westen auf dem Feld der Ökonomie herausgefordert, aus deren Funktionieren er bisher seine Legitimation bezog. Der Clou besteht darin, dass die Asiaten im Unterschied zur Sowjetunion ihre Attacke aus der entgegengesetzten Ecke reiten. Die Sowjets versuchten den Westen in einen ideologischen Konflikt zu verwickeln, was zunächst auch gelang. Wären die sozialistischen Ideale nicht durch Arbeitslager, politische Morde und die bald schon zu Tage tretende Unfähigkeit, den Wohlstand der Menschen zu mehren, diskreditiert worden, hätte die Sowjetunion noch manchen Sturm überlebt.

Die asiatischen Angreiferstaaten dagegen meiden das Feld der ideologischen Auseinandersetzung. Sie führen mit dem Westen keine Debatten über Gleichheit und Gerechtigkeit, sie erheben keine Vorwürfe und stoßen auch keine Drohungen aus. Das Religiöse bleibt ebenso außen vor wie die weltanschauliche Theologie; die angehenden Weltmächte zetteln keinen Kampf der Kulturen an. Sie sind lautlose Gegner, die auf ökonomische Effizienz setzen. Der Westen wird mit seinen eigenen Waffen geschlagen.

War die Sowjetunion das Großmaul unter den Staaten, wirken die Repräsentanten der heute aufstrebenden Großmächte im Auftritt bescheiden. Die ökonomischen Zwischenerfolge der Moskauer Kommunisten wurden zu Endsiegen überzeichnet; Chinesen und Inder dagegen versuchen die Welt eher im Unklaren über ihre tatsächliche Stärke zu lassen. Folgt man den chinesischen Statistiken, war ihre Volkswirtschaft 2004 die siebtgrößte der Welt. Addiert man die frei verfügbaren Zahlen der 31 Provinzen, stellt man fest, dass die tatsächliche Wirtschaftskraft deutlich höher war. Kurz vor Jahresbeginn 2006 entschloss sich das Nationale Statistikamt in Peking, seine Zahlen nach oben zu korrigieren; die bisherigen Angaben seien zu niedrig gewesen, teilte der Direktor der Behörde mit. Nun sieht China sich selbst auf Platz sechs, vor Italien und hinter den USA, Japan, Frankreich, England und Deutschland.

Die Abschiedsgesellschaften.
Requiem auf die Sowjetunion

Die Aufstiege Indiens und Chinas sind begleitet vom relativen Abstieg des Westens. Noch sind Amerikaner und Westeuropäer reicher und mächtiger als jeder ihrer Nebenbuhler. Die Unterscheidung in Angreiferstaat und Abschiedsgesellschaft beschreibt daher nicht den Status quo, sondern Geschwindigkeit und Richtung seiner Überwindung.

Die aufstrebenden Staaten sind einer düsteren Vergangenheit entkommen, sie stürmen nach vorn und legen im Tempo beeindruckende Werte vor. Sie sind vielfach bereit, mit den religiösen, ideologischen und kulturellen Traditionen ihrer Elterngeneration zu brechen. Nach einfachen Kosten-Nutzen-Bilanzen entrümpelten Südkoreaner, Chinesen, Inder und zuvor schon die Japaner ihre bisherige Lebenswirklichkeit. Was sich auf dem Weg zum Wohlstand als störend erwies, wurde entsorgt – die mittelalterlich anmutenden Agrargesellschaften, die Planwirtschaft, die Ideologie der Gleichheit, die Herrschaft der Partei über die Fabriken und vielerorts auch die gewachsenen Familienstrukturen und ihre tradierten Lebensstile. Die religiösen Gefühle wirken weiter, aber in gedämpfter Form. Dort, wo fernöstliche Spiritualität vorher den Alltag prägte, wurde sie privatisiert. Das alles überragende Ziel der Eliten ist es, den Status quo zu ihren Gunsten zu verändern. Das Energiezentrum bildet dabei der Staat, nicht die Gesellschaft in Gänze. Deshalb ist hier von Angreiferstaaten die Rede, denn Regierungen und Parteien sind die Bannerträger dieser ökonomischen Umwälzung, die ihre jeweiligen Gesellschaften nur zum Teil erfasst hat.

Die Abschiedsgesellschaften hingegen haben den vorläufigen Zenit ihrer Wohlstandsgeschichte offenbar hinter sich, sie wären schon froh, wenn es ihnen gelänge, die jetzige Wirklichkeit noch ein wenig zu verlängern. Sie kämpfen, aber sie kämpfen für den Erhalt der Errungenschaften von gestern; um ihren Arbeitsplatz, ihre Firma, den arbeitsfreien Samstag, das ungekürzte Arbeitslosengeld, den Sozialstaat. Letztlich bitten sie um nichts anderes als um Zeitaufschub. Das Selbstbewusstsein vor allem der kleinen Leute hat im Angesicht der Verfolger spürbar gelitten, sie suchen Trost im Blick zurück. Gesellschaften des fortwährenden Gedenkens und Erinnerns entstanden, die Züge der Erstarrung sind unübersehbar. Wobei es nicht, wie die Linke behauptet, die totale Ökonomisierung des Lebens ist, die den Menschen zu schaffen macht. Es ist – umgekehrt – das Ende dieser Ökonomisierung, der Beginn der Marginalisierung, das Ausgesteuertwerden aus allen Wertschöpfungskreisläufen, das die Menschen bekümmert. Denn Millionen hören auf, ökonomisch wertvoll und dem Staat finanziell nützlich zu sein.

Beide – Angreiferstaat und Abschiedsgesellschaft – spiegeln sich ineinander. Der Traum der einen ist der Albtraum der anderen. Das Selbstbewusstsein der neuen empfinden die alteingesessenen Wirtschaftmächte als Kränkung, den Aufstieg der anderen als Bedrohung. Wenn die einen über das Schöne und Gute reden, nutzen sie in aller Regel die Vergangenheitsform. Die anderen das Futur. Den großen Hoffnungen der einen stehen die mindestens gleich großen Ängste der anderen gegenüber. Denn beide wissen sehr genau, dass sie in einer Relativwelt leben. Die Menschen im Westen spüren den heißen Atem der anderen, was ihnen schon deshalb zusetzt, weil ihnen das Zutrauen fehlt, selbst noch einmal das hohe Wachstumstempo der frühen Jahre gehen zu können. Die Abschiedsgesellschaften sind in der Regel alt und verhältnismäßig reich. Ihre Statussymbole sind Eigenheim und Zweitwagen. Ihre Sorge gilt der Rente, an deren Auszahlung sie nicht mehr glauben. Ihre vorherrschende Gemütsstimmung ist das Selbstmitleid. Für durchgreifende Wirtschaftsreformen, die den Traditionsbestand der goldenen Aufbaujahre in Frage stellen, fehlen derzeit in Deutschland, Frankreich und Italien die mentalen Kräfte.

Über die amtierende Politikergeneration herzufallen läge an dieser Stelle nahe, sie als kraftlos, visionsfrei und erfolglos zu beschimpfen ist in Mode gekommen. Diese Kritik ist wohlfeil – und falsch ist sie auch. In der Demokratie gibt es keine Politik gegen das Volk und es gibt auf der anderen Seite auch keine Politik, die weit über das Volk hinausragen würde. Derzeit ist es so, dass ein allzu kraftvolles Umsteuern als Ruhestörung verstanden wird. Nirgendwo in Europa besitzt eine Regierung die Legitimation für einen grundlegenden Umbau von Staat und Wirtschaft. Die deutsche Kanzlerkandidatin Angela Merkel hat es im Wahlkampf mit radikalen Rezepturen versucht und erlitt eine Wahlniederlage, die sie in die politische Todeszone führte. Nur weil die andere große Volkspartei, ebenfalls im Gefolge einer Politik der Reformen, sich noch schlechter schlug, konnte sie überhaupt Regierungschefin werden. Zwei Modernisierungsopfer fanden so zueinander, bilden eine Koalition der Verzagten, die sich zu Unrecht die große nennt.

Die Erwartungen vieler Wähler nach der Rückkehr der Vergangenheit sind nicht erfüllbar, auch dann nicht, wenn sie so massenhaft im Europa unserer Tage vorgebracht werden. Vielerorts erwächst aus enttäuschten Hoffnungen weitere Unzufriedenheit, aus der Unzufriedenheit zuweilen Hass, der auf das Fremde und der auf sich selbst. Erst brannten in Frankreich die Vorstädte und danach traten die Studenten der Sorbonne in den Ausstand. Und immer ging es auch um ein Nichtfügen-Wollen und ein Nichtverstehen-Können dessen, was in unserer Gegenwart geschieht, die als ein dauerndes Abschied nehmen empfunden wird. Der Aufstieg war das Merkmal der vergangenen Jahrzehnte, bevor die Aufstiegsgewissheit sich allmählich in eine vage Aufstiegshoffnung verwandelte, die mittlerweile in Abstiegsängste umgeschlagen ist.

Die Angreiferstaaten sind nicht mehr bettelarm, aber auch noch nicht richtig reich. Ihre Populationen sind jung und ehrgeizig, zumindest die Eliten und die Mittelschicht haben sich mit großer Entschlossenheit der Zukunft zugewandt. Laptop und Mobiltelefon sind die Sehnsuchtsaccessoires ihrer Zeit. Sie sind fest entschlossen, sich vom Wohlstand der Welt ein größeres Stück als bisher abzuschneiden. Dafür sind sie zur außerordentlichen Kraftanstrengung bereit; vor der nötigen Skrupellosigkeit, die noch zu allen Zeiten das Merkmal der Aufsteiger war, schrecken sie nicht zurück.

Die westlichen Industriestaaten verschwinden nicht in der Bedeutungslosigkeit, aber sie werden weniger wichtig. Viele kleinere und größere Abschiede sind seit Jahren schon zu vermelden: Die USA und Europa verlieren Industriearbeitsplätze, die von den Arbeitsplätzen der Dienstleistungsbranche nicht (Europa) oder nicht gleichwertig (USA) ersetzt werden. Die politische und kulturelle Dominanz des Westens wird zunehmend in Frage gestellt und auch das militärische Hoheitsgebiet ist geschrumpft. In Europa sind die Amerikaner nicht mehr Besatzer, nur noch Partner; in Asien vor allem Geduldete. In der arabischen Welt stehen die westlichen Staaten nahezu überall auf verlorenem Posten.

Ökonomische Stärke ist nicht die Garantie, aber die Voraussetzung dafür, Weltmacht sein zu können. Aus ihr leiten sich alle anderen Formen von Überlegenheit ab, die militärische und die politische. Selbst die Geste der moralischen Überlegenheit bezieht erst aus einer florierenden Volkswirtschaft ihre Strahlkraft. An die Sowjetunion werden sich viele im Westen bald schon mit Wehmut erinnern. Das kommunistische Weltreich, das sich Anfang der 90er Jahre nahezu lautlos aus der Weltgeschichte verabschiedete, war zeitlebens ein dankbares Gegenüber. Die Herrscher im Kreml zeigten sich gelegentlich launisch und laut, aber Hasardeure waren sie nicht. Mehr als ein paar regionale Militäreinsätze in Ungarn, der

Tschechoslowakei und Afghanistan haben sie nicht befehligt. Lenin war der hartherzige Erbauer des Imperiums, Stalin sein einzig wahrer Despot. Schon die ihm folgenden Männer suchten den Ausgleich mit dem Westen. Sie liebten den Wodka mehr als den Konflikt.

Ökonomisch kränkelte das System von Kindesbeinen an. Die Planwirtschaft, deren größte Verlässlichkeit in der Fehlplanung bestand, konnte der Marktwirtschaft nicht das Wasser reichen. Auch der sozialistische Sozialstaat erwies sich als der arme Verwandte des westlichen Wohlfahrtsstaats; er fiel vor allem durch seine großsprecherische Art auf. Die so genannte Volksdemokratie entpuppte sich als eine Diktatur der Bürokraten, die ihre größte Vitalität immer dann entfaltete, wenn es um das Bespitzeln und Wegsperren von Andersdenkenden ging. Die Führung der KP alterte in einem Tempo, das früh schon die Sterblichkeit der ganzen Unternehmung erahnen ließ. War beim 18. Parteitag im März 1939 noch jeder zweite Delegierte jünger als 35 Jahre, gehörten bereits beim 19. Parteikonvent 1952 nur noch sechs Prozent der Delegierten dieser Altersgruppe an.

Der Westen fing an, diesen greisen Gegner zu mögen. Lustvoll wurden in Hochschulen und Parlamenten Systemvergleiche angestellt mit dem Ziel, sich an der eigenen Überlegenheit zu berauschen. Die Länder östlich des Eisernen Vorhangs waren zwar bis zuletzt eine Bedrohung, aber keine Herausforderung mehr. Der Wettbewerb der Systeme war entschieden, bevor er gewonnen war. Der Kalte Krieg lebte auf beiden Seiten der Demarkationslinie nur noch als Ritual weiter, bis Michail Gorbatschow auch dieses Spiel auf dankenswert schnörkellose Weise beendete.

Die Sowjetunion verstarb lautlos, Russland blieb als verwundeter Staat zurück. Wir werden noch hören von diesem großen Verlierer des vergangenen Jahrhunderts, der seine Ruhe so nicht finden kann. Im Land rumort es und mit keinem Frühwarnsystem der Erde lässt sich messen, ob und wann dieses Rumoren zu Verwerfungen an der Oberfläche führen wird. Der Unruheherd bleibt, aber als Weltmacht wird sich Russland zu unseren Lebzeiten wohl nicht wieder erheben. Allenfalls als Energiegroßmacht hat das Land eine Chance, vorne mitzuspielen.

Der Abstieg des Sowjetreichs und der zeitgleiche Aufstieg Asiens wurden erst bemerkt, als die Ereignisse sich schon überschlugen. Die Sowjets sah zunächst keiner gehen. Die Asiaten hörte keiner kommen. Und selbst als beides sich vor aller Augen abspielte, sahen die wenigsten den Zusammenhang. Der Westen träumte von der nun fälligen Friedensdividende. Gönnerhaft sprach man den USA die Rolle als einzig verbliebene Supermacht zu. Männer wie Francis Fukuyama, damals stellvertretender Chef des Planungsstabs im State Department, erklärten ihre politischen Träume sogar zur Realität: »Was wir erleben, ist vielleicht nicht nur das Ende des Kalten Kriegs oder einer bestimmten Periode der Nachkriegszeit, sondern das Ende der Geschichte überhaupt; also der Endpunkt ideologischer Evolution der Menschheit und der Beginn der westlichen liberalen Demokratie als gültige Form menschlicher Regierung.«

Dabei ereignete sich zur gleichen Zeit das genaue Gegenteil: Die Geschichte hatte ein neues Kapitel aufgeschlagen. Ein schlafender Riese war aufgewacht. Fernab der westlichen liberalen Demokratie schickt sich Asien seither an, Weltgeschichte zu schreiben. Niemand weiß, ob der Vorstoß in die Spitzengruppe der Nationen gelingen wird und welchen Preis dann die anderen zu entrichten haben. Aber wer sehen und fühlen kann, sieht und fühlt es: Asien vibriert. Die Geschichte geht weiter. Das Ausscheiden der einen Supermacht wird vom Aufstieg einer anderen begleitet. Asien ist dabei, seinen über 500 Jahre langen Zyklus von Rückständigkeit und Armut zu beenden. Das asiatische Jahrhundert steht nicht bevor, es hat begonnen.

Die Aufrüstung der asiatischen Fabriken und Universitäten veränderte Europa und die USA womöglich stärker, als es der Kalte Krieg jemals getan hat. Der Kalte Krieg einte den Westen. Länder verschiedenster Herkunft wurden zusammengeschweißt, erst im Geiste und dann in der Nato; zuletzt in der Europäischen Gemeinschaft, die korrekterweise Westeuropäische Gemeinschaft hätte heißen müssen. Selbst die großen Gegenspieler einer jeden westlichen Volkswirtschaft fanden zueinander: Kapitalist und Arbeitnehmer rückten im Angesicht der kommunistischen Gefahr dichter zusammen, als es Karl Marx in seinen Schriften für sie vorgesehen hatte.

Die Konzerne auf beiden Seiten des Atlantiks befanden sich zwar im Wettbewerb, aber es war ein Wettbewerb unter Gleichen. Man war immer Partner und Konkurrent zugleich: Ford und General Motors wurden groß, Volkwagen und Fiat auch. Goldman Sachs und Citigroup zogen in die Welt hinaus, die Deutsche Bank und Crédit Lyonnaise hinterher. Im Windschatten des Dollars wuchs die Deutsche Mark heran.

Der Westen durfte stolz auf sich sein. Er besaß die besser funktionierende Wirtschaft, ein angesehenes Gesellschaftsmodell und Politiker, die wie John F. Kennedy, Konrad Adenauer, Willy Brandt und Charles de Gaulle weit über ihren Tod hinaus vorzeigbar blieben.

Nach dem Krieg waren alle Länder diesseits des Eisernen Vorhangs wie Phönixe aus der Asche aufgestiegen, der neue Freund jenseits des Atlantiks blies mächtig Luft unter die Flügel. Man war Franzose, Italiener, Brite, Deutscher, Österreicher, aber vor allem fühlte man sich als Sieger der Geschichte, mehrere Jahrzehnte lang. Ein Mitleidsblick fiel auf alle Völker der südlichen Hemisphäre, die sich mühten, den Slums, dem Hochwasser, den korrupten Diktatoren zu entkommen, um wenigstens ihr nacktes Dasein zu retten. Es schien ein Naturgesetz zu sein, dass außerhalb der etablierten Industriestaaten keine weitere Zone der Prosperität existieren konnte. Milliar-

den von Menschen, im Grunde die gesamte arbeitsfähige Bevölkerung aus China, der Sowjetunion, Bulgarien, Rumänien,
Ungarn, der DDR, Jugoslawien und Indien, waren als Wettbewerber auf den Gütermärkten und Teilnehmer auf den Arbeitsmärkten weitestgehend nicht existent. Sie lebten und arbeiteten, aber auf einer anderen, uns fremden Galaxie. Ging es um
diese Völker, senkten sich die Augenlider und oft verbarg sich
hinter der Anteilnahme nur das Unverständnis für das fremde,
das raue, das entbehrungsreiche und politisch zumeist unfreie
Leben auf der anderen Seite der Erde. Die Welt des Westens
war auch deshalb in Ordnung, weil sie anderswo in Unordnung
war. Das Leben schien heil, weil das der anderen so offensichtlich kaputt war. Diese Welt des Westens ist zerbrochen.

Die asiatische Herausforderung spaltet die westlichen Industriestaaten. Die Unternehmer kollaborieren mit den Staaten
und Konzernen in Fernost, weil es ihren Geschäften gut tut.
Die Arbeitnehmer im Westen aber hören millionenfach auf,
Arbeitnehmer zu sein. Die Sowjets hatten in Deutschland
Industrieanlagen demontiert, weil sie Kriegsgewinner waren.
Die Chinesen demontieren in den USA und Europa Kokereien
und Stahlwerke, weil sie nur noch bei ihnen rentierlich zu betreiben sind. Das eine war die Folge des Zweiten Weltkriegs,
das andere ist Teil eines lautlos geführten Weltwirtschafts-
kriegs. Der tötet nicht und entfesselt fürs Erste auch keine
Feuerbrunst. Aber es scheint, als wolle er die wirtschaftliche
Existenz von Millionen ruinieren, was auch viele Nicht-Be-
troffene frösteln lässt. Der Glaube an die westliche Überlegenheit ging vielen in den vergangenen Jahren verloren und selbst
die größere Effektivität seines politischen und ökonomischen
Systems ist eine Behauptung, die erst noch zu beweisen wäre.
Demokratien bevorzugen offene Märkte, heißt es seit jeher.
Doch diese Zuneigung beruht offenbar nicht auf Gegenseitig-
keit: Offene Märkte bevorzugen nicht unbedingt Demokratien.
Ängste ziehen auf, düstere Vorahnungen machen die Runde,

die sich nicht mehr so einfach vertreiben lassen. Im April 2004 fand in einem grauen Gemäuer am Berliner Tiergarten, das der Deutschen Gesellschaft für Auswärtige Politik als Sitz dient, unter Ausschluss der Öffentlichkeit ein denkwürdiges Treffen von Investmentbankern, Staatssekretären, ehemaligen Ministern und Wirtschaftsführern statt. »China als neue Wirtschaftsmacht« war das Thema, die Diskussion wurde mit großer Offenheit geführt. Sie hatte einen warnenden Unterton.

Die deutsche China-Euphorie werde so bedingungslos nirgendwo auf der Welt geteilt, berichtete der Vizepräsident der Asienabteilung von Siemens. Die deutsche Debatte sage mehr über die deutschen Wirtschaftsinteressen aus als über China, meinte auch Eberhard Sandschneider, der Direktor des Instituts. In den USA gebe es »Warnungen, die den Konkurrenzgesichtspunkt bis hin zu machtpolitischen Fragen in den Vordergrund stellten«, in Japan werde die Entwicklung in China »mit großer Unruhe« gesehen, das Reich der Mitte stelle dort in »erster Linie eine Bedrohung dar«. Er selbst, fasste Sandschneider seine Beobachtungen zusammen, sehe ein China vor sich, das »im Moment die Regeln des Westens akzeptieren muss«. In einigen Jahren werde es dies wahrscheinlich nicht mehr tun: »Dann fangen die Lektionen für den Westen an.«

Das von dem Treffen gefertigte Protokoll wurde später als »Vertraulich – nur zur eigenen Information« deklariert.

KAPITEL 4

Weltkrieg um Wohlstand. Wie Macht und Reichtum neu verteilt werden

Gleicher Lohn für gleiche Arbeit. Ein Weltarbeitsmarkt entsteht

Der Kapitalist geht dahin, wo die Verzinsung seines Kapitals am höchsten ausfällt. Er baut eine Fabrik unter Palmen oder treibt einen Stollen ins ewige Eis; Hauptsache am Ende des Jahres ist mehr Geld in der Kasse als zu seinem Beginn. Das wichtigste Ziel des Kapitals ist es nun mal, sich zu vermehren. Wenn es das Gegenteil täte, wäre niemandem geholfen, auch nicht den Arbeitnehmern. Meist schmelzen dann die Arbeitsplätze zügig hinterher. In der Zeitung taucht erst das Wort Missmanagement auf, dazu gesellen sich in dichter Abfolge die Vokabeln Krise, Sanierungsplan, Arbeitsplatzabbau.

Am Ende entscheidet sich die Überlebensfähigkeit der Arbeitsplätze ohnehin an einer Frage, die in ihrer Schlichtheit schwer zu überbieten ist: Gelingt es, aus Kapital mehr Kapital zu machen? Kein Kapitalist wird zusehen wollen, wie sein Einsatz von Tag zu Tag schwindet. Tut er es wider Erwarten doch, hört er bald schon auf, Kapitalist zu sein.

Die Arbeiter sind besser beleumundet, obwohl sie genauso herumvagabundieren. Lässt man sie ungestört ziehen, gehen sie dahin, wo hohe Bezahlung und gesicherter Lebensstandard locken. Die Süditaliener wandern in den Norden ihres Landes, die Ostdeutschen nach Westdeutschland, die Südamerikaner nach Nordamerika und Millionen von Menschen überqueren Ozeane und Kontinente, nur um dem gelobten Land oder was sie dafür halten, näher zu kommen.

Die große Ungerechtigkeit besteht darin, dass das Kapital nahezu überall willkommen ist, die Arbeiter sind es nicht. Das Geld wird weltweit angelockt mit allen Tricks und Kniffen; vor den herumziehenden Arbeitern aber schließen die Staaten ihre Tore. Wenn es sein muss, übernimmt sogar das Militär die Abwehr der Störenfriede. Die weltweite Wanderung der Arbeitskräfte will man unterbinden oder doch zumindest einschränken. Auch den Türken wurde in dieser Hinsicht reiner Wein eingeschenkt: Noch vor Beginn der Verhandlungen über ihren Beitritt zur Europäischen Union teilte man ihnen mit, dass sie im besten Fall eine Eintrittskarte zweiter Klasse bekommen würden. Die Freizügigkeit der Arbeitnehmer, also das Recht, den Wohn- und Arbeitsort frei zu wählen, will den heute 70 Millionen und im Jahr 2015 über 80 Millionen Türken selbst der glühendste Befürworter ihres EU-Beitritts nicht gewähren. Ein ganzes Volk darf erst dann Mitglied der Europäischen Union werden, wenn es hoch und heilig verspricht, deren Boden nur als Tourist zu betreten. Das ist politisch und ökonomisch geboten, aber merkwürdig ist es schon: Als würde man eine Einladung zum Sommerfest mit der ausdrücklichen Bitte verknüpfen, nur ja nicht zu erscheinen.

Die Angst vor einer unkontrollierten Bewegung der Arbeitskräfte existiert in jedem System. Die DDR fürchtete sich vor der Abwanderung von Arbeitern und baute eine Mauer, die sie mit Tretminen umgab. Europa ängstigt sich vor der Zuwanderung von Arbeitern und hält seine Grenzen fest geschlossen. Europa und die DDR waren – jeder auf seine Art – mit der Abschottung erfolgreich. Die Zu- und Abwanderung von Menschen lässt sich also durchaus kontrollieren. Wer bereit ist, auf seine Landsleute schießen zu lassen, kann sein Volk für einige Zeit zusammenhalten. Wem es gelingt, ungebetene Gäste gewaltsam abzuschieben, hält sein Territorium weitgehend frei von Fremden.

Es gibt noch ein weiteres wichtiges Merkmal, in dem sich Arbeit und Kapital voneinander unterscheiden. Das Kapital und der Kapitalist sind eine Einheit, das eine kann ohne den anderen nicht leben. Sie sind verschweißt und verlötet. Staaten wie die DDR, die durch Verstaatlichung versuchten, das Kapital von seinen privaten Eigentümern zu trennen, haben es bitter bereut. Auch die experimentierfreudigen Franzosen lernten die wichtigste ökonomische Lektion am eigenen Leib: Trennt man das Kapital vom Kapitalisten, beginnt es bald schon, sich aufzulösen.

François Mitterrand war kaum zum sozialistischen Präsidenten gewählt, da ging er an die Umsetzung seines tollkühnen Wahlversprechens. Er werde »den Bruch mit dem Kapitalismus« vollziehen, hatte er vor den Wählern getönt, und so geschah es nun auch: Die Regierung verstaatlichte Anfang der 80er Jahre die großen Banken und ein Dutzend der bedeutendsten Industriekonzerne. Den Unternehmen ist dieser Bruch nicht gut bekommen. Die Gewinne schrumpften, erste Verluste schreckten bald schon die Öffentlichkeit auf, im Kabinett richtete Finanzminister Jacques Delors eindringliche Worte an Mitterrand: »Alles, worüber du sprichst, ist das Borgen von Geld. Wenn wir unter die Konkursverwaltung des Internationalen Währungsfonds geraten, wirst du mich verantwortlich machen«, sagte er. Premierminister Pierre Mauroy sprang ihm bei, was Mitterrand nur noch mehr erboste: »Ich habe euch nicht ernannt, damit ihr die Politik von Frau Thatcher betreibt«, wütete er.

Die neuen Staatskonzerne trudelten indes weiter in die Verlustzone; die internationalen Investoren fingen an, ihr Geld aus Frankreich abzuziehen. Auf den Finanzmärkten kam es zu spekulativen Angriffen auf den Franc. Die Regierung, deren Zahlungsfähigkeit bereits arg gelitten hatte, organisierte einen Notkredit aus Saudi-Arabien, um die Spekulanten abzuwehren. Was für eine Demütigung für die Grande Nation! Der Zauber des sozialistischen Experiments war schnell verflogen. Mitterrand selbst verordnete dem Land die Kehrtwende: Das Kapital und die Kapitalisten sollten wieder zueinander finden. Die Re-Privatisierung der Staatskonzerne begann. »Der Staat muss fähig sein, sich zurückzuhalten«, so der geläuterte Präsident.

Die DDR, die diesen Rückwärtsschritt nicht zu gehen bereit war, hauchte ihr Leben aus. Die Unternehmen blieben staatlich, bis deren Substanz sich nahezu aufgelöst hatte. Erich Honecker und sein Politbüro hatten erkennbar die falschen Bücher gelesen; bei Karl Marx und Friedrich Engels ist die wichtigste Erkenntnis über das Wesen des Kapitals nicht zu finden, die da lautet: Das Kapital und der Kapitalist gehören zusammen wie Baum und Borke.

Die Arbeit und der Arbeiter leben nicht in der gleichen Symbiose, das ist ihr Nachteil von Anfang an. Ihr Kommen und Gehen über Landesgrenzen hinweg kann gestoppt werden. Ihr Arbeitsplatz aber lässt sich durch den Einsatz von Grenzsoldaten nicht halten. Dass es den Staaten des Westens dennoch jahrzehntelang gelungen ist, auf den Arbeitsmärkten weitgehend unter sich zu bleiben, wirkt in der Rückschau wie das eigentliche Wunder der Nachkriegsjahre. Die Nationen tauschten alles Mögliche miteinander, führten ein und führten aus, Bananen und Fernsehgeräte, Benzin und Stahlplatten, das Geld wurde hin und her überwiesen, aber der Ex- und Import von Arbeitern unterblieb. Westdeutschland holte eine Zeit lang zwar türkische Gastarbeiter ins Land, aber für sie galten schon nach kurzer Zeit die gleichen Regeln wie für die Einheimischen.

Auch zwischen Europa und Amerika wiesen die Arbeitsmärkte keine allzu großen Unterschiede auf. Die Unternehmer diesseits und jenseits des Atlantiks waren Konkurrenten, nicht Rivalen. Sie zahlten Löhne und keine Almosen. Kinder waren Kinder und keine Knechte. Die bürgerliche Gesellschaft sorgte schon per Gesetz für einen zivilisierten Umgang zwischen Arbeitnehmer und Fabrikant, sodass beide nach all den wüsten Jahrzehnten von Ausbeutung und Klassenkampf deutlich näher zueinander rückten.

Die kommunistischen Führer in Osteuropa beobachteten das westliche Tete-a-Tete der Sozialpartner mit Argwohn, aber sie nahmen an ihm nicht teil. Sie tauschten mit dem Westen Rohstoffe und Waren, aber seinen Arbeits- und Kapitalmärkten blieben sie fern. Auch die Dritte Welt lebte auf einem anderen Stern, westliches Desinteresse und das eigene Unvermögen sorgten für den Ausschluss von jenem Prozess, den wir heute Globalisierung nennen. Das westliche Kapital hielt sich in großer Entfernung zu den Armutsgalaxien auf, man kaufte dort ein, aber man ließ sich dort nicht nieder, weshalb auch die Arbeitsplätze nur eine geringe Neigung verspürten, den Westen zu verlassen.

Das alles hat sich gründlich verändert. Der Graben zwischen dem Westen und dem Rest der Welt wurde zugeschüttet und stellt nun eher eine Brücke dar. Die Kapitalisten stürmen abenteuerlustig hinüber, sie machen von der neu gewonnenen Reisefreiheit reichlich Gebrauch. Sie besichtigen die entlegendsten Orte der Erde in der erklärten Absicht, sich dort häuslich niederzulassen. Ihre Fabriken entstehen allerorten und die Arbeitsplätze ziehen ohne zu zögern hinterher.

Die Summe aller Direktinvestitionen, also jener Gelder, die von einer Nation außerhalb der eigenen Landesgrenze investiert werden, betrug 1980 erst 500 Milliarden Dollar. Der Kapitalist alter Schule war ein eher häuslicher Typ.

Sein Nachfolger ist von anderem Kaliber. Mittlerweile sind die Direktinvestitionen auf zehn Billionen Dollar gestiegen, ein plus von fast 2000 Prozent in nur 25 Jahren. Der Kapitalist ist vielerorts unruhig geworden und verlangt dieselbe Reiselust nun auch von den Arbeitsplätzen. Der Unternehmer alten Typs war ein Patriarch und oft war er sogar nationaler gesinnt als seine Mitbürger. Der moderne Kapitalist ist ein Vielflieger mit Bonuskarte, er ist überall zu Hause und überall fremd. Wer ihn als Nationalisten bezeichnet, wird zu Recht auf sein Unverständnis treffen.

Mit ihm ziehen nun auch die Arbeitsplätze durch die Welt. Sie verlassen den Westen und kommen in einem anderen Land wieder zum Vorschein. Sie tauchen in einem indischen Softwareunternehmen auf, begegnen uns in einer ungarischen Spielwarenfabrik oder einer chinesischen Werkshalle für Fahrzeugmotoren. Auch wenn oft das Gegenteil behauptet wird: Arbeitsplätze verschwinden nicht im Nichts. Sie werden durch Technik ersetzt oder durch einen Arbeiter, der andernorts zu Hause ist.

Eine Unerhörtheit geschah, mit der so keiner gerechnet hatte: Ein Weltarbeitsmarkt ist entstanden, der sich täglich ausweitet und das Leben und Arbeiten von Milliarden Menschen spürbar verändert. Über ein unsichtbares Leitungssystem sind Menschen, die sich nicht kennen und zum Teil nicht einmal von der Existenz des jeweils anderen Landes wissen, miteinander verbunden. Asien, Amerika und die beiden Hälften Europas rückten zusammen, bilden nun einen Weltmarkt für alles, was handelbar ist: Die Finanzexperten pumpen das Kapital durch den Wirtschaftskreislauf, die Kaufleute schicken ihre Waren umher und auf dem Weltarbeitsmarkt stehen sich erstmals Milliarden einfacher Menschen gegenüber. Das eben unterscheidet die heutige Globalisierung von den frühen Handelsnationen, den Kolonialimperien und dem Industriekapitalismus in der Mitte des 19. Jahrhunderts: Zum ersten Mal in der Geschichte hat sich ein weitgehend einheitliches Wirtschaftssystem herausgebildet, das ausnahmslos alle Produktionsfaktoren umfasst: Kapital, Rohstoffe und die menschliche Arbeitskraft werden heute gehandelt wie früher Silber und Seide.

Vieles ist ins Rutschen geraten, von dem wir dachten, dass es zementiert sei. Macht und Reichtum werden neu verteilt, die Lebenschancen auch. Wir alle schauen auf die eine Welt – aber mit höchst unterschiedlichem Blick.

Die Neuankömmlinge im Weltarbeitsmarkt blicken optimistisch nach vorn, sie erwarten Großes von der Zukunft. Erstmals können etliche von ihnen einen Lohn nach Hause tragen, der mehr ist als ein Trinkgeld. Der weltweite Arbeitsmarkt ist für sie eine unerhörte Verheißung. Das Ende der Armut ist für sie kein Traum mehr, sondern erstmals eine Perspektive, die den Zusatz realistisch verdient. Die vorherrschende Grundstimmung der Neuankömmlinge ist geprägt von Neugier, Entschlossenheit und Tatkraft. Armut ist nicht mehr eine Frage des Schicksals, sagt der peruanische Schriftsteller und frühere Präsidentschaftskandidat Mario Vargas Llosa, sondern eine Frage des Wollens. Jede Nation könne sich entscheiden, reich zu werden oder arm zu bleiben. Die neue Welt ist, so gesehen, eine einzige große Chance.

Für Millionen von Arbeitnehmern des Westens hält die neue Zeit eine andere Lektion bereit, weshalb der Optimismus der frühen Jahre bei ihnen verflogen ist. Viele werden in den kommenden Jahren aufhören, Arbeitnehmer zu sein. Selbst dort, wo die westlichen Beschäftigten sich mutmaßlich halten können, reißt es ihre Löhne in die Tiefe, nicht in einem Rutsch, aber mit jedem Jahr ein bisschen. Soziale Verabredungen, die gestern Teil einer großen Gewissheit waren, verlieren ihre Gültigkeit. In ihrem Leben macht sich etwas breit, das sie bisher in diesem Ausmaß nicht kannten: Unsicherheit.

Ihre vorherrschende Grundstimmung ist eine Verzagtheit, die leicht auch in Wut umschlagen kann. Die neuen Kunden aus Übersee, von denen die Unternehmer schwärmen, sind für sie auch Konkurrenten. Die neue Welt erscheint ihnen als ein einziges Risiko.

Für Angreifer wie Verteidiger ist das Entstehen eines Weltarbeitsmarkts ein Vorgang von historischer Dimension, wie schon der Blick auf die ungewöhnlich großen Menschenmassen belegt, die nun in seine Richtung drängen. 90 Millionen Arbeiter aus Hongkong, Malaysia, Singapur, Japan und Taiwan schlossen sich in den 70er Jahren dem Wirtschaftssystem an, das bis dahin Westeuropäer, Kanadier und Amerikaner nahezu allein beschickt hatten. Die Tigerstaaten wurden mit großem Staunen, die Japaner mit der ihnen gebührenden Ehrfurcht begrüßt. Doch diese Neuankömmlinge im Weltarbeitsmarkt waren nur die Vorhut der Moderne.

Wenig später schon baten die Chinesen um Einlass; nach dem Ableben der Sowjetunion folgten Osteuropäer und Inder, womit nun innerhalb einer Zeit, die historisch kaum mehr ist als ein Augenaufschlag, rund 1,5 Milliarden zusätzliche Menschen im erwerbsfähigen Alter ihre Arbeitskraft anbieten. Was für eine Verschiebung der Kräfteverhältnisse: Die 350 Millionen gut ausgebildeten, aber teuren Arbeitskräfte des Westens, die eben noch große Teile der Weltproduktion unter sich ausmachten, sind fast über Nacht in die Minderheit geraten.

Schon diese Angebotserweiterung wäre mehr als beachtlich, aber dabei bleibt es nicht. Innerhalb der Angreiferstaaten wachsen aufgrund der meist hohen Geburtenraten immer neue Menschen nach, die nur darauf brennen, sich dem Weltarbeitsmarkt anzudienen. Sie wollen einen Job, koste es, was es wolle. Die Wirtschaftsmaschinerie muss immer neue Arbeitsplätze hervorbringen, nur um die nachdrängenden Massen halbwegs versorgen zu können. In den vergangenen zehn Jahren stieg die Belegschaft im Weltarbeitsmarkt, obwohl kein neuer Staat mehr hinzukam, nochmals um 400 Millionen Menschen. Weitere 200 Millionen Menschen, sagt die dafür zuständige Internationale Arbeitsorganisation der UN in Genf, würden gern arbeiten, können derzeit aber keinen noch so schlecht bezahlten Job ergattern. Sie sind arbeitslos und das heißt: Sie sind Arbeiter im Wartestand.

Viele von ihnen haben noch nie einen regulären Arbeitsplatz besessen. Sie leben als Lumpenproletarier, Handlanger, Tagelöhner oder Slumbewohner, was sie aber aus gutem Grund nicht länger sein wollen. Sie wollen Arbeiter im Weltarbeitsmarkt werden. Also drängen sie in die Fabriken, die Lagerhallen und auf die Großbaustellen; das weltweite Arbeitskräftepotential verzeichnet seit Beginn der 90er Jahre einen Zuwachs von 200 000 Arbeitskräften pro Tag. Sie alle strömen dorthin, wo sie Wohlstand und Wachstum vermuten, wo sich mutmaßlich von der Zukunft ein Stück abschneiden lässt, das saftiger ist als die magere Gegenwart.

Nie zuvor in der Geschichte hat es eine derartige Ausweitung des Arbeitskräfteangebots gegeben. Eine regelrechte Arbeiterinflation ist in Gang gekommen, denn dieser Angebotserweiterung steht keine auch nur annähernd vergleichbare Nachfrage gegenüber.

Die westlichen Unternehmer können ihr Glück kaum fassen. Die Regierungen rollen ihnen die roten Teppiche aus und auch ihr alter Gegenspieler, die Arbeiterklasse, macht höflich den Diener. Eine derart üppige Auswahl an willigen und billigen Arbeitern besaßen die Unternehmen noch nie. An jeder Ecke pfeift man ihnen hinterher. Die Arbeiter aber sehen sich umringt und umzingelt von anderen Arbeitern, die ihnen nach dem wirtschaftlichen Überleben trachten. In der Hitze des Gefechts beginnen die Erfolge früherer Arbeitskräfte und politischer Einflussnahmen zu verdunsten.

Die eiserne Faust des Markts

In den Banken flimmern die Börsenkurse aus aller Welt über die Bildschirme. Innerhalb weniger Minuten, manchmal auch Sekunden, kommt es zur Angleichung von amerikanischen Notierungen und europäischen Kursen. Würde im Arbeitsamt ein Bildschirm mit den Löhnen der verschiedenen Länder installiert, wären viele überrascht, was sie da zu sehen bekämen. Im Weltarbeitsmarkt ist dieselbe Annäherung der Kurse zu beobachten, nur in Zeitlupe. Durch das zusätzliche Milliardenangebot an Arbeitswilligen ist etwas in Gang gekommen, das bald schon mit großer Wucht auch den Mittelbau der westlichen Gesellschaften verändern wird: Die Löhne und damit auch die Lebensstandards der einfachen Arbeiter bewegen sich aufeinander zu. Ausgerechnet das Kapital sorgt dafür, dass die alte linke Forderung nach gleichem Lohn für gleiche Arbeit nun weltweit durchgesetzt wird.

Das Wort Tarifautonomie erfährt einen neuen Sinn. Bisher verhandelten Arbeitgeber und Arbeitnehmer des Westens ihre Löhne autonom vom Staat. In Zeiten der Arbeiterinflation aber setzen die Arbeitgeber die Löhne autonom von den Gewerkschaften fest, denn sie finden nun überall Millionen von Beschäftigten, die bereit sind, den Nachbarn zu unterbieten. Die Löhne Osteuropas und Südostasiens steigen, die des Westens verlieren an Höhe, die in China und Indien bewegen sich für die Masse der Beschäftigten auf niedrigstem Niveau. Von den knapp drei Milliarden Menschen, die derzeit auf dem Weltarbeitsmarkt aktiv sind, verdient ungefähr die Hälfte weniger als drei Dollar pro Tag, was zweierlei bedeutet: Diese Menschen sind bettelarm, erstens, und sie drücken, zweitens, mit ihren Armutslöhnen auch die Löhne der anderen nach unten. Denn die Menschen am untersten Ende der Lohnpyramide sind mit denen in der Mitte auf schicksalhafte Weise verbunden.

Einer der großen Irrtümer unserer Tage liegt darin zu glauben, dass die Millionen von Wanderarbeitern in China und die Tarifangestellten in Wolfsburg und Detroit nichts miteinander zu schaffen hätten. Das scheint so, aber so ist es nicht. Der eine kennt die Autostadt Wolfsburg nicht und der andere hat nur eine vage Vorstellung davon, was es heißt, ein Wanderarbeiter zu sein. Dennoch sind ihre Biografien auf das Engste miteinander verbunden.

Der Wanderarbeiter, der oft in käfigähnlichen Verschlägen wohnt und ohne rechtliche Absicherung in der Zulieferfirma einer chinesischen Autofabrik seiner Arbeit nachgeht, konkurriert mit dem festangestellten, aber ungelernten Arbeiter eben dieser chinesischen Fabrik. Die Löhne von beiden sind in Sichtkontakt zueinander, weil der Wanderarbeiter sich nichts dringender wünscht, als den Job des chinesischen Festangestellten zu übernehmen. Die örtlichen Unternehmer sind in der dauernden Versuchung, den einen gegen den anderen auszuspielen. Beide sind, ob sie es wollen oder nicht, erbitterte Lohnkonkurrenten.

Natürlich bemüht sich der Hilfsarbeiter, dieser Lohnkonkurrenz zu entkommen. Er will zum Facharbeiter der chinesischen PKW-Fabrik aufsteigen, mindestens das. Überstunden, Fortbildungskurse, Lohndisziplin: Er ist bereit, dafür vieles zu tun. Hauptsache, er kann künftig der privilegierten Kaste junger und gut ausgebildeter Chinesen angehören. Was der Wanderarbeiter für ihn ist, ist er für den angestammten Facharbeiter, ein beinharter Rivale nämlich. Er wird jeden noch so niedrigen Einstiegslohn akzeptieren, zumal keine Interessenvertretung bereitsteht, ihn davon abzuhalten.

Wenn er den Aufstieg geschafft und ein paar Jahre Berufserfahrung gesammelt hat, wird er zum Gegenspieler der Autobauer im Westen. Persönlich ist man einander weiterhin fremd, ökonomisch hängt der eine mit dem anderen nun unwiderruflich zusammen. In den Computern der Vorstände sind Lohn und Leistung der beiden Kontrahenten gespeichert. Als Zahlenkolonnen begegnen sie sich. Bei jeder Investitionsentscheidung laufen sie gegeneinander.

Der Wissenschaftler Franz Oppenheimer hat bereits vor knapp 100 Jahren eine »Theorie des Arbeitslohnes« veröffentlicht, die nun weltweit ihre Bestätigung findet. Er wusste, dass die Unterschiede in den Lohnniveaus nicht durch die Lebensumstände bestimmt sind, auch wenn die Wohnung in Paderborn deutlich teurer ist als die in Kalkutta. Das interessiert bei der Lohnfindung aber nur am Rande. Entscheidend ist »die relative Seltenheit« dessen, was der Arbeiter der Welt zu bieten hat. Ist er ein Solitär wie Bill Gates, darf er zu den Sternen aufsteigen. Ist er einer von wenigen, wird es ihm wohl ergehen. Ist er einer von vielen, bekommt er nur ein Handgeld ausgezahlt. Wenn immer mehr Menschen dasselbe bieten, kommt es zu einer Entwertung ihrer Arbeitskraft. Oppenheimer spricht von einer »Gleichgewichtsstörung«, bevor sich der Arbeitsmarkt auf niedrigerem Niveau wieder einpendelt. Alles, was der Arbeiter von nun an tut, ist zwar genauso anstrengend wie zuvor, es treibt ihm den Schweiß, es kostet ihn Kraft und Nerven, er ist abends ausgepumpt wie ehedem – aber sein Tun ist weniger wert, weil er nun weniger selten ist.

Die Lohnanpassung im Westen kennt zwei Erscheinungsformen, und nur eine davon ist für alle sichtbar. Es handelt sich dabei um die reguläre Lohnsenkung, wie sie heute für Arbeiter und kleine Angestellte im Westen gang und gäbe ist: mehr arbeiten für weniger Geld, reduzierte Zulagen, dafür höhere staatliche Abgaben. In allen Ländern des Westens fand in den vergangenen zehn Jahren ein Abschmelzen der einfachen Löhne statt. Seit Mitte der 90er Jahre gab es in Deutschland, dem größten Land der Europäischen Union, für die Mehrzahl der Beschäftigten keine realen Lohnsteigerungen mehr. Im unteren Drittel des Arbeitsmarkts sind sogar deutliche Rückgänge zu verzeichnen.

Die zweite Form der Lohnanpassung ist gefährlicher, weil man sie in keiner Einkommensstatistik findet. Man neigt dazu, sie zu unterschätzen, oder schlimmer noch, sie zu ignorieren. Die Lohnhöhe sinkt in diesem Fall in einem Rutsch auf null Euro, der Arbeiter taucht in keiner Einkommensstatistik mehr auf und fortan schauen alle nur noch auf die Zahl der Übriggebliebenen. Das beruhigt ungemein: Die Arbeiter sind zwar weniger geworden, aber ihre Produktivität steigt nun, die

Höhe der Stundenlöhne für die Restbelegschaft womöglich auch. Seit mehreren Jahren gehen in Deutschland bis zu 2000 reguläre Jobs pro Werktag verloren. Erst in jüngster Zeit hat sich dieser Exitus verlangsamt. Dennoch: Arbeitslosigkeit ist in Wahrheit die brutalste und dennoch in Europa die gebräuchlichste Form der Lohnangleichung nach unten.

Es werden vor allem Menschen auf den unteren Lohnstufen aus dem Markt gedrängt. Die meisten davon dürften Zeit ihres Lebens kein Büro und keine Werkhalle mehr von innen sehen. Das Gespenst der Nutzlosigkeit, von dem Richard Sennett spricht, begleitet sie auf ihrem weiteren Lebensweg, der in aller Regel ein Weg nach unten ist. Anfang der 70er Jahre, der Weltarbeitsmarkt war ein nahezu hermetisch geschlossener Westarbeitsmarkt, herrschte fast überall Vollbeschäftigung. Arbeiter mussten aus Anatolien angeheuert werden, weil es in Deutschland mehr Arbeit als Arbeitskräfte gab.

Auf dem neuen Weltarbeitsmarkt herrscht Arbeiterüberschuss. Mittlerweile sind 18 Millionen Europäer von Arbeitslosigkeit betroffen. Rechnet man die ins Privatleben abgedrängten Frauen und die Älteren dazu, die man gegen ihren Willen in den Ruhestand schickte, sind mehr als 30 Millionen Menschen arbeitslos. Dieses europäische Heer der Stillgelegten entspricht der Einwohnerschaft von Berlin, Paris, London, Madrid, Brüssel, Rom, Lissabon und Athen. Ulrich Beck nennt diese Menschen die »strukturell Überflüssigen«.

Erst wenn man die Menschen mit den Nulllöhnen und die verbliebenen Arbeiter und Angestellten zusammen betrachtet, sieht man die tatsächlichen Schrumpflöhne in Europa. Wer nur die Noch-Beschäftigten betrachtet, bleibt blind. Die Lohnsumme aber fällt in Wahrheit deutlich schneller, als es uns die Einkommensstatistik weismachen will. Auf dem Weltarbeitsmarkt findet ein Lohnverfall statt, mit dem im Westen keiner gerechnet hatte. Steigender Wohlstand dank steigender Löhne, das war das Versprechen der Nachkriegsjahre. Es wurde über

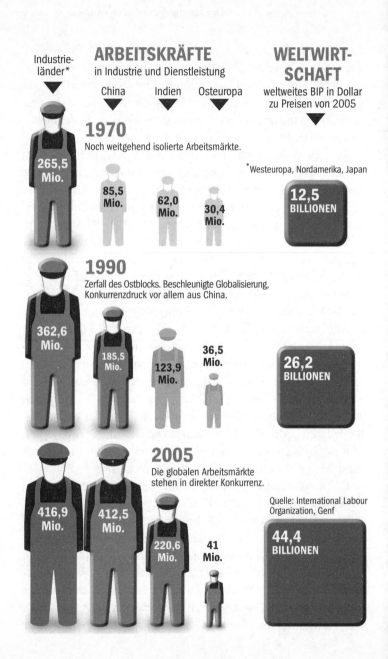

ARBEITSKRÄFTE
in Industrie und Dienstleistung

Industrie-
länder*

China   Indien   Osteuropa

WELTWIRT-
SCHAFT
weltweites BIP in Dollar
zu Preisen von 2005

1970
Noch weitgehend isolierte Arbeitsmärkte.

265,5
Mio.

85,5
Mio.

62,0
Mio.

30,4
Mio.

*Westeuropa, Nordamerika, Japan

12,5
BILLIONEN

1990
Zerfall des Ostblocks. Beschleunigte Globalisierung,
Konkurrenzdruck vor allem aus China.

362,6
Mio.

185,5
Mio.

123,9
Mio.

36,5
Mio.

26,2
BILLIONEN

2005
Die globalen Arbeitsmärkte
stehen in direkter Konkurrenz.

416,9
Mio.

412,5
Mio.

220,6
Mio.

41
Mio.

Quelle: International Labour
Organization, Genf

44,4
BILLIONEN

Nacht wieder einkassiert. Die Lohnkurven auf den Monitoren im Weltarbeitsamt zeigen für den Westen nach unten. Die realen Stundenlöhne in den USA liegen heute unter denen am Ende der 70er Jahre. In Europa sind nahezu überall Reallohnverluste zu verzeichnen, die vor allem das untere Drittel der Beschäftigten betreffen.

Die früh industrialisierten Staaten stehen am Beginn, nicht am Ende dieser Entwicklung. Vor allem die Ungelernten des Westens, die sich nun an den Billiglöhnen der Ungelernten andernorts messen lassen müssen, sind in einer wahrhaft unkomfortablen Lage. Ihre Jobs werden aus den Hochlohnländern kühlen Herzens abgezogen, weshalb hierzulande jeder Vierte ohne Ausbildung zugleich auch ohne Arbeit dasteht. Noch zu Beginn der 70er Jahre hatten fast alle Ungelernten einen Arbeitsplatz. Das Neue ist nicht, dass die einen qualifiziert und die anderen ungelernt sind. Das war schon immer so. Das Verhältnis von Talentierten und Minderbemittelten hat sich nicht verändert. Neu ist, dass die Ungelernten austauschbar geworden sind. In ihrem Marktsegment herrscht weltweit ein Gedränge und Geschubse wie nie zuvor in der Menschheitsgeschichte.

Auf eine schnelle Anhebung der Einkommen in Fernost oder Osteuropa sollte niemand setzen. Die Löhne dort sind angesichts von Millionen Bauern und Slumbewohnern, die erst noch auf ihre industrielle Beschäftigung warten, selbst unter Druck. Das Lohnniveau in Fernost steigt deutlich langsamer, als es dem Westen recht sein kann. Selbst ein sofortiges Einfrieren der Löhne in Westeuropa bringt nicht viel, hat das Münchner Ifo-Institut errechnet. Bei gleich bleibendem Lohnanstieg in den Angreiferstaaten wären die Einkommen dieser Länder in 30 Jahren noch immer erst halb so hoch wie im Westen. Es ist derzeit so und nicht anders: Wer in Europa und Amerika seine Lohnhöhe mit nicht mehr begründen kann als dem Tarifvertrag, den teuren Lebensumständen und der westlichen Tradition des Ausgleichs zwischen Kapital und Arbeit, hat künftig keine Chancen, sich durchzusetzen.

Die bisherigen Erfahrungen mit gewerkschaftlicher Gegenwehr fielen für die Beschäftigten ernüchternd aus: Wer den Prozess aufzuhalten versuchte, beschleunigte ihn. Die Alternative für Deutsche, Franzosen und Amerikaner lautet heute nicht Hochlohn oder Billiglohn. Die Alternative für Millionen Menschen in einfachen industriellen Berufen lautet Billiglohn oder gar kein Lohn.

Dabei geht der Welt keineswegs die Arbeit aus, wie gelegentlich zu hören ist. Solange nicht weniger, sondern mehr Waren erzeugt, verkauft und konsumiert werden, gibt es auch keine Arbeitsplatzverluste. Die Weltwirtschaft erlebt zu Beginn des 21. Jahrhunderts einen der größten Wachstumsschübe der vergangenen Jahrzehnte. Die Zahl der Beschäftigungsverhältnisse steigt weiter an, trotz Internet und Robotereinsatz. Nur die Verteilung der Arbeit hat sich im Zuge des Weltarbeitsmarkts entscheidend verändert. Der Ort ihres Wirkens interessiert nur noch den, der vergeblich seine Arbeitskraft anbietet und nun den Kürzeren zieht. Der Arbeitsmarkt wurde entgrenzt, derweil der westliche Arbeiter auf seiner Scholle kleben blieb.

Ein Schiff wird kommen. Die Arbeitskraft geht auf Reisen

Wer genau hinschaut, kann den Abschied der westlichen Arbeitsplätze ziemlich exakt messen. Denn die Arbeitskraft, die im Westen verloren ging, kehrt oftmals in Gestalt eines importierten Produkts wieder zurück. Dieses Produkt ist nichts anderes als die geronnene Arbeitskraft, die an einem anderen Ort erbracht wurde. Wir können den Arbeitern in Asien oder Osteuropa von hier aus nicht über die Schultern sehen, aber wir sehen das Ergebnis ihrer Schaffenskraft.

Sie schicken es uns per Lastwagen, Luftfracht oder Containerschiff und die Zollbehörden führen sehr genau Buch über Art und Umfang dieser Lieferungen. Allein in den Jahren von 1997 bis 2003 haben sich die deutschen Importe aus den verschiedenen Niedriglohnländern verdoppelt. In diesen sechs Jahren wuchsen die Einfuhren aus Ungarn jährlich um durchschnittlich 17 Prozent und die aus China um 14 Prozent. Die Ökonomen sprechen von »import penetration«, also von der Durchdringung einer Volkswirtschaft mit den Erzeugnissen anderer Länder. Diese Durchdringung hat sich im Westen beschleunigt, derweil die Eigenproduktion sich nahezu spiegelbildlich zurückbildete. Einige Sektoren melden bereits eine Importdurchdringung von über 80 Prozent, was nichts anderes bedeutet als den Abschied dieser Industrien aus Europa zu Gunsten ihres Neuaufbaus am anderen Ende der Welt.

Die weltweite Wanderung der Arbeitsplätze findet ohne Symbole statt. Es werden keine Grabreden gehalten und keine Tränen vergossen. Firmen wie Grundig, Saba und Nordmende sterben, und die Nachfolger heißen Mitsubishi, Sony und Samsung. Wir beobachten das Ableben der britischen Autoindustrie, die einst mit Jaguar, Rover und British Leyland Autogeschichte schrieb, und wenig später wird die Geburt der koreanischen, malaysischen und chinesischen Automarken gemeldet. Nur an den kleinen Produktschildern können wir erkennen, dass sich außerhalb unseres Sichtkreises Großes getan hat. Die Steiff-Tiere sehen plüschig aus wie immer, aber die eingenähten Personalausweise lassen erkennen, dass viele der Bären und Affen eine weite Reise hinter sich haben: »Produziert in China, kontrolliert durch Steiff«, heißt es nun.

Auch komplizierte Produkte sind für die Verlagerung gut geeignet. Der neueste Apple-Computer sagt auf seiner Rückseite, woher er stammt: »Designed von Apple in Kalifornien. Zusammengebaut in Taiwan.« Viele Firmen, die wir für deutsch, britisch oder französisch halten, sind in Wahrheit bereits Firmen, die in ihren Geburtsländern nur noch Rumpfbelegschaften unterhalten. Die dürfen kontrollieren, entwickeln, testen, bilanzieren, verpacken und verschicken, was anderenorts erstellt wurde. Das mag beruhigend sein für alle Kontrolleure, Entwickler, Tester, Bilanzbuchhalter, Verpacker und Versender, aber eben nicht für die Menschen, die gestern noch produziert haben. Zumal aus einem Fabrikarbeiter nicht auf die Schnelle ein Designer oder Finanzbuchhalter wird, was wir ihm nicht vorwerfen dürfen. Designer und Finanzbuchhalter wären als Fabrikarbeiter wahrscheinlich eine ähnliche Fehlbesetzung.

Die Fertigungstiefe sinkt, beschreiben die Experten das Phänomen, und es klingt nach einem Naturgesetz. Aber in Wahrheit sinkt nichts, dieselbe Fertigung wird in derselben Tiefe erbracht – nur von anderen Menschen mit anderen Löhnen in anderen Ländern. Es sind dieselben Experten, die seit längerem schon das Ende der Industriegesellschaft voraussagen. Aber da endet nachweislich nichts. Die Industriebeschäftigung steigt im Gegenteil steil an. Weltweit hat sie in den vergangenen zehn Jahren um 16 Prozent zugelegt, sodass heute rund 600 Millionen Menschen in den Fabriken dieser Erde beschäftigt sind. Das Gegenteil ist also richtig: Die Industriegesellschaft erlebt weltweit ihre Blütezeit.

Wie unterm Brennglas lässt sich der Trend bei den 30 größten deutschen Aktiengesellschaften beobachten: Die Inlandsbeschäftigung schrumpft, im Ausland dagegen schießen die Jobs wie die Keimlinge aus dem Boden. Anfang des 21. Jahrhunderts war der Wendepunkt erreicht, seither beschäftigen die meisten der Dax-30-Konzerne mehr Menschen im Ausland als im Heimatmarkt, womit das Firmeninteresse und das Wohlergehen des Landes sich voneinander zu lösen beginnen.

In den USA das gleiche Bild. »Vaterlandslose Gesellen«, rief US-Präsidentschaftskandidat John Kerry den Firmen hinterher. Was wie ein Vorwurf klingen sollte, war in Wahrheit

Auslandsanteile ausgewählter Dax-30-Unternehmen, in Prozent

	bei den Aktionären	bei den Mitarbeitern	beim Umsatz
Adidas	85	80	90
Allianz	47	59	68
Altana*	40	55	82
BASF	53	43	60
Bayer	40	58	84
BMW*	43	25	73
Commerzbank	52	23	25
Continental	90	61	66
DaimlerChrysler	49	52	85
Deutsche Bank	51	59	70
Deutsche Post	37	42	50
E.ON	54	53	63
Fresenius Medical Care*	45	94	95
Linde*	36	65	79
MAN	46	36	74
Metro*	33	44	52
Münchener Rück	50	27	54
RWE*	36	43	45
SAP*	40	60	79
Schering	59	64	90
Siemens	56	64	79
ThyssenKrupp*	20	50	65
TUI	35	72	54
Volkswagen	33	48	73

Quelle: Frankfurter Allgemeine Sonntagszeitung; * Die Unternehmen haben einen deutschen Großaktionär

nichts anderes als eine Beschreibung der Wirklichkeit. Das Kapital ist vaterlandslos, die Arbeiter sind es nicht.

Wer geglaubt hatte, die großen Produktionsapparate in Fernost und Osteuropa würden auf die Schnelle zusätzlich an die Weltwirtschaft angeschlossen, sieht seine Hoffnung enttäuscht. Die Integration von Millionen Menschen in Asien geht einher mit der Desintegration von Millionen in Europa und den USA. Die Aufstiege der einen sind die Abstiege der anderen. Die Arbeitnehmer der Abschiedsgesellschaften und die Beschäftigten der Angreiferstaaten ergänzen sich nicht, sie ersetzen einander. Es mag so sein, dass der Weltarbeitsmarkt nach Jahrzehnten der Anpassung für alle Arbeitnehmer ausreichend Platz bietet. Das ist ein Traum, den zu träumen sich lohnt. Aber es wäre töricht, ihn für die heutige Realität zu halten. Die einfachen Arbeitnehmer sind in ihrer Mehrzahl heute erbitterte Lohnkonkurrenten; der eine ist nicht selten das Substitut des anderen. Die Globalisierung wird seit zehn Jahren in Europa von Job- und in Amerika von Einkommensverlusten begleitet. Das Entstehen neuer produktiver Kerne in Osteuropa und Asien ist derzeit mit einer Kernschmelze in Europa verbunden, von der vor allem die klassischen Industrien betroffen sind.

Die Arbeitsplatzverluste in den alten konnten nicht durch den Aufbau von Arbeitsplätzen in den neuen Wirtschaftszweigen ausgeglichen werden, auch wenn Politiker und ihre Wirtschaftsberater genau das versprochen hatten. Sie wären gut beraten, sich von den selbst erzeugten Illusionen zu trennen und auf die Welt zu schauen, wie sie ist: Die Möbelindustrie, die Bekleidungsfabriken, die Stahlunternehmen, die Hersteller von Halbleitern, Fernsehern und Computern und neuerdings auch Pharmaindustrie und Gentechniker sind aus dem Westen in großer Zahl abgewandert. Schuhe werden nach Deutschland heute zu 98 Prozent eingeführt, Fernseher zu 77 Prozent, nahezu jeder zweite Kühlschrank stammt von anderswo. Die für das

Erwerbstätige im Verarbeitenden Gewerbe
Veränderung zwischen 1991 und 2003 in Prozent

Quelle: OECD
*Quelle: Chinesisches Statistikamt

Land	Prozent
China	+14,7*
Norwegen	−3,9
Finnland	−4,4
USA	−4,7
Italien	−5,9
Luxemburg	−8,2
Portugal	−10,6
Niederlande	−11,1
Frankreich	−12,3
Schweden	−14,4
Dänemark	−14,9
Österreich	−16,2
Südkorea	−18,5
Großbritannien	−18,6
Belgien	−18,6
Westdeutschland	−22,2
Japan	−24,0
Deutschland	−27,0

Funktionieren der Computer wichtigen Speicherchips sind zu 35 Prozent Importware.

Vor allem China sicherte sich eine Weltmarktposition, die in vielen Branchen beachtlich ist für ein Land, das aus dem Westen noch immer Entwicklungshilfe bezieht. Zwei Drittel aller Fotokopiergeräte, Mikrowellenherde und Kinderspielzeuge stammen aus dem Reich der Mitte, die Hälfte aller verkauften Digitalkameras, Textilien und ein Drittel der Bürocomputer kommen von dort; ein Viertel aller Mobiltelefone und Autoradios und jede vierte Tonne Stahl.

Es sind nicht nur die Produkte der alten Industrie, die uns von dort erreichen. Auch bei der Herstellung von gentechnisch veränderter Baumwolle strebt China nach einem Spitzenplatz.

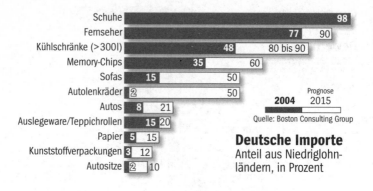

	2004	Prognose 2015

Quelle: Boston Consulting Group

Deutsche Importe
Anteil aus Niedriglohn-
ländern, in Prozent

Assistiert vom US-Konzern Monsanto benutzen bereits Millionen chinesischer Bauern gentechnisch veränderte Baumwollsorten; auch transgene Tomaten, Paprika und Petunien sind zum Anbau freigegeben. Der staatliche Forschungsetat für die Pflanzenbiotechnologie wurde 2005 um 400 Prozent auf knapp eine halbe Milliarde Dollar aufgestockt. Die Exportoffensive der chinesischen Biotech-Industrie wird gerade vorbereitet.

Indien konzentriert sich derzeit auf die Herstellung von Arzneimitteln und Software. Das Land bietet den Großkonzernen eine gut ausgebildete, englisch sprechende und finanziell vergleichsweise anspruchslose Erwerbsbevölkerung an. Die greift beherzt zu, wenn es gilt, die Arbeit des Westens zu übernehmen. Niemand sollte es den Habenichtsen auf der anderen Seite der Erdkugel verdenken.

Inder betreiben heute die Telefon-Service-Hotlines vieler Firmen in England und Amerika, analysieren über Nacht die Röntgenbilder der Krankenhäuser, erstellen Präsentationen für die Werbeindustrie, arbeiten am Jahresabschluss von Finanzbuchhaltungen, erledigen die Arbeit hiesiger Personalverwaltungen, entwickeln Softwareprogramme und bieten ihre Kenntnisse der Informationstechnologie den großen Steuerberatern und Rechtsanwaltskanzleien an. In ihrer Studie »Der Tiger auf dem Sprung« rechnet die volkswirtschaftliche Abteilung der Deutschen Bank den Kunden vor, dass die Verlagerung nach Indien sich für nahezu alle Branchen lohnt, trotz hoher Anfangsinvestitionen und zusätzlicher Telekommunikationskosten: »Es können über Lohnarbitrage Einsparungen von 20 bis 40 Prozent realisiert werden.«

Die Fabriken verlassen ihre Belegschaften

Das Gegenstück zum Erstarken der asiatischen und osteuropäischen Unternehmen ist das Erschlaffen der Industrie in unseren Breiten. Was mit dem Verschwinden von Abteilungen begann, schließlich einzelne Werke erreichte, erfasst nun ganze Industriezweige. Der produktive Kern des Westens verkleinert sich, was die von ihm ausgehenden Energieflüsse in die ökonomischen Randbezirke der Gesellschaft, wo Rentner, Kinder, Kranke und Arbeitslose auf die Unterstützung der Wohlstandsproduzenten angewiesen sind, ebenfalls reduziert.

Zahlreiche Landstriche haben sich unter dem Druck der Ereignisse spürbar verändert. In Liverpool und Manchester, im Nordwesten Englands und in den West Midlands bietet sich das Bild einer Industrieflotte, die ausgemustert wurde. In den erkalteten Zonen der ehemaligen Industr+reviere von Rhein und Ruhr werden heute Arbeitslosenquoten von über 25 Prozent gemessen. In Ostdeutschland ist ohnehin eine Zone reduzierter Wertschöpfung entstanden. Bundesweit erhalten sieben Millionen Menschen, also fast zehn Prozent der Bevölkerung, die staatlichen Hilfszahlungen des Hartz-IV-Programms.

In der alten Industriemetropole Berlin, die einst Weltfirmen wie Borsig, Siemens und AEG beherbergte, leben heute genauso viele Menschen von staatlichen Zahlungen wie vom eigenen Lohn. Nur noch 30 Prozent aller Berliner gehen einer regulären Vollzeitbeschäftigung nach, mit den entsprechenden Folgen für den Stadthaushalt. Acht Milliarden Euro an Steuereinnahmen stehen einem Ausgabenblock von 21 Milliarden Euro gegenüber. Die Bewohner der deutschen Hauptstadt verdanken es dem süßen Stoff der Banken, den wir gemeinhin Kredit nennen, dass sie nicht sehen und nicht spüren, wie es um sie bestellt ist.

In Italien kämpft derzeit die Textilindustrie, die noch immer 17 Prozent aller Industriebeschäftigten beherbergt, ihren Todeskampf. Wenn die EU-Handelspolitik nicht weiterhin Einfuhrquoten mit den Chinesen aushandelt, wird von den noch gut 500 000 Arbeitsplätzen nicht mehr viel bleiben. Seit 1999 sind bereits 13 000 Unternehmen verschwunden, in den vergangenen drei Jahren gingen 66 000 Jobs verloren. Modezar Ermenegildo Zegna und linksgerichtete Textilarbeitergewerkschaften standen monatelang gemeinsam auf den Barrikaden. In den USA ist die Deindustrialisierung weiter fortgeschritten als in Europa. Der Anstieg der Importe führte zu einem historisch einmaligen Schrumpfungsprozess in der Industrie, der viele der in Europa zu beobachtenden Phänomene noch an Härte übertrifft. Die Fabriken wanderten zunächst vom teureren Norden in den billigeren Süden, bevor sie sich außer Landes begaben. In der Textil-, Eisen-, Stahl-, Möbel-, Elektronik- und Computerindustrie wurde vielerorts die inländische durch die ausländische Wertschöpfung ersetzt. Den ehemals stolz »Industriegürtel« genannten Nordosten der USA haben die Bewohner in »Rostgürtel« umbenannt.

In den 50er Jahren arbeiteten noch 35 Prozent der amerikanischen Arbeitnehmer in der Industrie, in den 60er Jahren lag die Quote bei 32 Prozent, in den 80er Jahren rutschte sie unter 20 Prozent. Heute sind weniger als 15 Prozent der amerikanischen Beschäftigten in der Industrie zu Hause – eine Halbierung innerhalb nur einer Generation. Derzeit kämpft auch die amerikanische Automobilindustrie ums Überleben, einst war sie der Herzmuskel des Landes. Der kranke Autogigant General Motors meldete für 2005 einen Verlust von zehn Milliarden Dollar.

In Europa sind praktisch alle Industriebranchen, vom Maschinenbau bis zur Chemieindustrie, von diesem Prozess der Miniaturisierung betroffen, wenn auch nicht alle gleichermaßen. In immer neuen, zunächst kleinen, mittlerweile aber deutlich beschleunigten Schüben sinkt der Anteil der Industriearbeiter. Die moderne Rationalisierungstechnik wird gern als Grund für den Arbeitsplatzschwund genannt, aber sie kann das Phänomen nur zum Teil erklären. Denn weltweit sind in denselben, angeblich alten Industriebranchen neue Arbeitsplätze entstanden, nur eben nicht auf der hochpreisigen Westseite der Erdkugel.

Verlagerung bedeutet nicht Demontage. Wäre es so, könnten die Betroffenen die Verlagerung sehen und hören. Es würde überall geschraubt und gefräst, Kisten müssten gepackt und Container verladen werden. Aber der normale Arbeitsplatzschwund findet unsichtbar und weitgehend lautlos statt. Es reicht ein grauer, grüner oder rosa gefärbter Bestellzettel, wie ihn viele Firmen als Formular besitzen. Neue Lieferadressen ersetzen die alten, die Firmen lenken nur ihren Materialfluss um.

Sie bestellen Lenkräder, Rückleuchten und Kabelbaum nicht mehr wie früher im eigenen Konzern oder beim heimischen Mittelständler, sondern in Fernost und Osteuropa. Ein Jahr später kommen noch die Bremsen, das Getriebe und die Stoßstange mit auf den Bestellzettel, bis ein Großteil des Autos auf dem Frachtweg in Stuttgart, Wolfsburg oder München eintrifft. Vereinfacht kann man sagen: Die Verlagerung der Arbeitsplätze sieht man nicht an dem, was weggeht, sondern an dem, was im Containerhafen anlandet.

Unsere Unternehmer verschränken die Arme und pressen

Angekündigter Stellenabbau
Kurz- oder mittelfristige Maßnahmen 2005/2006

Quelle: Firmenangaben

−32000	Deutsche Telekom, Deutschland
−30000	General Motors, USA
−16000	DaimlerChrysler, Deutschland
−14500	IBM, USA
−14500	Hewlett-Packard, USA
−14000	Volkswagen, Deutschland
−14000	Sanyo, Japan
−12000	Opel, Deutschland
−12000	Telstra, Australien
−10000	Eastman Kodak, USA
−10000	Sony, Japan
−9000	Delta Airlines, USA
−8000	France Télécom, Frankreich
−7700	Lear, USA
−7500	Fiat, Italien
−7500	Allianz, Deutschland
−7000	Merck & Co., USA
−6700	Ford, USA
−6400	Deutsche Bank, Deutschland
−6000	Electricité de France, Frankreich
−6000	Marsh & McLennan, USA
−6000	Kimberly-Clark, USA
−5700	KarstadtQuelle, Deutschland
−5400	Rover, Großbritannien
−5400	Siemens Business Services, D.
−5000	Visteon, USA
−5000	Newell Rubbermaid, USA
−5000	Oracle, USA
−4500	Deutsche Steinkohle, Deutschland
−4200	HypoVereinsbank, Deutschland
−4000	Konica Minolta, Japan
−4000	Walter-Bau, Deutschland
−3200	Littlewoods, Großbritannien
−3200	BBC, Großbritannien
−3000	Dresdner Bank, Deutschland

die Lippen zusammen, wenn sie das Wort Verlagerung nur hören. Die einen verstehen es als Vorwurf, die anderen als Einmischung in die inneren Angelegenheiten ihrer Firma. Die neuen Auslandsarbeitsplätze dienten der Erschließung neuer Märkte, sagen sie, auch um die aufkommende Unruhe im Heimatland zu dämpfen. Sie entspreche der Ausweitung der Auslandsumsätze, was ja wohl im allgemeinen Interesse sei. Wie anders als mit Mitarbeitern vor Ort solle man denn die Ware losschlagen?

In der Tat sind die Erschließung neuer Märkte und die Ausweitung der Auslandsumsätze wünschenswert und notwendig. Sie sichern die Arbeitsplätze der Daheimgebliebenen. Aber: Sie erklären nicht das Phänomen der massiven Verlagerung der Produktionsfaktoren Arbeit und Kapital aus den westlichen Ländern.

Die Unternehmensberatung McKinsey hat die Bilanzen der großen internationalen Konzerne BASF, Electrolux, Fiat, General Electric, IBM, Philips, Siemens, Sony und Volkswagen ausgewertet und konnte präzise nachweisen, dass es eine Jobverlagerung gibt, die mit dem Erschließen neuer Märkte nicht das Geringste zu tun hat. Der Auslandsumsatz dieser Konglomerate stieg, aber er stieg von 1990 bis 2002 nur um moderate 8,5 Prozent. Die Vermögenswerte im Ausland und auch die Auslandsbelegschaften legten im gleichen Zeitraum um 20 Prozent zu. Die westlichen Firmen wollen von der neuen Kundschaft profitieren, das ist der Teil der Wahrheit, der bereitwillig eingeräumt wird. Aber noch stärker wollen sie von den neuen, billigen Konkurrenten der westlichen Arbeitnehmer profitieren, was sie schamvoll zu verschweigen suchen. Dieter Brucklacher, Präsident des deutschen Maschinenbauverbands VDMA, hat eigens eine Untersuchung in Auftrag gegeben, um den wahren Motiven der Verlagerung nachzuspüren. Anonymität wurde den Unternehmern zugesagt und schon kam die Wahrheit ans Licht: »Das dominierende Motiv für den

Entwicklung internationaler Unternehmensaktivitäten
Veränderung zwischen 1990
und 2002, in Prozent

Quelle:
Handbuch
Globale
Produktion

1990   2002

59,9
50,2

Anteil der
Mitarbeiter
im Ausland

+20%

55,6
46,3

Anteil der
**Vermögens-
werte**
im Ausland

+20%

65,2
60,1

Auslands-
anteil
beim
Umsatz

+8,5%

Aufbau von Produktionsstätten im Ausland ist eindeutig die Senkung der Produktionskosten«, lautet sein Fazit.

Dabei hat es das Kapital mit dem Abschied nicht so eilig, wie alle immer vermuten. Es ist zuweilen sogar eine regelrechte Verlagerungsbremse. Die überzähligen Arbeiter sind aus der Sicht der Vorstände dabei das geringste Problem. Sie sind für den Unternehmer oft leichter zu entsorgen als das alte Gebäude und die Chemikalien, die noch unter der Fabrik schlummern. Sie werden stillgelegt und ihre Stilllegungskosten trägt die Nation, der sie entsprungen sind. Das westliche

Sozialsystem ist für den Unternehmer dabei eine große Erleichterung, weil er ihm all die ausgemusterten Beschäftigten überstellen kann. Der Staat überweist nun an Stelle der Firmenlöhne die Rente oder das Arbeitslosengeld.

Das wirkliche Problem bereiten dem Unternehmer die vorhandenen Fabriken, denn niemand will den Maschinenpark schneller als nötig entwerten. Die Montagebänder werden selbst dann noch ausgelastet, wenn ihre Wettbewerbsfähigkeit schon gelitten hat. Die Konzerne verschrotten nicht gern, das ruft nur Aufsichtsräte und Börsenanalysten auf den Plan. Also lasten sie die Investitionsgelder von gestern, die in den Fabriken zu Lackierstraßen und Schweißrobotern geronnen sind, nach Kräften aus. Das Stammwerk und die Stammbelegschaft werden geschont, solange es geht. Alles dient dem einen Ziel, eine Totalentwertung des inländischen Kapitalstocks zu verhindern.

Noch wird die Verlagerung auch durch die neuen Heimatländer des Kapitals gebremst. Viele ehemalige Entwicklungsländer sind derzeit noch nicht in der Lage, eine komplette Autoproduktion zu betreiben. Wer in China ein modernes Auto baut, importiert rund die Hälfte der Teile aus dem Ausland. Durch den Aufbau eigener Produktionsstätten und die Verlagerung westlicher Zulieferfirmen schließt sich erst allmählich die Wertschöpfungskette. Mit jedem weiteren Glied ist China dem Ziel, selbst Autoland zu werden, näher gerückt. Werden erst Autositze, Lenkräder und Getriebe in Asien produziert, folgen bald schon Karosseriebau, Elektronikzulieferer und Motorenhersteller, bis auch das Design- und Testzentrum vor Ort sein Quartier aufschlägt. Experten sprechen vom »Netzwerkeffekt«, der in Gang gekommen ist und sich mittlerweile von selbst beschleunigt hat.

Noch drosselt auch der Warentransport über zehntausende von Kilometern die Lust auf Produktionsverlagerungen. Containerschiffe und Flugzeuge stehen zwar in großer Zahl be-

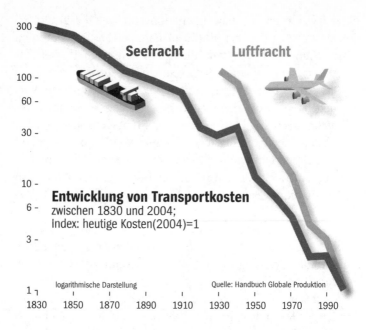

Seefracht   **Luftfracht**

Entwicklung von Transportkosten
zwischen 1830 und 2004;
Index: heutige Kosten(2004)=1

logarithmische Darstellung   Quelle: Handbuch Globale Produktion

| 300 | 100 | 60 | 30 | 10 | 6 | 3 | 1 |

1830   1850   1870   1890   1910   1930   1950   1970   1990

reit. Aber der Transport ist umständlich und kostet neben dem
Geld auch Zeit. Die Textilindustrie hält in Europa auch deshalb Produktionsstätten in Betrieb, um schnell auf Mode-
trends reagieren zu können. Die Teppichindustrie mag keine
allzu empfindliche Auslegware aus Fernost, weil diese Teppiche sich beim Überseetransport unter dem eigenen Gewicht
verformen. Bücher werden in China gedruckt, aktuelle Zeitschriften aber nicht, weil die Transportzeit sie ihrer Aktualität
berauben würde.

Doch die Welt des Transports ist technologisch in Bewegung. Durchbrüche in der Eisenbahntechnik, beim Flugzeug-
und Schiffsbau, aber auch Fortschritte in der Kunst der Kon-
servierung sollen der begonnenen Entwicklung neuen Schub
verleihen. In der Containerschifffahrt herrscht schon seit lan-
gem Goldgräberstimmung. Die weitgehend automatisierte

Be- und Entladung der neuen Großfrachter hat die Überquerung der Ozeane enorm verbilligt. Im Jahr 2004 lagen die Kosten für den Seetransport bei weniger als einem Prozent des Wertes von 1830. Schiffsbauer und Reeder arbeiten daran, den Faktor Zeit weiter zu schrumpfen.

Industriearbeiter a. D.

Ihre größten Erfolge erzielen die Volkswirtschaften Asiens und Osteuropas derzeit bei den einfachen industriellen Tätigkeiten des Westens. In dieser äußersten Schicht des produktiven Kerns, wo die Arbeiter nur wenig Gewinn und zuweilen bereits Verluste produzieren, haben sie es am leichtesten. Die Arbeitsgänge erfordern in diesem Teil der Volkwirtschaft keine übergroße Bildung und nicht einmal auf Fingerfertigkeit kommt es an. In dieser Sphäre der Wertschöpfung werden die monotonen Tätigkeiten verrichtet, das Einspannen von Tuch in die Textilmaschine gehört dazu, das Zusammenstecken von Plastikteilen zu Kinderspielzeug, das Betätigen halbautomatischer Druckmaschinen.

Die westlichen Arbeiter, die hier beschäftigt waren, standen bei ihren Unternehmern auch deswegen in keinem guten Ruf, weil sie kaum noch Gewinn erwirtschafteten. Man nannte sie die Grenzanbieter. Sie waren billig, aber nicht billig genug. Sie verdienten nur sechs bis acht Euro in der Stunde, aber wer dieselbe Arbeitsleistung für deutlich weniger als einen Euro erstehen kann, greift erfreut zu. Die Unternehmer interessiert weder Glaube noch Geschlecht noch Hautfarbe. Zuweilen nicht mal das Alter der Beschäftigten, auch wenn sie erkennbar noch Kinder sind. Wer ihnen Kostenvorteile verspricht, ist in ihren Fabrikhallen herzlich willkommen.

»Arbeitsintensive Tätigkeiten haben in Hochlohnländern auf Dauer keine Zukunft«, sagt die Deutsche Bank in einer Studie.

Das deutsche Wirtschaftsministerium spricht in seiner Untersuchung »Globalisierte Arbeitswelt« vom »Verlust der internationalen Wettbewerbsfähigkeit im Niedrigpreisbereich«.

Selbst der erhöhte Maschineneinsatz zum Ausgleich der Lohnunterschiede nützte den einfachen Arbeitern zuletzt nicht viel. Denn die meisten Billiglohnländer haben nachgezogen und den Kapitaleinsatz ebenfalls erhöht. Ihre Industrieanlagen sehen vielerorts aus wie unsere. Es blitzt und funkelt an jeder Ecke. Am Ende bleibt wieder der Lohn die alles entscheidende Größe, obwohl sein Anteil an den Produktionskosten ständig sinkt. Bei einem in Deutschland produzierten Fernsehgerät beträgt der Lohnanteil nur noch neun Prozent, auch wenn durch die asiatischen Einzelteile schon vieles getan wurde, um den Anteil der deutschen Arbeitskraft zu senken. Kommt der Fernseher aus China, entfallen nur zwei Prozent des Preises auf den Lohn eines Arbeiters. Doch genau dieser Lohnunterschied – der sich in den teureren Einzelteilen, so sie aus Europa stammen, fortsetzt – wirkt früher oder später wie ein Berufsverbot für den westlichen Arbeiter. Das sei der »Wettbewerb der Standorte«, wird der Höflichkeit halber gesagt. In Wahrheit ist es aber ein Wettbewerb der Arbeiter, die auf dem Weltarbeitsmarkt Mann gegen Mann antreten. In einer Lohnkonkurrenz, wie es sie zwischen den Völkern nie zuvor gab, versucht der eine den anderen auszustechen.

Dem Unternehmer aber geht es gut, er macht glänzende Geschäfte, gezwungenermaßen, könnte man noch hinzufügen. Denn der Kapitalist hat keine andere Wahl, als bei diesem Großaufgebot der Billiglöhner beidhändig zuzugreifen, bevor es sein Rivale tut. Wer die Lohnkonkurrenz nicht für sich zu nutzen weiß, wer die Standorte jenseits der Sozialstaatslinie ignoriert, wer die preisgünstigen Importe verschmäht, ist drauf und dran, sein Unternehmerdasein zu verwirken. Er nutzt niemandem, am wenigsten sich selbst. Der schlaue Unternehmer profitiert von der Globalisierung, bevor sie ihm zu schaden beginnt.

Produktion von Fernsehgeräten

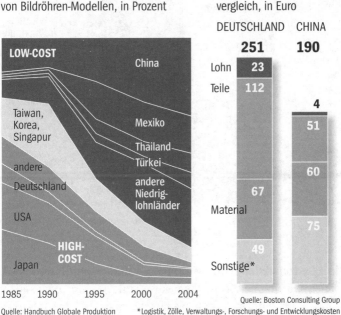

Marktanteile der Produktionsstandorte von Bildröhren-Modellen, in Prozent

Produktionskosten-vergleich, in Euro

Quelle: Handbuch Globale Produktion

Quelle: Boston Consulting Group

*Logistik, Zölle, Verwaltungs-, Forschungs- und Entwicklungskosten

Die Belegschaften großer Konzerne kennen mittlerweile die Referenzwerte der Auslandsfabriken. Die Zahlen werden von den Personalvorständen an die Betriebsräte übermittelt und von dort an die Angestellten weitergereicht. Dort empfindet man sie als das, was sie ohne Zweifel sind: eine Bedrohung. Die Chemiefirma Degussa produziert in China und Deutschland dieselbe Spezialchemikalie in derselben Qualität und Menge, nur dass in China die Maschinen etwas altmodischer sind. Dort werden für den gleichen Produktionsausstoß 150 Mitarbeiter gebraucht und hierzulande nur 15, was man den Kosten der Produktion allerdings nicht anmerkt: Die Herstellung der Spezialchemikalie kostet in China nur den halben Preis.

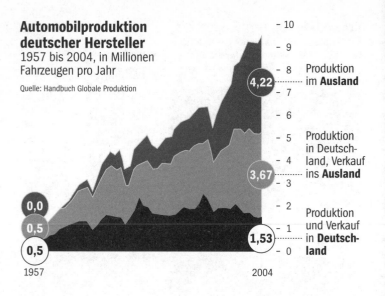

Automobilproduktion deutscher Hersteller
1957 bis 2004, in Millionen Fahrzeugen pro Jahr
Quelle: Handbuch Globale Produktion

4,22 ········ Produktion im **Ausland**

3,67 ········ Produktion in Deutschland, Verkauf ins **Ausland**

1,53 ········ Produktion und Verkauf in **Deutschland**

0,0
0,5
0,5

1957   2004

Ein Hersteller von Mullbinden und Heftpflastern, die baden-württembergische Paul Hartmann AG, sah keine andere Chance für sein Überleben, als einen großen Teil der produzierenden Arbeitsplätze nach China, Indien und Osteuropa zu verlagern. Die Frauen in der chinesischen Fabrik bekommen für 48 Stunden an sechs Arbeitstagen 100 Euro Monatslohn, was bei einem Hilfsarbeiter in Deutschland in etwa dem Beitrag zur Krankenkasse entspricht. Die Alternative zur Verlagerung wäre nicht die Produktion in Deutschland, sondern die Schließung der Traditionsfirma.

Die Kraft, die da auf dem Weltarbeitsmarkt wirkt, ist die eiserne Faust des Markts. Sie gibt nicht eher Ruhe, bis ein Ausgleich geschaffen wurde. Von den knapp 28 Euro Durchschnittsstundenlohn in Westdeutschland sind alle anderen Völker mit Ausnahme der Dänen derartig weit entfernt, dass ein Absinken unvermeidlich ist. Auch eine Rückabwicklung der radikalen Arbeitszeitverkürzung steht den Beschäftigten West-

Arbeitskosten in der Industrie
pro Stunde 2004, in Euro

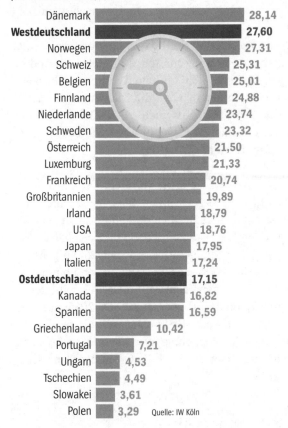

Dänemark	28,14
Westdeutschland	**27,60**
Norwegen	27,31
Schweiz	25,31
Belgien	25,01
Finnland	24,88
Niederlande	23,74
Schweden	23,32
Österreich	21,50
Luxemburg	21,33
Frankreich	20,74
Großbritannien	19,89
Irland	18,79
USA	18,76
Japan	17,95
Italien	17,24
Ostdeutschland	**17,15**
Kanada	16,82
Spanien	16,59
Griechenland	10,42
Portugal	7,21
Ungarn	4,53
Tschechien	4,49
Slowakei	3,61
Polen	3,29

Quelle: IW Köln

europas ins Haus. Ihre rund 1700 Arbeitsstunden pro Jahr bilden einen auffälligen Kontrast zu den rund 2300 Arbeitsstunden pro Jahr, mit denen Osteuropäer und Asiaten für sich werben. Der Glaube, die anderen würden in der vielen Zeit weniger effektiv arbeiten, ist ein Kinderglaube. Kaum hat man sie an die moderne Technik angeschlossen und entsprechend dafür qualifiziert, leisten die ausländischen Arbeiter dasselbe wie die Stammbelegschaften in Detroit oder Rüsselsheim, manchmal sogar mehr. Der Hunger nach Wohlstand treibt sie an.

Setzt sich der Preisverfall auf den internationalen Arbeitsmärkten fort, sind die westeuropäischen Produktionsstandorte in der heutigen Vielzahl nicht zu halten. Europa steht bevor, was Amerika schon hinter sich hat: die Halbierung der heimischen Industrie. »Deutschlands industrielle Basis wird sich weiter verringern«, lautet das Ergebnis einer Studie der Unternehmensberatung Boston Consulting. Seit 1991 gingen in Deutschland 28 Prozent oder knapp drei Millionen Arbeitsplätze im Verarbeitenden Gewerbe verloren. Die gesamtdeutsche Zahl der Industriebeschäftigten liegt heute unter dem, was Westdeutschland vor dem Mauerfall allein zu bieten hatte.

Die industriellen Verluste werden durch neue Dienstleistungsjobs in ihrer Wirkung gemildert, aber nicht aufgehoben. Der Arbeitsplatzsaldo bleibt negativ, auch in den kommenden Jahren: Von den noch knapp acht Millionen Beschäftigten im deutschen produzierenden Gewerbe werden 2015 nur noch sechs Millionen übrig sein. Boston Consulting rechnet mit einer nochmaligen Verdoppelung der Importe aus Niedriglohnländern bis zum Jahr 2015, wobei Osteuropa dann knapp vor Asien liegt.

Mit Sozialstaat oder ohne?
König Kunde im Globalisierungsfieber

Der Sozialstaat ist im Grunde nichts anderes als ein Kartell. Der Unterschied zwischen dieser Schutzvereinigung und den üblichen Kartellbrüdern in den Konzernspitzen besteht darin, dass der Sozialstaat nicht nur wenigen, sondern vielen nützt. Eigentlich fast allen Bürgern, die in seinen Grenzen leben.

Der moderne Sozialstaat hat uns im Prinzip alle zu Kartellbrüdern gemacht. Wir profitieren von seinen Schutzrechten wie von seinen finanziellen Zuteilungen. Wir nehmen gern die getrennten Betriebstoiletten in Anspruch, die unsere Arbeitsstättenverordnung für Mann und Frau vorsieht, akzeptieren die gesetzlich festgeschriebenen Urlaubstage, den Kündigungs- wie den Krankheitsschutz, und wenn alles schief läuft im Leben, greifen wir auf die Sozialhilfe zurück, die sich samt Wohnungs- und Kindergeld bis auf die Höhe eines Verkäufergehalts summieren kann.

Wenn dieses Schutzkartell, das den Preis der Arbeitskraft um einen Sozialaufschlag verteuert, mit einem Wirtschaftsraum konkurriert, der eine solche Schutzvorrichtung und damit auch einen derartigen Sozialaufschlag nicht kennt, wirkt das Kartell nicht mehr beschützend, sondern bedrohlich. Denn einer der Gründe für die Preisdifferenz zwischen den neuen und den alten Mitgliedern des Weltarbeitsmarkts ist der Sozialstaat, dessen Früchte die einen genießen, derweil die anderen ihn nur vom Hörensagen kennen. Die Mitglieder der Sozialbruderschaft sind von Stund an in Gefahr, ihrer beruflichen Existenz beraubt zu werden. Was gestern noch eine Errungenschaft westlicher Zivilisation war, wirkt nun wie ein Klotz an ihrem Bein.

Es sind die Gegner des Sozialstaats, die daher die weltweite Arbeiterinflation freudig begrüßen. Sie ist erwiesenermaßen die wirkungsvollste Methode, den Sozialstaat zu schleifen. Man muss seinen Abbau nicht mehr fordern und braucht ihn auch nicht zu betreiben, seine Zersetzung passiert scheinbar von allein. Man kann den Sozialstaat einfach ignorieren, zum Beispiel dadurch, dass man beim sozialstaatsfreien Anbieter in Asien bestellt. Das ist fast automatisch ein Votum gegen getrennte Toiletten und ein Plädoyer für niedrigere Löhne.

Es sind andererseits die Freunde des Sozialstaats, die bis heute nicht wahrhaben wollen, dass es diese Nebenwirkung der Globalisierung ist, an der sie leiden. In der Absicht, die Nation gegen die Zumutungen der neuen Zeit zu verteidigen, hat selbst ein so kluger Mann wie Lord Dahrendorf die Augen vor der Wirklichkeit verschlossen. Es gebe eine legitime öffentliche Sphäre, die nicht direkt mit der anderer Länder und Regionen konkurriere, schreibt er. Zu dieser Sphäre gehörten die Bildung, die Steuern und die Sozialleistungen. Man dürfe den Weltmarkt nicht gegen alles ins Feld führen.

Welch ein Irrtum. Niemand führt den Sozialstaat ins Feld. Er steht längst da, umtost von den Winden der neuen Zeit. Der Irrtum ist nur dadurch erklärbar, dass die Angreiferstaaten sich ja nicht mit Gebrüll auf den westlichen Sozialstaat stürzen. Der Angriff findet leise und zumeist sogar in freundschaftlicher Atmosphäre statt, was vielen das Verstehen der Hintergründe erschwert. Dabei sind es keine Unbekannten, die ihn attackieren: In freien Märkten mit freien Konsumenten wird dem Sozialstaat der entscheidende Dolchstoß von seinen Freunden versetzt. Wo auch immer ihr politisches Herz schlägt, links oder rechts, kaum dass die Kunden den Supermarkt oder das Kaufhaus betreten, sind sie nicht bereit, einen Sozialaufschlag zu zahlen. Der normale Käufer bei Karstadt, Metro und Lidl ist ein regelrechter Globalisierungsfanatiker, der Preis und Leistung vergleicht, aber nicht Nationalitäten und ihre sozialen Sicherungssysteme. Er will Rabatte bekommen und nicht Aufschläge zahlen. Der gute Deal interessiert ihn, nicht das schmutzige Geschäft, das ihm irgendwo auf der Welt vorausgegangen ist. Er ist ein Materialist, wie er im Buche steht, auch wenn er sich selbst für einen Romantiker hält. Nur außerhalb der Geschäftszeiten befallen ihn zuweilen idealistische Zweifel. Dann wundern sich viele, wie es denn sein kann, dass so große Teppiche für so kleines Geld zu haben sind und dass auch die Preise von Computern und Mobiltelefonen zuweilen nur noch einer Art Schutzgebühr gleichen.

Mit jedem Kauf eines fernöstlichen Produkts erteilen die

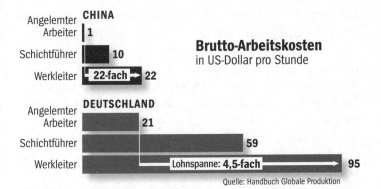

CHINA	
Angelernter Arbeiter	1
Schichtführer	10
Werkleiter	◄ 22-fach ► 22

Brutto-Arbeitskosten
in US-Dollar pro Stunde

DEUTSCHLAND	
Angelernter Arbeiter	21
Schichtführer	59
Werkleiter	Lohnspanne: 4,5-fach ► 95

Quelle: Handbuch Globale Produktion

Käufer dem heimischen Sozialkartell und seinen Lieferbedingungen eine Absage. Sie vergleichen Preis und Leistung des Produkts, aber sie bedenken nicht Preis und Leistung der das Produkt erzeugenden Nation. So wurden die Konsumenten in allen Ländern des Westens zu Vollstreckern der Globalisierung. Im Weltkrieg um Wohlstand sind sie die wichtigsten Kombattanten der Angreiferstaaten. Wenn ihnen keiner in die Arme fällt, vernichten sie mit ihrer Kaufentscheidung kühlen Herzens die heimische Industrie. Denn fast alles, was man kaufen kann, kann man mittlerweile auch ohne diesen Zusatzstoff erstehen, den wir Sozialstaat nennen.

Wer möchte, kann sein Auto bei General Motors bestellen; dann sind 1 500 Dollar Sozialkosten mit eingebaut, wie der Vorstandchef seinen Arbeitern erst kürzlich vorrechnete. Preiswerter wäre es, beim Hyundai-Händler vorzufahren, denn ein vergleichbarer Sozialaufschlag wird den Arbeitern in Korea nicht gezahlt. Es gibt an jeder Ecke Waschmaschinen mit eingebautem Sozialstaat, dann kommen sie von AEG aus Nürnberg, sind im Rhythmus der 38 Wochenstunden produziert, zu höheren Löhnen und unter Aufsicht des Betriebsrats. Aber gleich nebenan gibt es die Waschmaschine pur, dann stammt sie aus Taiwan, China oder Polen, wo die Wochenstundenzahlen hoch und die Löhne niedrig sind. Ein Sozialstaat unserer Prägung existiert dort nicht.

Noch immer besitzen 75 Prozent der Weltbevölkerung keine Arbeitslosenversicherung, was ihnen zum Nachteil, ihren Produkten aber zum Vorteil gereicht. Das Risiko von Krankheit, Armut und Alter tragen sie selbst und eben nicht die Produkte, die sie herstellen. Im Westen ist es umgekehrt.

An der Stelle des Betriebsrats steht in Fernost ein gestrenger Vorarbeiter, der im besten Fall Gnade vor Recht ergehen lässt. Denn das Recht ist in den Produktionshallen der Billigkonkurrenz nicht der Freund der Beschäftigten. Sie dürfen arbeiten, aber nicht protestieren. Ihr Lohn wird festgesetzt, nicht verhandelt. Soziale Absicherung bietet die Familie, nicht aber die Firma. Den Verkaufschancen der von ihnen hergestellten Ware hat dieser Umstand sehr genutzt.

Rund 60 Prozent aller in Deutschland verkauften Haushaltsgeräte werden heute außer Landes hergestellt. Die restlichen 40 Prozent dürften in absehbarer Zeit folgen. Der Weltmarktführer Electrolux plant von den westlichen Werken, die derzeit noch in Europa, Amerika und Australien betrieben werden, die Hälfte zu schließen. Eine Fabrik von der Größe der Nürnberger AEG spart 48 Millionen Euro jährlich – wenn sie denn in Polen steht. Monatelang zögerte der Vorstand, die deutsche Traditionsfabrik zu schließen und die Herstellung zu verlagern. Es ginge ihm um die Menschen, aber nicht nur, wie Firmenchef Hans Stråberg freimütig zugibt: »Eine Schließung würde auch viel Kapital zerstören«, sagt er.

Bei Continental in Hannover, einem der größten Reifenhersteller der Welt, läuft das gleiche Spiel. Die Löhne machen 30 Prozent der Herstellungskosten aus, aber in Osteuropa lässt sich dieser Anteil deutlich nach unten drücken. Die PKW-Reifenproduktion sollte daher am Stammsitz in Hannover geschlossen werden, was die Beschäftigten mit einer kostenlosen Verlängerung ihrer Wochenarbeitszeit zu verhindern suchten.

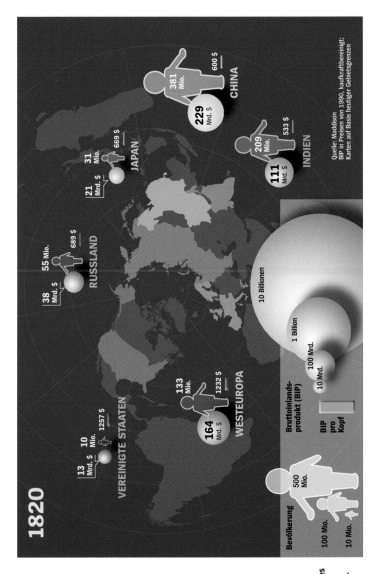

1820

VEREINIGTE STAATEN

13 Mrd. $ — **10** Mio. — 1257 $

RUSSLAND

38 Mrd. $ — **55** Mio. — 689 $

JAPAN

21 Mrd. $ — **31** Mio. — 669 $

CHINA

229 Mrd. $ — **381** Mio. — 600 $

INDIEN

111 Mrd. $ — **209** Mio. — 533 $

WESTEUROPA

164 Mrd. $ — **133** Mio. — 1232 $

Quelle: Maddison
BIP in Preisen von 1990, kaufkraftbereinigt;
Karten auf Basis heutiger Gebietsgrenzen

Bruttoinlands-
produkt (BIP)

10 Billionen
1 Billion
100 Mrd.
10 Mrd.

BIP
pro
Kopf

Bevölkerung

500 Mio.
100 Mio.
10 Mio.

Die Welt im vorindustri-
ellen Zeitalter: China
liegt vor den Staaten des
späteren Westeuropas.
Die USA sind ein ökono-
mischer Zwerg.

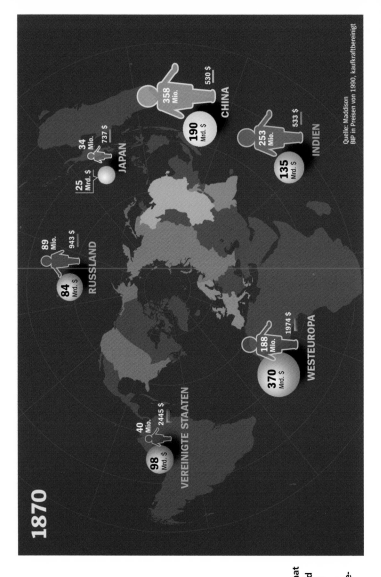

1870

Quelle: Maddison
BIP in Preisen von 1990, kaufkraftbereinigt

CHINA
358 Mio.
530 $
190 Mrd. $

INDIEN
253 Mio.
533 $
135 Mrd. $

JAPAN
34 Mio.
737 $
25 Mrd. $

RUSSLAND
89 Mio.
943 $
84 Mrd. $

WESTEUROPA
188 Mio.
1974 $
370 Mrd. $

VEREINIGTE STAATEN
40 Mio.
2445 $
98 Mrd. $

Das Industriezeitalter hat begonnen: Europa wird der weltweit führende Wohlstandsproduzent. China fällt zurück, Amerika erwacht.

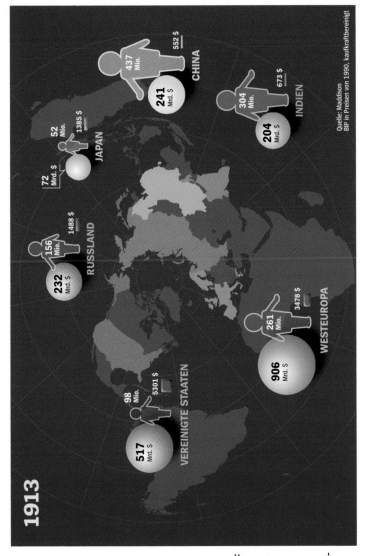

1913

CHINA
437 Mio.
552 $
241 Mrd. $

INDIEN
304 Mio.
673 $
204 Mrd. $

JAPAN
52 Mio.
1385 $
72 Mrd. $

RUSSLAND
156 Mio.
1488 $
232 Mrd. $

WESTEUROPA
261 Mio.
3478 $
906 Mrd. $

VEREINIGTE STAATEN
98 Mio.
5301 $
517 Mrd. $

Quelle: Maddison
BIP in Preisen von 1990, kaufkraftbereinigt

Das europäische Zeitalter:
Vor dem Ausbruch des
Ersten Weltkrieges steht
Europa an der Spitze der
Industriestaaten. China
und Indien sind in Sta-
gnation verfallen. Aber
Amerika boomt. Die Welt-
macht von morgen zeigt
ihr Gesicht.

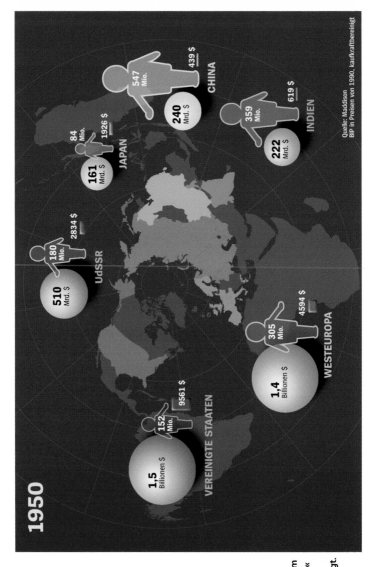

1950

VEREINIGTE STAATEN
1,5 Billionen $
152 Mio.
9561 $

WESTEUROPA
1,4 Billionen $
305 Mio.
4594 $

UdSSR
510 Mrd. $
180 Mio.
2834 $

JAPAN
161 Mrd. $
84 Mio.
1926 $

CHINA
240 Mrd. $
547 Mio.
439 $

INDIEN
222 Mrd. $
359 Mio.
619 $

Quelle: Maddison
BIP in Preisen von 1990, kaufkraftbereinigt

Zwei Weltkriege haben die Gewichte verschoben – Amerika steigt zum »Master of the Universe« auf. Europa ist mit dem Wiederaufbau beschäftigt. China und Indien fallen weiter zurück.

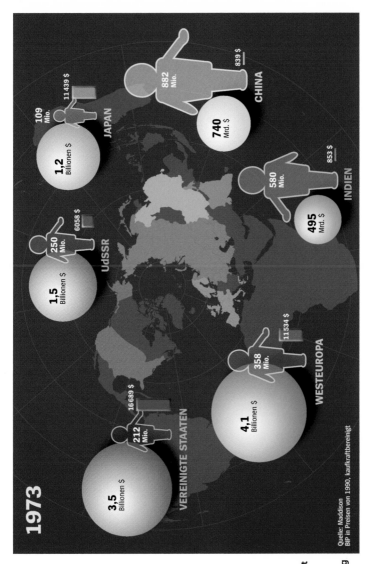

1973

VEREINIGTE STAATEN
212 Mio. — 16 689 $
3,5 Billionen $

UdSSR
250 Mio. — 6058 $
1,5 Billionen $

JAPAN
109 Mio. — 11 439 $
1,2 Billionen $

CHINA
882 Mio. — 839 $
740 Mrd. $

INDIEN
580 Mio. — 853 $
495 Mrd. $

WESTEUROPA
358 Mio. — 11 534 $
4,1 Billionen $

Quelle: Maddison
BIP in Preisen von 1990, kaufkraftbereinigt

Europa nach dem Wirtschaftswunder: Die alte Welt schließt wieder auf zur neuen. Die Sowjetunion kann beim Wettlauf zum Wohlstand nicht mithalten. China und Indien bleiben in ihrer ökonomischen Bedeutung marginal.

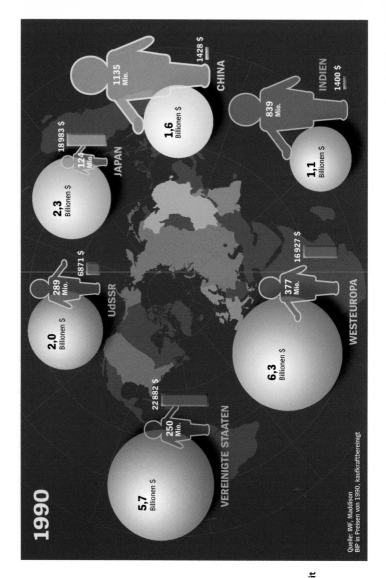

Der Westen dominiert die übrige Welt. Aber: Japan überholt die Sowjetunion, auch das übrige Asien beginnt mit der Aufholjagd. China unter Deng Xiaoping legt ein beachtliches Wachstumstempo vor.

1990

VEREINIGTE STAATEN
5,7 Billionen $
250 Mio.
22 882 $

UdSSR
2,0 Billionen $
289 Mio.
6871 $

JAPAN
2,3 Billionen $
124 Mio.
18 983 $

CHINA
1,6 Billionen $
1135 Mio.
1428 $

INDIEN
1,1 Billionen $
839 Mio.
1400 $

WESTEUROPA
6,3 Billionen $
377 Mio.
16 927 $

Quelle: IMF, Maddison
BIP in Preisen von 1990, kaufkraftbereinigt

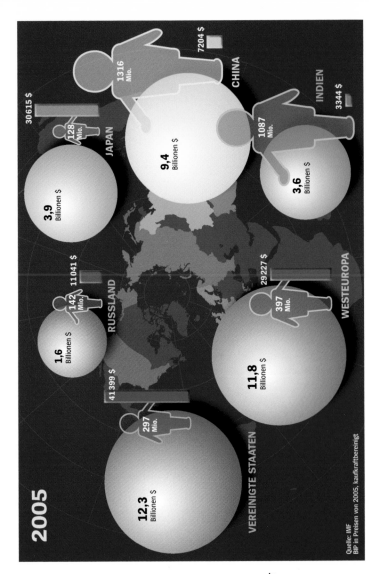

2005

VEREINIGTE STAATEN
297 Mio.
12,3 Billionen $
41399 $

RUSSLAND
142 Mio.
1,6 Billionen $
11041 $

JAPAN
128 Mio.
3,9 Billionen $
30615 $

CHINA
1316 Mio.
9,4 Billionen $
7204 $

INDIEN
1087 Mio.
3,6 Billionen $
3344 $

WESTEUROPA
397 Mio.
11,8 Billionen $
29227 $

Quelle: IMF
BIP in Preisen von 2005, kaufkraftbereinigt

China ist in den Kreis der Weltwirtschaftsmächte aufgerückt und setzt zum Überholvorgang an. Rußland fällt zurück, Indien entwickelt sich, wenn auch erst allmählich.

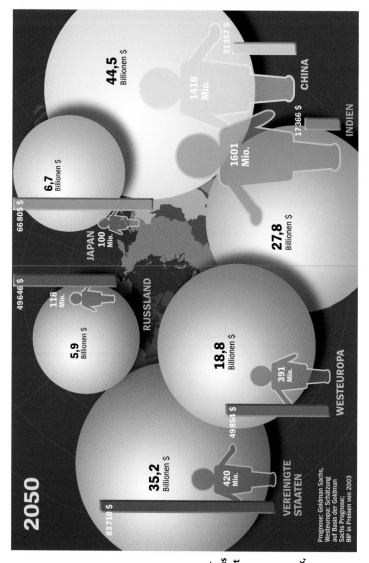

2050

VEREINIGTE STAATEN
83 710 $
35,2 Billionen $
420 Mio.
49 854 $

WESTEUROPA
18,8 Billionen $
391 Mio.
49 646 $

RUSSLAND
5,9 Billionen $
118 Mio.

JAPAN
6,7 Billionen $
100 Mio.
66 805 $

CHINA
44,5 Billionen $
1418 Mio.
31 357 $

INDIEN
27,8 Billionen $
1601 Mio.
17 366 $

Prognose: Goldman Sachs,
Westeuropa: Schätzung
auf Basis der Goldman
Sachs Prognose;
BIP in Preisen von 2003

Eine Prognose der Investmentbank Goldman Sachs verlängert die Gegenwart in die Zukunft: China führt demnach vor den USA. Europa, einst der Motor der Industrialisierung, fällt deutlich zurück, selbst hinter Indien. Das rohstoffreiche Russland meldet sich erneut auf der Weltbühne.

Der Verzicht nutzte nichts. »Die Mitarbeiter haben ihren Beitrag geleistet, aber es hat trotzdem nicht gereicht«, meint Firmenchef Manfred Wennemer. Betroffen sind vor allem einfache Produktionsarbeiter, denen in Kürze die Akademiker folgen dürften, sagt er: »Wir beschäftigen heute bei Continental rund 5000 Ingenieure, die meisten davon in Hochlohnländern. Das wird sicher einer der nächsten Schauplätze, wo wir auf die Kosten sehen müssen.«

Bevor wir Firmenmanager und Schnäppchenjäger beschimpfen, sollten wir innehalten. Es wäre töricht, ihnen den Eigennutz vorzuhalten. Es war ein doppelter politischer Wille, der die Staaten Asiens und Osteuropas an die internationale Arbeitsteilung anschloss – ihrer und unserer. Sie wollten Teil des westlichen Produktionsnetzwerks werden und ihr eigenes knüpfen. Wir haben sie ermuntert, unterstützt und oft genug auch angefeuert. Es geht hier nicht um falsch oder richtig. Wichtig ist an dieser Stelle nur die Erkenntnis, dass der weltweite Arbeitsmarkt, so wie wir ihn bisher konzipiert haben, ein einheitliches Hoheitsgebiet für die Ware Arbeitskraft geschaffen hat. Die Arbeitsnachfrage wechselt nun von einem Staat zum anderen und natürlich bevorzugt sie solche Staaten, die ihr möglichst geringe soziale Zusatzkosten zumuten.

Viele hielten die soziale Marktwirtschaft für das Endstadium der Geschichte und müssen sich nun einen kolossalen Irrtum eingestehen. Der Kapitalismus hat mit Hilfe eines globalen Arbeits- und Finanzmarkts seine Reichweite gesteigert, derweil das Soziale an Reichweite verlor. Der Markt hat an Kraft, Geschwindigkeit und scheinbar auch an Unvermeidbarkeit gewonnen. Der soziale Triumph von gestern aber ist verblasst. Der Kapitalismus, der unzweifelhaft am Ende dieses Prozesses weltweit mehr Wohlstand erzeugt haben wird, erhält zunächst seine Ursprünglichkeit zurück.

Wer ist der Nächste?

Wer entscheidet eigentlich darüber, welche Arbeitsplätze verschwinden und welche nicht? Warum erwischt es den einen sofort und den anderen nie? Oder konkreter gefragt: Warum darf so mancher Friseur in Berlin oder Paris 90 Euro für sein Werk verlangen, wieso kann ein Tischler vielerorts in Europa auf sein volles Auftragsbuch verweisen, der Techniker von der heimischen Telefongesellschaft gönnerhaft seine Termine gewähren, derweil in der Industrie ein Schrumpfungsprozess ohne Beispiel in Gang gekommen ist?

Der Friseur ist gut dran, weil sein Arbeitsplatz nicht an die Weltwirtschaft angeschlossen ist. Sein Kollege in Bombay verlangt zwar für dieselbe Frisur nur einen Bruchteil dessen, was Udo Walz den Berliner Damen abknöpft. Aber der Weg nach Bombay ist zu weit, weshalb die Damen lieber in der Berliner Uhlandstraße vorbeischauen. Es ist ein großes Glück für Herrn Walz, dass die Globalisierung um sein Handwerk herumweht. Er sitzt im Windschatten der großen Ereignisse, er hört, wie die anderen darüber schnattern, ohne selbst betroffen zu sein.

Vielen Berufen geht es ähnlich, weshalb sie weder aussterben noch verlagert werden. Der Elektriker kommt aus der Nähe oder er kommt gar nicht. Der Apotheker und der Kinderarzt nutzen wenig, wenn erst eine Tagesreise unternommen werden muss, um sie zu besuchen. Man kann im Internet vieles tun, Software bearbeiten, Kunden umwerben, Bestellungen aufgeben, Konferenzen abhalten und Nachrichten verbreiten. Aber man kann in dieser virtuellen Welt bis heute keine Heizungsrohre verlegen, kein Make-up auftragen lassen, weder Blumen gießen noch Häuser bauen, und auch die Mülltonne muss vor Ort und per Hand geleert werden. Für viele Berufe sieht die Zukunft daher nicht viel anders aus als die Vergangenheit. Sie leben in Sichtweite der globalen Welt, aber sie sind kein Teil von ihr.

Sprechen wir also von den anderen, die wir in zwei Klassen einteilen sollten: Da sind zum einen die Glückspilze der Globalisierung. Sie sind von Berufs wegen Finanzexperte, Flugzeugbauer oder Romanautor. Die Ergebnisse ihrer Arbeit sind einzigartig, weil sie Experten in einer Welt voller Laien sind. Sie bauen Flugzeuge, was sonst nicht viele Menschen können. Sie haben eine Nase für das richtige Investment zur richtigen Zeit im richtigen Land. Sie schreiben Romane, so einfühlsam, so wild, so komisch, dass die Leserschaft nach mehr verlangt. Für die Glückspilze ist durch die Globalisierung ein zusätzlicher Markt entstanden. Diese neue, vergrößerte Welt verlangt nach mehr Flugzeugen; der Finanzexperte erlebt die Blütezeit seines Berufsstands; der Romancier darf hoffen, dass unter den zusätzlichen Menschen, die nun freien Zugang zu seinen Werken haben, sich auch zusätzliche Leser befinden. Für alle drei bedeutet der erweiterte Weltmarkt zwar keine Gewinngarantie, aber doch eine deutlich erhöhte Gewinnchance. Sie besitzen zwei Lose, wo andere nur eines in der Tasche haben.

Kommen wir zu jenen Unglücksraben, von denen unklar ist, ob sie künftig an der Verlosung überhaupt noch teilnehmen werden. Ihr Arbeitsplatz befindet sich unversehens in einem weltweiten Wettbewerb, weshalb wir sie Weltarbeiter nennen sollten. Spielzeug kann man überall herstellen, Kleider und Schuhe sowieso, Fernseher und Waschmaschine auch, selbst Computer, Autos und Arzneimittel sind in ihrem Innersten häufig so arm an Überraschungen, dass, wer den Bauplan besitzt, sich unverzüglich ans Werk machen kann.

Nahezu für die gesamte Konsumgüterproduktion ist es gleichgültig, ob sie in Paderborn, New York, im Flussdelta des Yangtse-Flusses oder im schönen ungarischen Donaustädtchen Győr stattfindet. Es müssen von den Regierungen nur halbwegs verlässliche Gesetze gezimmert werden, die es dem

Kapitalisten erlauben, seinen Gewinn nach Hause zu tragen. Es sollten Straßen, See- oder Flughäfen zur Verfügung stehen, um die Waren von dort in aller Herren Länder zu schaffen. Und es müssen Menschen da sein, die bei ihrer Einstellung drei Kriterien erfüllen: Sie müssen arbeiten wollen, je erpichter sie darauf sind, umso besser. Sie müssen diese Arbeit auch verrichten können, was ein Mindestmaß an Qualifikation voraussetzt. Und: Sie müssen dies zum denkbar günstigsten Preis tun. Wenn ihr Wollen und Können nicht größer ist als andernorts, haben sie das Recht auf einen höheren Lohn verwirkt.

Denn sobald eine Produktidee alt ist, die normale Waschmaschine, das herkömmliche Fernsehgerät, die traditionelle Christbaumbeleuchtung, springt der Preis zuerst ins Auge. Auch der Preis der Arbeit. So wie die Unternehmer ihren Stahl, ihr Öl, ihre Schrauben, ihre Steckverschlüsse zum weltweit günstigsten Preis einkaufen und nicht bereit sind, auch nur einen Cent mehr zu zahlen, so wollen sie auch die Ware Arbeit zum weltweit günstigsten Preis erstehen. Für die Arbeiter, die an diese Weltwirtschaft angeschlossen sind, gelten andere Geschäftsbedingungen als für Elektriker, Friseure und Flugzeugbauer. Ihre Tarife hat kein Gewerkschaftsvertreter ausgehandelt oder auch nur gegengezeichnet. Der Preis der Weltarbeiter bildet sich global und er tut es nach den archaischen Regeln von Angebot und Nachfrage, was in Zeiten einer derart großen Angebotserweiterung nichts Gutes verheißt.

Kaum einer verfolgt die Entwicklung auf dem Weltarbeitsmarkt so aufmerksam wie McKinsey-Chef Jürgen Kluge. Er ließ zusammen mit der Technischen Universität Darmstadt ein Computerprogramm entwickeln, das seinen Kunden in Sekundenschnelle auf dem Bildschirm zeigt, wo sich eine beliebige Produktion am kostengünstigsten aufbauen lässt. Die Software wird ständig gefüttert mit den für Investoren wichtigen Informationen: Wie hoch sind die Löhne anderswo? Wie sieht es mit der Qualifikation der Beschäftigten aus? Gibt es in der Nähe Zulieferbetriebe? Wie groß ist der Markt rund um die mögliche neue Fabrik? Was wird in zehn Jahren sein, schrumpft oder steigt die Erwerbsbevölkerung in der geplanten Zielregion?

In Simulationsspielen lässt der Rechner die geplante Fertigungshalle rund um die Welt wandern. Für die Herstellung von Autoteilen aus Kunststoff ist es wahrscheinlich in Mexiko am günstigsten. Für Metallverstrebungen aller Art bietet sich womöglich Indien an. Der Computer ist ein Radarschirm der Globalisierung, der ausweist, wo Kapital und Arbeit derzeit am günstigsten zueinander kommen. Haben die Faktoren in der richtigen Mischung zueinander gefunden, beginnt es auf dem Computerbildschirm heftig zu blinken. »In Deutschland«, sagt Kluge, »blinkt es nur noch selten.« Auf eine Veränderung der Lage durch Tarifparteien und Regierung zu warten könne für die Firmen tödlich sein, sagt er. Sein Computerprogramm erfreut sich daher in Kreisen deutscher Industrieller großer Beliebtheit. Ein an dem Projekt beteiligter McKinsey-Mann: »Wir helfen den Firmen, ihre Probleme zu emigrieren.«

Der große Wissenstransfer

Nur die einfache Arbeit würde uns verlassen, hieß es zunächst. Nur Routinetätigkeiten würden gehen und um die sei es nicht schade. Die seien stupide und nervtötend, und noch dazu wenig profitabel. Die Zukunft gehöre der qualifizierten Arbeit in den modernen Dienstleistungsberufen, weshalb es nicht lohne, für die alten Arbeitsplätze auch nur das Taschentuch zu ziehen.

Jeder Teilnehmer am Wirtschaftsleben besitze schließlich Vorteile, die er zum Vorteil aller nur nutzen müsse. Der eine ist ein großer Fischer, weil er am Meer wohnt. Der andere beherrscht die Textilverarbeitung, weil bei ihm die Baumwolle im Garten wächst. Und ein Dritter versteht sich auf den Handel mit Gewürzen und Teppichen, weil sich in seinem Land von alters her die Verkehrswege kreuzen. Es sei gut für die Weltwirtschaft, wenn jeder seine Vorteile nutze; so ergebe sich wie von selbst eine Arbeitsteilung, bei der jeder das tut, was er am besten kann. Der Fischer fischt, der Baumwollspinner spinnt, der Händler handelt.

Die Angreiferstaaten könnten am besten billig produzieren, also sollten sie ruhig die primitiven Industriejobs des Westens erledigen. Als Handlanger der Konzerne könnten sie sich nützlich machen. Auf der von Westen her verlängerten Werkbank gebe es für sie die dringend benötigte Arbeit und der Westen erhalte so die gute Gelegenheit, sich endlich um das wirklich Wichtige zu kümmern: Forschung, Marketing, Vertrieb. Also sollten die Chinesen ruhig weiter Kinderspielzeug produzieren, die Menschen in Bangladesch Baumwollkleider nähen, die Inder Schmuck fertigen, derweil Europa und die USA sich nun ganz auf die höheren Fertigungsstufen konzentrieren könnten, die Pharmaindustrie, das Investmentbanking, den Bau von Flugzeugen und Mondraketen. Die Agrarstaaten des Südens würden dank der neuen Fabrikanlagen zu Industriestaaten und damit zu Abnehmern der höherwertigen Produkte aus Amerika und Europa. Befreit vom Ballast des Industriezeitalters könnten die westlichen Staaten endlich in Richtung Hightech-Gesellschaft aufbrechen. Beide – der Westen und die aufstrebenden Staaten – würden so in geordnetem Hintereinander die Leiter der Menschheitsgeschichte hinaufsteigen.

Nur denken die aufstrebenden Staaten nicht im Traum daran, sich an diese Arbeitsteilung zu halten. Es herrscht Gedränge auf der Leiter. Chinesen, Inder, Malaysier, Taiwanesen, Südkoreaner und zahlreiche Osteuropäer legen ihr ganz eigenes Tempo vor. Die eine Stufe vom Agrar- zum Industriestaat ist ihnen zu klein, sie streben zügiger voran. »Die Realität folgt nicht länger der Theorie«, hat die Internationale Arbeitsorganisation in ihrem Jahresbericht voller Enttäuschung festgestellt. Den Mitarbeitern der UN-Behörde war beim Durchsehen der asiatischen Statistiken vor allem eines aufgefallen: »Viele Arbeiter wechseln direkt von der Landwirtschaft in die Dienstleistungsgesellschaft.«

Denn die neuen Marktwirtschaften wollen keineswegs in der Zone geringer Produktivität verharren. Sie begannen in der Billigproduktion, aber das war nur ihr Einstiegsangebot. Sie greifen nun auch in der Mitte der westlichen Arbeitsgesellschaft an, bilden große Mengen von Akademikern aus, um das zu tun, was bisher in New York, London, Paris und Berlin als moderne und das sollte heißen dem Westen reservierte Dienstleistung galt. Sie entwickeln Software, konstruieren Autos, verwalten das Rechnungswesen großer Firmen, und natürlich entwickeln und vertreiben sie alles, was Zukunft verspricht: Telefone, Computer, Heilmittel aller Art.

Bis zum Jahr 2003 war Amerika der größte Exporteur von Produkten der Informationstechnologie. Dieser Ehrentitel gebührt seit neuestem den Chinesen. Sie führen Hightech-Produkte im Wert von 180 Milliarden US-Dollar aus, derweil die Amerikaner in der Königsklasse der Globalwirtschaft nur Produkte für 150 Milliarden Dollar absetzen konnten. Die Autoproduktion folgt dem gleichen Trend. Das Autoland Deutschland wird voraussichtlich in diesem Jahr von China überholt, in spätestens 15 Jahren hat der fernöstliche Produktionsstandort auch die PKW-Herstellung der USA an der Weltspitze abgelöst.

Der Siegeszug auf den Produktmärkten wird auch auf den Arbeitsmärkten für Akademiker Spuren hinterlassen. Nicht alle Arbeitsplätze von Managern, Designern, Werbestrategen, Finanzexperten und Konstrukteuren werden verlagert, aber doch mehr, als viele heute glauben. Vor allem die Zuwächse an Beschäftigung finden andernorts statt. Der Angriff auf die

Kernkompetenzen des Westens hat damit begonnen: »Die zweite Welle betrifft Hochqualifizierte«, stellt das deutsche Wirtschaftsministerium in der Studie »Globalisierte Arbeitswelt« fest.

Die indischen und chinesischen Führer wissen so gut wie andere auch, dass der Status als Fabrikhalle der Welt auf Dauer wenig Komfort bietet. Weltklasse hat erreicht, wer sein Geld mit technischen Wunderdingen verdient, die wir ehrfürchtig Hightech nennen. Wer nach den Schnittbögen des Westens Sportschuhe näht, wird für immer Knecht bleiben. Wer nur zusammenschraubt, was andere ersonnen haben, kann sich niemals als Weltmacht bezeichnen. Kein Land der Welt möchte als Kolonie des anderen enden, auch wenn der Kolonialherr sich so spendierfreudig zeigt wie Bill Gates und so einfühlsam auftritt wie Siemens-Mann Heinrich von Pierer.

Inder und Chinesen wissen aus ihrer eigenen leidvollen Geschichte, was es bedeutet, abhängig zu sein. Sie wollen diesmal auf eigene Rechnung arbeiten und leben. Die große Kraftanstrengung, die wir in Fernost beobachten können, dient ihrer Ertüchtigung, nicht unserer.

Es war der frühere chinesische Premierminister Zhu Rongji, der schon 1998 seinem Land das ehrgeizige Ziel vorgab, Europa bis zum Jahr 2020 technologisch zu überholen. Der Zulieferer China solle zum Konkurrenten der Westkonzerne aufsteigen. Wichtig ist an dieser Stelle nicht, ob China dieses Ziel jemals erreichen wird. Wichtig ist, dass China es versucht. Das Land hat seinen politischen Willen ausgedrückt und lässt diesem Willen eine für alle sichtbare Kraftanstrengung folgen. Schon diese Kraftanstrengung bringt die Verhältnisse zum Tanzen.

China ist mit seinem brennenden Ehrgeiz nicht allein. Viele Länder, die wir eben noch als Teil der Dritten Welt ansahen, stoßen mittlerweile in die Welt der Hochfinanz und der Spitzenforschung vor. Innerhalb Asiens ist ein Wettlauf um die klügsten Köpfe in Gang gekommen, auch um die des Westens.

Bruttoinlandsprodukt nach Sektoren, in Prozent

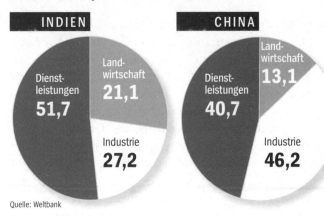

INDIEN

CHINA

Dienst-
leistungen
51,7

Land-
wirtschaft
21,1

Industrie
27,2

Dienst-
leistungen
40,7

Land-
wirtschaft
13,1

Industrie
46,2

Quelle: Weltbank

Milliarden an Dollar werden aufgeboten, um Forscher und Firmenzentralen von einem Land ins andere zu locken. Philips hat erst im vergangenen Jahr sein asiatisches Hauptquartier und einen Großteil der dortigen Forschungsarbeiten verlagert – von Singapur in den neu eröffneten Science Park von Hongkong. Dabei hat Singapur die derzeit wohl kühnste Vision von allen zu bieten. Der Stadtstaat will zum Weltzentrum der biomedizinischen Wissenschaften aufsteigen; die Mittel des neuen Fünfjahresplans für die staatliche Forschungsförderung wurden gegenüber dem vorherigen verdoppelt. Die Pharmariesen Pfizer und GlaxoSmithKline sind bereits vor Ort.

Nahezu alle Länder Asiens melden seit Jahren steigende Exporte im Bereich der Hightech-Produkte. Malaysia war in den 70er Jahren ein Agrarland. Heute wird die Hälfte aller Ausfuhren mit elektronischen Produkten bestritten. Thailand war vor nicht allzu langer Zeit der große Nahrungsmittellieferant der Region, heute dominieren Maschinenbauteile und andere Industriegüter die Ausfuhrbilanz. Selbst die Philippinen beliefern die Welt mit elektronischen Erzeugnissen aller

Art, die mittlerweile zwei Drittel ihrer Ausfuhrbilanz bestimmen.

Mit Zeitverzögerung haben auch China und Indien mit dem Aufbau dieser innersten Zone des produktiven Kerns begonnen, wo es hellrot leuchtet, weil hier die Energiekonzentration naturgemäß am höchsten ist. Hier befinden sich die strategischen Arbeitsplätze, die für die Fortentwicklung der Volkswirtschaft von zentraler Bedeutung sind. Grundlagenforscher und Produktentwickler sind hier zu Hause. Jene Männer und Frauen, die mit ihren Verbesserungen, Neuerungen und, wo immer möglich, bahnbrechenden Erfindungen für ihre Mitmenschen die Welt von morgen aufsperren. Hier wurde das Erbgut entschlüsselt und das Klonen ausprobiert, die Stammzellentherapie verfeinert und die Solartechnik erfunden. Dieses Innerste des produktiven Kerns ist jene Sphäre, in der sich die Zukunft einer jeden Gesellschaft entscheidet. Führung oder Gefolgschaft, Original oder Kopie, hier zeigt sich, ob ein Nationalstaat seine Position im Wettlauf um Reichtum und Macht halten oder ausbauen kann.

Eine fernöstliche Wissensökonomie entsteht und schon die Investitionsgelder verraten einen gehörigen Ehrgeiz. China hat bereits heute knapp ein Drittel der amerikanischen Forschungsausgaben und annähernd die Hälfte des europäischen Niveaus erreicht. Die staatlichen und privaten Forschungsausgaben wachsen seit Jahren um bis zu 20 Prozent und damit teils doppelt so schnell wie die Wirtschaftsleistung insgesamt. Ein Aufholprozess ist in Gang gekommen, für den es in dieser Geschwindigkeit kein Vorbild gibt.

Die Chinesen gehen mit großer Entschlossenheit und beachtlicher Gerissenheit zu Werke. Zusätzlich zu den finanziellen Aufwendungen haben sie eine neue Tauschwährung in die internationalen Wirtschaftsbeziehungen eingeführt, um ihren Aufstieg zu beschleunigen: das Wissen, genauer gesagt, das Wissen des Westens. Die Chinesen sind interessiert an Blau-

pausen aller Art. Den Aufbau von Fabriken und damit den
Marktzugang genehmigen sie den Westfirmen nur noch dann,
wenn die ihre kleinen und großen Geheimnisse preisgeben:
Wie baut man Mikrochips mit Extremspeicher? Wie lassen
sich Flugzeugmotoren konstruieren und pflanzliche Gene verändern? Was sind die Geheimnisse der Edelstahlproduktion?
Wie schwebt die Magnetschwebebahn? Wichtiger als der
schnelle Dollar ist den chinesischen und indischen Politikern
die gründliche Ausbildung ihrer Landsleute.

Sie haben verstanden, dass erst dieser Substanzaufbau im
Innersten der Volkswirtschaft die Energie liefert, die das
Land für eine Weiterreise in Richtung Moderne benötigt. Nur
wenn im Zentrum ein feuerroter Kern glüht, in dem Tüftler
und Erfinder zu Hause sind, in dem die Pioniere einer neuen
Zeit Bahnbrechendes denken und erproben, kann die Nation
in die Spitzengruppe der Weltmächte vorstoßen.

Früher ging das Wissen von einer Generation auf die nächste
über. Heute geht das Wissen von einem Erdteil auf den anderen
über. Niemals zuvor in der Geschichte der Menschheit hat es
ohne Krieg und Eroberung einen solchen Wissenstransfer von
einer Gesellschaftsformation zur anderen gegeben.

Die westlichen Firmen helfen den Asiaten nach Kräften bei
ihrer Aufbauarbeit, wenn auch keineswegs freiwillig. Die
Unternehmer reden nicht gern darüber, unter welch demütigen-
den Bedingungen sie auf dem fremden Kontinent zum Zug
kommen. Als Vorleistung für den Markteinstieg müssen sie
zuweilen das Wissen der vergangenen Jahrzehnte offenbaren.
Oft verlieren sie innerhalb weniger Wochen das in ihrer For-
schungsarbeit erworbene Know-how, um moderne Stahlwerke,
Magnetschwebebahnen oder Automotoren konstruieren und
bauen zu können. Dieser Preis für ihren Eintritt in die fernöstlichen Gemeinschaftsunternehmen wird in keiner Bilanz aufgeführt.

Viele Unternehmer überblicken nicht das ganze Stück, in

dem sie ihren Auftritt haben. Sie suchen nach Gelegenheiten, ihr Kapital zu vermehren. In Fernost, glaubten sie, liege das Geld auf der Straße oder zumindest in der Fabrikhalle dahinter. Dafür sind sie bereit, das verlangte Eintrittsgeld zu zahlen, auch wenn die Auszahlung in der Währung Wissen erfolgt.

Inder und Chinesen waren schlau genug, mit der Verlagerung von Fertigung auch den Ausbau von Forschungsabteilungen zu erzwingen. General Electric betreibt im indischen Bangalore heute das größte Forschungsinstitut außerhalb der USA. Nach nur drei Jahren kamen immerhin 95 Patentanmeldungen aus diesen Labors. Die Großen der westlichen Konzernwelt sind in Indien versammelt; Intel, Siemens, Boeing, ExxonMobil, Unilever und all die anderen auch. Sie geben Wissen weiter, um neues Wissen zu gewinnen. Allein aus den indischen Forschungseinrichtungen der US-Konzerne werden pro Jahr mehr als 1 000 neue Patente gemeldet, was vor allem eines beweist: Im Innersten Indiens wächst ein produktiver Kern heran, der, wenn er kräftig genug ist, sich auch gegen seine Förderer richten kann.

Eine illegale Form des Wissenstransfers kommt noch hinzu, gegen die sich der Westen nur sehr zögerlich zur Wehr setzt. Unter den jungen chinesischen Ingenieuren gilt das Motto: Better try than buy, was sinngemäß übersetzt bedeutet: lieber kopieren als kaufen. China ist heute das Stammland der Produktpiraten. In Shenzhen flog eine Firma auf, die originalgetreu die Netzwerktechnologie von Cisco fertigte. In der Inneren Mongolei werden Imitate des Procter & Gamble-Shampoos »Head & Shoulders« produziert. Die Geschichten des Harry Potter wandern nicht nur als Raubkopien des britischen Originals von Hand zu Hand, die Figur selbst wurde der Autorin entwendet. In chinesischen Büchern lebt ein zweiter Harry Potter, der mit dem ersten nur den Namen und wichtige Persönlichkeitsmerkmale gemein hat.

Beschlagnahmung 2005
durch den deutschen Zoll wegen Verletzung gewerblicher Schutzrechte

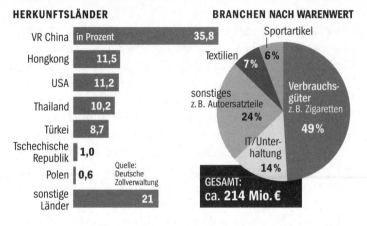

HERKUNFTSLÄNDER

	in Prozent
VR China	35,8
Hongkong	11,5
USA	11,2
Thailand	10,2
Türkei	8,7
Tschechische Republik	1,0
Polen	0,6
sonstige Länder	21

Quelle: Deutsche Zollverwaltung

BRANCHEN NACH WARENWERT

Sportartikel
Textilien 7 %
6 %
sonstiges z. B. Autoersatzteile 24 %
Verbrauchsgüter z. B. Zigaretten 49 %
IT/Unterhaltung 14 %

GESAMT: ca. **214 Mio. €**

Der Schaden für den Westen ist beträchtlich. Die US-Patentbehörde geht davon aus, dass alle westlichen Autofirmen 210 000 Mitarbeiter zusätzlich beschäftigen könnten, wenn China die Herstellung von kopierten Ersatzteilen beenden würde. 80 Prozent der in China verkauften Motorräder sind mittlerweile Imitate, sagt das japanische Unternehmen Yamaha. Bei den Musik-CDs gelten rund 90 Prozent der Handelsware als raubkopiert.

Schon die gesetzlichen Regelungen sind so beschaffen, dass sie den Ideenraub begünstigen. So vergehen zwischen der Anmeldung eines Patents und der Anerkennung desselben bis zu zwei Jahre. Die chinesischen Firmen wissen diese Zeit für sich zu nutzen. Auch wer danach kopiert oder imitiert, hat keine ernsthaften Konsequenzen zu befürchten. Die in unregelmäßigen Abständen durchgeführten Razzien dienten vor allem nur der Beschwichtigung der westlichen Unternehmen. Sie endeten im schlimmsten Fall mit der Beschlagnahme der Beute. Es gab in den vergangenen Jahren weder Produktionsverbote noch Strafgelder in nennenswerter Höhe. So konnte sich eine gewisse Schamlosigkeit ausbreiten, die anzuprangern in China als unhöflich gilt.

Noch immer werden ganze Stahlwerke oder einzelne Fertigungsstraßen nachgebaut, zuweilen sogar in Sichtweite der Gemeinschaftsunternehmen, aus denen das Wissen ursprünglich stammt. Selbst beim Bau der Magnetschwebebahn in Shanghai ging es nicht mit rechten Dingen zu. Die deutschen Konzerne Siemens und ThyssenKrupp, Erfinder und Lizenzinhaber der Schwebetechnologie, wurden von ihrem chinesischen Partner seit längerem schon bedrängt, das Innenleben der Führ- und Antriebstechnik zu offenbaren. Die Deutschen weigerten sich, da kam es Ende November 2004 zu einer illegalen Ausspähaktion.

Chinesische Ingenieure drangen in einer Nacht von Freitag auf Samstag in die Wartungsstation des Transrapid ein, um Teile der Antriebstechnologie zu vermessen. Sie wurden dabei heimlich gefilmt, weshalb es in diesem Fall immerhin zur Aussprache mit dem chinesischen Transrapid-Beauftragten Wu Xiangming kam. Der reagierte kühl. Einen Fehler mochte er nicht eingestehen. Die nächtliche Aktion, teilte er den deutschen Konsortialpartnern mit, habe der Forschung und Entwicklung gedient.

So versorgen die Chinesen den innersten Kern ihrer Volkswirtschaft auch mit einer Energie, die andernorts erzeugt wurde. Sie kaufen Zeit durch den Erwerb westlicher Firmen. Bedeutender aber ist: Sie stehlen Zeit durch die kostenfreie Übernahme dessen, was andere ausgetüftelt haben. »Ein Problem dieser Größe und dieses Ausmaßes kann nur existieren durch die direkte oder indirekte Mitwirkung des Staats«, sagt Daniel Chow, Professor an der Universität von Ohio und einer der führenden amerikanischen Rechtsexperten auf dem Gebiet des geistigen Eigentums. Der Beitritt Chinas zur Welthandelsorganisation und die damit einhergehende Verpflichtung, die

Regeln des freien Handels einzuhalten, haben daran nicht viel geändert.

Aufgrund der legal und illegal gewonnenen Erkenntnisse könne die Technologieführerschaft der Westfirmen nun »erfolgreich angegriffen« werden, heißt es in einer Studie der Beratungsgesellschaft Booz Allen Hamilton. Philipp Vorndran, Chefstratege der Credit Suisse, meint: »Die westlichen Industrienationen haben ihr Know-how zum großen Teil an China weitergegeben und damit ihre Aufgabe erfüllt. Sie werden bald nicht mehr gebraucht. Ein Angriff aus China ist nur eine Frage der Zeit.«

Der nächste Einstein wird Inder sein

Das westliche Wissen trifft in Fernost bereits heute auf die größte Akademikergeneration, die es je auf Erden gab. In diesem Jahr verlassen in Indien drei Millionen Menschen die Hochschulen, in China kommen weitere vier Millionen hinzu. Die asiatischen Staaten haben den Ausstoß an Studierten seit Anfang der 90er Jahre spürbar erhöht. Selbst wenn man die angestammte Wissensgesellschaft der Japaner nicht dazurechnet, verließen im Jahr 2005 in Fernost viermal so viele Menschen die Universitäten wie in Europa. Allein China produziert Ingenieure wie am Fließband. Der jährliche Ausstoß übertrifft den der deutschen Universitäten um das Zehnfache. Der Ressourceneinsatz ist enorm und für ein Eben-Noch-Dritte-Welt-Land mehr als beeindruckend. Das nationale chinesische Budget für Forschung und Entwicklung liegt weltweit auf Rang drei, hinter den USA und Japan.

Die politische Anstrengung der Chinesen, auch die USA zu überholen, ist unverkennbar. Das Motto der derzeitigen Staats- und Parteiführung lautet: Das Volk zuerst. In Wahrheit aber sparen die kommunistischen Nationalisten lieber beim Sozialen als bei den Forschungsausgaben. Die Chinesen wollen die Besten und nicht die Billigsten sein. Sie wollen führen und nicht folgen. Sie denken bei alldem in historischen Dimensionen. Eine der bedeutendsten Universitäten des Landes, der Tsinghua-Campus in Peking, liegt in direkter Nachbarschaft zu dem einst von Engländern und Franzosen zerstörten kaiserlichen Sommerpalast. Hier begann die Erniedrigung des Landes durch die Kolonialherren. Von hier wird nun die ökonomische Erhebung gestartet.

Auch viele Universitäten der USA sind längst zu einer Art Zweigstelle der chinesischen und indischen Wissensindustrie geworden. Ein Viertel aller dortigen Promotionsabschlüsse bei den Natur- und Ingenieurswissenschaften wird an Chinesen ausgereicht. Annähernd die Hälfte von ihnen kehrt in ihr Heimatland zurück, um sich dort dem Aufbau neuer Wissenschaftszentren für Bio-, Gen- oder Nanotechnologie zu widmen. Der ehemalige Leiter der Yale School of Management in Connecticut, Jeffrey Garten, ist beeindruckt von einem Wissensaufbau, den er in dieser Geschwindigkeit noch nirgendwo auf der Welt erlebt hat. Er prophezeit den »Aufstieg Chinas zum technologischen Superstaat«.

Dabei werden die Chinesen noch übertroffen von den eine Million Indern, die in den USA leben. Sie sind hungrig nach Ausbildungen aller Art, weil sie verstanden haben, dass Wissen Wohlstand bedeutet. Der Weg zu Macht und Reichtum führt heutzutage durch den Hörsaal einer Universität. Drei Viertel der US-Inder im erwerbsfähigen Alter besitzen einen Bachelor oder einen höherwertigeren Abschluss; 38 Prozent dieser Altersgruppe können einen Master-Abschluss vorweisen oder haben promoviert. Durch die enge Vernetzung der US-Inder mit Familien und Firmen im Heimatland findet auch auf diesem Weg ein ständiger Wissenstransfer statt. 95 Prozent der internationalen Unternehmen in Bangalore werden von Indern geleitet, die zuvor im Ausland gelebt und gearbei-

tet haben. Indien verfügt mittlerweile über 700 000 IT-Fach-
kräfte und damit über doppelt so viele wie Deutschland. Sie
sind genauso gut ausgebildet, aber sie verlangen nur einen
Bruchteil der hiesigen Löhne.

Es ist kein Wunder, dass die Manager der westlichen Unternehmen mit wohlgefälligem Blick über die Landkarte wandern. Immer häufiger treffen sie Entscheidungen, die zu ungunsten der alten Heimat ausfallen. Ein hoch qualifizierter
Mitarbeiter, dekoriert mit den heute üblichen Hochschul-
abschlüssen, kostet in Asien weniger als eine Putzfrau in
Deutschland.

Bosch unterhält im indischen Bangalore das größte Ent-
wicklungszentrum außerhalb Deutschlands. Für ein Viertel
des Gehalts arbeiten die dortigen Mitarbeiter an Navigations-
systemen und Motorsteuerungen. Rund 25 Prozent der weltweiten SAP-Softwareentwickler sitzen mittlerweile in Indien;
Siemens beschäftigt 4 000 Ingenieure in Neu-Delhi, Bombay
und Bangalore, die im Bereich der Medizintechnik und der
Kraftwerkstechnologie neue Produkte entwickeln. Es gibt
keine Firma von Weltrang, deren Manager nicht schon an
Asiens Universitäten auf Einkaufstour unterwegs waren.

Die hiesigen Politiker versuchen, die enorme Zahl der asiatischen Akademiker mit dem Hinweis auf die große Bevölkerung dieser Länder zu relativieren. Sie wollen so den europäischen Zahlen mehr Strahlkraft verleihen. Doch ökonomisch
sind solche Verweise ohne Belang. Die Asiaten besitzen nun
einmal die Kraft der großen Zahl, die sich durch statistische
Relativierungen nicht verringern lässt. Sie bauen darauf, dass
der mit den meisten Versuchen auch die größere Chance hat,
den Hauptpreis zu ziehen. Der nächste Einstein wird aller
Voraussicht nach aus China und Indien kommen.

Wir können die Macht der Masse ihr großes Glück nennen,
die große Menschenzahl für unfair oder auch für unvergleich-
bar mit dem Westen halten, wo noch dazu die meisten dieser

Millionen Menschen deutlich jünger sind als die Bewohner in unseren Breiten. Nur eines sollten wir nicht tun: Die Wucht der großen Zahl unterschätzen. Sie ist keine Garantie auf den Hauptpreis, aber sie garantiert eine deutlich höhere Chance.

Die westlichen Regierungen nehmen die enorme Kraftanstrengung zur Kenntnis, sie wundern oder fürchten sich, aber es wird nicht angemessen darauf reagiert. Seit dem Auftauchen von Chinesen und Indern auf den internationalen Wissensmärkten wurden die Forschungs- und Bildungsetats nirgendwo im Westen signifikant erhöht. Viele tun im Zeichen von Massenarbeitslosigkeit und Budgetdefiziten eher das Gegenteil. Es wird fleißig gespart, auch auf Kosten der Zukunft.

Microsoft-Gründer Bill Gates spricht von der »Krise des amerikanischen Erziehungssystems« und versucht mit privaten Millionenspenden für Schulen und Ausbildungsseminare, gegenzusteuern. Er spürt, vielleicht unmittelbarer als andere, dass der Westen dabei ist, technologisch ins Hintertreffen zu geraten. »Die Kräfte, die in China freigesetzt werden, überraschen mich«, erzählte Gates beim Weltwirtschaftsforum in Davos. Die Technologieführerschaft der USA sei keineswegs für ewig gesichert. Erst jüngst seien ihm die zehn größten Talente seiner Softwarefirma vorgestellt worden: »Nur einer besaß einen amerikanischen Namen, die Übrigen waren Asiaten.«

Stille Abschiede. Kapitalismus ohne Kapital

Das Kapital ist unruhig und seit jeher auf Wanderschaft. Das Beständige an ihm sind seine wechselnden Leidenschaften; erst interessierte es sich für Stahl und Kohle, Hochöfen und Zechen entstanden, so weit das Auge reichte. Bald schon luden die Elektro- und die Textilindustrie das Kapital zum Verweilen ein, bevor es in Richtung Unterhaltungselektronik und Computer weiterzog. Von dort ergoss es sich in die Firmen der Dienstleistungsbranche, fand Gefallen an der Werbeindustrie, der Juristerei, dem Fremdenverkehr. Eine eigenständige Finanzindustrie entstand, die bald schon mächtiger war als die Konglomerate des frühen Industriezeitalters.

Eine starke, mit großer Energie voranstürmende Kapitalwanderung von einem Wirtschaftssektor zum nächsten wird Strukturwandel genannt. Die alten Arbeitsplätze sterben, damit die neuen entstehen können. Die Geschichte des Kapitalismus ist von Anfang an eine große Erzählung vom Werden und Vergehen der Wirtschaftszweige und immer handelt es sich um eine Kapitalwanderung vom einen zum anderen Wirtschaftszweig. Wäre es anders, würden noch heute die Dampfmaschinen stampfen und die Beschäftigten kämen in großer Zahl mit Kohlestaub dekoriert nach Hause.

Das Neue ist also nicht dieser unbändige Wanderwille, die ständig wechselnde Leidenschaft, sondern der Aktionsradius des Kapitals, der sich enorm erweitert hat. Der moderne Kapitalist hält die Weltkarte in der Hand. Milliarden von Menschen in unzähligen Ländern aller Kontinente gilt sein Interesse. Das Werden und Vergehen geht weiter, aber eben nicht mehr automatisch innerhalb der westlichen Hemisphäre. Wieder findet ein Strukturwandel statt, dieser allerdings ist größer als alles, was in der Menschheitsgeschichte bisher geschah.

Die Wanderschaft des Kapitals dürfen wir uns nicht als ein abruptes Kommen und Gehen vorstellen. Das bereits investierte Kapital ist nicht mehr so beweglich, wie seine Repräsentanten der Öffentlichkeit weismachen wollen. Sie poltern und drohen gern mit Verlagerung, aber oft ist diese Drohung nicht viel mehr als Kraftmeierei. Das Kapital hat seinen Aggregatzustand vor längerer Zeit schon von flüssig (Geld) auf fest (Fabrik) verändert und kann den umgekehrten Weg nur noch unter großen Mühen gehen. Selten werden daher Maschinen abgeschraubt und in Kisten verpackt. Das investierte Kapital hat Wurzeln geschlagen, die zu kappen nicht leicht fällt.

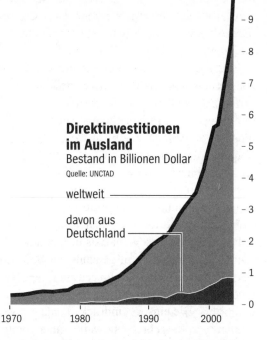

Direktinvestitionen im Ausland
Bestand in Billionen Dollar
Quelle: UNCTAD

weltweit

davon aus Deutschland

Das junge Kapital dagegen ist beweglich, weshalb die Statistik der Neuinvestitionen die Laufrichtung der Faktorwanderung präziser anzeigt als alles andere. Jede zusätzliche Investition ist eine Liebeserklärung an die Zukunft. Investieren tut nur der, der Positives von ihr erwartet, mehr Kunden und zusätzliche Gewinne zum Beispiel. Betrachten wir also die Neuinvestitionen, so ahnen wir zumindest, was die Stunde für Europa geschlagen hat: Das Desinteresse an den alten Industrien wird erstmals seit Beginn der industriellen Revolution nicht durch eine neue Leidenschaft ersetzt. Es findet in Westeuropa praktisch keine Sektorenwanderung des Kapitals mehr statt, was wir auch daran erkennen können, dass seit gut 20 Jahren keine namhaften Unternehmen neu dazugekommen sind.

Es wird fusioniert, konzentriert und abgespeckt, was immer

sich fusionieren und abspecken lässt. Der Neuaufbau einer Unternehmung aber ist selten geworden und nur noch im Ausnahmefall erreicht eine neu gegründete Firma die Größe der alten Konzerne. Die bedeutendsten 100 Unternehmen in Frankreich, England und Deutschland sind fast ausschließlich alte Bekannte. Nach geglückter Fusion werden zuweilen das Türschild und der Vorstand ausgewechselt, weshalb immerhin der Eindruck von Wandel und Wechsel entsteht.

Ein Blick auf das Armaturenbrett der europäischen Volkswirtschaften bestätigt den ersten, noch flüchtigen Eindruck. Es kam in den vergangenen Jahren zu einem spürbaren Druckabfall im Innersten der westeuropäischen Volkswirtschaften. Es wurde kaum neue Energie eingespeist. Im Durchschnitt aller westlichen Industriestaaten hat sich die Netto-Investitionsquote, also das Verhältnis der Neuanschaffungen zur gesamten Wirtschaftskraft, gegenüber 1970 halbiert. Wohl noch nie seit dem Zweiten Weltkrieg wurde in unseren Breiten so wenig Neues angepackt. Es wird nicht gewagt und nicht gewonnen. Die einst beeindruckende europäische Wachstumsgeschichte, so scheint es, ist in ihrem letzten Kapitel angelangt. In Deutschland sank die Investitionsquote seit 1970 sogar von 18 Prozent auf drei Prozent des Nettoinlandsprodukts, wobei mehr als ein Viertel dieses Investitionsverfalls sich in den vergangenen fünf Jahren ereignete.

Eine derart deutliche und über längere Zeiträume nachlassende Investitionsbereitschaft lässt den Politikern keine Chance, das Jobwunder der Nachkriegszeit zu wiederholen. Auf einem Kapitalstock, der das Wachsen praktisch eingestellt hat, ist kein Wiederaufstieg zu begründen.

Die anderen Nationen und Kontinente, deren Kapitalstock sich relativ vergrößert, holen dagegen rasch auf. Der für den ökonomischen Wiederaufstieg nötige Treibsatz sind nun einmal gut ausgebildete Menschen und das für ihren Arbeitseinsatz notwendige Investitionskapital. Der Straßenkehrer benötigt einen Besen, der Fischer eine Angel, der Barkeeper Zapfhahn und Tresen, aber Autokonstrukteure, Flugzeugbauer und Biomediziner sind von anderem Kaliber. Sie brauchen eine aufwendige Kapitalausstattung, damit sie überhaupt produktiv sein können. Fehlt diese Kapitalausstattung, verkümmert das in ihren Köpfen gespeicherte Wissen. Ohne Labor und Computernetz ist der Biomediziner auf dem Arbeitsmarkt sogar weniger wertvoll als der Barkeeper, weil ihm für das Zapfen von Bier die Erfahrung fehlt.

In den USA sieht die Investitionsbilanz deutlich anders aus als im alten Europa. Die Industrieproduktion verlässt zwar zielstrebig das Land, aber das Kapital hat sich nicht gleich in Gänze verabschiedet. Die Sektorenwanderung ist noch immer intakt, nur dass das Investorengeld zu den amerikanischen Softwareschmieden, den Giganten der Finanz- und Pharmaindustrie weitergezogen ist. Allein in den letzten zwei Jahrzehnten reiften mit eBay, Lucent Technologies, Biogen, Google, Yahoo und Apple neue Firmen zu stattlicher Größe heran. Ihnen gelingt es, die Märkte ähnlich zu dominieren, wie es einst John Davison Rockefeller und Henry Ford taten. Die amerikanische Investitionsquote ist gestiegen, nicht gesunken. Die Investoren lieben Amerika, trotz all seiner Probleme. Die Investoren misstrauen Europa, trotz all seiner Anstrengungen. Die Netto-Investitionsquote ist gegenwärtig in Amerika fast dreimal so hoch wie in Deutschland, was ja eine tröstliche Botschaft enthält: Die Globalisierung ist keine von Gottes Hand aufgestellte Falle, sondern eine Herausforderung, auf die zu reagieren sich lohnt. Es gibt keinen Automatismus nach unten.

Die Erfolgsgeschichte des Kapitalismus aber wird derzeit andernorts geschrieben. Ein wahrer Dollarregen geht über Fernost nieder. Die wichtigsten Ankunftsorte für das global wandernde Kapital sind in dieser Region China und Singapur. Der Kapitaltransfer ist der Vorbote des Arbeitsplatztransfers, denn die Jobs wandern dem Kapital in blinder Gefolgschaft

hinterher. Das galt für die frühindustrielle Sektorenwanderung
von der Kohle zur Elektronikindustrie und das ist bei der heutigen Länderwanderung nicht anders. Die Arbeitsplätze folgen
der Spur des Geldes.

Um die westlichen Unternehmer brauchen wir uns in diesem
Zusammenhang nicht zu sorgen, auch nicht um die deutschen.
Der Boom in Fernost ist der ihre, wie ein Blick in die Kapital-
bilanz beweist. Bei der Kapitalausfuhr gehört Deutschland zur
Weltspitze: Seit 1995 hat sich der Kapitalbestand deutscher
Firmen im Ausland nahezu verdreifacht – von elf Prozent auf
31 Prozent des Bruttoinlandsprodukts. Auch bei der Schaffung
von Arbeitsplätzen im Ausland leisteten deutsche Unternehmer Beachtliches, wie die Bundesbank in einer Untersuchung
darlegt. Mittlerweile beschäftigen sie rund 4,6 Millionen Menschen in Kalkutta, Shanghai, Bratislava und anderswo.

»Schwärmt aus.« Die Asiaten kaufen Zeit

Chinesen, Inder, Koreaner und Malaysier dringen zur Beschleunigung ihres Aufstiegs auch in das Innerste der westlichen Volkswirtschaften ein. Sie tun das, indem sie dort Firmen
kaufen oder sich an ihnen beteiligen. Sie injizieren so dem Westen jenes Kapital, das sie im Exportgeschäft mit Europa und
den USA verdient haben. Sie schicken eigene Manager los,
um die Wirkungen ihrer Kapitalspritze zu kontrollieren. »Zou
chuqu«, lautet der Auftrag der Pekinger Zentrale an die chinesischen Firmenlenker: »Schwärmt aus.« Allein im Jahr 2004
haben chinesische Firmen fast 1 000 Unternehmen im Ausland
gegründet. Die Investitionszuflüsse aus allen asiatischen Staaten in den Westen haben sich in den vergangenen 15 Jahren fast
verzehnfacht. Die Kapitalflüsse aus Asien in Richtung Westen
betragen mittlerweile 70 Milliarden Dollar pro Jahr.

Die Asiaten interessieren sich dabei vor allem für drei

Dinge: das Wissen westlicher Forscher, die gut eingeführten globalen Markennamen der westlichen Firmen und das in Jahrzehnten gewachsene Händlernetz, das sie für ihre Produkte nutzen wollen. Die Reise zum Mittelpunkt der westlichen Volkswirtschaften ist für sie teuer und riskant, wie eine Vielzahl von Fehlschlägen belegt. Aber sie lohnt dennoch. Nur so lassen sich Jahrzehnte der mühsamen Aufbauarbeit sparen. Die Asiaten kaufen Zeit.

Die Idee, sich in den Kernen der anderen festzusetzen, ist keineswegs neu. Die Asiaten haben sie dem Westen abgeschaut. Die großen Konzerne der USA verfahren so seit Jahrzehnten. Sie verflechten ihre Heimatstandorte mit den Fabriken anderer Staaten, sie gründen Tochterunternehmen und Forschungseinrichtungen in aller Herren Länder und werden so zum festen Bestandteil der verschiedenen Volkswirtschaften. Das sichert Vertriebsmacht und politischen Einfluss, das schafft Zuwachs bei den Marktanteilen und sorgt für Gewinne, die sich schnell zurück in die Zentrale pumpen lassen. Der Vormarsch der multinationalen Konzerne genießt seit jeher politische Priorität auch im Weißen Haus.

Der Aufmarsch ausländischer Unternehmer sorgte zu allen Zeiten für Wirbel, zumindest im Land ihrer Ankunft. Als Amerika anfing, die Welt mit seinen Großkonzernen zu besiedeln, war vom Coca-Cola-Kolonialismus die Rede. Schockiert reagierten aber die US-Bürger erst, als ihr eigenes Land zum Ziel ausländischer Großinvestoren wurde. In den 80er und 90er Jahren gingen Fernsehstudios und Immobilien an die Japaner, der Erwerb des New Yorker Rockefeller Center durch japanische Investoren wurde als Entweihung amerikanischen Bodens empfunden. Erst kürzlich wurde der Verkauf amerikanischer Hafenanlagen an eine arabische Betreiberfirma untersagt.

Doch wer an die Spitze der Weltwirtschaft aufsteigen will, hat keine andere Chance. Er muss das eigene Territorium verlassen, um beherzt bis ins Zentrum des Herausforderers vorzudringen. Nur wem es gelingt, sich mit seinem Kapital im produktiven Kern anderer Nationen festzusetzen, kann zu den bedeutenden Mächten der Welt aufsteigen. 50 der 500 größten Firmen der Welt sollen sich in zehn Jahren in chinesischer Hand befinden, hat der Staatsrat beschlossen. In der Mikroelektronik will man bereits 2015 an die Weltspitze vorgedrungen sein. »Leitkatalog von Ländern und Industrien für Übersee-Investitionen« lautet die Überschrift eines Papiers, das von Strategen des chinesischen Außen- und des Handelsministeriums erstellt wurde. Es listet Staaten und Branchen auf, in denen der Staat ein Investment für lohnend hält. In Großbritannien interessieren sich die Strategen für die Biomedizinfirmen, in Frankreich hat man es auf die Hersteller von Klimaanlagen, Staubsaugern und Mikrowellenherden abgesehen. Weltweit hält das Riesenreich Ausschau nach jenen Flecken, an welchen sich unter der Erdkrume große Mengen an Öl, Gas, Eisenerz oder Kupfer versteckt halten. Die staatlichen Versorger investieren Milliardenbeträge, um den Energiehunger der heimischen Industrie stillen zu können.

Die industriellen Firmenübernahmen der Chinesen im Westen lassen ein Muster erkennen, das der näheren Betrachtung lohnt. Die Chinesen wollen ihre heimische Billigproduktion mit den Vertriebsnetzen des Westens verknüpfen, um so neben dem Produktionsgewinn auch die lukrative Handelsspanne zu kassieren. Sie streben auch hier nach westlichem Wissen, das ihnen schnelle Durchbrüche ermöglichen soll. Der Kauf der Personalcomputer-Sparte von IBM durch den chinesischen Computer- und Notebookhersteller Lenovo war aus Sicht der Pekinger Führung eine gelungene Premiere. Wie eine Sichtblende steht auf den Geräten weiterhin IBM, deren Innerstes zu großen Teilen aus chinesischer Produktion bestückt wird. Man kann das, je nach Temperament, einen klugen Schachzug oder grobe Täuschung nennen.

In der Unterhaltungselektronik findet das gleiche Spiel statt.

Die chinesische TCL hat sich in Europa und den USA einen hübschen Strauß an Markenrechten und Firmenbeteiligungen zusammengekauft, sodass die Chinesen ihr fernöstliches Angebot seither unter wohlklingenden westlichen Namen wie Alcatel, Schneider und Thomson der verwöhnten Kundschaft andienen. Die Verbindung von billiger Produktion mit etablierten Markennamen ließ den größten Hersteller von Fernsehgeräten entstehen. Weltweit hören 65 000 Beschäftigte auf das Kommando des TCL-Chefs Li Dongsheng. Zwei Drittel der Geschäfte werden außerhalb Chinas abgewickelt.

Das Entstehen des neuen chinesischen TV-Giganten ist auf das Engste mit dem Untergang französischer, deutscher und amerikanischer Unternehmen verbunden. RCA war *die* amerikanische Fernsehfirma, ein Name so klangvoll wie in Deutschland die Traditionsbauer Nordmende und Saba. Früh schon spürte RCA die immer wiederkehrenden Preisoffensiven aus Fernost, die wie die Druckwellen eines Erdbebens sich den USA näherten, kurzzeitig verschwanden, um mit neuer Wucht zurückzukehren. Um nicht in den Trümmern der eigenen Hochlohnproduktion begraben zu werden, verlagerte RCA schon bald seine Herstellung nach Taiwan und Mexiko. Doch mit dem Eintritt immer neuer asiatischer Wettbewerber – nach Japan hatten sich auch die Tigerstaaten auf den Weg gemacht – folgten weitere Druckwellen. Das Management von RCA bot sich schließlich den Japanern, die noch über keine Reputation in den USA verfügten, als williger Helfer an. Die Videorecorder des Herstellers Hitachi wurden in Amerika unter dem Namen RCA vertrieben. Firmenchef Thornton Bradshaw rühmte sich 1983 auf einem Symposium der Harvard-Universität seiner starken Marke, die »so kraftvoll ist, dass sich Hitachi-Produkte teurer verkaufen lassen, wenn sie RCA heißen«.

Drei Jahre später hörte RCA auf, eine selbstständige Firma zu sein. Nur der Markenname lebt noch, wenn auch nur als Marketing-Dekor der chinesisch dominierten TCL. Der lautlose Riese aus China beherrscht nun das weltweite Geschäft. Sein Imperium steht auf den Ruinen der westlichen Fernsehproduktion.

Der chinesische Markt ist heute schon für über 100 Produkte, darunter Mobiltelefone und Werkzeugmaschinen, der größte der Welt. Wer diesen Inlandsmarkt dominiert, darf sich zum Ausflug in Richtung Westen ermuntert fühlen. Die politische Führung hat daher auch jene Konzerne identifiziert, die sich im Westen bewähren sollen. China Mobile, heute mit über 230 Millionen Kunden der größte Mobilfunkbetreiber Chinas, will Vodafone und Co. in den USA und Europa auf die Plätze verweisen. Ningbo Bird, der Handyhersteller Nummer eins in China, hat es auf Motorola, Nokia und Samsung abgesehen. Das Internet-Auktionshaus Alibaba.com plant den weltweiten Marktantritt gegen eBay. Baosteel wird von der Regierung ermuntert, die Stahlgiganten der Welt herauszufordern. Der Chef von China State Construction Engineering, dem größten Baukoloss des Landes, erklärte trotz weltweiter Überkapazitäten: »Wir wollen eine der zehn größten Baufirmen der Welt werden.« Insgesamt 118 asiatische Firmen haben es bereits auf die *Fortune*-Liste der größten 500 Unternehmen der Welt geschafft.

Weit gebracht hat es auch die chinesische Firma Haier, die mit insgesamt 50 000 Mitarbeitern in 13 Ländern Kühlschränke und Waschmaschinen herstellt, um sie in 165 Staaten zu verkaufen. Mit nur sehr wenigen Waren des heute 90 Produktlinien umfassenden Sortiments wurde der erste Vorstoß in den Westen gewagt. In den USA hatte Haier die Minikühlschränke in den Hotelzimmern als lohnende, weil von der Konkurrenz vernachlässigte Nische ausgemacht. In Europa schien das Geschäft mit den Klimaanlagen Erfolg zu versprechen.

Heute ist Haier der viertgrößte Anbieter von Haushaltsgeräten aller Art. Das Unternehmen kontrolliert in den USA 30 Prozent des Markts für Minikühlschränke, die Hälfte des

Markts für Weinkühlschränke und hat in Europa einen Markt-
anteil von zehn Prozent bei Klimaanlagen. Die Firmenzentrale
für die USA befindet sich in Manhattan, in Los Angeles
betreibt die Firma ein Designcenter. Das Unternehmen hat
sich im produktiven Kern der amerikanischen Volkswirtschaft
mustergültig festgesetzt, von wo aus es nun die letzten noch
vor ihm platzierten Giganten der Haushaltswarenindustrie
Whirlpool, General Electric und Electrolux attackiert. Das erklärte Ziel von Haier-Chef Zhang Ruimin, nebenbei auch Mitglied im Zentralkomitee der chinesischen KP, ist die Markt-
führerschaft. Der Mann redet erstaunlich offen auch über die
politischen Hintergründe der Expansion. China könne sich
nicht damit zufrieden geben, Land der Fertigungsindustrie zu
sein, sagt er. Es gehe immer auch darum, »nationale Stärke
aufzubauen«.

Schutzmacht Staat.
Chinas gelenkte Marktwirtschaft

Der Staat spielt bei der Neuverteilung von Reichtum und
Macht eine wichtige, vielleicht sogar die entscheidende Rolle.
Im Westen sorgt er dafür, dass der produktive Kern der Volkswirtschaft Teile seiner Energie für die gesamte Gesellschaft
bereitstellt. Der Gewinn verbleibt in den Firmen, aber nicht
zu 100 Prozent. Auch die Menschen, die außerhalb der Sphäre
reiner Wertschöpfung leben, profitieren. Der Sozialstaat ist die
Relaisstation für das Umleiten von Geldern aus der Sphäre der
Produktion in jene Zonen des Landes, in denen ausschließlich
konsumiert wird. Der Wohlstand, der im produktiven Kern erwirtschaftet wird, gelangt so auch zu den Menschen, die an der
Wertschöpfung nicht beteiligt sind. Die Rentner waren einst
Teil des Kerns und sind es heute nicht mehr. Sie sind vom
Kern zur Kruste gewandert. Ihr Lebensunterhalt wird von

jenen bestritten, die heute arbeiten. Generationenvertrag heißt diese Koppelung von Arbeitswelt und Ruhestand, die für die meisten westlichen Staaten heute charakteristisch ist.

Die Kinder zählen ebenfalls zu den Bewohnern der Kruste, auch wenn sie in entgegengesetzter Richtung unterwegs sind. Sie ziehen mit den Jahren zum Kern der Volkswirtschaft, wo sie später dann ihren Teil zur Wohlstandsmehrung beitragen werden. Wichtig ist an dieser Stelle, die Rolle des westlichen Staats zu verstehen: Er sorgt dafür, dass die Sphäre der Produktion mit der Sphäre des Unproduktiven verbunden ist, der Kapitalismus und der Wohlfahrtsstaat bedingen einander. Diese Verbindung beruht auf stabilen, zum Teil über 100 Jahre alten Verabredungen, die wir Sozialversicherungen nennen. Sie sind nicht aufkündbar und gehören zu den unveräußerlichen Erkennungszeichen westlicher Wirtschaftssysteme. Rund ein Drittel des in Europa erwirtschafteten Wohlstands wird über die verschiedenen Leitungssysteme vom Kern zur Kruste umgeleitet. Rechnerisch erhielt im Jahr 2003 in Deutschland jeder der 82 Millionen Einwohner – vom Kleinkind bis zum Greis – auf diese Weise rund 8 600 Euro. Das Sozialbudget, so wird der aus dem Innersten der Volkswirtschaft entnommene Gesamtbetrag genannt, beträgt in Deutschland rund 700 Milliarden Euro und europaweit liegt es bei fast drei Billionen Euro. In Deutschland verpflichtet sogar die Verfassung den Staat zur Umverteilung. Von der »Sozialpflichtigkeit des Eigentums« ist die Rede, was nichts anderes bedeutet als die Verpflichtung der Gesellschaft, mit der im Innern des Produktionsprozesses erzeugten Energie auch die Menschen weiter draußen zu wärmen.

Der Staat in China hat eine andere Funktion. Er schiebt sich wie eine feuerfeste Schicht zwischen Kern und Kruste und sorgt dafür, dass nichts aus dem glühenden Innern in die Randzonen entweicht. Mit dem Rückzug der Staatsindustrie ging ein Abschied aus der sozialen Sicherung einher, für den Karl

Marx nichts als Verachtung übrig gehabt hätte. Deng Xiaoping ließ China, das sich laut Eigendarstellung bereits im »fortschrittlichen Stadium des Sozialismus« befand, wieder zurückstufen. Das Land lebe im ersten Stadium des Sozialismus, hieß es von nun an. Das bedeutete die Aufkündigung nahezu aller Sozialverabredungen. Die lebenslangen Arbeitsverträge wurden durch Zeitverträge ersetzt. Kündigungen waren nun möglich. Die Werkswohnungen musste man kaufen oder verlassen. In der Privatwirtschaft blieben die sozialen Sicherungen von Anfang an rausgeschraubt. Die sozialen Verpflichtungen übernahm die Familie – oder niemand. Der Staat steht seither bereit, die Trennung von Kern und Kruste mit Waffengewalt zu verteidigen. China ist heute das Land mit den rauesten Gepflogenheiten auf dem Arbeitsmarkt.

Selbst in Indien, der größten Demokratie der Welt, hat bisher nur ein Bruchteil der Bevölkerung von den Erträgen der Wirtschaftsmaschinerie profitiert. Ein Viertel der ärmsten Menschen der Erde wohnt in Indien, der Wirtschaftsaufschwung schwingt an ihnen vorbei. Vielleicht auch deshalb beteiligt sich traditionell nur rund die Hälfte der Erwachsenen an den Wahlen.

Das hinduistische Kastenwesen, das den Gläubigen mit der Geburt ihren Platz in der Gesellschaft zuweist, funktioniert seit jeher als Unterdrückungsinstrument, das auch in kapitalistischen Zeiten weiterlebt. Noch immer müssen »die Unberührbaren« von Hand und gegen ein Minimalentgelt die Toiletten anderer Menschen reinigen. Auf dem Land hat die Moderne keinen Einzug gehalten. Das Trinkwasser kommt aus dem nahe gelegenen Fluss oder es kommt gar nicht. Ihre Notdurft verrichten nach UNICEF-Angaben noch immer 700 Millionen Inder im Freien, weil es für sie keinerlei Sanitäranlagen gibt. Auf dem Land herrschen die hygienischen Bedingungen des Mittelalters, ohne dass der Staat bisher eine ernsthafte Anstrengung zur Beseitigung dieser Missstände unternommen hätte. Das moderne Indien findet auf Wohlstandsinseln statt, die zum Festland der Armut keinen Sichtkontakt besitzen.

Bei den letzten Wahlen, von der damaligen Regierungspartei unter dem Slogan »Strahlendes Indien« geführt, war diese staatlich gewollte Hartherzigkeit das wichtigste Thema der politischen Auseinandersetzung. An den Aufbau eines landesweiten Sozialstaats wird dennoch nicht gedacht, weil Hauptkonkurrent China ebenfalls keine ernsthaften Anstrengungen in diese Richtung unternimmt. »Wir werden keinen Schritt machen, der die Wachstumsgeschwindigkeit in irgendeiner Form bremst«, versichert der Finanzminister den westlichen Investoren.

Auch die KP Chinas kennt die Sehnsüchte der Bevölkerung und versucht sie zu bedienen, zumindest mit Worten. Mit dem 11. Fünfjahresplan wurde das Ziel beschlossen, bis 2010 eine »harmonische Gesellschaft« zu schaffen. In Wahrheit brachte die KP erst kürzlich das größte Förderprogramm für Kapitalisten auf den Weg: Die Privatunternehmer werden nicht mehr nur auf verschämte Art gefördert. Die chinesischen Kommunisten manifestieren ihren Sinneswandel laut und deutlich, sogar die Verfassung wurde geändert, damit jeder sehen kann, dass es ihnen nicht um irgendeine Reform, sondern um eine Revolution geht. Der Staat war bis zum März 2004 für »Anleitung, Aufsicht und Regulierung« des Privatsektors zuständig. Er war der große Bruder, der disziplinierte und drangsalierte, er konnte Zuneigung gewähren oder entziehen. Mit der neuen Verfassung wird das Privateigentum erstmals auch zur Privatsache erklärt.

Es gilt nun als »unverletzlich«. Selbst Erbschaften sind künftig in China geschützt. Der Staat wird in Artikel 11 der nun gültigen Verfassung sogar aufgefordert, sich im Interesse der Privaten nützlich zu machen. Er soll den Kapitalisten »Ermunterung und Unterstützung« zuteil werden lassen. Die Sozialpflichtigkeit des privaten Eigentums, wie sie die deutsche

Verfassung kennt, hat sich damit in eine Privatpflichtigkeit des Staats verwandelt. Die Kapitalisten sind die neue Herrenklasse. So sind Unternehmer noch in keinem Staat der Welt hofiert worden. Das Eigentum besitzt in China mehr Rechte als das Volk.

Auch Tote werden im chinesischen Wirtschaftsleben billigend in Kauf genommen. Im Jahr 2005 gab es nach westlichen Schätzungen in China rund 100 000 tödliche Arbeitsunfälle, davon etwa 10 000 im Bergbau. Das sind die größten Opferzahlen, die je ein Land gemeldet hat. Auch bei den Selbstmorden bringt es eine vom Tempo des Umbruchs offenbar überforderte Gesellschaft mittlerweile auf Rekordmarken: Fast jeder dritte Selbstmord weltweit wird in China begangen. Der Suizid ist bei Menschen zwischen 15 und 34 Jahren die häufigste Todesursache. Zur Exportförderung, auch das ist Teil des asiatischen Wirtschaftswunders, werden in China etwa sieben Millionen, in Asien insgesamt 120 Millionen Kinder zur Arbeit geschickt. Sie knüpfen Teppiche, schleppen Lasten, stecken Plastikteile zu Plastikspielzeug zusammen. Vor allem aber senken sie die Preise.

Seit den wilden Zeiten der industriellen Revolution hat es einen derart urwüchsigen Kapitalismus nicht mehr gegeben, der alles andere zur Seite schiebt, zur Not eben auch das Recht der Kinder auf Kindheit und der Gesunden auf Unversehrtheit. Es ist, als habe Karl Marx seine Erkenntnisse über die Skrupellosigkeit des Kapitals in chinesischen Bergwerken und indischen Textilfabriken gewonnen: »Das Kapital hat einen Horror vor Abwesenheit von Profit oder sehr kleinem Profit, wie die Natur vor der Leere. Mit entsprechendem Profit wird Kapital kühn. Zehn Prozent sicher, und man kann es überall anwenden; 20 Prozent, es wird lebhaft; 50 Prozent, positiv waghalsig; für 100 Prozent stampft es alle menschlichen Gesetze unter seinen Fuß; 300 Prozent, und es existiert kein Verbrechen, das es nicht riskiert, selbst auf Gefahr des Galgens.«

Auch die 70 Millionen Mitglieder der KP stehen mittlerweile Spalier, wenn Großunternehmen ihre Forderungen anmelden. Was einst im Untergrund des Kaiserreichs als Partei der Intellektuellen begann, fühlt sich nun einer »Dreifachen Repräsentation« verpflichtet, wie sich der frühere Staatspräsident und Parteiführer Jiang Zemin Anfang des neuen Jahrhunderts ausdrückte. Die KP will demnach den Arbeitern und Bauern, den Kulturschaffenden und »den Entwicklungsbedürfnissen der fortschrittlichen Produktivkräfte« gleichzeitig dienen.

Die Kommunisten in China sind keine Kommunisten mehr, wie wir sie noch aus Moskau in Erinnerung haben. Sie sind Nationalisten, die ihr Land nach jahrzehntelanger Irrfahrt in die Spitzengruppe der wohlhabenden Staaten steuern wollen. Das private Kapital des Landes, das der autoritäre Staat beschützt wie einen Schatz, spielt dabei die entscheidende Rolle. Die Privatwirtschaft gedeiht angesichts der liebevollen Pflege im Eiltempo, allein im Jahr 2000 um sagenhafte 40 Prozent, danach mit jährlichen Steigerungsraten von 20 Prozent. Sie erwirtschaftet zwei Jahrzehnte nach Beginn der Reformpolitik bereits mehr als ein Drittel der gesamten Wirtschaftsleistung Chinas. Rechnet man alle halbprivaten Firmen hinzu, sind es über 60 Prozent. Der Staatssektor verliert im Gegenzug an Bedeutung, auch auf dem Arbeitsmarkt.

Große Teile des Landes sind heute eine Sonderwirtschaftszone, die dem einzigen Zweck dient, Profit in seiner reinsten, nahezu kristallinen Form entstehen zu lassen. Darin genau liegt der Unterschied zur Staatlichkeit der Sowjetunion: Der kommunistische Staat dort war ein großer Absauger von Wohlstand, den er dem Innersten seiner ohnehin schwächelnden Volkswirtschaft entnahm. Das nationalistische China ist ein Beschützer des produktiven Kerns. Die Partei hat sich um ihn geschmiegt, versucht jeden Energieabfluss zu verhindern. In der Sowjetunion kam es hingegen über die Jahrzehnte zur politisch bedingten Entladung des Kerns, die ihn schließlich derart erkalten ließ, dass eine Versorgung der eigenen Bevölkerung nicht mehr gewährleistet war. Aus der Weizenkammer Europas war ein Weizenimporteur geworden. Die Waffensysteme verrotteten, die Produktionsmaschinerie war auf westliche Ersatzteile angewiesen, der Weltmacht in Moskau fehlte die ökonomische Energie, um sich weiter Weltmacht nennen zu können.

In China beobachten wir das Gegenteil: Die Staatsführung behütet, beschützt und bemuttert den anfangs schwächlichen und nunmehr stark gewachsenen produktiven Kern. Sie stellt alle anderen Anforderungen zurück. Die Bauern leiden, sie mussten in den vergangenen Jahren sogar spürbare Einkommenseinbußen hinnehmen, verdienten 2004 so viel wie 1993, nämlich rund 60 Euro im Monat. Das Elend der Wanderarbeiter ist mit bloßen Augen zu erkennen. Selbst das Militär musste sich zwei Jahrzehnte lang mit deutlich reduzierten Zuweisungen begnügen, bevor dann eine spürbare Aufrüstung begann. Mit jener Härte, wie sie nur autoritäre Regime aufbringen, muss nahezu alles beiseite stehen, was den Aufstieg des Landes verzögern könnte.

Angereichert werden die produktiven Kerne Chinas und

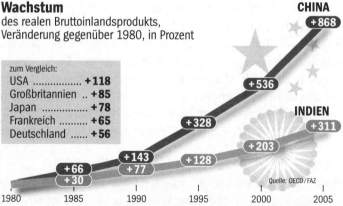

Wachstum
des realen Bruttoinlandsprodukts,
Veränderung gegenüber 1980, in Prozent

CHINA +868

+536

+328

+203

+143

INDIEN +311

+128

zum Vergleich:
USA .... +118
Großbritannien .. +85
Japan .... +78
Frankreich .... +65
Deutschland ...... +56

+66
+77
+30

Quelle: OECD/FAZ

| 1980 | 1985 | 1990 | 1995 | 2000 | 2005 |

Indiens mit immer neuer Energie, die aus der Kruste der Volkswirtschaft gewonnen wird. Denn es ist der Staat, der dafür sorgt, dass Arbeitslose und mittellose Landarbeiter nach und nach in den Prozess der Produktion eingegliedert werden. Was wie ein Widerspruch klingt, ist keiner: Der Staat sorgt dafür, indem er sich um niemanden kümmert. Seine Vermittlungsleistung ist der Zwang der Verhältnisse.

Der Kontrast zum Westen könnte augenfälliger nicht sein. Derweil vor allem in Europa Arbeitskräfte ausgesteuert werden, in Richtung Vorruhestand, Arbeitsbeschaffung, Sozialhilfe oder Arbeitslosigkeit, geht Asien den umgekehrten Weg. Immer neue Arbeitskräfte werden dem Produktionsprozess zugeführt, allerdings zu den brutalen Bedingungen, die der Prozess selbst diktiert. Der nicht existierende Sozialstaat erfüllt also eine weitere Funktion. Er bewahrt nicht nur das Innerste der Volkswirtschaft vor Energieverlusten. Er führt dem Kern durch seine Nichtexistenz zusätzliche Produktivkräfte zu, die keine Alternative haben, als ihre Ware Arbeitskraft zu jedem beliebigen Preis anzubieten.

Die Differenz zwischen dem Hungerlohn der Arbeiter und dem Verkaufserlös der Firmen ist der Profit der Unternehmen. Er ist der Treibstoff, der die Temperatur im Innersten der chinesischen, der indischen und vieler anderer asiatischer Volkswirtschaften ständig erhöht. Das enorme Angebot an menschlicher Arbeit wird auch auf absehbare Zeit dafür sorgen, dass die Ware Arbeitskraft so billig bleibt, wie sie ist. Jedes Jahr verlassen allein in China Millionen Menschen die Landwirtschaft, um sich der Industrie des Landes anzudienen. Sie hausen beengt, teilen sich ihr Bett mit ein oder zwei anderen, begnügen sich mit Löhnen von zum Teil nur wenigen Cent pro Stunde. Ihnen im Nacken sitzen schätzungsweise 175 Millionen Arbeitslose in China und 100 Millionen Arbeitslose in Indien, nicht zu vergessen jene 450 Millionen Menschen im Agrarsektor beider Länder, die noch auf ihre Chance in den Städten warten. Allein diese Arbeitskraftreserve ist größer als das aktive Arbeitskräftereservoir der USA und Europas zusammen.

Für weiteren Nachschub ist gesorgt, denn die beiden asiatischen Riesenreiche haben den Zenit ihres Bevölkerungswachstums keineswegs erreicht. Solange es gelingt, diese Menschen praktisch zum Nulltarif vorrätig zu halten, sind sie die industrielle Reservearmee und damit ein großer Vorteil von Indern und Chinesen im Weltwirtschaftskrieg. Die Menschen leiden, aber die Volkswirtschaft gewinnt an Stärke.

Wichtig ist, die Unterschiede zwischen Angreiferstaat und Abschiedsgesellschaft zu verstehen: Selbst Arbeitslose sind nicht gleich Arbeitslose. Die westlichen Arbeitslosen sind die Kernenergie von gestern, die chinesischen Arbeitslosen sind die Energiereserve für morgen. Die einen belasten die Volkswirtschaft, weil sie Geld kosten. Die anderen nützen der Volkswirtschaft, weil mit Hilfe ihrer Anwesenheit die Löhne der anderen gedrückt werden. Sie sorgen dafür, dass die bereits aktiven chinesischen Arbeiter billig und willig bleiben.

Das Vorgehen der asiatischen Führer ist brutal und schlau zugleich. Brutal, weil es heute Millionen ihrer eigenen Landsleute vom Wohlstandsverzehr ausschließt. Viele Menschen auf dem Land und insbesondere im Norden des Reichs sehen im Fernsehen ein China, das mit ihrem Alltag nichts gemein hat. Schlau ist es, weil der Staat seine Wachstumskerne auf diese Weise schützt wie der Adler seine Brut. Eine Exportindustrie konnte entschlüpfen, welche die Welt das Fürchten lehrt. Angesichts der begrenzten Kapitalressourcen würde eine Umverteilungspolitik, die sich am Westen orientiert, den Aufbauprozess verlangsamen oder ihn vielleicht sogar unmöglich machen. Nur der geballte Ressourceneinsatz in den Küstenregionen, wo die gewinnträchtigen neuen Fabrikanlagen entstehen, verspricht schnelle Durchbrüche.

Beim chinesischen und indischen Aufstieg handelt es sich also genau genommen nicht um den Aufstieg ganzer Länder, sondern um den Aufstieg von Bevölkerungsteilen in Teilregionen. Beiden steht der relative Abstieg von Millionen Menschen gegenüber. Unweit von Klinikkomplexen, Pharmafabriken und Computerschmieden liegen in Indien die Slumgebiete, in denen Tier und Mensch ein kümmerliches Dasein fristen. Auch 60 Jahre nach dem Abzug der Briten kann weit über ein Drittel der Menschen nicht lesen und schreiben. Nur jedes vierte Kind schließt die Grundschule ab, trotz der staatlich verordneten Schulpflicht.

Auch die Regierung in Peking betreibt eine Zwei-China-Politik, die es an Härte mit der in Indien jederzeit aufnehmen kann. Die 18-Millionen-Metropole Shanghai ist ein neues New York, das Lebensniveau entspricht dem von Portugal. Das karge Westchina aber, das immerhin zwei Drittel der Landesfläche umfasst, blieb vom Boom nahezu unberührt. Die ethnischen Minderheiten im Grenzgebiet kennen den Aufschwung nur vom Hörensagen. Ihr Lebensniveau entspricht dem der verlorenen Staaten Afrikas. Für sie sind die Sonderwirtschaftszonen mit ihren funkelnden Metropolen das irdische Paradies, der Zufluchtsort ihrer Sehnsüchte.

Der Staat beschützt seinen produktiven Kern nicht nur im Innern. Er tut es mit großer Entschiedenheit auch in den äußeren Angelegenheiten. Das beginnt bei einer Außenpolitik, die sich als Rohstoffbeschaffungspolitik versteht. Das endet bei der Währung, die nicht frei konvertibel ist. Mit dem staatlich festgesetzten Renminbi hat die chinesische Regierung einen Schutzwall errichtet, der dem Land bisher gute Dienste leistete. Ausländisches Kapital kommt herein, aber nicht so ohne weiteres wieder hinaus. Zudem wird die chinesische Währung gegenüber Dollar und Euro künstlich billig gehalten, ihr Wert ist das größte Exporthilfsprogramm, das je eine Regierung finanziert hat. Im Gegenzug werden Importe, also Bestellungen in Amerika und Europa, durch die Währungspolitik künstlich verteuert. Die Amerikaner fordern seit Jahren eine deutliche Aufwertung, selbst der US-Präsident hat sich dafür schon stark gemacht. Die chinesische Führung aber lächelt nur. Der produktive Kern des Landes kann sich auf die Schutzmacht Staat verlassen.

Verraten. Vergiftet. Verkauft.
Umweltzerstörung als Wachstumsmotor

Neben der menschlichen Arbeitskraft befeuern die Angreifer-staaten ihre Wirtschaftsmaschinerie auch mit einer zweiten, für sie billig zu erstehenden Ressource: der natürlichen Um-welt. Sie wird nach Herzenslust und weitgehend frei von Be-denken ausgebeutet. Als Klärbecken dient Mutter Erde, die Wüste wird als Mülldeponie genutzt, die Industrieabgase durchlaufen als ersten Filter die Lungen der Anwohner. Die Pestizide aus der intensiven Bewirtschaftung der Ackerböden landen in der Nahrung und im Trinkwasser, sodass der menschliche Körper selbst als eine Art Sondermülldeponie funktioniert. In Shanghai hat sich zwischen Himmel und Erde eine gräuliche Dunstwolke geschoben, die alles an Partikeln und Schadstoffen enthält, was die Industrie hergibt. Viele Ein-heimische versuchen sich mit einem Mundschutz vor den gif-tigen Beimischungen zu schützen. Die Verbreitung von Atem-wegserkrankungen in den chinesischen Industrierevieren ist Weltspitze.

Würden in den Metropolen Asiens die europäischen Grenz-werte für Feinstaub, Trinkwasserqualität und die Belastung von Lebensmitteln gelten, müssten die Fabriken vielerorts schließen. Der Autoverkehr würde ganzjährig ruhen.

Schon aus ökonomischen Gründen wäre es an der Zeit, dem Spiel ein Ende zu bereiten. Denn ein Umweltverzehr in dieser Dimension gefährdet das Wachstum von morgen. Bei Lichte besehen ist diese Politik des Raubbaus nichts anderes als eine besonders trickreiche Form der Staatsverschuldung. Die Banken sehen und spüren nichts, die internationalen Beobachter loben die enormen Fortschritte beim Aufbau der Volkswirtschaften. Doch in Wahrheit findet ein Substanzverzehr statt, den spätere Generationen zu begleichen haben.

China, das Land mit den beeindruckendsten Wachstumsraten der vergangenen Jahre, ist zugleich das Land, das Mensch und Umwelt am meisten zumutet. Jährlich vergrößern sich die Wüstenflächen um mehr als 2500 Quadratkilometer. Zwei Drittel der städtischen Abwässer fließen ungeklärt in die Flüsse oder versickern im Grundwasser. 70 Prozent aller Gewässer in China sind mittlerweile hochgradig verschmutzt. Arsen, Phosphate und Fluor, Herbizide und Pestizide gelangen von dort überallhin, auch in den menschlichen Körper. Auch die Zahl der an Leberkrebs erkrankten Menschen erreicht in zahlreichen Gegenden Chinas traurige Spitzenwerte. Die heimischen Umweltgesetze sind vielerorts kaum mehr als ein Alibi gegenüber dem Westen; ihre Verletzung ist nicht die Ausnahme, sondern die Regel.

Chinas Diktatur und Indiens Demokratie überbieten einander in der Skrupellosigkeit, mit der sie die Natur als kostenloses Rohstoff- und Abfalllager benutzen. Seit der Unabhängigkeit Indiens wurden 85 Millionen Hektar fruchtbaren Bodens verwüstet, durch Überweidung, Überdüngung und Versalzung. Nach einem 1951 aufgestellten Forstplan sollte ein Drittel des Landes bewaldet bleiben. Satellitenaufnahmen zeigen, dass davon nur 14 Prozent geblieben sind. Das asiatische Wirtschaftswachstum beruht eben nicht nur auf einer Leistungssteigerung von Mensch und Maschine, sondern auch auf einem gesteigerten Ressourcenverbrauch. Die asiatischen Volkswirtschaften sind energieintensiv, aber nicht energieeffizient. Wenn die Chinesen einen Warenwert von 10000 Dollar produzieren, haben sie dafür das Vierfache an Ressourcen eingesetzt wie die amerikanischen Hersteller.

Die chinesische Regierung ermuntert die Industrie regelrecht, sich auch in Zukunft derart lebensfeindlich zu verhalten, weil sie Wasser-, Luft- und Bodenverschmutzung als Kavaliersdelikt betrachtet. Es gibt zwar viele Gesetze zum Schutz der Umwelt, aber kaum einen, der ihre Einhaltung überwacht. Die Regierung schaut schamhaft zur Seite, wenn Flüsse verdreckt, Böden verseucht und die Luft verpestet wird. Ein Vertreter Chinas gab auf der ersten UN-Umweltkonferenz in Stockholm freimütig zu: »Wir werden nicht aus Angst vor dem Ersticken das Essen aufgeben, nicht aus Angst vor Verunreinigung der Umwelt darauf verzichten, unsere Industrie zu entwickeln.« Dieser Satz stammt aus dem Jahr 1972. Die schlechte Nachricht: Das Gesagte gilt noch immer. »China bekommt seine Umweltprobleme nicht in den Griff«, sagte erst kürzlich Zhu Guangyao, Vizeminister der staatlichen Umweltbehörde SEPA. »Die Lage erlaubt keinen Optimismus.« Anlässlich des Weltumwelttages stellte er Anfang Juni den ersten großen Umweltbericht seit zehn Jahren vor, der eine erschütternde Bilanz offenbarte. Die jährlichen Umweltschäden betragen demnach bereits zehn Prozent des Bruttoinlandsprodukts – und sind damit so hoch wie das Wirtschaftswachstum.

Wer gewinnt und wer verliert?
Eine Zwischenbilanz

Verschaffen die derart zustande gekommenen Billigimporte den alten Industriestaaten einen grandiosen Preisvorteil oder sind sie untrügliches Zeichen ihres Niedergangs? Wer gewinnt und wer verliert in diesem Poker um Macht und Reichtum? Ist die Globalisierung für den Westen Fluch oder Segen?

Drei Antworten sind denkbar und sie hängen ausschließlich vom Blickwinkel des Betrachters ab. Rot ist rot und laut nicht leise, aber ob die Globalisierung gut oder schlecht ist, muss jeder auf seine Art beantworten. Denn welche Haltung der Einzelne zur Globalisierung einnimmt, hängt entscheidend davon ab, welche Haltung sie zu ihm einnimmt. Dass die einen sie bejubeln, die anderen ihr misstrauen und eine dritte Gruppe von ihr nichts hören und sehen mag, hat vor allem mit Interessen zu tun. Es ist unmenschlich, gegen seine Interessen zu klatschen, und niemand sollte das vom jeweils anderen verlangen.

Der Mächtige sieht die Welt mit anderen Augen als der Schwache. Wer mit breiten Beinen und verschränkten Armen vor der Weltkarte steht, um auch in anderen Weltregionen seine Chancen zu taxieren, sieht und fühlt anders als der, der bereits in die Knie gegangen ist. Was für den einen als unerhörte Möglichkeit erscheint, ist für seinen Nebenmann eine Zumutung sondergleichen.

Die meisten Unternehmer und ihre Verbandsfunktionäre schauen heute entspannter auf die neu entstehende Welt als Arbeiter und Arbeitslose. Sie profitieren von einer Entwicklung, die die Wettbewerbsfähigkeit ihrer Firmen steigen lässt, und womöglich können sie bei den Exporten sogar noch zulegen, wenn sie die Importe steigern. Beim Tarifpoker haben sie es leichter als zuvor, denn nahezu alle Trümpfe befinden sich in ihrer Hand. Nicht mehr die Hochverdiener im eigenen Land, sondern die Billigheimer andernorts setzen die Maßstäbe. Die Reallohnverluste der vergangenen zehn Jahre sind für die betroffenen Familien zwar eine herbe Enttäuschung, der Unternehmer aber steht glänzend da. Er läuft der neuen Zeit, die ihm Millionen neuer Kunden und billiger Arbeitskräfte beschert hat, mit offenen Armen entgegen.

Der Kapitalismus hat seine Reichweite gesteigert, der Sozialstaat hingegen wurde geschrumpft. Der Unternehmer kann gerade von der Parallelität dieser Ereignisse gehörig profitieren. Der kluge Kapitalist, der die Importe der Billigarbeiter für sich zu nutzen weiß, und sei es auch nur als Druckmittel gegenüber der Stammbelegschaft, ist eindeutig der Gewinner der Globalisierung. Er meldet größere Umsätze und in aller Regel auch wachsende Gewinne, was wiederum seinem Börsenkurs gut bekommt. In seinem Heimatland steht ihm zusätzlich zu seiner Stimme am Wahltag nun auch ein Notausgang zur Verfügung. Die Heimatnation ist für den Unternehmer weiterhin eine Möglichkeit, aber keine Notwendigkeit mehr. Er kann mit seinem Kapital gehen, wohin er will. Der freie Kapital- und Arbeitsmarkt hat ihn zu einem freien Mann gemacht. Wir können den Unternehmer für sein Tun verdammen, bewundern oder beneiden, nur überschätzen sollten wir ihn nicht. Auch er ist ein Herdentier, dazu verdammt, dem Trend hinterherzutrotten. Verweigert er sich den Gepflogenheiten der Globalwirtschaft, ist es schnell um ihn geschehen.

Arbeiter und kleine Angestellte stehen der neuen Zeit mit wachsender Skepsis gegenüber. Sie haben schlechte Erfahrungen mit ihr gemacht. Weil die Arbeitskraft nun weltweit so günstig und noch dazu so reichlich angeboten wird, können sie bei Lohnverhandlungen ihre Interessen schlechter durchsetzen als vorher. Die Globalisierung erzeugt Lohndruck, der den Anteilseignern einer Firma mehr nützt als den im Lohn Gedrückten.

Vor allem in Amerika ist der Preisverfall der einfachen Lohnarbeit zu besichtigen. Anders als in Europa wird geschuftet, noch in der ärmsten Behausung. Es gibt keine Klasse, die sich von den Alimenten der anderen ernähren darf. Der dort schwächlichere Sozialstaat gestattet es nicht. Die neuen Jobs bringen allerdings nicht dasselbe ein wie die alten. Das Land der ehemaligen Fabrikarbeiter und der neuen Dienstleistungen, in dem sich Stahlarbeiter, Möbelhersteller und Computerbauer nun als Masseure, Putzteufel und Paketzusteller verdingen, ist nicht das gelobte Land, das wir aus den Broschüren der Arbeitgeberverbände kennen. Die amerikanischen Löhne in den neuen Berufen liegen bis zu einem Drittel unter den alten. Die enorme Verschuldung der Privathaushalte ist daher nicht die Folge eines ungezügelten Konsumrausches, wie zuweilen behauptet wird. Sie ist der Versuch, das alte Leben mit Hilfe von Bankkrediten zu verlängern.

Auch in Europa waren die politischen Parteien den Arbeitnehmern keine große Hilfe. Sie reagierten spät und dann oft falsch auf den Gezeitenwechsel. Die Politiker haben, obwohl es Alternativen gab, das Problem der kleinen Leute sogar mutwillig verschärft. Bei den einfachen Arbeitern ist der deutsche Staat für immerhin 40 Prozent der Lohnhöhe verantwortlich, weil er sich die Rechnung für die Sozialversicherungen über Aufschläge zum Gehalt finanzieren lässt. Staaten mit geringer Arbeitslosigkeit bestreiten ihren Sozialstaat aus Steuern, die nahezu alle Bürger zahlen. Viele Länder mit hoher Arbeitslosigkeit wie Deutschland und Frankreich verlangen Zahlungen fast nur von Arbeitern und Angestellten, was in Zeiten der Lohnkonkurrenz für Millionen einfacher Beschäftigter das Aus bedeutet. Die künstlich verteuerten Arbeiter sind dann auch die Ersten, die im Preispoker der Arbeitsmärkte aussteigen müssen. Ausgerechnet der Staat, der sie halten sollte, stürzt sie in den Abgrund.

Wer seinen Arbeitsplatz retten konnte, lebt in einer anderen, glücklicheren Welt. Die Mehrzahl der Beschäftigten zählte lange Jahre zu den Gewinnern der Globalisierung. Viele Arbeiter und Angestellte beobachten die neue Zeit zwar mit einer gehörigen und in letzter Zeit wachsenden Portion Misstrauen. Aber sie erlitten keinen Schaden. Ihr Gehalt stieg, stagnierte oder sank, aber die Kaufkraft konnte deutlich zulegen. Sie erstanden Fernseher und Kleidung günstiger als je zuvor. Oft war auch das neue Auto billiger als das Vorgängermodell, was das Einkommen spürbar schonte. Viele Beschäftigte profitierten davon, dass andere nicht mehr profitierten. Der Preisverfall, auch der der Ware Arbeitskraft, hat ihnen billige Waren ins Haus gespült. Der Lebensstandard oder das, was wir dafür halten, stieg an.

Wer in der Exportindustrie sein Auskommen fand, war in den Augen seiner Mitmenschen ein Glückspilz sondergleichen. Denn die Angreifer aus Fernost waren seine willigsten Abnehmer. Überall sprudelten die Erträge der Firmen und auch die Lohnzuwächse der Exportarbeiter können sich in den letzten Jahren sehen lassen. Die Ingenieure, Juristen und Marketingspezialisten dieser Firmen haben gutes Geld verdient. Lange sah es sogar so aus, als könnten die Gewinne der Gewinner die Verluste der Verlierer mehr als ausgleichen.

Diese Bilanz ist in Europa gekippt, denn mittlerweile sind es zu viele, die aus dem Wirtschaftsleben aussteigen mussten. Der Unternehmer kann die Menschen entlassen und seinem Land den Rücken kehren, die Regierung kann beides nicht. Arbeiter und ehemalige Arbeiter, Gewinner und Verlierer der Globalisierung bilden auf dem alten Kontinent eine Schicksalsgemeinschaft. Sie sind über die Leitungssysteme des Sozialstaats miteinander verbunden. Viele beginnen zu begreifen, dass ihnen die Rechnung für die billigen Importprodukte in zwei Raten zugestellt wird. Der Verbilligung im Kaufhaus stehen die steigenden Beiträge für die Sozialversicherung gegenüber. Für das Netto kann der Arbeitnehmer zwar mehr kaufen. Aber von seinem Bruttogehalt bleibt ihm weniger Nettogehalt als zuvor. Denn die freigesetzten Arbeiter tauchen am selben Tag, an dem sie ihre Firma verlassen haben, in den Rechenwerken von Vater Staat wieder auf. Fortan ist er für ihren Lebensunterhalt, für Kost und Logis, Arztrechnung und Altersruhegeld verantwortlich. Was für die Firma eine Erleichterung ist, bedeutet für die Gesellschaft eine Beschwernis, weshalb überall in Europa die Staaten unter der gewachsenen Soziallast leiden und stöhnen. Nicht die Gewinne, wohl aber die Verluste der Globalisierung werden auf diese Art sozialisiert. Je schlanker die Konzerne, desto größer die Belastung für den Staat. Es bleibt ihm nichts anderes übrig, als die hungrigen Mäuler zu stopfen, die ihm die Privatwirtschaft überlassen hat.

Wer mit Hilfe der glänzenden deutschen Ausfuhrbilanz versucht, die Probleme des Landes in ein milderes Licht zu tauchen, betrügt sich und andere. Die schmucke Ausfuhrbilanz, die oft als Beleg deutscher Stärke vorgezeigt wird, enthält bei genauerer Betrachtung eben auch eine weit weniger erfreuliche Botschaft. Denn die Frage wird ja zu Recht gestellt: Wenn der Exportmotor so schön schnurrt, warum kommt dann die Volkswirtschaft im Innern so schwer auf Touren? Wieso springt der Funke von der Ausfuhrindustrie zur Binnenwirtschaft nicht mehr automatisch über, wie er das in all den Jahrzehnten zuvor immer getan hatte?

Die Antwort lautet: Noch immer stimuliert der Außenhandel das Geschehen im Inneren des Landes, aber der Impuls fällt deutlich schwächer aus. Aus dem Zündfunken von einst ist ein Fünkchen geworden. Jene Millionen von Menschen in der heimischen Industrie, die früher das Verbindungsstück vom Export zur Binnenwirtschaft bildeten, gibt es heute nicht mehr. Sie sind Rentner oder Arbeitslose, jedenfalls arbeiten sie nicht mehr als Produktionsarbeiter. Die Exporte bestehen mittlerweile zu über 40 Prozent aus Importen, was den Verkaufserfolg nicht schmälert, wohl aber die Wirkung dieses Erfolgs auf die Binnenwirtschaft. Ohne die günstig erstandenen Vorprodukte gäbe es weniger deutsche Exporte, dafür mehr deutsche Ladenhüter. Das muss man nicht kritisieren, aber es ist eben schon bedeutend, wie sich die Ausfuhren eines Landes zusammensetzen – ob sie das Produkt heimischer Ingenieure *und* Arbeiter sind, oder ob sich Ingenieure und Vertriebsleute über einen im Ausland bestellten Setzkasten von Vorprodukten beugen, der dann auf intelligente und oft sogar einzigartige Art zusammengesetzt wird.

Das Statistische Bundesamt hat den Sachverhalt so präzise untersucht wie kein Forschungsinstitut zuvor. Das Ergebnis fiel eindeutig aus: »Nach der vorliegenden Analyse hat sich im Zeitraum 1991 bis 2002 das Verhältnis zwischen der in den

Exporten enthaltenen inländischen Bruttowertschöpfung und den importierten Vorleistungen stark zu Gunsten des Auslands verschoben. 1991 lag der Importanteil der deutschen Exporte noch bei 26,7 Prozent, stieg insbesondere zwischen 1995 und 2000 stark an und erreichte 38,8 Prozent im Jahr 2002.«

Das hat noch immer wenig mit Basarökonomie zu tun, wie der Präsident des Ifo-Instituts Hans-Werner Sinn den Vorgang nennt, denn eine Basarökonomie ist eine Ökonomie der Kaufleute. Auf den Basaren wird gehandelt, nicht produziert. Deutschland aber ist eine Volkswirtschaft der Erfinder, der Tüftler, der Verfeinerer und Bessermacher, kurz gesagt: Das Land verfügt über eine weltweit einmalige Hochleistungsökonomie, die am besten dort funktioniert, wo Dinge geleistet werden, die sonst niemand zu leisten vermag. Die einfachen Arbeiter werden dafür zunehmend weniger gebraucht.

Die Exporterfolge werden heute nahezu ausschließlich von gut ausgebildeten Menschen erzielt, die im hochroten, energiegeladenen produktiven Kern des Landes aktiv sind. Die Ungelernten und Geringqualifizierten, die in den ohnehin nur noch mattrot leuchtenden Zonen der Volkswirtschaft beheimatet waren, haben den Produktionsprozess überwiegend verlassen oder sind dabei, es zu tun. Trotz der Wiedervereinigung von Ost- und Westdeutschland gibt es heute weniger Industriearbeitsplätze, als sie das Land vor der Vereinigung zu verzeichnen hatte.

Die steigende Wettbewerbsfähigkeit deutscher Firmen und die schwindende Beschäftigung deutscher Arbeitnehmer gehören also zusammen. Die beiden Vorgänge widersprechen sich nicht, sie bedingen einander, weil ohne die Mischung aus teurer Ingenieurleistung und asiatischer Billigzutat die Produkte der Maschinenbauer nicht weniger raffiniert, aber weniger preisgünstig wären. Der amerikanische Professor Jagdish Bhagwati, ein ausgewiesener Freund der Globalisierung und zugleich einer ihrer schärfsten Analytiker, sagt: »Es ist wie in einem Rettungsboot. Nur wenn einer der Insassen ins Wasser springt, können die anderen neun überleben.«

Niemand sollte sich daher wundern, dass die Binnenwirtschaft nicht mehr kraftvoll auf Touren kommt. Das Verbindungsstück zwischen Binnenwirtschaft und Exportindustrie waren einst Millionen von einfachen Arbeitern. Der Boom der Exporte führte in der Vergangenheit in ihren Reihen zu Neueinstellungen und schnell auch zu Lohnerhöhungen, was sich in erhöhter Kaufkraft niederschlug. Es dauerte meist ein paar Monate und dann meldeten die Einzelhändler steigenden Absatz, woraufhin nun auch die Fabrikdirektoren der inländischen Wirtschaft in die Erweiterung ihrer Kapazitäten investierten. Die Arbeiter wünschten sich neue Autos und einen Farbfernseher. Der Exportfunke war auf die Inlandsproduktion übergesprungen.

Dieser Kreislauf funktioniert noch immer, nur diesmal weltweit. Wenn die deutschen Exporte boomen, profitieren davon noch immer die einfachen Arbeiter. Nur leben die einfachen Arbeiter diesmal anderswo.

Europa. Eine neue Unterschicht entsteht

Der heutige Prolet ist ärmer dran als sein Vorgänger zu Beginn des Industriezeitalters, obwohl es ihm besser geht. Er hungert nicht, er haust im Trockenen, er wird von keiner Seuche dahingerafft, er besitzt sogar deutlich mehr Geld. Er ist in jedem Staat Westeuropas nicht nur Bürger, sondern zugleich Kunde des Wohlfahrtsstaats, auch wenn dessen Leistungen nirgendwo mehr üppig ausfallen. Die Schlafstätte früherer Jahre war oft nur ein Obdachlosenasyl oder ein Männerwohnheim. Die Armenspeisung war kärglich und fand im Freien statt. Kranke waren weder versichert noch konnten sie sich Arzneimittel oder gar ärztliche Honorare leisten. Greise waren auf Gedeih und Verderb der Gnade der Jüngeren oder der kirchlichen Fürsorge ausgeliefert.

Und dennoch: Der Prolet von einst besaß vieles, was die Armen von heute nicht mehr haben: ein einheitliches und für alle gültiges Feindbild, ein Klassenbewusstsein, veritable Gegner und oft sogar eine ausgeprägte Kultur. Er sang Lieder, rief seine Parolen, er gründete Vereine, betete seine Theoretiker an, auch wenn er sie nie ganz verstand. Er konnte noch zu Zeiten des Kaiserreichs zwischen politischen Gruppierungen wählen, die sich aus der Illegalität heraus um seine Zustimmung bemühten. Der Arme von gestern war das Subjekt der Geschichte, wie man im Rückblick ohne Übertreibung feststellen darf. Der moderne Arme im vereinten Europa ist bisher nicht viel mehr als das Opfer der Verhältnisse. Sein Vorgänger stand am Rand der Gesellschaft, er steht außerhalb.

Wir wissen mittlerweile eine ganze Menge über die Unterschichtler von heute, obwohl sie sich kaum zu Wort melden. Sie machen kein großes Aufhebens von sich, kriechen immer tiefer in ihre Wohnsilos hinein, wohin ihnen dutzende von Soziologen gefolgt sind. Ihre Lebensgewohnheiten wurden erforscht wie die von Feldhasen. Wir verfügen über eine ziemlich scharf gerasterte Typologie, die uns die Fremdlinge im eigenen Land besser erkennen lässt.

Daher wissen wir: Der Prolet von heute besitzt mehr Geld als die Arbeiter vergangener Generationen und wenn er im Anzapfen des Sozialstaats eine gewisse Fertigkeit entwickelt hat, verfügt er über ein Haushaltseinkommen, das mit dem von Streifenpolizisten, Lagerarbeitern und Taxifahrern allemal mithalten kann. Es ist nicht die materielle Armut, die ihn von anderen unterscheidet.

Auffällig hingegen sind die Symptome der geistigen Verwahrlosung. Der neue Prolet schaut den halben Tag fern, weshalb die TV-Macher bereits von »Unterschichtenfernsehen« sprechen. Er isst viel und fettig, er raucht und trinkt gern.

Rund acht Prozent der Deutschen konsumieren 40 Prozent allen im Land verkauften Alkohols. Er ist kinderreich und in seinen familiären Bindungen eher instabil. Er wählt am Wahltag aus Protest die Linken oder die Rechten, zuweilen wechselt er schnell hintereinander.

Der neue Arme ist kein Widergänger des alten. Vor allem an seinem mangelnden Bildungsinteresse erkennen wir den Unterschied. Er besitzt keine Bildung, aber er strebt ihr auch nicht entgegen. Anders als der Prolet des beginnenden Industriezeitalters, der sich in Arbeitervereinen organisierte, die zugleich oft Arbeiterbildungsvereine waren, scheint es, als habe das neuzeitliche Mitglied der Unterschicht sich selbst abgeschrieben. Selbst für seine Kinder unternimmt er keine allzu großen Anstrengungen, die Tür in Richtung Zukunft aufzustoßen. Ihre Spracherziehung ist so schlecht wie ihre Fähigkeit, sich zu konzentrieren. Der Analphabetismus wächst im gleichen Maß, wie die Chancen auf Integration der Deklassierten schrumpfen. Die Amerikaner sprechen in der ihnen eigenen Direktheit von »white trash«, weißem Müll.

Das neue Proletariat als homogene Klasse ist erst in den vergangenen zehn Jahren entstanden. Überall in jenen Industrienationen, die sich die führenden nennen, bildet es sich heraus. Die moderne Volkswirtschaft hat offenbar nichts zu bieten für Leute, die wenig wissen und dann auch noch das Falsche.

Das Auftauchen der neuen Unterschicht fällt nicht zufällig mit dem Abschied der Industriearbeitsplätze zusammen. Der Prozess der Deindustrialisierung ist für Europa womöglich bedeutender als die einheitliche Währung und die gemeinsame Verfassung. Die Zerfallsprozesse im Innern der Gesellschaft bedrohen den Westen heute stärker als der internationale Terrorismus, auch wenn die Politiker sich auf die Bekämpfung von Letzterem konzentrieren.

Demokratie und Marktwirtschaft können durch Bomben erschüttert, aber nicht beseitigt werden. Der ökonomische Erosionsprozess aber, von dem hier die Rede ist, entzieht dem Westen erst die Jobs, dann das Geld und am Ende auch die demokratische Legitimation. Was ist die Staatsbürgerschaft eines Landes wert, wenn den Menschen dort die Teilnahme am Arbeitsprozess verwehrt bleibt? Was nützen bürgerliche Freiheiten aller Art, wenn das Recht auf eine eigenständige Lebensführung nicht mehr dazugehört? Ist es zulässig, dass die in der Verfassung verbrieften Rechte auf Teilhabe nur für den Gebildeten weiter ihre Gültigkeit besitzen? Fragen von sehr grundsätzlicher Bedeutung drängen sich in den Vordergrund: Kann eine Demokratie es tatsächlich hinnehmen, dass ein Teil des Souveräns dauerhaft von der Wohlstandsmehrung ausgeschlossen bleibt? Und wenn sie es hinnimmt: Wird sich diese Entscheidung nicht noch zu unser aller Lebzeiten rächen? Ob dann wieder Nationen gegeneinander antreten, weil die aufgestaute Wut sich ein Ventil sucht, oder die Unterschichten in ihren jeweiligen Ländern die Verhältnisse zum Tanzen bringen? Beides ist denkbar. Schwer vorstellbar ist lediglich, dass nichts geschieht.

Viele Triumphe und ein Todesfall. Die Tragik der Gewerkschaften

Im Folgenden geht es darum, eine Todesnachricht zu überbringen. Zu berichten ist von einem Ableben, das bisher öffentlich nicht annonciert wurde und seine Tragik auch daraus bezieht, dass die engsten Verwandten den Vorfall verschweigen. An der Sache ändert das freilich nichts: Die Gewerkschaften, so wie wir sie kannten, sind verstorben. Die Schutzmacht der kleinen Leute gibt es heute nicht mehr, weil denen, die sich heute Gewerkschaft nennen, die Macht fehlt, um anderen Schutz zu bieten. In Wahrheit sind die Nachlassverwalter selbst schutzbedürftig. Als Prellbock gegen Unternehmerwillkür haben die

Gewerkschaften sich selbst einst bezeichnet, sie waren die Lohnmaschine, zuweilen auch die gesellschaftspolitische Gegenmacht. Heute sind diese Gewerkschaften Teil der Geschichte.

Das Entstehen eines weltweiten Arbeitsmarkts, das Hinzutreten von 1,5 Milliarden neuen Beschäftigten und die Bereitschaft von weiteren Millionen Menschen, koste es, was es wolle, zu arbeiten, hat die Makler der Ware Arbeitskraft ihrer einst mächtigen Position beraubt. Sie verfügten jahrzehntelang über eine Kostbarkeit sondergleichen; der gut ausgebildete Industriearbeiter war durch nichts zu ersetzen. Der Industrieroboter war noch nicht intelligent genug und die Masse der heutigen Lohnkonkurrenten lebte hinter Mauer und Stacheldraht, und zuweilen hatte sie sich auch nur im Morast der asiatischen Slums versteckt. Sie alle waren Menschen, aber auf dem Arbeitsmarkt waren sie keine Menschen wie du und ich. Denn die Teilnahme an der internationalen Arbeitsteilung des Westens wurde ihnen verwehrt, was dem Preis der westlichen Arbeitskraft gut bekam.

Es war den Maklern der Gewerkschaft ein Leichtes, den Unternehmern immer neue Lohnprozente abzujagen. Die Fabrikbesitzer hatten keine andere Wahl, als bei den Gewerkschaften einzukaufen, denn es gab den nationalen und bestenfalls noch den westlichen Arbeitsmarkt, aber keinen Weltarbeitsmarkt mit dieser einzigartigen Angebotsfülle. Die Arbeit war nach den beiden Weltkriegen knapp und für dieses knappe Gut besaßen die Gewerkschaften praktisch ein Monopol. Sie nutzten es nach Kräften.

Damit ihr Ableben nicht weiter auffällt, nehmen die Nachlassverwalter noch immer an den Tarifrunden teil. Sie kleiden sich ähnlich wie ihre Vorfahren mit Lederjacke und Rollkragenpullover, sie halten zuweilen die gleichen aufrührerischen Reden. Das flüchtige Publikum konnte in den vergangenen Jahren durchaus den Eindruck gewinnen, die Leiche lebt. Die ihr gegenübersitzenden Arbeitgeber spielen das schaurige Spiel mit. Sie fürchten, die Todesnachricht könnte die Menschen erschrecken und den Ruf nach Ersatz laut werden lassen. Sie haben die Gewerkschaft, als sie noch eine tapfere und damit für sie anstrengende Truppe war, nie sonderlich gemocht. Als Leiche ist sie ihnen lieber.

Wer allerdings genauer hinschaut sieht, dass die Nachlassverwalter nicht über die gleiche Kraft verfügen wie einst der Verstorbene. Die Lebensenergie, die es zum Poltern, Fordern und Streiken braucht, ist ihnen fremd. Für die normalen Beschäftigten wird seit längerem nichts mehr durchgesetzt, was der Verbesserung ihrer Arbeits- und Lebensbedingungen zuträglich wäre. Heute geht es vor allem um das Verhindern von Schlimmerem. »Besser mit Betriebsrat«, lautet die Werbekampagne des Deutschen Gewerkschaftsbundes, die sich nicht mehr an selbstbewusste Arbeiter, sondern an Betroffene wendet.

Es ist nicht lange her, da stimmte die Gewerkschaft für den öffentlichen Dienst der Hauptstadt Berlin einer Gehaltssenkung zu, die in der Spitze ein Minus von zwölf Prozent bedeutete. In ihren besten Tagen hatte dieselbe Gewerkschaft elf Prozent zusätzlich herausgeholt. Das war in dieser Höhe politisch und ökonomisch falsch, aber darum geht es hier nicht. Es war ein untrügliches Zeichen ihrer Vitalität. Natürlich war der damalige Vorsitzende der ÖTV Heinz Kluncker ein unverschämter Nimmersatt, der für einen prallen Lohnbeutel der Busfahrer, Krankenschwestern und Müllmänner bereit war, die Autorität von SPD-Kanzler Willy Brandt zu beschädigen. Aber aus Sicht seiner Anhängerschaft war der Mann eben auch unverschämt erfolgreich.

Nichts Vergleichbares gibt es aus den letzten Jahren zu berichten. Weder Unverschämtheiten noch Erfolge sind überliefert. Dafür von allem das Gegenteil. Die Nachlassverwalter sind sogar dabei, die großen Gewerkschaftserfolge der Vergangenheit wieder zu kassieren. Die Arbeitszeit wird länger, der Kündigungsschutz löchriger, die Reallöhne fallen und auch der Anteil der Löhne am Nationaleinkommen bildet sich zugunsten des Gewinnanteils zurück.

Die Gewerkschaft Verdi, die im Einzelhandel knapp zweieinhalb Millionen Beschäftigte vertritt, sprach im Januar 2006 vom »Durchbruch« bei den Tarifgesprächen. Früher bedeutete Durchbruch, dass abgekämpfte Funktionäre vor die Mikrofone traten, um ihrer Klientel nach durchverhandelter Nacht einen saftigen Lohnzuwachs zu verkünden. Im Januar 2006 bestand der »Durchbruch« aus einer mageren Lohnerhöhung von einem Prozent, was angesichts der doppelt so hohen Geldentwertung eine Lohnsenkung bedeutete. So sehen Durchbrüche nach unten aus.

Als die profitable und zu einem Drittel in Staatsbesitz befindliche Telekom die Streichung von 32 000 Arbeitsplätzen beschloss, hielt die Gewerkschaft still. Sie wird für derartiges Wohlverhalten von den Arbeitgebern als »vernünftig« und »zeitgemäß«, in freudigem Überschwang sogar als »fortschrittlich« gelobt, was angesichts der einsetzenden Leichenstarre als frivol bezeichnet werden muss.

Wohlgemerkt: Es geht hier nicht darum, ob unsere Gewerkschaften immer richtig gehandelt haben. Wer hat das schon? Natürlich haben ihre Funktionäre gesündigt, auch wider die Interessen ihrer Mitglieder. Selbstverständlich wurde zuweilen überzogen, was den Arbeitnehmern nicht gut bekam. Die ständige Verkürzung der Arbeitswoche bei vollem Lohnausgleich war eine Dummheit sondergleichen. Sie hat die deutsche Volkswirtschaft zu einer der kapitalintensivsten der Welt gemacht. Arbeitskräfte wurden ausgemustert wie Ausschussware. Die erhoffte Neuverteilung der Arbeitszeit auf mehr Köpfe fand in den meisten Firmen nicht statt.

Aber eines konnte unserer Gewerkschaft niemand absprechen: Sie hat gelebt. Sie war für die Kapitalisten eine Zumutung, aber eine notwendige. Das System von Angebot und Nachfrage in seinem Rohzustand war erkennbar nicht dazu angetan, der Menschheit in Gänze zu nutzen. Millionen Arbeitern wurde in der Morgenstunde des Kapitalismus grobe Gewalt angetan. Sie mussten schuften bis zum Umfallen und selbst dann war niemand da, der sie auffing. Es gab kein Sicherheitsnetz für niemanden, die Alten blieben mittellos, die Krüppel waren auf sich gestellt, die Witwen bekamen im besten Fall das Mitleid der Fabrikanten übermittelt. Schlimmer dran als der Arbeiter war nur der Arbeitslose, er hungerte und fror. Er konnte daran auch zugrunde gehen. Keine 80 Jahre ist es her, dass die Weltwirtschaftskrise in den USA und in Europa derart heftig wütete, dass Hungertote zu beklagen waren. In den Bergwerken und Chemiefabriken waren Arbeitsunfälle auch deshalb so häufig, weil der Mensch als Mensch nicht viel wert war. Er war Produktionsfaktor und eben noch nicht Sozialpartner.

Die Geburtsstunde der westlichen Gewerkschaftsbewegung war daher nicht eine Laune der Weltgeschichte, sondern eine historische Notwendigkeit. Die Arbeitnehmer und ihre Funktionäre bildeten eine Zugewinngemeinschaft, wobei ein ungestümer Kapitalismus und ein autoritärer Staat, die beide zum Interessenausgleich nicht in der Lage waren, sie zusammenschweißte. Bald schon war gewerkschaftlicher Nachwuchs in einer Vielzahl von Ländern zu besichtigen. In der Spitze besaßen die westeuropäischen Gewerkschaften rund 50 Millionen Mitglieder. Es wurde gestreikt und demonstriert, auch deshalb, weil sich der Gewerkschaftskörper so am besten spüren konnte.

Selbst in Amerika fassten die Arbeitnehmerorganisationen mit Verspätung Fuß, setzten den Achtstundentag und einen gesetzlichen Mindestlohn durch, veränderten erst das Klima und dann die Geschäftsgrundlage des Wirtschaftssystems. Das Raubtierhafte des amerikanischen Kapitalismus verschwand

nie ganz, aber es trat weniger auffällig in Erscheinung. Die
Große Depression arbeitete den Gewerkschaften in die Hände.
Ihre Mitgliederzahl vervierfachte sich im Gefolge jener düste-
ren Jahre, stieg von 1930 bis zum Kriegsende auf 15 Millionen
Menschen. Der Glaube an die Weisheit der Unternehmer war
nun auch im Stammland des Kapitalismus erschüttert; der
Ruf nach einer gewerkschaftlichen Gegenmacht erklang. Erst-
mals in der Geschichte der USA war es modern, ein Mann der
Gewerkschaft zu sein. Unter Präsident Eisenhower erlebte das
Land eine Premiere: Ein Funktionär der Klempnergewerk-
schaft schaffte es an den Kabinettstisch, wo er sich allerdings
nur acht Monate hielt.

Die Arbeitsbedingungen verbesserten sich, die Löhne stiegen. Die Firmen verpflichteten sich, die Pensionszahlungen
ihrer Mitarbeiter zu übernehmen. Die Gewerkschaften konnten ihre Machtbasis weiter ausbauen. Pro Jahr kamen in der
Nachkriegszeit rund 100 000 neue Mitglieder dazu, bis schließlich 17 Millionen Beschäftigte ein Gewerkschaftsbuch besaßen. In der Spitze erreichte der Organisationsgrad Mitte der
50er Jahre fast 40 Prozent der Arbeiter, womit sich beim Lohn-
poker aufs Schönste auftrumpfen ließ.

Dieses Spiel ist vorbei. Seit längerem läuft der Erfolgsfilm
rückwärts: Die Arbeitszeit steigt, die Löhne stagnieren oder
schmelzen. Selbst erste Adressen der Wirtschaft wie Ford und
General Motors versuchen in diesen Tagen, die Pensionslasten
loszuwerden, was schon deshalb besonders schäbig ist, weil
die Arbeiter in den USA keine auch nur halbwegs auskömm-
liche Staatsrente besitzen.

Von gewerkschaftlicher Selbstverteidigung ist in der Stunde
der Bedrängnis wenig zu spüren. Es gibt Aufregung hier und
da, aber keine Gegenwehr. Wie ihre westeuropäischen Verwandten haben auch die US-Gewerkschaften vor längerem
schon das Zeitliche gesegnet. Mit dem Verschwinden der
Industrie verließen sie die Kräfte. Nur acht Prozent der privat

Beschäftigten gehören heute noch einer Gewerkschaft an; seit dem Höhepunkt hat sich der Organisationsgrad damit um mehr als zwei Drittel reduziert.

Die Durchschlagskraft der US-Gewerkschaften in der Lohn-politik war nie übertrieben groß, aber heute ist sie marginal. 85 Prozent aller Beschäftigten in den USA arbeiten ohne Tarif-vertrag.

Der sinkende Zuspruch der Beschäftigten hat den Dachver-band der amerikanischen Gewerkschaften im Herbst 2005 gespalten. Wenige Tage vor seinem 50-jährigen Jubiläum ver-abschiedeten sich vier Millionen Mitglieder. Sie warfen der Gewerkschaftsspitze unter Führung des 72-jährigen John Sweeney vor, den Bedeutungsverlust nicht gestoppt zu haben. »Change to Win« (Sieg durch Wandel) lautet das Motto der Ab-trünnigen. Nun sind die US-Gewerkschaften getrennt schwach.

In Europa ergibt sich ein ähnlicher Befund, nur der Zeit-punkt, an dem der Tod einsetzte, variiert von Land zu Land. Die Gewerkschaften in Großbritannien waren früher dran als andere. Premierministerin Maggie Thatcher brach ihnen mit Hilfe von Parlament und Polizei schon in den 80er Jahren das Genick. Die aufmüpfigen Minenarbeiter unter Führung von Arthur Scargill boten der Regierungschefin, die sich erst in diesem Machtkampf den Titel »Eiserne Lady« redlich erwarb, die Gelegenheit zum Draufschlagen. Thatcher verfügte 1984 die Schließung unrentabler Minen. Scargill, bekennender Mar-xist und erprobter Heißsporn, rief zum landesweiten Streik. 2000 Streiks pro Jahr, das war in den Jahren zuvor die britische Normalität, nun aber blies dieser Teufelskerl zum Generalan-griff. Thatcher hatte keine andere Wahl, als sich ebenfalls in die Schlacht zu stürzen.

Das Land hatte hohe Schulden aufgetürmt, der Staatsetat war wie der eines Dritte-Welt-Landes auf Geldzufuhr vom Weltwährungsfonds (IWF) angewiesen. Die Industrie lag danieder, als sich im Juni 1984 streikende Bergarbeiter und berittene Polizei zur »Schlacht von Orgreave« gegenüberstanden. Der einjährige Streik in den alten Kohlerevieren endete mit einer Niederlage der Arbeitnehmer, die so total war wie zuvor ihr Machtanspruch.

Thatcher schaffte in ihrer Amtszeit alles ab, was den Arbeitnehmerfunktionären wichtig war, zum Beispiel die bis dahin geltende Verpflichtung britischer Unternehmer, nur Gewerkschaftsmitglieder einzustellen. Vor Streiks müssen seither Urabstimmungen stattfinden, welche die Selbstherrlichkeit der Gewerkschaftsführer beschneiden. Flächentarife gibt es nur noch im öffentlichen Dienst. Seit den kämpferischen Tagen ist fast die Hälfte aller Mitglieder von der Fahne gegangen, minus sechs Millionen Menschen. Der Sozialdemokrat Tony Blair hat gar nicht erst den Versuch einer Wiederbeatmung gemacht.

Der Rückzug der Gewerkschaften blieb kein britisches Phänomen. In Italien sind die Arbeitnehmerorganisationen heute getarnte Seniorenclubs. Die gemäßigte CISL und die sozialistische CGIL weisen einen Rentneranteil von über 50 Prozent auf. Die französischen Gewerkschaften bekämpfen sich am liebsten untereinander. Alle Arbeitnehmerorganisationen zusammen verfügen in dem Land mit 60 Millionen Einwohnern über zwei Millionen Mitglieder, die sich vor allem auf den öffentlichen Dienst konzentrieren. Der Privatsektor ist heute weitestgehend gewerkschaftsfrei. 95 Prozent der Beschäftigten gehören keiner Arbeitnehmervertretung an.

Die deutsche Gewerkschaftsspitze rief 2004 den Arzt. Er kam in Gestalt eines McKinsey-Beraters. Eine interne Studie über Zustand und Zukunftsaussichten der Gewerkschaftsbewegung entstand unter seiner Federführung, die bis heute unter Verschluss gehalten wird. Die Arbeitnehmerorganisation befinde sich in einer »Dauerdefensive«, weil sie die Erfolge von gestern verteidige, aber keine neuen erringe, heißt es darin. Es fehle an »ausreichend attraktiven neuen Kampfzielen« und Konzeptionen zur Bewältigung des Strukturwandels lägen auch nicht vor. Diese Studie war im Grunde nichts anderes als der Totenschein.

Seit zehn Jahren verlassen pro Jahr im Schnitt 250 000 Menschen die Gewerkschaften des DGB, was jedes Mal nahezu einer halben Volkspartei entspricht. Die Selbstauflösung hat damit praktisch begonnen. Die verbliebenen Mitglieder sind nicht mehr das, was man eine starke Truppe nennt. Die Jüngeren fehlen fast völlig; über ein Viertel sind Rentner oder Arbeitslose, was der Statistik gut tut, nicht aber der Kampfeskraft. Rentner und Arbeitslose können schimpfen, aber nicht streiken.

Gewerkschaftschef Michael Sommer unternahm den tollkühnen Versuch, die Mitglieder über den bedauerlichen Todesfall zu informieren. Die heutigen Gewerkschaften müssten die Wirklichkeit zur Kenntnis nehmen, mahnte er in einem *Spiegel*-Interview. Sie hätten nicht mehr die Kraft, das politische Geschehen grundlegend und zu ihren Gunsten zu verändern, gestand er ein. Der Sozialstaat werde auf eine Grundversorgung reduziert. »Das können wir kritisieren, ändern werden wir es nicht mehr«, sagte er.

Was er versuchte, war nichts Geringeres als eine Art Friedensschluss mit den veränderten Wirklichkeiten. Sommer wollte die Nebelwand aus Selbsttäuschung und Illusion durchschneiden, die seine Organisation von Millionen Beschäftigten heute trennt.

Innerhalb des DGB war nach Erscheinen des Interviews der Teufel los. Die Funktionäre reagierten fassungslos. Säße Sommer nicht so fest im Sattel seiner Organisation, hätte er Schaden genommen. Die Nachlassverwalter wollen den Todesfall weiter verheimlichen, sich selbst und die Öffentlichkeit noch ein wenig täuschen. Sommer jedenfalls hat seine Lektion gelernt: »Man darf den Menschen alles nehmen. Nur nicht ihre Lebenslügen.«

KAPITEL 5

Aggressives Asien.
Weltfrieden in Gefahr?

Reich und halbstark

Es ist ein populärer Irrtum zu glauben, dass intensiver Warenaustausch und enge wirtschaftliche Zusammenarbeit die Staa-
tenwelt friedlicher machen. Er bleibt auch dann ein Irrtum,
wenn große Denker ihm erlegen sind. So meinte der Wirt-
schaftstheoretiker John Stuart Mill, dass »der schnelle Anstieg
des Welthandels der beste Garant für den Frieden« sei. 1910
vertrat der spätere Herausgeber von *Foreign Affairs* Sir Nor-
man Angell sogar die Ansicht, ein Krieg zwischen den Großmächten sei schon aufgrund der »völligen wirtschaftlichen
Sinnlosigkeit von Eroberungen« undenkbar geworden.

Vier Jahre später brach der Erste Weltkrieg los. Aus den Han-
delspartnern von eben wurden binnen weniger Monate erbitterte Gegner, die nichts anderes miteinander austauschten
als Kanonenkugeln und Bomben, schließlich schütteten sie
einander Phosgen und Senfgas aufs Haupt. Kaum hatten sich
nach Kriegsende die Wirtschaftsbeziehungen halbwegs norma-
lisiert, zettelte der Verlierer der Völkerschlacht, Deutschland,
die nächste an.

Auch die Japaner versuchten im Windschatten Hitlers fette
Beute zu machen. Aus der Luft bombardierten sie am Morgen
des 7. Dezember 1941 den US-Marinestützpunkt Pearl Harbor.
Statt der bis dahin üblichen Öllieferungen schickten die USA
per Luftfracht nun zwei Atombomben nach Japan.

Einige Länder – Deutschland, Korea und Jugoslawien –

wurden sogar zerteilt, obwohl ihre Territorien durch Waren-austausch verknüpft und verknotet waren wie orientalische Teppiche. In den großen Schicksalsstunden der Menschheit ist es aber noch immer so gewesen, dass die Kaufleute auf den Beifahrersitz rücken mussten, derweil Politiker und Militärs das Steuer übernahmen. Lieferverträge sind nun einmal nicht viel wert, wenn die Panzer vorfahren.

Auch die heutige Globalisierung der Volkswirtschaften ist kein Friedenswerk. Sie kann Wohlstand und ein gepflegtes politisches Miteinander hervorbringen, aber mit großer Kraft auch das genaue Gegenteil erzeugen. Die ökonomische Verzahnung der Welt dient den Nationalstaaten vornehmlich dazu, Macht und Wohlstand zu steigern. Der Frieden schafft zwar die unerlässliche Voraussetzung für den Handel, aber umgekehrt gilt das eben nicht: Der Handel ist kein Garant staatlicher Friedfertigkeit; die Globalisierung schafft keine pazifistische Internationale. Auch wenn es den Ökonomen aller Länder schwer fällt, das zu akzeptieren: Es gibt höhere und es gibt niederere Beweggründe als die, miteinander Handel zu treiben. Ändern sich die Interessen, ändern sich auch die Warenströme. Und die Aussicht, dass sie für eine Zeit lang unterbrochen werden, hat noch keine Nation gehindert, gegen die andere ins Feld zu ziehen.

Zwei sich scheinbar widersprechende Dinge springen ins Auge: Nie waren die Volkswirtschaften so eng miteinander verflochten. Das Volumen des Welthandels hat sich in den vergangenen hundert Jahren um das 25-fache erhöht. Und dennoch machen diese anschwellenden Waren- und Geldströme die Welt nicht friedlicher, sondern unsicherer. Auf vielfältige Art verschärft die beschleunigte Globalisierung sogar die Spannungen auf der Welt, weil sie beides vergrößert, die Ungleichgewichte innerhalb der Staaten und zwischen ihnen.

Am geringsten sind diese Gefahren interessanterweise dort, wo die Absteiger der vergangenen Jahrzehnte zu Hause sind.

Von Afrika, Lateinamerika und Russland wird so schnell keine Störung des Weltfriedens ausgehen. Den Staaten Afrikas fehlt für den großen Schlag die ökonomische Kraft, den Russen und ihrer Armee derzeit das Selbstbewusstsein, auch wenn die enormen Rohstoffreserven eine erneute Weltmachtposition ermöglichen sollten.

Die Staatschefs Lateinamerikas sind füreinander keine Gefahr. Sie kämpfen gemeinsam darum, nicht den Anschluss an Asien zu verlieren. Selbst der Islam ist nicht da am gefährlichsten, wo die meisten Islamisten wohnen; die 200 Millionen Muslime in Indonesien sind arm und wütend, sie mögen den Westen ängstigen, aber sie bedrohen ihn nicht. Der Mullahstaat Iran ist da von anderem Kaliber. Seit Jahren wächst die Wirtschaft des Landes doppelt so schnell wie die in Europa. Die Ölmilliarden werden nicht verprasst, sondern in den Ausbau der Wirtschaft gesteckt. So entwickelten sich Selbstbewusstsein und Angriffslust gleichermaßen. Der jüngste Nahostkrieg wäre ohne die Unterstützung des Iran wohl kaum zum Ausbruch gekommen. Die von ihm finanzierten Terrorbrigaden haben Israel bis aufs Blut gereizt. Ein neuer Regionalkonflikt wurde unausweichlich.

Der größte Gefahrencocktail für eine kontinentale kriegerische Auseinandersetzung aber ist dort entstanden, wo die Siegerstaaten der vergangenen Jahrzehnte zu Hause sind. Erfolg und Übermut liegen in Asien dicht beieinander. Es fand eine geradezu unerhörte Ausweitung der ökonomischen Zone statt. Wer hätte es für möglich gehalten, dass ein 1945 kriegszerstörtes Land wie Japan sich so schnell erholen, ein hoffnungslos zurückgefallenes China sich derart schnell dem Westen nähern würde, dass Indien sich dieser Aufholjagd anschließen und dass in den ehemaligen Malariasümpfen von Singapur ein zweites New York entstehen würde? Das asiatische Zeitalter ist heute keine Prophezeiung mehr, es ist Realität geworden. Der produktive Kern Asiens vergrößerte sich innerhalb von nur wenigen Jahrzehnten. Einst glimmte er, jetzt glüht er feuerrot; er liefert wachsenden Wohlstand, aber er produziert auch jenen leicht entflammbaren Stoff, aus dem Kriege beschaffen sind.

Damit sind wir bei der aggressiven, bisher öffentlich kaum beachteten Seite der Globalisierung. Je steiler die Wachstumsraten, je größer die in der Welt der Wirtschaft errungenen Erfolge, desto größer auch das Risiko eines politischen Fehlschlags. Denn die enorme Beschleunigung, die Asiens Aufsteigerstaaten in der Weltwirtschaft erzeugten, wirkt heute zweifach auf sie zurück. Erstens steigt innerhalb der asiatischen Gesellschaften die Temperatur, weil die schnelle Modernisierung nicht alle Mitglieder zeitgleich erfasste. Einige hoben ab, derweil andere am Boden blieben. Die Unterschiede zwischen den Aufsteigern in Bangalore und Shanghai und den Agrarvölkern in der chinesischen Steppe sowie den Bewohnern indischer Elendssiedlungen nehmen ständig zu. In den ehemals durch Bürokratie und Parteiwirtschaft normierten Gesellschaften baut sich Spannung auf. Die Obrigkeit, nicht nur in China, ist geneigt, den Zukurzgekommenen einen aggressiven Nationalismus als Wohlstandsersatz anzubieten.

Die Menschen ihrerseits flüchten in die Religiosität. Denn auch dieses Paradoxon ist zu beobachten: Der Weg in Richtung Moderne führt viele Völker unmittelbar zurück zur Spiritualität ihrer Vorfahren. Die vier großen Religionen des Kontinents – Islam, Hinduismus, Buddhismus und Daoismus – melden Zulauf, was die Spannungen im Zusammenleben keineswegs dämpft. Die Gesetze der Wirtschaft gelten zwar nun universell, die Annäherung der Kulturen aber blieb aus. Modernisierung bedeutet in Asien nicht Amerikanisierung oder Europäisierung, auch wenn viele im Westen das gehofft hatten.

Zweitens: Das Verhältnis der Staaten zueinander hat sich im Zuge großer ökonomischer Erfolge eher verhärtet als entspannt. Die Führer der Aufsteigerstaaten schauen auf einmal mit frischem Blick auf die Weltkarte. Die Zuwächse an Technologie, Devisen und politischem Selbstbewusstsein versetzten sie in einen Zustand der Erregung. Nicht wenige haben das Gefühl, es ginge in absehbarer Zeit um die Neuverteilung der Macht und für sie selbst sei dabei womöglich eine Führungsrolle reserviert. Entsprechend zielstrebig werden U-Boote, Mittelstreckenraketen, Korvetten, Fregatten, Zerstörer, Marschflugkörper und – als Ausweis besonderer Potenz – Atomwaffen angeschafft. Es gilt Maos Motto: »Die politische Macht kommt aus den Gewehrläufen.« Stalin hatte denselben Gedanken, als er listig fragte: »Über wie viele Divisionen verfügt der Papst?«

Vor Beginn ihres Aufstiegs waren diese Staaten damit beschäftigt, das eigene Auskommen zu organisieren. Nun aber denken sie großflächig, am liebsten geopolitisch, sie teilen die Welt in Einflusssphären ein, so wie sie es von Amerikanern, Russen und zuvor den europäischen Kolonialmächten gelernt haben. Nicht selten versuchen sie, sich als Vormund ihrer kleineren Nachbarn zu bewerben. So entstehen aus dem ökonomischen Erfolg politische Rivalitäten. Überall in Asien bauen sich Ungleichgewichte auf, auch wenn sie mit bloßem Auge nicht immer zu erkennen sind. Das ist ja das Gefährliche in dieser noch frühen Stunde der Globalisierung: Diesen Ungleichheiten, die oft auf Ungleichzeitigkeit beruhen, fehlt die offensichtliche Dramatik, sie besitzen nicht die Klarheit und Unmittelbarkeit einer militärischen Bedrohung, weshalb sie gern übersehen werden. Dabei tragen sie den Keim des Kriegs in sich.

Wo liegt das neue Sarajevo?

Asiens Zukunft könnte so aussehen wie Europas Vergangenheit. Die Situation des aufstrebenden asiatischen Kontinents weist Ähnlichkeiten zum Europa des beginnenden 20. Jahrhunderts auf, die in ihrer Vielzahl bemerkenswert sind. Ehrgeizige Mächte zettelten einen europäischen Bürgerkrieg an, der sich wenig später zum Weltkrieg weitete. In Asien stehen sich ebenfalls Rivalen gegenüber, deren Gemütslage wie seinerzeit die von Franzosen, Engländern, Deutschen, Österreichern und Russen zwischen Überlegenheitsgefühlen und Bedrohungsangst schwankt.

So wie damals in Europa sind alle Staatenlenker kriegsbereit, auch wenn niemand zur Stunde kriegsentschlossen wirkt. Es gibt keine realistischen Kriegsziele, für die ein Einsatz sich lohnte. China will Taiwan besitzen, aber nicht sofort. Pakistan würde gern in Kaschmir das Sagen haben, Indien auch. Beide aber haben Zeit. Doch so war es im Europa des beginnenden 20. Jahrhunderts auch. Es gab kein Ziel, das groß genug war, dafür einen Weltkrieg zu riskieren. Anders im Zweiten Weltkrieg: Adolf Hitler hatte ein Kriegsziel, das wir größenwahnsinnig nennen können oder irreal, aber er hatte eines: Vernichtung der Juden und dann Weltherrschaft. Aber die Mächte, die im Sommer 1914 aufeinander prallten, hatten nichts vorzuzeigen, das die Völkerschlacht in den Augen der damaligen Herrscher hätte rechtfertigen oder auch nur erklären können. Es war ein Krieg ohne Kriegsziel. Man marschierte nicht schnurgerade in die Arena, man stolperte hinein, ohne Sinn und Verstand.

Der Krieg kann die Fortsetzung der Politik mit anderen Mitteln sein. Aber er muss es nicht. Wer anderes behauptet, unterstellt dem Waffengang eine Rationalität, die er oft nicht besitzt. Zuweilen ist der Krieg nichts anderes als die Fortsetzung der menschlichen Idiotie mit militärischen Mitteln. Frankreich wollte Lothringen, aber doch nicht um den Preis von weit über einer Million getöteter Landsleute. Deutschland wollte mit Großbritannien um die Vorherrschaft in Europa rangeln, aber war es gerechtfertigt, dafür das Risiko der totalen Niederlage einzugehen?

Die Staaten Europas waren innerhalb kurzer Zeit von Agrarvölkern zu Industrienationen aufgestiegen, so wie in unseren Tagen die großen Flächenstaaten Asiens. Die neu gewonnene Wirtschaftskraft verlieh den Europäern finanzielle und politische Flügel. Sie machte mutig und erhöhte die Lust am Risiko, was noch dadurch begünstigt wurde, dass kaum ein Herrscher sich seinem Volk verantworten musste. Die Mächtigen waren damals nur im Ausnahmefall durch Wahlen ins Amt gekommen.

Die Staaten spürten Gefühle nationaler Überlegenheit in sich aufsteigen, die sich vermischten mit einer Stimmung des Sich-bedroht-Fühlens und des Eingekreist-Seins. Es existierte ein Gleichgewicht der Kräfte, das deshalb Bestand zu haben schien, weil niemand allein das Sagen hatte. Jeder für sich war zu schwach, um die anderen zu dominieren. Es gab seinerzeit in Europa – wie im heutigen Asien – keine natürliche Führungsmacht, die von allen akzeptiert wurde. Das aber weckte das Bedürfnis nach Allianzen, die schließlich zum Schmieden von Gegenallianzen führten.

Es waren diese zwei Dinge, die aufgrund der Gleichzeitigkeit ihres Auftretens zur Katastrophe des Ersten Weltkriegs führten: Das gegenseitige Misstrauen und das Hochgefühl, die Angst und der Heldenmut. Am Ende konnten es die Regierenden und Generäle kaum mehr abwarten, ihr Militärgerät wider den Nachbarn in Stellung zu bringen. Der Anlass war zweitrangig, aber für die Generäle von Kaiser Wilhelm II. hoch willkommen. Sie ermutigten die Österreicher regelrecht, dass sie nach dem Attentat von Sarajevo nur ja zum Sühnefeldzug gegen Serbien aufbrechen sollten. Sie dachten nicht an Serbien, dafür aber umso intensiver an Frankreich und Russland. Man dürfe »den jetzigen, für uns so günstigen Moment nicht unbenutzt lassen«, sagte der Kaiser vor Vertrauten.

Die aufgestauten Spannungen entluden sich. Insgesamt wurden in Europa 65 Millionen Soldaten mobilisiert, so viel wie nie zuvor und nie danach. »Die kriegführenden Industriestaaten hatten sich in vulkanische Schmiedewerkstätten verwandelt«, wie Ernst Jünger später notierte.

Die Wirtschaftsbeziehungen zwischen den Kriegsmächten waren mit dem ersten Schuss so gut wie beendet, was in Deutschland schon bald zu Engpässen bei der Lebensmittelversorgung führte. Aber das wurde hungernd hingenommen. Nach und nach verrohte das Denken einer ganzen Generation, die mit den Begriffen des Kriegs zu leben lernte: Mobilmachung, Zweifrontenkrieg, Stellungskrieg, Zermürbungskrieg, und schließlich war auch hier schon vom totalen Krieg die Rede, weil er nicht mehr nur die Streitkräfte, sondern auch die Zivilvölker einbezog.

Im heutigen Asien sehen wir einen ähnlich robusten Drang, es anderen zu zeigen, bevor man selbst es gezeigt bekommt. Das Misstrauen untereinander wurzelt tief in der Geschichte. Die Völker des Kontinents haben in den vergangenen Jahrhunderten miteinander ähnlich dramatische Erfahrungen gemacht wie die Europäer im 19. und 20. Jahrhundert. Kaum kehrte einer dem anderen den Rücken zu, wurde er überfallen und in Knechtschaft gehalten. Die Erbfeindschaft von Franzosen und Deutschen findet in der Rivalität von Japanern und Chinesen ihre Entsprechung. Die Reibereien von Indern und Pakistanern sind vergleichbar dem aggressiven Argwohn zwischen Engländern und Deutschen in der zweiten Hälfte des 19. Jahrhunderts.

Schon mehrfach haben die Japaner eine Vielzahl ihrer asiatischen Nachbarn überfallen. 1931 besetzten sie die Mandschurei. Im Zweiten Weltkrieg zog sich ihre Blutspur durch mehr als ein halbes Dutzend Länder. »Asien den Asiaten«, lautete ihr Schlachtruf, aber gemeint war: Asien den Japanern. Ihre Soldaten standen in Saigon, Hongkong, Manila, Singapur; sie marschierten in Birma und Neuguinea ein, und auch das weitgehend wehrlose chinesische Riesenreich wurde besetzt.

»Lasst ihre Köpfe baumeln«, skandieren heute die Studenten in Shanghai und Peking, wenn sie sich der japanischen Gräueltaten erinnern.

Rachedurstig blicken Volk und Führung in Peking auf das japanische Inselreich. Dort bringt man bis heute keine Entschuldigung über die Lippen, zumindest keine, die in China als angemessen empfunden würde. Der Streit über die richtige Form der Entschuldigung wird zwischen den Staaten geführt wie zwischen zankenden Eheleuten. Im August des Jahres 1995 schien die Versöhnung nicht mehr weit; dank diplomatischer Vorarbeit sprach der japanische Premierminister sein »von Herzen kommendes tiefes Bedauern« aus und eine ebenfalls »von Herzen kommende Entschuldigung«. Aber Japan weigerte sich, diese Entschuldigung auch schriftlich abzugeben, wie es die Chinesen verlangten.

Warme Gefühle gegenüber den Chinesen kommen auch in Tokio nicht auf. Ihre innere Distanz haben die Japaner mit nahezu allen Anrainerstaaten des Riesenreichs gemein. Die Chinesen werden nirgendwo gemocht, vielleicht ist ihr Volk dafür zu groß, zu stolz und in jüngster Zeit auch zu erfolgreich gewesen. In Thailand zwingt man Chinesen, sich zwangsweise zu assimilieren. Sie müssen thailändische Namen annehmen, um ihre Identität abzustreifen. In Malaysia wurden Quoten bei der Besetzung öffentlicher Stellen eingeführt, um die »Unterwanderung« durch Chinesen zu verhindern. In Indonesien kam es wiederholt zu Progromen gegen die im Wirtschaftsleben als übermächtig empfundene Volksgruppe.

Die Aversionen der anderen sind nicht gänzlich aus der Luft gegriffen. Chinas jüngere Geschichte weist eine Serie wiederkehrender Aggressivitäten gegen die Anrainerstaaten auf, die sich nicht als Lappalien abtun lassen. Anfang der 50er Jahre griff China in den Koreakrieg ein, half das stalinistische Regime in Nordkorea zu installieren. 1959 und 1962 rückte die Armee gegen Indien aus, Ende der 60er Jahre kam es zu

Scharmützeln mit den Russen am Ussuri-Fluss. Und immer wieder erfolgten Auseinandersetzungen im Südchinesischen Meer, dessen Inseln und Atolle mehrere Länder für sich beanspruchen. In den 70er Jahren geriet zweimal kurz hintereinander Vietnam ins Fadenkreuz der Pekinger Führung; Deng Xiaoping nannte den vorerst letzten Einmarsch einen »Erziehungsfeldzug«.

Das Misstrauen gegenüber den Chinesen hat die Jahrzehnte überdauert. Selbst die Verkündung einer in ihrem Wortlaut friedfertigen außenpolitischen Doktrin durch Deng Xiaoping wird allgemein als Beleg von Heimtücke gewertet. Der riet, um das ökonomische Aufbauwerk nicht zu gefährden, seinem Land zur Zurückhaltung. China solle »sein Licht unter den Scheffel stellen«. Das klang vernünftig, aber beunruhigend klang es in den Ohren der Anrainerstaaten eben auch. Der Wolf hatte sich vor aller Augen den Schafspelz angezogen.

Der Kontinent lebt seither mit steigender Spannung, aber ohne ausreichende Sicherungen. Es existieren überlappende Interessenlagen und ideologische Bündnisse, die dem europäischen Status vor Kriegsbeginn im Sommer 1914 durchaus ähnlich sind. Die Komplexität der Verabredungen und Nebenabsprachen, vor allem aber der eingebaute Automatismus von Gewalt und Gegengewalt, erwies sich damals als nicht beherrschbar.

Der britische Historiker Eric Hobsbawm, der die Ereignisse der Vorkriegsjahre detailliert wie kaum ein Zweiter rekonstruiert hat, stellte fest, dass bei Kriegsbeginn selbst die Mächtigen von der Wucht der Ereignisse überrascht wurden: »Diejenigen, die das Mahlwerk des Kriegs gebaut hatten und in Gang setzten, sahen mit fast ungläubigem Staunen zu, wie die Räder anfingen, sich zu drehen.«

Das Sarajevo von heute könnte auf der koreanischen Halbinsel liegen. Seit ihrer Teilung in einen stalinistischen Norden und einen kapitalistischen Süden beherbergt dieser Zipfel im

Chinesischen Meer ein politisches Pulverfass, das bereits bei leichtem Funkenflug explodieren kann. Das Nebeneinander von Nord- und Südkorea ist seit der Teilung gekennzeichnet von anhaltender und über die Jahre wachsender Aggressivität. Dagegen wirkten die betulich-bürokratische DDR und die Bundesrepublik wie ein Ehepaar, das sich zwar nichts mehr zu sagen hatte, aber einander nicht mehr die Augen auskratzte. Anders die Koreaner: 1950 kam es zu einem der überflüssigsten Kriege der Neuzeit. Keinem der Teilstaaten brachte er einen Geländegewinn, über drei Millionen Menschen starben. Der Norden hält den Süden seither mit immer neuen Drohungen und Raketentests in Schach. Der Bau von Atomsprengköpfen und Mittelstreckenraketen, Letztere werden devisenbringend auch an die Feinde der USA ausgeliefert, sichert dem Zwergenstaat das Überleben. Die Ökonomie liegt am Boden, die Bevölkerung hungert und das Geld des Staats reicht nicht aus, nachts die Hauptstadt Pjöngjang zu beleuchten. Aber: Die Elite ist politisch obenauf.

China hält dem Regime die Treue, hilft mit Bauteilen für Nuklearanlagen und Reisimporten für die oberen Zehntausend. Die nordkoreanische Fähigkeit zum Bau einer Atombombe hat sich gegenüber dem Westen als wirksames Erpressungsinstrument erwiesen. Die Supermacht USA wird zu immer neuen Gefälligkeiten genötigt. Die Außenministerin der Demokraten, Madeleine Albright, nahm vor einigen Jahren in Pjöngjang an einer Parade anlässlich des 55. Jahrestags der Koreanischen Arbeiterpartei teil, was im Umgang mit dem letzten Stalin-Staat als politischer Kniefall bezeichnet werden muss. Das Resultat dieser Ergebenheitsadressen kann kaum überraschen: Die Spannungen mit Südkorea nehmen zu.

Vielleicht sieht das neue Sarajevo aber auch aus wie ein Grenzort, irgendwo entlang der 700 Kilometer langen Demarkationslinie zwischen Indien und der Islamischen Republik Pakistan. Das hinduistisch dominierte Indien und der Islamstaat verdächtigen sich gegenseitig, die religiösen Gefühle des anderen zu missachten. Scharmützel gab es immer wieder, Massaker auch. Gegenseitig schickte man sich zur Staatsgründung Eisenbahnzüge voller Leichen. »Geschenk aus Pakistan« stand auf den Waggons der einen; »Geschenk aus Indien« hieß es auf den Zügen der anderen.

Früh schon starteten die Inder mit Hilfe ihrer russischen Freunde ein Nuklearprogramm, das vor allem darauf angelegt war, dem Nachbarn zu imponieren. 1974 zündete Indien die erste Atombombe. Mit Hilfe aus Peking zog Pakistan nach. »Wir werden Gras essen oder Blätter, vielleicht sogar hungern, aber wir werden eine eigene Atombombe haben«, verkündete der damalige Premierminister Zulfikar Ali Bhutto. 24 Jahre später folgte der Durchbruch: Auch Pakistan stieg zur Atommacht auf.

Es war US-Präsident Bill Clinton, der daran erinnerte, dass derlei Kraftprotzerei die Welt schon einmal ins Verderben geführt habe. Er könne nicht glauben, »dass der indische Subkontinent an der Schwelle zum 21. Jahrhundert die schlimmsten Fehler des 20. Jahrhunderts wiederholt«. Doch Pakistan ist seit längerem schon nicht mehr erreichbar für die Ermahnungen des Westens. Heute gilt das Bergland zwischen Pakistan und Afghanistan als Rückzugsgebiet von Bin Laden und seinen Mordgesellen. Die Sicherheit Indiens hängt heute auch vom Gemütszustand der pakistanischen Führung ab.

Denkbar ist aber auch, dass das neue Sarajevo aussieht wie Taipeh, die Hauptstadt der Taiwanesen. Peking pocht auf eine Wiedereingliederung der »abtrünnigen Provinz«, auch wenn die nicht morgen zu erfolgen hat. »Wir haben hundert Jahre Zeit«, sagte schon Mao. Amerika erkennt die Position der chinesischen Führung an, versorgt zugleich aber Taiwan mit Kriegsgerät aller Art. Militärisch steht der kleine, widerspenstige, im Zuge des chinesischen Bürgerkriegs von Mao-Gegnern gegründete Staat unter dem Schutzschirm der Amerikaner. Würde dieser zugeklappt, wären die Tage Taiwans gezählt. Mächtige Freunde der Taiwanesen in Washington sorgten bisher dafür, dass es dazu nicht kam. Für viele Amerikaner ist Taiwan der Stachel im Fleisch der chinesischen Kommunisten, den sie gern ein bisschen weiter hineindrücken würden.

Dabei sind alle militärischen Verpflichtungen und Versprechungen der USA gegenüber den Asiaten vermutlich das Papier nicht wert, auf dem sie festgehalten wurden. Einen militärischen Konflikt kann sich die westliche Führungsmacht in dieser Region nicht leisten. Die USA sind militärisch zu schwach, politisch und kulturell zu isoliert, als dass sie eine aufmüpfige asiatische Nation jemals befrieden könnten. Ihre militärische Erstschlagkraft ist zwar gewaltig, aber das reicht nicht aus, einen Feldzug erfolgreich ans Ende zu führen.

Die bisherigen Erfahrungen in dieser Ecke der Welt sind wenig ermutigend: Im Koreakrieg ließen 33 000 US-Soldaten ihr Leben; über Vietnam braucht hier nicht gesprochen zu werden. Die amerikanische Luftwaffe hat in den acht heißen Kriegsjahren von 1965 bis 1972 über Vietnam mehr als sechs Millionen Tonnen Bomben abgeworfen. Das war das Dreifache dessen, was die USA im Zweiten Weltkrieg in Europa, Afrika und Asien zum Einsatz brachten. Es nützte nichts. Die Weltmacht wurde von den schlecht ausgerüsteten, aber hoch motivierten Rebellen der Bürgerkriegsarmee verjagt. Im heutigen Asien stehen die USA praktisch ohne Freunde da. Sie besitzen zwar Stützpunkte hier und dort, kreuzen rund um die Uhr mit ihren Flugzeugträgern im Südchinesischen Meer und verfügen mit Japan und Südkorea über respektable Bündnispartner. Als Freunde und Friedensstifter aber werden sie, anders als in Europa, nirgendwo angesehen. Japan verlässt sich auf die USA, aber die USA können sich nicht auf Japan verlassen.

Der Einfluss der Amerikaner auf die Pekinger Führung muss als eher gering eingestuft werden. Im chinesischen Bürgerkrieg unterstützte die Weltmacht Maos Gegenspieler. Danach haben die USA die Nähe der Chinesen nur in der Ära Nixon/Kissinger ernsthaft gesucht. Nach der blutigen Unterdrückung der Studentenproteste auf dem Platz des himmlischen Friedens ging Amerika auf Distanz. Rechte wie Linke in Washington forderten damals die sofortige Abkühlung der Beziehungen. Er habe das Chaos, nicht die Demokratie bekämpft, verteidigte sich Deng. Es nützte ihm nicht viel. Die Mehrzahl der Republikaner wünscht keine allzu enge Tuchfühlung mit den Kommunisten; auch die Demokraten bezichtigen Peking der Verletzung von Menschenrechten. Beide gemeinsam wollen auf der richtigen Seite der Barrikade stehen, wenn der Freiheitsdrang der Chinesen sich Bahn brechen sollte. Viele Amerikaner hoffen, dass die ökonomische Liberalisierung früher oder später einen politischen Systemwechsel erzwingen wird. Die Ungleichheit im Land und die Korruption der KP könnten diesen Prozess beschleunigen, hoffen sie. Wobei sich gerade in diese Hoffnung schlimmste Befürchtungen mischen.

Aus freien Stücken würde die KP Chinas die Macht nicht aus den Händen geben. Ein Bürgerkrieg in einem Land, das kontinentale Ausmaße besitzt – China ist nach Einwohnern fast doppelt so groß wie die USA und die Europäische Union zusammen –, würde womöglich die ganze Welt erschüttern.

Wie hoch der Druck im chinesischen Kessel derzeit ist, lässt sich nur erahnen, nicht messen. Wahrscheinlich besitzt selbst die chinesische Führung keine verlässliche Einschätzung, wann die Geduld der Millionen, die nicht vom Wirtschaftswunder profitieren, erschöpft sein könnte. Da das Erfolgsrezept der chinesischen Wirtschaftspolitik aber gerade darin besteht, die Mittel des Staats in der Exportindustrie zu konzentrieren und damit die Ungleichheit zu fördern, wird es auf absehbare Zeit manches Zugeständnis, aber keine grundlegende Korrektur geben können. Nach westlichen Schätzungen stellt

sich die Lage wie folgt dar: Drei Prozent der Bevölkerung sind
unermesslich reich, 17 Prozent besitzen eine bescheidene, 80
Prozent keinerlei Absicherung für das Alter. In keinem anderen Land der Erde sind die Ungleichheiten zwischen den Menschen derart rasant gewachsen wie in China.

Es ist im Grunde genommen ein unerhörtes Menschenexperiment, das die KP da veranstaltet. Es wirkt, als wolle sie
herausfinden, wie viel Ungleichheit der Mensch verträgt und
wann eine geschändete Umwelt gegen ihre Vergewaltiger zu-
rückschlägt. Schon heute rumort es, in unregelmäßigen Abständen kommt es zu Demonstrationen, wilden Streiks und
kleineren bewaffneten Aufständen, von denen die Weltöffentlichkeit, wenn überhaupt, nur mit Zeitverzögerung erfährt. Die
Versuchung ist groß, den inneren Druck nach außen, wider den
Nachbarn, umzuleiten. Die Mächtigen vieler Nationen sind ihr
im Lauf der Weltgeschichte schon erlegen.

Kontinent der Bombenbauer. Asien rüstet auf

Es gibt keinen Automatismus zur Gewalt, aber eine gesteigerte
Wahrscheinlichkeit gibt es schon. Wenn sich in unseren Tagen
das Virus eines Weltkriegs überhaupt wieder entwickeln kann,
dann findet es im aufgeheizten Klima Asiens einen günstigen
Nährboden. Niemand kann diese Wahrscheinlichkeit berechnen, da lediglich Teile der Gleichung zu erkennen sind. Ein
Blick auf die Militärausgaben zeigt allerdings seit jeher, was
die Regierungschefs selbst von der Zukunft erwarten. Fahren
sie ihre Rüstungsausgaben herunter, sind sie in der Regel eher
friedlich gestimmt oder einfach kriegsmüde. Unternehmen sie
zusätzliche militärische Anstrengungen, haben sie den Frieden
noch nicht abgeschrieben, wollen aber vorbereitet sein, wenn
es anders kommt.

Der Unterschied zu den Terroristen liegt auf der Hand. Ein

Sprengstoffgürtel lässt sich heimlich umschnallen, die Aufrüstung von Millionenvölkern dagegen vollzieht sich nahezu
öffentlich. Kriege werden von langer Hand vorbereitet. Sie
entflammen nicht so spontan, wie es den Zeitgenossen zuweilen scheint. Wer möchte, kann den Kriegsherren sogar bei den
Vorbereitungen zuschauen, da diese nicht nur mit deutlich erhöhten Militärausgaben, sondern in aller Regel mit aufwen-
digen Testläufen von Mensch und Material einhergehen. Dem
Ersten und Zweiten Weltkrieg war eine jahrelange Aufrüstung
vorausgegangen.

Es begann in den 80er Jahren des 19. Jahrhunderts noch sehr
verhalten und beschleunigte sich im Verlauf der 90er. Die jährlichen britischen Militärausgaben verdoppelten sich von da an
bis zum Kriegsausbruch. Sogar die geplante Militärstrategie
ließ sich am veranschlagten Wehretat ablesen, sodass jeder
Kundige in Kontinentaleuropa vorhersehen konnte, wie er später angegriffen würde, ob zu Lande, aus der Luft oder vom
Wasser her. Die britische Marine meldete die größten Zu-
wachsraten. Von 1885 bis zum Kriegsjahr 1914 vervierfachte
sich ihr jährlicher Etat. Die Engländer, das war die Botschaft
an das übrige Europa, bereiteten sich auf einen Seekrieg vor.
Den hatten sie seit jeher bevorzugt, er hatte sich aus Sicht der
Militärs bestens bewährt.

Selbst der in Militärfragen unkundigen Bevölkerung bleibt
nicht verborgen, wenn ihre Staatsführung die Messer wetzt.
Die Bürger zahlen schließlich die Aufrüstung der Vorberei-
tungsjahre mit erhöhten Steuern. Und sie erleben, wie ihre angestammten Rüstungsbetriebe innerhalb kürzester Zeit zu
wahren Imperien emporschnellen. Kanonenkönig Krupp beschäftigte 1873 erst 16 000 Arbeiter, zur Jahrhundertwende
waren es 45 000, 1912 bereits 75 000 Arbeitnehmer. Die Rüstungsausgaben im damaligen Deutschland eilten dem Wachstum der übrigen Wirtschaft weit voraus – ein untrügliches Zeichen für veränderte Prioritäten in der Staatsführung.

Vor dem Zweiten Weltkrieg dasselbe, leicht durchschaubare Spiel: Kaum war Hitler an der Macht, lenkte er die Einnahmen des Staats in Richtung der Rüstungsbetriebe. Die Größe seiner militärischen Ambitionen war am Anwachsen des Militärhaushalts deutlich ablesbar. Im Jahr 1937, zwei Jahre vor dem Beginn seines Feldzugs, gab der NS-Staat 23,5 Prozent des Volkseinkommens für die Streitkräfte aus, die USA nur 1,5 Prozent, das britische Empire 5,7 Prozent und Frankreich 9,1 Prozent. Auffällig waren auch die Militärbudgets der anderen Faschisten. Italien steckte zu diesem Zeitpunkt 14,5 Prozent des Volkseinkommens in die Rüstung, Japan sogar 28,2 Prozent. In allen drei Staaten reifte eine tödliche Frucht heran, die wenig später die halbe Welt verwüsten sollte.

Im Fall Deutschlands hätte es wahrlich keines Geheimdienstes bedurft, um die kriegerische Absicht der Hitler-Regierung zu erkennen. Die deutsche Flugzeugindustrie, die im Jahr vor Hitlers Machtantritt nur 36 Militärmaschinen fertigte, lief plötzlich heiß: 2 000 Maschinen im Jahr 1934, 5 000 Maschinen in 1936. Die Marine verfünffachte ihre Mannschaftsstärke. Im Jahr 1938, es waren nur noch wenige Monate bis zum Überfall auf den Nachbarn Polen, steckte der NS-Staat sage und schreibe 52 Prozent aller Regierungsausgaben in die Ausstattung der Armee. Deutschland gab damals mehr Geld für Waffen aus als Großbritannien, Frankreich und die USA zusammen. Man brauchte kein Prophet und nicht einmal Militärexperte zu sein, um zu erkennen: Hier wird ein Krieg vorbereitet, wie ihn die Welt noch nicht erlebt hat.

Nun zu Asien, wobei vergleichen nicht gleichsetzen heißt: Die neuen wirtschaftlichen Möglichkeiten haben den Boden bereitet für eine Aufrüstung, wie es sie in diesen Breiten nie zuvor gegeben hat. Die Rüstungsausgaben in Japan sind so hoch wie die französischen und britischen, nur übertroffen von den USA. China, Indien, Pakistan und die beiden Koreas rüsten ebenfalls kräftig auf. Derweil die weltweiten Rüstungsausgaben in den vergangenen zehn Jahren nur um drei Prozent zugenommen haben, wird aus Ostasien ein 23-prozentiger Zuwachs gemeldet. Nach Expertenschätzungen werden die Gesamtausgaben Asiens für Raketen, Panzer und Flugzeugträger bereits im Jahr 2010 die europäischen Verteidigungsetats überholt haben. Gemessen an der tatsächlichen Kaufkraft, die der Dollar in Asien besitzt, sind die dortigen Staaten bereits heute dicht an den Westen herangerückt.

Eine Vielzahl bilateraler Rüstungswettläufe ist zu beobachten, bei denen die eine Seite sich genau jene todbringenden Gerätschaften zulegt, die auch der Nachbar bestellt hat: Südgegen Nordkorea, China gegen Taiwan, Pakistan gegen Indien, China gegen Indien, Malaysia gegen Singapur. Sie alle zusammen bereiten sich offenbar auf eine maritime Auseinandersetzung vor, denn insbesondere die Verkäufer von Korvetten, Fregatten, U-Booten und seegestützten Lenkwaffen melden volle Auftragsbücher. Die Amerikaner sind bereits hellhörig geworden. Das wichtigste Planungsdokument der amerikanischen Verteidigungspolitik, der »Quadrennial Defense Review« des Pentagon, sieht den Pazifischen Ozean als den wahrscheinlichen Kriegsschauplatz der näheren Zukunft.

Militärausgaben
Veränderung zwischen 1993 und 2002

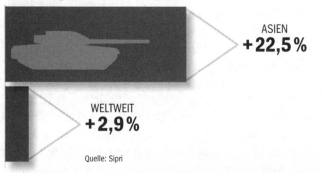

ASIEN
+22,5 %

WELTWEIT
+2,9 %

Quelle: Sipri

Auch die Atomtechnologie erfreut sich großer Beliebtheit. Das Nuklearzeitalter sei vorbei, hieß es nach dem Ende des Kalten Kriegs. In Asien aber hat es erst so richtig begonnen. 70 Prozent aller neuen Atomkraftwerke entstehen dort. Die Zahl der Staaten, die Atomwaffen in ihren Depots halten, hat sich nach 1960 weltweit verdoppelt; drei Viertel der neuen Atommächte sind auf asiatischem Boden zu Hause. Inder und Taiwanesen schockierten zuletzt im Juli 2006 die Weltöffentlichkeit mit ihren Raketentests, die nichts anderes als Drohgebärden waren.

Während Amerikaner, Russen und Europäer ihre Streitkräfte in der abgelaufenen Dekade verkleinerten, werden in Asien auch konventionelle Bodentruppen in beachtlicher Größenordnung vorgehalten: Taiwan hat derzeit rund 200 000 Soldaten unter Waffen, Pakistan befehligt eine Armee von 550 000 Soldaten, Nordkoreas Streitkräfte verfügen über 950 000 Menschen, die von den Armeen der Inder (1,1 Millionen) und der Chinesen (1,6 Millionen) noch übertroffen werden.

In der neuen chinesischen Militärdoktrin ist ausdrücklich von der Wahrscheinlichkeit regionaler Instabilität und begrenzter Kriege die Rede, wofür das Riesenreich gerüstet sein will. China ist heute nicht nur ein großer Einkäufer von Maschinenbauprodukten und Öl. Über die vergangenen fünf Jahre betrachtet ist China auch der weltgrößte Waffenimporteur. Die Politiker in Peking mühen sich redlich, damit die Europäische Union ihr nach den Ereignissen auf dem Platz des himmlischen Friedens verhängtes Waffenembargo wieder aufhebt. Sie locken mit einem Militärbudget von beachtlicher Größe, das im Jahr 2006 die staatlichen Sozialausgaben um annähernd 50 Prozent übersteigen wird. Deutlicher kann eine Regierung ihre Prioritäten nicht dokumentieren.

Es fällt auf, dass wieder keine internationalen Institutionen zur Stelle sind, die in der Lage wären, die Ungleichgewichte zu reduzieren und die von ihnen ausgehende Spannung zu drosseln. Die nach dem Zweiten Weltkrieg geschaffenen Organisationen sind schon deshalb ungeeignet, weil sie die neuen Kräfteverhältnisse in Asien nicht widerspiegeln. Der Weltsicherheitsrat der Vereinten Nationen ist ein lebendes Weltkriegsmuseum. Als habe man sie konserviert, sitzen dort die vier Alliierten des Zweiten Weltkriegs, Amerikaner, Franzosen, Briten und Russen, den Chinesen gegenüber. Die anderen großen Regionalmächte Asiens – Inder, Pakistaner, Indonesier und Japaner – sind nicht mit von der Partie.

Diese Vereinten Nationen sind besser als keine, aber eine Sicherung sind sie nicht, wenn sich die Energie einer derart aufgeheizten Region unkontrolliert entladen sollte. Gelingt es nicht, die Sicherheitsarchitektur der Welt zu erneuern, sie an vielen Stellen erstmals überhaupt aufzubauen, werden die Rivalitäten der auf- und absteigenden Imperien es leicht haben, sich in einem neuen Krieg auszutoben. Denn seit jeher ist es so: Wo gestritten wird, wird bald darauf geschossen, wo geschossen wird, wird, seit es die Technik erlaubt, bald auch gebombt. Willy Brandt und Egon Bahr, die Architekten der später auch von den Amerikanern übernommenen Entspannungspolitik, leiteten daraus ihre Maxime für eine Welt im Entspannungszustand ab: »Wo geredet wird, wird nicht geschossen«, sagte Brandt. Bahr sprach vom »Wandel durch Annäherung«.

Zwischen den verfeindeten Blöcken in West und Ost entstand damals eine Vielzahl von Verträgen, Konferenzen, Gremien, die alle nur dem einen Zweck dienten: Konflikte sollten schon im frühen Stadium erkannt und gedämpft werden. Verschiedene Abrüstungsrunden folgten, der Atomwaffensperrvertrag und die Verträge zur Reduzierung strategischer Waffen. Die Konferenz über Sicherheit und Zusammenarbeit in Europa (KSZE) zog wie ein Wanderzirkus durch Europa. Es kam in dieser Zeit zu zahlreichen Stellvertreterkriegen in Asien und Lateinamerika, aber der große Zusammenprall blieb aus. Zwischen Amerikanern und Russen wurde viel geredet und wenig geschossen.

Eine vergleichbare Architektur der Entspannung fehlt heute – vor allem in Asien. Das asiatische Haus ist alles andere als feuerfest. Es gibt keine den Kontinent umspannende Verantwortungsgemeinschaft. Die neuen Aufsteigerstaaten leben in einer Welt, die ähnlich unsicher ist wie zu Zeiten des Völkerbunds. Der Vorläufer der Vereinten Nationen verteidigte die Prinzipien von Gewaltfreiheit und staatlicher Unversehrtheit mit Verve, aber ohne Relevanz. Er war zum Drohen und In-die-Schranken-Weisen nicht geschaffen, weshalb Hitler, Mussolini und auch die Kriegslüsternen in Japan sich von ihm nicht im Mindesten gestört fühlten. Warum auch? Die Mächtigen in Washington, London und Paris definierten die Interessen ihrer Heimatländer mit provinzieller Engstirnigkeit, sodass ein Zusammengehen zum Zweck der Verteidigung außerhalb der Vorstellungskraft lag. Frankreich war auf den Nachbarn Deutschland fixiert. Die Expansion der Japaner blieb unkommentiert. Auch England fühlte sich nicht angesprochen vom Überfall der Japaner auf China. Amerika wiederum schaute selbst dann noch weg, als Hitler bereits Frankreich überrannt hatte und sich mit seinen Luftgeschwadern auf London zubewegte.

Die Aggressoren hatten leichtes Spiel, weil ihre jahrelange Aufrüstung zwar gesehen wurde, aber nirgendwo eine politische Antwort erfolgte, die man als angemessen hätte bezeichnen können. Die Politiker lebten von der Hand in den Mund, was der britische Premierminister MacDonald zwar nicht öffentlich, aber doch gegenüber seinem Nachfolger später frei heraus bekannte: »Wir waren alle durch die täglichen Probleme so abgelenkt, dass wir nie die Gelegenheit hatten, die gesamte Situation zu untersuchen und eine dementsprechende Politik auszuarbeiten, sondern stattdessen von einer Aufregung zur nächsten lebten.«

Die heutigen Politiker sind ihren Vorfahren zum Verwechseln ähnlich. Sie reden gern über die Chancen der Globalisierung. Sie spüren nicht, was sich über ihnen zusammenbraut. Sie leben wie ihre Vorfahren von einer Aufregung zur nächsten.

KAPITEL 6

Scheitert Europa?
Strategien der Gegenwehr

Der erschöpfte Kontinent

Der Weltkrieg um Wohlstand hat im westlichen Europa deutliche Spuren hinterlassen. Bei der Neuverteilung von Reichtum und Macht zog der alte Kontinent erkennbar den Kürzeren. Seit Anfang der 80er Jahre stagniert sein Anteil am Weltsozialprodukt, die Wachstumsraten fallen im Vergleich zu Amerika und Asien bescheiden aus, rekordverdächtig ist einzig der Anteil von Menschen, die von jeder Wertschöpfung ausgeschlossen sind. Arbeitslosigkeit ist in Europa kein Randschicksal mehr.

Auch die wissenschaftlichen Eliten haben Mühe, das hohe Tempo der globalen Herausforderer mitzugehen. Stellte Europa bei den Natur- und Geisteswissenschaftlern in den ersten zwei Jahrzehnten des 20. Jahrhunderts noch über 90 Prozent aller Nobelpreisträger, sackte dieser Spitzenwert seither drastisch ab. Von 1980 bis 2002 wurden nur noch 27 Prozent aller Nobelpreise von Europäern gewonnen. Das Hoheitsgebiet von Forschung und Wissenschaft duldet keine Relativierungen: Der Aufstieg des einen bedeutet den Abstieg des anderen.

Nun hat in unseren Breiten mitnichten eine allgemeine Verdummung eingesetzt, wohl aber eine für Wissenschaftler spürbare Verschlechterung ihrer Arbeitsbedingungen. Deshalb wandern die klugen Köpfe den gut ausgestatteten Forschungseinrichtungen hinterher. Jeder fünfte Nobelpreisträger aus den USA wurde in einem Land der Europäischen Union geboren.

Selbst dieser Nachschub droht zu versiegen. Die europäische Bevölkerung hat die Fortpflanzung weitgehend eingeschränkt. Die Zahl der Neugeborenen halbierte sich innerhalb von nur vier Jahrzehnten. In den Schlafzimmern der Menschen vollzog sich ein Akt, der beides ist: zutiefst intim und zugleich hochpolitisch. Die Geburtenrate einer Nation ist das Konzentrat aus Millionen Einzelentscheidungen, weshalb sie Auskunft gibt auch über das, was die Menschen von der Zukunft erwarten.

Belief sich Europas Anteil an der Weltbevölkerung im Jahr 1900 noch auf 25 Prozent, sind es heute nur noch elf Prozent. Bis 2050 wird der Kontinent rund 54 Millionen Einwohner verlieren. Europa miniaturisiert sich. Weltweite Führung kann Europa vor allem beim Lebensalter seiner Bevölkerung vorweisen. Das Durchschnittsalter in Spanien, Deutschland und Italien lag 1970 bei 33 Jahren und wird bald bei fast 50 Jahren liegen. Ein Drittel der Europäer dürfte im Jahr 2030 über 60 Jahre alt sein. Eine so deutliche Verschiebung im Altersaufbau hat es ohne Krieg oder Naturkatastrophe noch nie gegeben.

Nun gibt es keinen Automatismus zwischen einer großen Population und einer großen Wirtschaftskraft, aber einen Zusammenhang gibt es schon. Vor allem die Gleichzeitigkeit der Prozesse ist das Problem; eine schrumpfende und alternde Gesellschaft kann das Wachstumstempo der Vergangenheit unmöglich halten. Mit den Kindern schrumpft unweigerlich auch die Zahl derer, die den Wohlstand erzeugen. Der produktive Kern der Volkswirtschaft bildet sich zurück, derweil die unproduktive Krustenregion, der nun wenige Kinder, aber viele Alte angehören, sich enorm ausweitet. Die Wohlstandsproduzenten werden zur Minderheit, umgeben von einer Mehrheit der Gesellschaft, die sich alimentieren lässt. Schon heute beträgt die durchschnittliche Kaufkraft der Europäer nur noch 62 Prozent der amerikanischen. 1990 lag sie noch bei 80 Prozent.

Wer ökonomisch schwächelt, kann auch in Machtfragen nicht mehr das volle Kampfgewicht aufbringen. Politisch hat nach dem Ende des Kalten Kriegs in Europa eine Verzwergung stattgefunden. Die Führungsnationen des 19. Jahrhunderts verschwanden im Nebel der Geschichte, ohne dass Vergleichbares neu entstand. Auch der Zusammenschluss in der Europäischen Union brachte nicht das erhoffte politische Wachstum des Kontinents.

So prallen die Erinnerungen an eine scheinbar glorreiche Vergangenheit und die Erwartungen einer offensichtlich düsteren Zukunft mit großer Wucht aufeinander. Bis weit in das Bürgertum hinein kommt es zur Rückbildung der mentalen Antriebskräfte. Die Zukunft wird vielerorts als Addition von Zumutungen gesehen, vielen erscheint sie eine Ansammlung von Bedrohungen zu sein, die unter Kapuzen vermummt vor der eigenen Haustür auf und ab marschieren. Immer wieder reißen die Kapuzenmänner aus der Mitte der Gesellschaft einen Bürgersohn aus seiner Existenz; das Sterben der Handwerksbetriebe, die Konkursanfälligkeit des Mittelstands, die grassierende Arbeitslosigkeit und die zur Routine gewordene Kürzung von Lohn und Zulagen verbreiten Angst auch unter denen, die bisher von alledem verschont blieben. So werden aus Zeitzeugen Betroffene.

Die Bevölkerung besitzt kein präzises Wissen über den vor ihren Augen ablaufenden Prozess der Selbstzerstörung; eine Urahnung aber besitzt sie sehr wohl. Zunehmend missmutig belauert sie jene, die das Wort Reform im Munde führen. Früher verbarg sich hinter der Vokabel eine Verbesserung der Lebens- und Arbeitsverhältnisse. Es gab am Ende von allem mehr als zuvor – mehr Lehrer, mehr Gleichberechtigung, mehr Lohn und, zunächst kaum beachtet, mehr Schulden gab es auch. Heute bedeutet Reform Rückzug, auch deshalb, weil die Reformer von gestern dem Publikum zu viel versprochen haben. Die Reform von einst und ihr Rückbau heute bedingen einander. Überall im Westen kam eine Wende zum Weniger in Gang – weniger Lohn, weniger Kündigungsschutz, weniger Rente, und auch das Vertrauenskapital der Politiker hat sich im Zuge der neuen Realitäten verkleinert.

Nur schemenhaft, wie hinter Milchglas, nehmen viele Bürger das Problemgebirge wahr. Die Zusammenhänge werden erahnt, aber nicht verstanden, weshalb hier der Versuch unternommen werden soll, die losen Enden der Debatte miteinander zu verknüpfen. Es geht um drei Begriffspaare, die allgemein als Gegensatz empfunden werden, obwohl sie zwingend zueinander gehören: Europa und die Nation ist das erste davon. Beide belauern sich wie Katz und Maus, was dem Kontinent nicht gut bekommt. Ein Vakuum ist entstanden, das die weltweiten Rivalen für sich zu nutzen wissen. Jeder spürt ja: Die Nation kann nicht mehr, Brüssel kann noch nicht auf die Veränderungen so reagieren, dass durchschlagende Erfolge zu erwarten wären. So tritt der einst stolze Kontinent mit einer weithin sichtbaren Impotenz vors Publikum. Europa befindet sich im Ruheraum der Globalisierung, derweil es rundum tobt und tost. Erst wenn die Nation und Europa ihr Verhältnis zueinander geklärt haben, wird am Ende jene Fähigkeit stehen, die heute als vermisst gelten muss: politische Führung.

Was im Generellen unklar ist, kann im Konkreten nicht funktionieren, wie am Beispiel des zweiten Begriffspaares zu besichtigen ist: Freihandel und Protektionismus gelten als miteinander unvereinbar, als Konzeptionen, die sich sogar feindlich gegenüberstehen. Das tun sie heute. Aber: Sie tun das vor allem in Europa und aufgrund einer gedanklichen Trägheit, die es zu überwinden gilt. Denn was bedeutet Freihandel im Angesicht von Angreifern, die auf das Prinzip der gelenkten Marktwirtschaft vertrauen? Was ist von den Waffen des Protektionismus zu halten, die andernorts gewetzt und geschliffen werden? Wie kann ein Handel aussehen, der möglichst beides ist – frei und fair? Denn den Handel zu beschleunigen ist nur das eine, die Entwertung der hiesigen Arbeitskräfte zu verlangsamen das andere große Ziel.

Zunächst aber soll vom Volk und der Wirklichkeit die Rede sein, denn diese beiden haben den Sichtkontakt zueinander verloren. Ohne klares Gespür für das, was ist, und das, was kommt, wird es schwerlich einen Wiederaufstieg geben können. Deshalb müssen sich Volk und Wirklichkeit miteinander versöhnen. Am Beginn der Kraftanstrengung wird ein Ende stehen müssen.

Das Ende der Volksnarkose

Der wichtigste Grund für das Versagen unserer Tage ist eine Bewusstseinseintrübung, die weite Teile der europäischen Gesellschaften gefangen hält. Die Europäer sind nicht in der Lage, sich selbst zu erkennen. Partei- und länderübergreifend hat man sich entschlossen, das Publikum über das Ausmaß der weltweiten Machtverschiebungen zu täuschen. Nicht aus Bösartigkeit, wohl aber aus der nicht gänzlich unbegründeten Angst, der Wähler könnte die Gewählten bei allzu großer Offenheit aus dem Amt jagen. Ehrlichkeit ist auf dem Wählermarkt keine rentierliche Investition, wie die deutschen Regierungschefs Gerhard Schröder und Angela Merkel erfahren mussten. Das Volk reagiert mitunter ausgesprochen unwirsch, wenn man ihm die Probleme des Landes ungefiltert vor Augen führt. Wie ein Schutzschild ziehen viele die Milchglasscheibe dichter zu sich heran.

Der Stimmungspolitiker neuen Typs hat daraus die Lehre gezogen, dass seine Wähler von ihm nicht Problemlösung verlangen, sondern schon mit gekonnter Problemverdrängung zufrieden sind. Die Pflichtlüge kam in Mode. Auftragsgemäß werden von der Politik die Erfolge, die es im wahren Leben seit längerem nicht mehr gibt, bei den Banken dazugekauft.

Heute ist der milliardenschwere Staatskredit das Opium der Völker. Überall im Westen wird halluziniert auf Teufel komm raus. Was als harmlose Schuldenpolitik in den 70er Jahren begann, wuchs sich zum größten Betrugsmanöver der neueren Geschichte aus. Eine Unwahrheit provozierte die nächste, bis ein ganzes Gebäude der Illusionen entstand, das sich nicht mehr ohne Weiteres einreißen lässt. Allein in Deutschland erhöhte sich die Staatsschuld von 1950 bis 1989 von knapp 10 Milliarden Euro auf 470 Milliarden Euro. Seit der Wiedervereinigung ist eine Verdreifachung zu melden, die Staatsschuld beträgt nunmehr 1,5 Billionen Euro. Alle europäischen Gesellschaften bewohnen heute Traumlandschaften, die mit dem Geld künftiger Generationen errichtet wurden.

Niemand kann guten Gewissens den völligen Verzicht auf die Kreditfinanzierung empfehlen, da die Abhängigkeit davon schon zu groß ist. Der Wirtschaftskreislauf würde binnen kürzester Frist kollabieren. Eine paradoxe Situation ist entstanden, aus der es keinen schmerzfreien Ausweg gibt: Was gestern falsch war, die weitere Kreditaufnahme, ist heute immer noch falsch. Aber unverzichtbar ist sie mittlerweile auch. Die Weimarer Republik hat schlechte Erfahrungen gemacht mit einer Sparpolitik, die am Ende alles nur verschlimmerte. Die Wirtschaft zog sich zusammen wie ein verkrampfter Magen. Die Fabriken schickten die Beschäftigten millionenfach auf die Straßen, wo die Feinde der Demokratie schon bereitstanden, sie aufzusammeln. Am Ende gab es mehr Schulden, mehr Arbeitslose und mehr Nazis; die ohnehin schon kränkelnde Demokratie hörte auf zu atmen.

Der Sieger der Sparpolitik hieß Hitler, und der hatte nichts Eiligeres zu tun, als bei den Banken erneut größere Geldsummen zu bestellen. Seine Erfolge in der Wirtschaftspolitik waren beachtlich, aber sie waren erkauft und erbeutet, nicht nach alter Väter Sitte erarbeitet. Die Preisstabilität, die Vollbeschäftigung, die steigenden Löhne, der Ausbau des Sozialstaats, aber auch die staatlichen Pracht- und Protzbauten, Parteitagshallen und Sportarenen, Autobahnen und Kasernen waren allesamt jenem rauschhaften Wahn entsprungen, mit dem er Geldnoten, Staatsanleihen und Schuldverschreibungen drucken und verteilen ließ, bevor er dazu überging, die jüdischen Vermögen zu konfiszieren.

Das Deutsche Reich ging unter, die Furcht vor der Wahrheit hat überlebt. Sie ist eher größer als kleiner geworden. In jeder Krise und auch schon im Angesicht einer kleineren Konjunkturdelle wird neuer Stoff bei den Banken abgeholt. Mittlerweile ist eine eigene Welt der Zahlen und Worte entstanden, deren wesentlicher Sinn darin besteht, Klarheit zu vermeiden. Die von den staatlichen Statistikämtern veröffentlichten Wachstumsraten fast aller westeuropäischen Staaten verdanken das positive Vorzeichen allein der steigenden Verschuldung. Unterm Strich der volkswirtschaftlichen Gesamtrechnung steht die Wachstumsrate eines Landes, die Königin der Zahlen, die Glücksformel einer jeder Nation. Die aber interessiert sich nicht dafür, wie dieses Wachstum erzeugt wurde; ob durch eine verstärkte Anstrengung der Bürger, durch mehr Arbeit, mehr Ideenreichtum oder eben durch mehr Leihgeld von der Bank.

Sie erweckt den Eindruck, das in Zahlen gegossene Abbild unserer Wirklichkeit zu sein. Aber genau das ist sie nicht. Sie liefert im Gegenteil das in Zahlen gegossene Zerrbild unserer Wirklichkeit. Sie berichtet von einer Stärke, die wir erträumen, aber nicht besitzen. Sie vermeldet einen Wohlstand, den es nur als Leihgabe zu besichtigen gibt. Sie beruhigt, weil sie das Beunruhigende verschweigt. Die volkswirtschaftliche Gesamtrechnung ist nun mal eine große Additionsmaschine, die Gleiches und Ungleiches aneinander reiht. Sie addiert den erhöhten Warenausstoß der Stahlwerke mit den gestiegenen Löhnen der Staatsdiener, sie rechnet die steigenden Gesundheitsausgaben hinzu und türmt als Letztes auch die Kredite des Staats obenauf. Selbst wenn das Wachstum der Kredite den Zuwachs beim Produktionsausstoß übersteigt, wird noch vom Wachstum der Volkswirtschaft berichtet. Die Experten sprechen schamvoll vom »schuldengetriebenen Wachstum«, auch um das Wort Schrumpfung zu vermeiden.

Im Privaten würden wir den Nachbarn, der mit einem gestiegenen Einkommen prahlt, in Wahrheit aber sein gesunkenes Gehalt durch immer neue Überziehungskredite aufbessert, eher bedauern als bewundern. Er würde uns als warnendes und nicht als leuchtendes Beispiel vor Augen stehen. An dem Tag, an dem der Schwindel auffliegt, steht der Mann als Prahlhans da. Die Mär vom wachsenden Einkommen würde er uns, wenn er auch nur halbwegs bei Trost ist, kein zweites Mal auftischen.

Die Staaten in Westeuropa sind deutlich schamloser. Die Kredite bringen ein steigendes Nationaleinkommen hervor, das Kanzler und Präsidenten wider besseres Wissen als Ausweis erfolgreichen Regierungshandelns herumzeigen. Mit einer solchen Wachstumsziffer im Gepäck betreiben sie Wählerwerbung, auch wenn es sich in Wahrheit um Wählertäuschung handelt.

Beim ungetrübten Blick auf die deutsche Kassenlage fällt auf, wie weit der Prozess der Selbsttäuschung bereits fortgeschritten ist: Die 190 Milliarden Euro Steuergelder, die der Bundesfinanzminister pro Jahr einnimmt, sind faktisch ausgegeben, bevor der Haushaltsausschuss des Parlaments ein einziges Mal über die Verwendung der Gelder befunden hat. In einem nie da gewesenen Ausmaß diktiert die Vergangenheit die Gegenwart, ohne dass ein heutiger Politiker darauf noch Einfluss nehmen kann. 80 Milliarden Euro überweist der Bund zur Stützung der Rentenkasse, obwohl die Rentenversicherung eigentlich von den Beiträgen ihrer Mitglieder leben sollte und nicht vom Geld der Steuerzahler. 40 Milliarden fließen auf der Stelle an die Arbeitslosen, obwohl auch für sie eine eigene Versicherung außerhalb des Bundeshaushalts unterhalten wird. Weitere 40 Milliarden Euro gehen als Zinszahlung an die Banken für die Leihgelder vergangener Tage. Der Rest bildet das Budget unserer Bundeswehr. Dem Bund bleibt von 190 Milliarden Euro Steuergeld kaum ein Euro für seine anderen Aufgaben, die Forschung, die Familien, den Straßenbau, die Universitäten, den Umweltschutz, die Agrarbeihilfen, die Überweisungen in die Dritte Welt. Auch seine Beamten müssten leer ausgehen, würde die Regierung nicht jedes Jahr zwischen 30 und 40 Milliarden Euro neue Schulden aufnehmen.

Es gibt derzeit keine andere Wahrheit als diese: Die Bundesrepublik Deutschland gibt das Geld, das ihr die Bürger anvertrauen, für die Abwicklung der Vergangenheit aus, mit der Folge, dass der Staat überall da, wo die Zukunft lockt und lauert, nichts mehr zu bieten hat. Der deutsche Staat ist reich und arm zugleich. Hohe Abführungen an den Fiskus und der Zerfall öffentlicher Straßen, Schulen und Kindergärten schließen sich nicht mehr aus.

Dabei haben die eigentlichen Herausforderungen noch nicht begonnen. Es gibt für die Volkswirtschaften in Europa derzeit erst ein halbes demographisches Problem, auch wenn die öffentliche Debatte den gegenteiligen Eindruck erweckt. Die vielen Alten, die deutlich länger leben als ihre Vorgängergeneration, sind uns schon heute lieb und teuer. Aber noch stehen die geburtenstarken Jahrgänge in Saft und Kraft. Sie sind nach Leibeskräften produktiv. Ihre nur geringe Neigung, Kinder zu zeugen, spart dem Staat heute Milliardenbeträge. Allein für das deutsche Kindergeld müsste er, eine bestandserhaltende Geburtenrate vorausgesetzt, 50 Prozent mehr ausgeben, also mindestens 50 Milliarden Euro pro Jahr. Erst wenn sich die Babyboomer im Ruhestand versammeln, wird sich die reduzierte Kinderzahl auf die Staatsfinanzen negativ auswirken. Dann werden wir mit dem Rückzug der Erwerbsbevölkerung bei gleichzeitiger Verdoppelung der Rentnerpopulation eine düstere Weltpremiere erleben. Die millionenfachen Versprechungen, die der Staat den heute noch Beschäftigten macht, werden sich als nicht erfüllbar erweisen. Eine Finanzsituation kündigt sich an, die man getrost als nicht beherrschbar bezeichnen darf.

Diese Ausgangslage taucht in den politischen Debatten unserer Tage nur als Hintergrundgeräusch auf. Die Politiker vorn am Bühnenrand haben sich auf das Simulieren von Führungsstärke verlegt. In der Opposition wird oft noch getönt und posaunt, dass einem die Ohren klingen. Kaum im Regierungsamt angekommen, versagt vielen schon die Stimme, ihr Heldenmut schrumpft binnen kürzester Zeit zur Fußnote der eigenen Biographie. Vor aller Augen wurde die CDU-Vorsitzende und deutsche Kanzlerin Angela Merkel von den Zeitläufen zusammengeschrumpft. Mit Siebenmeilenstiefeln war sie auf die deutsche Machtzentrale losgestürmt, und bevor sie sich versah, steckte sie in den Fußstapfen ihrer Vorgänger fest. Wahrscheinlich ist die Enttäuschung über eine zu hoch veranschlagte politische Potenz bei niemandem größer als bei ihr selbst. Sie hat die Probleme durchschaut wie nur wenige Politiker zuvor. Sie hatte sich viel vorgenommen. Vor allem aber hatte sie sich viel zugetraut. Als Reformatorin wollte sie vor die Geschichte treten. Verschämt spricht sie heute von den kleinen Schritten, die schließlich auch ans Ziel führen. Doch die kleinen Schritte der Kanzlerin führen weg von Angela Merkel.

Das Beeindruckende ihrer Amtszeit ist bisher vor allem die Geschwindigkeit, in der sie eine über Jahre angesparte Glaubwürdigkeit gegen die deutlich weichere Währung des Beliebtseins eintauschte. Der Rücktausch ist in der Demokratie ein schwieriges und politisch riskantes Geschäft, weshalb er in aller Regel unterbleibt. Die wohlige Wärme der Popularität hat schon viele Amtsinhaber schläfrig gemacht.

Die deutsche Verzagtheit ist nicht die Ausnahme, sondern die Regel im westlichen Europa. Alle bisherigen Reformen waren gegenüber dem Problem, das sie zu lösen vorgaben, unangemessen – die Realität wurde von ihnen berührt, nicht verändert. Nirgendwo ist eine Sparleistung zu besichtigen, in dem eigentlichen Wortsinn, dass danach weniger Geld ausgegeben wird als zuvor. Die Sparrunden der Politik bedeuten nahezu ausnahmslos, dass mehr ausgegeben wird als zuvor; nur eben weniger als geplant. Die Überforderung der europäischen Gemeinwesen ist zur Normalität geworden. Der Europäische Stabilitätspakt begrenzt das Treiben, aber er beendet es nicht. Der Kontinent lebt seinen Problemen entgegen.

Das ist ja das Bequeme an der Staatsverschuldung: Sie dämpft die sozialen Konflikte, sie entschärft den politischen Disput, sie schafft jene zunächst rauschenden und später nur noch bescheidenen Erfolge des Augenblicks. Der Veränderungsdruck verschwindet nicht, aber er wird nicht mehr als solcher wahrgenommen. Die Politiker brauchen nicht umzuschulen, sie können sich wie bisher als Familienförderer, Kinderfreunde oder Technologieliebhaber in Szene setzen. Sie verkaufen dem Volk eine Zukunft, die es auch dank ihrer Mithilfe so nicht geben wird. Vor allem aber helfen sie mit, eine Wohlstandsillusion zu verlängern. Die ökonomischen Folgen der Verschuldung sind kalkulierbar. Die gesellschaftlichen Folgen sind es nicht.

Die neue Ehrlichkeit

Wer der Gefahr entkommen will, muss sie zunächst erkennen. Vergleichbar dem Bemühen der frühen Umweltschützer gilt es daher, den Kampf gegen eine widrige Wirklichkeit mit dem Sichtbarmachen derselben zu beginnen. Die Umweltschützer von einst sorgten dafür, dass neben den Bilanzen der Finanzbuchhalter erstmals auch Schadstoff-, Energie- und Abfallbilanzen verfasst wurden. Der bis dahin unsichtbare Ressourcenverzehr wurde sichtbar und erst dadurch der Steuerung zugänglich. Eine gänzlich neue Form der Bilanzierung entstand. Die Umwelt bekam einen öffentlichen Stellenwert, lange bevor sie auch einen Preis bekam. Das Wort Nachhaltigkeit feierte seine vielbeachtete Premiere.

Die Menschen staunten und spotteten über die Ökos der ersten Stunde. Aber sie horchten zugleich auf, sie begriffen schnell und begannen, erst ihr Leben und dann das ihrer Staaten und Firmen neu auszurichten. Sterbende Flüsse, pestizidgetränktes Obst und schwefelhaltige Luft waren eben noch eine allseits akzeptierte Begleiterscheinung des modernen Wirtschaftens, bevor man sie fast über Nacht als Skandal empfand. Was gestern noch als stinkende Beimischung des Industriezeitalters billigend in Kauf genommen wurde, galt nun als inakzeptabel.

Nicht nur die große Politik geriet unter Veränderungsdruck, auch die Menschen selbst reformierten sich. Eben noch hatten viele Völker Europas, die Deutschen voRNEweg, ihre Waschmaschinen am Ortsausgang entsorgt. Bananenschalen, Zigarettenstummel und Bierdosen fanden den Weg aus dem halb geöffneten Autofenster, bis die neue Lektion gelernt war. Das getrennte Sammeln von Müll kam in Mode, in die Heizungen wurden automatische Temperaturregler eingeschraubt, die Wärmedämmung rückte ins Zentrum des Baugeschehens, auf den Dächern wurden die ersten bläulich glitzernden Solaranlagen bestaunt und begafft, als seien die Außerirdischen dort gelandet. Umweltschutz, eben noch als kostentreibende Angelegenheit empfunden, wurde zur Sehnsuchtsvokabel breiter Bevölkerungsschichten. Die Auflagen und Restriktionen, die das neue Umweltbewusstsein auch bedeutete, wurden bald nicht mehr als Zumutung von der Politik an die Bevölkerung verstanden, sondern ergingen als Forderung von der Bevölkerung an die Politik. In allen Ländern schossen Naturschutzgesetze wie Keimlinge aus dem Boden, Müll- und Energiekonzepte wurden zuhauf vorgelegt; Sonne, Wind und Biomasse gelten seither als die neue Energiereserve der Erde. Bis dahin unbekannte Worte hielten Einzug in den Sprachgebrauch, Recycling und Energiesparmaßnahme zum Beispiel. Der Katalysator tauchte auf und blieb. Neue Parteien wurden geboren, die ihre Eltern noch im Kreißsaal als »die Etablierten« beschimpften.

Ausgerechnet eine zutiefst romantische Bewegung, deren frühe Führungsfiguren durch eine zum Teil unerträgliche Weltabgewandtheit auffielen, hat die Welt verändert, was nur wenige Staatsmänner von sich behaupten können. Helmut Schmidt hieß der deutsche Kanzler jener Jahre, der es gern hörte, wenn man ihn einen »Macher« rief. Valéry Giscard d`Estaing war der französische Präsident, der sich viel auf seine Intellektualität zugute hielt. In Amerika versuchte ein Erdnussfarmer namens Jimmy Carter sich Geltung zu verschaffen. Aber die Geschichte dieser Zeit haben andere geschrieben. Ausgerechnet jener Menschenschlag, der sich selbst als »alternativ« bezeichnete und mit oft unversöhnlichem Ton die Versöhnung von Mensch und Natur einforderte, lieferte ein politisches Meisterstück von bleibendem Wert. Es bestand nicht im Bessermachen, sondern in erster Linie im Nichtakzeptieren dessen, was bis dahin allgemein akzeptiert war. Mit ihren zuweilen schlechten Manieren, einem oft klebrigen Pathos, der eifernden Art haben sie den Schleier zerschnitten, den die Wohlstandsgesellschaft so sorgfältig über ihre Schattenseiten ausgebreitet hatte. Diese politische Bewegung hat den Mantel der Geschichte nicht erhascht, sondern selbst genäht. Die einen waren Kanzler und Präsidenten. Aber die geschichtsmächtige Kraft waren die anderen.

Europa täte gut daran, die anhaltende Schuldenfinanzierung seines Gemeinwesens als einen Vorgang von ähnlicher Tragweite zu begreifen wie den Umweltfrevel der frühen Jahre. Wieder handelt es sich um Raubbau, nur diesmal an uns selbst. Erneut wird Schindluder mit der Zukunft getrieben, auch wenn man die Zerstörung diesmal nicht schmecken und nicht riechen kann. Und wieder trifft man auf jene Zeitgenossen, denen schlicht die Vorstellungskraft dafür fehlt, dass eine Bevölkerung, die zunächst nicht mehr als ihr Bewusstsein von der Wirklichkeit verändert, später auch die Wirklichkeit selbst verändern wird. Die am häufigsten unterschätzte Produktivkraft der Völker ist ihre Willenskraft, die, einmal geweckt, Großes und Großartiges zuwege bringen kann.

Die Staatsverschuldung hätte es verdient, dass sich eine neue Generation von Sturköpfen an ihr festbeißt. Wieder mal könnte sich eine politische Kreativität entladen, die von ihren Gegnern zunächst als leicht verrückt gebrandmarkt würde, bevor man den Verrückten in gebotenem Zeitabstand das große Verdienstkreuz andienen müsste. Als Erstes gehörte die volkswirtschaftliche Gesamtrechnung, unser bisheriger Wohlstands- und Glücksindikator, reformiert oder besser gleich aussortiert, damit Neues an seine Stelle treten kann. Das Volk muss in die Lage versetzt werden, einen ungetrübten Blick ins Innerste der Volkswirtschaft zu werfen. Millionen Menschen werden ernüchtert und erschrocken sein, womöglich auch über die eigene Maßlosigkeit der vergangenen Jahrzehnte.

Vorbild Reichsnotopfer.
Die Wende zum Weniger

Staatsschulden gab es zu allen Zeiten, aber sie fielen nicht zu allen Zeiten derart hoch aus wie heute. Die europäischen Monarchen beispielsweise waren solider als ihr Ruf. Die französische Staatsschuld im 16. Jahrhundert betrug, gemessen am Nationaleinkommen, nur ein Drittel der heutigen. Die Verschuldung der englischen Krone war bis ins 17. Jahrhundert unbedeutend. Erst danach kam es immer wieder zu Spitzenwerten auf der Schuldenskala, meist bedingt durch die Kriegs-

führung. War die Völkerschlacht beendet, setzte der Schuldenabbau ein. Großbritannien und die USA lebten fast das gesamte 19. Jahrhundert hindurch mit einem ausgeglichenen
Staatshaushalt.

Frankreich und Deutschland waren zwar mit Beginn des
Industriezeitalters weniger sparsam als Briten und Amerikaner, aber auch weniger maßlos als ihre heutigen Nachfahren.
Erst in den beiden Weltkriegen schossen die Defizite überall
im Westen fast senkrecht in den Himmel. Doch auch diesmal
gelang der Schuldenabbau, kaum dass die Kampfhandlungen
beendet waren. Europa fand zurück zur Normalität einer
gemäßigten Kreditfinanzierung.

Der Beginn des modernen Schuldenstaats datiert nahezu
überall in Europa in den 70er und 80er Jahren. Die Globalisierung begann ihren Siegeszug, die Ölpreise kletterten, das
Kapital sah sich weltweit nach den günstigsten Investitions-
standorten um, die Sozialstaaten litten unter der Last der von
nun an steigenden Arbeitslosigkeit. Da kam der Staatskredit
als gebräuchliches Finanzierungsinstrument in Mode. Der
Brite John Maynard Keynes hatte es in den 30er Jahren empfohlen, um damit eine erlahmte Volkswirtschaft wieder auf
Trab zu bringen. Für Keynes blieb die staatliche Kreditfinanzierung zeitlebens »eine aus der Verzweiflung resultierende
Notmaßnahme«. Wähler und Gewählte aber fanden Gefallen
an dem Leben auf Pump. Sie feierten in fast allen Ländern
des Westens rauschende Feste auf Kosten künftiger Generationen.

Es gibt drei Möglichkeiten, um die Schuldenlast loszuwerden. Krieg führen ist eine davon. Die Eroberung fremder Territorien, die mit Raub und Ausbeutung der Einheimischen ein-
herging, war den Banken die liebste Form der Tilgung. Die
Rückzahlung erfolgte nach Ende des Feldzugs aus dem Fundus
der Unterworfenen. Das war ein schnelles und aus Sicht der
Kreditgeber blitzsauberes Geschäft. Großbritanniens König

Georg III. sprach in großer Offenheit von den »Kreditkriegen«, die es im Interesse solider Staatsfinanzen zu führen galt.

Die zweite Möglichkeit der Schuldentilgung ist weniger martialisch, obwohl auch hier Opfer zu kalkulieren sind. Die mehr oder minder gewollte Geldentwertung ist zu allen Zeiten eine gängige Methode des Schuldenabbaus gewesen. Die Staaten ließen neue Geldnoten drucken, mit denen sie ihre Zinsen zahlten und zum Teil auch die Tilgung vorantrieben. Die Kaufkraft des Geldes nimmt dabei Schaden, kleine und große Leute zählen zu den Verlierern, weil ihr Geld mit jedem Tag, an dem die Inflation marschiert, weniger wert wird. Fein raus sind nur die Besitzer von Goldbarren, Häusern und Ländereien, weil die Geldentwertung ihre Besitzstände verschont. Der Staat allerdings profitiert: Er kann mit Hilfe der Inflation sogar ein wahres Wunder vollbringen, wie es sich in den 20er Jahren in Deutschland ereignete. Die Hyperinflation des Jahres 1923 hatte die Schulden auf nahezu null reduziert. Die Menschen hungerten und froren, der Finanzminister aber trat schuldenfrei vor das Parlament.

Beide Wege des Schuldenabbaus sind den Europäern heute versperrt. Der Krieg ist geächtet und die Gelddruckmaschine wurde den Politikern genommen. Zu oft hatten sie damit Schindluder getrieben. Die unabhängige Europäische Zentralbank achtet wie ein Luchs darauf, dass der Geldumlauf sich nur in vertretbaren Dosen erhöht. Die Staaten dürfen sich verschulden, aber sie können diese Schulden nicht mehr per Gelddruckmaschine loswerden. Die Notenbanker fühlen sich der Preisstabilität verpflichtet wie der Priester dem Zölibat.

Die dritte Methode, um die Schulden zu reduzieren, ist ein hohes Wirtschaftswachstum. Die Defizite können zurückgeführt werden, ohne dass es der Bürger merkt. Von jedem Zuwachs der Einnahmen wird ohne großes Aufhebens ein Teil für die Tilgung abgezweigt. Es bleibt noch genug zusätzlicher Wohlstand übrig, um alle zu verwöhnen. Lange hatten die Politiker gehofft, die Konjunktur würde ihnen diesen Ausweg eröffnen. Aber sie tat und tut es nicht.

Ohne Lösung der Schuldenfrage aber wird es keine Rückkehr zur Prosperität geben können. Der Schuldenstaat lässt dem Investitionsstaat derzeit keine Chance, sich zu entfalten. Europas Regierungen können über verstärkte Bildungsinvestitionen reden, aber sie können sie nicht bezahlen. Sie alle begutachten ihre zerfallende Infrastruktur, ohne dass sie stark genug wären, für Abhilfe zu schaffen.

Da Krieg, Inflation und Superwachstum als Lösungen ausscheiden, müssen die europäischen Gesellschaften das Problem diesmal aus eigener Kraft stemmen. Die Akteure könnten sich dabei von zwei Prinzipien leiten lassen, deren Verwirklichung nichts Geringeres bedeuten würde als einen neuen Gesellschaftsvertrag. Als Vertragspartner säßen sich das gemeine Volk, der Staat und die Vermögenden gegenüber.

Zwischen diesen Gruppen wäre zu reden über die wahren Gründe der sich vergrößernden Staatsschuld. Der Staat und die ihn regierenden Parteien werden einräumen müssen, dass sie jahrelang das Blaue vom Himmel versprachen, ohne dass sie sich um die Einlösung dieser Versprechen mit der gleichen Intensität gekümmert haben. Dem Staat wird am Ende dieses Gesprächs nichts anderes übrig bleiben, als seine Ausgaben zu drosseln, um seinen Kredithunger zu dämpfen. Die Sozialpolitiker früherer Zeiten können dabei der Gesellschaft noch einen letzten Dienst erweisen, wenn sie vors Publikum treten, sich zum Irrtum vergangener Jahrzehnte bekennen und sagen: Der heutige Wohlfahrtsstaat untergräbt die Bedingungen, die er zu seinem Funktionieren braucht. Er schaufelt selbst das Grab, in das er am Ende hineinplumpsen wird.

Wenn der Rückbau klug und fair vonstatten geht, wird er die wirklich Bedürftigen verschonen. Das Soziale ist in Europa nicht verhandelbar. Zu Eigenverantwortung und Selbstvorsorge kann nur der ermuntert werden, der die Befähigung dazu besitzt. Der kleine Rentner kann nicht viel tun, seine materielle Lage zu verbessern. Dem chronisch Kranken ist es unmöglich, sich noch einmal krumm zu machen. Bei den Budgets für Kinder, Schüler und Studenten darf der Staat auch deshalb nicht Hand anlegen, weil diese Gruppen das Wurzelwerk ist, über das er morgen und übermorgen mit Energie versorgt werden soll.

Von vielen anderen, den Arbeitsfähigen, aber nicht Arbeitswilligen, vor allem von jenen Jugendlichen und jungen Erwachsenen, die sich ohne Not in staatliche Obhut begeben haben, wird ein Neustart verlangt werden müssen. Nichtstun bei vollem Lohnausgleich wird es für sie nicht mehr geben können. Der in vielen Ländern Europas eingeführte Kombilohn aus Sozialgeld und Schwarzarbeiterlohn muss wieder an die Ränder der Gesellschaft zurückgedrückt werden, von wo er sich in die Mitte vorgeschoben hat. Was als Kavaliersdelikt begann, wuchs sich zur Bedrohung für den Leistungswillen des Einzelnen und die Leistungskraft des Ganzen aus. Es gibt ein Recht auf Faulheit und es gibt ein Recht auf staatliche Unterstützung, aber beides darf miteinander nicht kombinierbar sein. Der Faule ist dem Staat auch weiterhin lieb, aber nicht mehr teuer. Wer anderes verspricht oder fordert, ist dem Sozialstaat nicht wohlgesonnen.

Auch die berufstätigen Mittelschichten, jene Menschen also, die in der Lage sind, den Rückzug des Staats durch eine eigene Kraftanstrengung auszugleichen, müssen mit Einschnitten rechnen. Die Fülle von staatlichen Sozialleistungen, die sie bekommen, derer sie aber nicht bedürfen, wird zusammenschmelzen müssen. Es gibt viele Fragen und die Zeit rückt näher, da auf sie eine Antwort erfolgen wird: Warum wird das Kindergeld an alle ausbezahlt, auch an die Gutverdiener? Wieso bekommt man es auch dann ausgezahlt, wenn Sohn oder Tochter längst in den Mittzwanzigern sind? Weshalb fördert der Staat mittels Ehegattensplitting die kinderlose Ehe mit

Milliardenbeträgen, obwohl doch der Zusammenzug eines Paares Einsparungen bringt und keinerlei Kosten verursacht? Warum sind Kinderkrippen teuer und Universitäten kostenlos?

Die Mittelschicht wird zunächst manches entbehren und dennoch am ehesten vom Zustandekommen dieser Kraftanstrengung profitieren. Die Wende zum Weniger' hat für sie eine positive Seite, deren psychologischer Effekt nicht zu unterschätzen ist: Sie tauschen die reduzierten Auszahlungen des Staats gegen seine höhere Verlässlichkeit.

Doch das wird nicht ausreichen. Man kann es drehen und wenden, wie man will: Um die Handlungsfähigkeit des in die Schuldenfalle geratenen Staats wiederherzustellen, ist die Sparsamkeit der einfachen Menschen eine Voraussetzung, aber nicht die einzige. Soll es zum Abbau der Staatsschuld kommen, werden die Vermögenden dazu einen Beitrag leisten müssen, der über die bisherige Symbolik hinausgeht. Das Problem der Staatsschuld ist nicht symbolisch, sodass Symbole zu seiner Lösung nicht viel beitragen können. Das ist für die Betroffenen ärgerlich und nicht wenige werden es ganz und gar inakzeptabel finden. Ihre Steuerlast war schon bisher enorm. Die oberen zehn Prozent des Landes tragen zum Steueraufkommen in Deutschland rund 54 Prozent bei, in Frankreich und England sieht es ähnlich aus. Ein Beitrag dieser Größenordnung verdient Respekt und keine Beschimpfungen. Ihr Reichsein verdanken die Reichen keiner Lotterie und nicht der Seeräuberei, sondern in aller Regel beruht es auf einer Leistung, die über das Normalmaß deutlich hinausragt. Die Antriebskraft der Vermögenden ist oft enorm, ihre Ideen, ihre Geschicklichkeit im Umgang mit Geld und Kunden, sogar ihre Schlitzohrigkeit ist gesellschaftlich erwünscht. Wir haben heute eher zu wenige Schlitzohren als zu viele. Wir sollten ihnen den hysterischen Ruf nach mehr irdischer Gerechtigkeit und größerer Gleichheit ersparen. Ohne ihren Reichtum wären wir alle ärmer. Mit ihren Vermögen, ihrem Ideenvorrat, ihrer

Willenskraft sind sie die Quelle, aus der Verteilungspolitiker aller Parteien zu schöpfen pflegen.

Dennoch müssen wir ihnen einen Vermögensverlust zufügen, der erheblich und daher schmerzhaft ist. Sie verfügen nun mal über die einzige ökonomische Ressource, die den Gezeitenwechsel unbeschadet überstand. Wer ein glückliches Händchen besaß, konnte in den vergangenen Jahrzehnten sein Vermögen deutlich mehren. Der Vermögensertrag ist heute bei vielen aus der Oberschicht höher als das gesamte Vermögen der Nachkriegsjahre. Dem Kapital und seinen Eigentümern ist das friedliche Wachstum der Weltwirtschaft gut bekommen. Sie profitieren von jenen Prozessen, unter denen andere leiden. Der Weltfinanzmarkt und der Weltarbeitsmarkt sind für sie ein großes Geschenk. Die privaten Vermögen der Deutschen konnten allein in den vergangenen zehn Jahren um über 40 Prozent an Wert zulegen.

Millionen von Wohlhabenden sind zusätzlich auch noch Erben. Diesen an sie weitergereichten Reichtum verdanken sie Vater und Mutter, aber auch dem Funktionieren der sie umgebenden Gesellschaft. Hinzu kommt, dass die Erben durch ein Wesensmerkmal miteinander verbunden sind, über das zu sprechen gemeinhin als unschicklich gilt. Sie bleiben gern unter sich. Die großen Reichtümer werden mit geradezu naturgesetzlicher Regelmäßigkeit im oberen Drittel der Gesellschaft weitergereicht. Reich und reich gesellt sich gern, weshalb das Erben ein Vorgang ist, der die verschiedenen Teile der Gesellschaften weiter auseinander treibt. In vielen Ländern des Westens wird den privaten Erben daher eine Steuer zugemutet, die ihre Betriebsvermögen schont, in die Substanz ihrer privaten Reichtümer aber eingreift. Eine Rentiersgesellschaft wie die, die sich in Europa ankündigt, wird nicht umhinkommen, die Erben anzusprechen. Das politische Kunststück besteht darin, ihnen das Fell zu scheren, ohne es ihnen über die Ohren zu ziehen.

Das historische Vorbild für einen Kraftakt der besonderen Art konzipierte der Zentrumspolitiker und Finanzminister Matthias Erzberger, der unmittelbar nach dem Ende des Ersten Weltkriegs seinen Auftritt hatte. Er fand eine Kassenlage vor, die alles andere als komfortabel war. Die Einnahmen flossen spärlich, der Investitionsbedarf war gewaltig. Die Staatskasse aber war de facto gesprengt, weil es keine Kriegsgewinne gab, mit denen sich die Kriegsschulden begleichen ließen. Allein der Schuldendienst verschlang im ersten Nachkriegsjahr mehr Geld, als im letzten Jahr vor Kriegsbeginn für die gesamten staatlichen Ausgaben zur Verfügung stand. Der Versailler Vertrag verlangte eine Reparation, die selbst unter Aufbietung aller Kräfte so nicht zu stemmen war.

Erzberger sorgte erstmals in Deutschland für den Aufbau einer einheitlichen Reichsfinanzverwaltung und führte die heutige Einkommenssteuer ein. Damit war die Kleinstaaterei auf dem Gebiet der Staatsfinanzen weitgehend beendet. Alle wurden nun zur Kasse gebeten, in größerem Umfang auch die Vermögenden. Erzberger ersann für sie das so genannte Reichsnotopfer, das der Tilgung der Kriegsschuld diente. Das Reichsnotopfer war eine Einmalsteuer außerhalb der ansonsten gültigen Systematik, in der Grundidee gleichermaßen trickreich wie simpel: Die Besitzer von Staatspapieren sollten praktisch mit ihrem eigenen Geld ausgezahlt werden. Ausgenommen waren alle betrieblichen Vermögen, denn die Wirtschaft wollte man schließlich ankurbeln und nicht abwürgen. Zahlbar war das Notopfer über einen Zeitraum von 30 Jahren.

Erzbergers vorrangiges Motiv war nicht die Umgestaltung der Gesellschaft, sondern die Beseitigung der alles erdrückenden Staatsschuld. Hören wir ihm zu, wie er sein »Reichsnotopfer« am 12. August des Jahres 1919 vor den Abgeordneten der Nationalversammlung begründete:

»Meine Damen und Herren! Das hohe Haus und das deutsche Volk haben das Recht, drei Fragen beantwortet zu erhalten: Was ist? Was muss werden? Und wie muss es werden?

Was ist? Das größte Finanzelend, das die Welt je sehen konnte oder befürchten musste. Was muss werden? Baldigste Ordnung unseres gesamten Finanzwesens. Und wie muss es werden? Neue Wege sind zu gehen, Abschied muss genommen werden von manchem alten Liebgewonnenen.

Die schwebende Schuld ist das Schmerzens- und Sorgenkind jedes Finanzministers. Wenn man an frühere Zeiten vor dem Kriege zurückdenkt, wo man mit einer schwebenden Schuld von nicht einer Milliarde gerechnet hat und wo dann schon Sorgen für die Finanzverwaltung aufgetreten sind… glückliche Zeiten! Heute sind es 76 Milliarden. Der erste Schritt auf dem Wege zur eigentlichen Finanzreform soll das große Vermögens-opfer sein, das von dem Besitz in dieser harten Schicksals-stunde gefordert werden muss. Schon in der Wortprägung kommt die ganze Eigenart der Maßnahme zum Ausdruck. Damit wird sie herausgerückt aus dem Rahmen der übrigen Steuern und aller gewöhnlichen steuerlichen Maßnahmen und ihre eigenartige wirtschaftliche und sozialethische Seite ge-kennzeichnet.

Die Gesundung unserer ungeheuer zerrütteten Finanzwirt-schaft und damit die Wiederaufrichtung der Volkswirtschaft kann nur erfolgen, wenn mit großen Mitteln gearbeitet wird. Mit kleinen Medikamenten kann die Krise nicht überwunden werden, der kranke Finanzkörper nicht geheilt werden. Wir werden bei der Reform der direkten Dauersteuern bis zur höchsten Tragfähigkeit gehen, wir werden auch gewaltige Summen aus den indirekten Steuern herauswirtschaften müs-sen. Das weiß das Volk. Aber man muss sich klar sein, dass der Weg zur Abwicklung dieser Aufgabe nur freigemacht wer-den kann, wenn am Anfang steht eine entschlossene Tat der Regierung und Volksvertretung, eine Tat, welche den eisernen

*Willen des ganzen Volkes bekundet, trotz des schweren Falles,
den Weg nach oben wiederzufinden, eine Tat, welche zugleich
die feste Bürgschaft dafür bietet, dass der Gedanke der sozialen Gerechtigkeit im neuen Staate voll zur Wirkung kommt.
Eine solche Tat soll das Vermögensopfer sein!«*

Erzberger selbst zahlte einen hohen Preis. »Erzverderber« riefen ihn die Rechten, die ihn als Gegner früh schon ausgemacht
hatten. Denn Erzberger unterzeichnete am 11. November 1918
an der zusammengebrochenen Westfront den Waffenstill-
stand – eine Kapitulation, vor der sich die Militärs gedrückt
hatten. Bewusst hatte man einen Zivilisten vors Rohr geschoben. Erzberger sei »kugelrund, aber nicht kugelfest«,
hieß es in einem Hetzartikel aus dem Jahr 1919. Am 26. August 1921 wurde er bei einem Spaziergang im Schwarzwald
von zwei Angehörigen des rechtsradikalen Geheimbundes
»Organisation Consul« mit mehreren Schüssen niederge-
streckt. Deutschnationale Blätter begrüßten das Attentat, die
Bevölkerung aber rückte in vielen Städten zu Trauer- und Pro-
testmärschen aus. Die galoppierende Inflation ließ das Reichsnotopfer bald schon ins Leere laufen.

Erzbergers Idee aber war damals vernünftig und ist es jetzt
wieder. Ein Notopfer der Vermögenden hilft heute sogar doppelt: Zum einen würde so die Staatsschuld reduziert, was den
Regierungen neue Spielräume eröffnet. Zum anderen würden
Millionen Menschen auf diese Art ermuntert, ihrerseits die
Ansprüche an den Staat zurückzuschrauben und im Gegenzug
die Ansprüche an sich selbst zu erhöhen. Das Vermögensopfer
der Wenigen lässt sich nur rechtfertigen, wenn es mit einem
Subventionsverzicht der Vielen einhergeht. Gelänge ein solcher Gesellschaftsvertrag, würde das als Signal verstanden.
Europa hätte sich vor aller Welt bereit erklärt, die veränderten
Realitäten anzuerkennen – mit dem handfesten Ziel, sie zu
überwinden.

Unrealistisch sei das, sagen die Wohlmeinenden. Naiv, hört man die anderen murmeln. Dabei ist es in Wahrheit andersherum: Es ist unrealistisch anzunehmen, der Sozialstaat würde nicht früher oder später seine Versprechen von einst ohnehin kassieren müssen. Er tut es ja heute schon, nur dass er versucht, die Wahrheit in Scheibchen zu portionieren. Nicht minder naiv ist es zu glauben, die Vermögenden würden ungeschoren davonkommen. Die Parteipolitiker haben keine andere Chance, als auch bei ihnen den Fuß in die Tür zu stellen. Die Entscheidung für einen neuen Gesellschaftsvertrag ist daher nichts anderes als die Beschleunigung und Bewusstmachung eines bisher schleichenden Prozesses. Bleibt es bei all dem Unausgesprochenen zwischen Volk und Regierung, bei der verschämten Addition von Zumutungen, steigt der Verdruss, nicht die Motivation. Erst durch Klarheit in der Sache und Beschleunigung im Tempo lassen sich jene Kraftreserven mobilisieren, die für den Wiederaufstieg notwendig sind. Auch dann addieren sich noch die Zumutungen; aber am Ende der Gleichung könnte eine neue Zuversicht stehen.

Die europäische Idee.
Den Primat der Vergangenheit überwinden

Ruinen und Leichen: Auf diesem Grund entstand das neue Haus Europa, das in allem das Gegenteil des alten sein sollte; es wollte friedlich, nicht kriegerisch sein, es versprach Mäßigung, wo vorher das Maßlose regiert hatte, es sollte entschleunigen und dämpfen, auch den Ehrgeiz, war doch in den Jahrzehnten zuvor in allen Hauptstädten dampfende Ungeduld zu spüren.

Das erste Ziel war also die Bewältigung der Vergangenheit, was den Architekten ausgesprochen gut gelang. Zwischen den europäischen Partnerstaaten ist an Krieg heute nicht mehr zu denken. Das gestern noch aggressive Europa wurde zum friedlichsten Kontinent von allen. Selbst als in seinem Südosten, im ehemaligen Jugoslawien, das Morden begann, konnte man sich zunächst nicht zur Gewaltanwendung entschließen. Die Aggression wurde erstmals in der europäischen Geschichte nicht mit sofortiger Gegenaggression beantwortet. Europa hatte auf bedrückende, man kann auch sagen auf beschämende Weise seine Friedfertigkeit unter Beweis gestellt.

Wie sehr dieses Europa in seiner Machtstruktur parzelliert ist, zeigt sich auch daran, dass es die eine Telefonnummer, die der amerikanische Außenminister Henry Kissinger früh schon von den Europäern verlangte, noch immer nicht gibt. Wer Europa anrufen will, braucht Geduld und diplomatisches Geschick, allein schon, um die richtige Reihenfolge der Anrufe herauszufinden. Beginnt er mit der Pariser Vorwahl, ist in London kein Anschluss unter dieser Nummer, wählt er zunächst nach Berlin durch, scheitert die Rundrufaktion, bevor sie begonnen hat. Beginnt er in Polen, zieht sich der halbe Kontinent beleidigt zurück. Das heutige Europa ist in seiner ganzen Betriebsamkeit nach innen gerichtet. Kommissionen und Kongresse sind das Mittel zum Zweck; und der Zweck ist es, eine Kriegsverhinderungsmaschine in Gang zu halten, wie sie nirgendwo sonst auf der Welt existiert.

Nun hatte man den Menschen gerade in den letzten Jahren deutlich mehr versprochen: mehr Macht und mehr Wohlstand. Das vereinte Europa sollte zwischen den anderen Mächten der Erde einen soliden Mittelplatz einnehmen, was dem Selbstbewusstsein der Europäer gut getan hätte. In Zeiten des Umbruchs war das eine Aussicht, die man mit einigem Recht als komfortabel bezeichnen dürfte. Der Preis, der dafür zu entrichten sei, halte sich in Grenzen, wurde gesagt. Zu zahlen sei lediglich mit der kleinen, schon etwas rostigen Münze nationaler Souveränität, die im Zeitalter fortschreitender Globalität ohnehin an Wert verliere. Kurzum: Europa sei das Angebot des

Jahrhunderts, der passende Schlüssel zu all den prächtigen Schlössern, die nur darauf warten, bewohnt zu werden: Der europäische Binnenmarkt, der Sozialraum Europa, die Verteidigungs- und die Wertegemeinschaft, der Vielvölkerstaat und Vielreligionenstaat, das Reich des organisierten Friedens, von dem Jean Monnet so geschwärmt hatte.

Mit einem bunten Strauß erfreulicher Meldungen wurden die Gutwilligen bei Laune gehalten. Der Binnenmarkt bringe Wachstum und Arbeitsplätze, hieß es. Die gemeinsame Währung, der Euro, auch. Das Europäische Parlament gewinne an Einfluss. Eine gemeinsame Verfassung werde bald schon für Aufbruchstimmung sorgen. Die junge Generation denke europäisch. Und tatsächlich haben die Jüngeren die beiden Weltkriege zwar nicht aus ihrem Gedächtnis gestrichen, sie aber pragmatisch weiter nach hinten gerückt. Die Geschichte wirkt nicht länger wie eine Demarkationslinie zwischen den Völkern. Heute gibt es eine gelebte europäische Kultur, die in Reise- und Essgewohnheiten ihren weithin sichtbaren Ausdruck findet. Florenz, Paris, London, Berlin, Lissabon, Athen, aber auch München, Marseille und Mailand sind heute keine deutschen, französischen oder italienischen Städte mehr, sie sind europäisiert im besten Sinne des Wortes. Uns wärmt es das Herz, wenn wir an den nun offenen Grenzübergängen das europäische Sternenbanner flattern sehen, wo früher Zöllner und Schäferhunde auf Kundschaft warteten.

Wer also in den vergangenen Jahren ausreichend politische Phantasie besaß, glaubte die Vereinigten Staaten von Europa am Horizont erkennen zu können.

Doch diese Vision ist eine Fata Morgana, die weiter zum Horizont rückt, je näher man sich ihr glaubt. Der Brüsseler Hofstaat mit seinen 25 Kabinettchefs und dutzenden Staatssekretären ist nicht der Nukleus eines neuen Staatswesens. Das Sternenbanner verheißt eine neue Kultur des Miteinander, aber es kündet nicht von einer neuen Staatlichkeit. Die Gefühle sind den wahren, den messbaren Erfolgen vorausgeeilt. Das Versprechen von Macht und Wohlstand ist bisher nur für die Brüsseler Beteiligten in Erfüllung gegangen, weshalb sie sich auch als Avantgarde empfinden. Sie lieben das Europa des Proporzes, sind wie vernarrt in die nächtlichen Vorbereitungsrunden und Besprechungen ihrer Arbeitsgruppen. Sich selbst empfinden sie als Teil eines großen Friedenswerks, was im Angesicht eines Kontinents, dessen Staaten sich jahrhundertelang wechselseitig überfallen haben, kein ehrenrühriger Gedanke ist. Sie haben ihn nur absolut gesetzt.

Schon die Gründungsväter sahen nicht, dass sich die Gefahr für ein vereintes Europa beim nächsten Mal aus anderer Richtung nähern würde. Sie setzten voraus, was es in Europa bis dahin so reichlich gab: Erfindungsreichtum und Arbeitseifer. Sie gingen davon aus, dass die Wirtschaft im gestrigen Europa immer am besten funktioniert hatte. Die Kolonialmacht England und das Hitler-Deutschland fußten auf einer Wirtschaftskraft, die alle anderen überragte. Die Herrscher und der Diktator hätten ihre Kriege nicht wagen können, wenn hinter der Kriegsmaschine nicht eine Wirtschaftsmaschinerie von enormer Durchschlagskraft gestanden hätte. So setzten denn auch die Gründer des heutigen Europa das Ökonomische voraus. Man könnte auch sagen: Sie vergaßen es.

Die wirtschaftliche Bilanz der vergangenen Jahrzehnte europäischer Einigung fällt ernüchternd aus. Das Wohlstandsversprechen kann Europa für einen wachsenden Teil seiner Bevölkerung nicht mehr einlösen. 13 Jahre nach Vollendung des Binnenmarkts und vier Jahre nach der Einführung des Euro sind im gesamten heutigen EU-Hoheitsgebiet gut 18 Millionen Menschen arbeitslos.

Dabei hat sich Europa auf keinem Feld so stark engagiert wie auf dem des Wirtschafts- und Währungslebens, sollte man meinen. Von der Montanunion über den Binnenmarkt bis zur einheitlichen Währung standen immer die Fragen des Gel-

des im Mittelpunkt. Ist nicht Europa sogar als das Europa der
Konzerne beschimpft worden?

Richtig ist, die Politiker befassten sich viel mit der Wirtschaft. Aber genauso richtig ist: Diese Beschäftigung war für
sie oft nur Mittel zum Zweck. Der eigentliche, der ursprüng-
liche, der alles andere beiseite drängende Sinn auch dieses
Engagements war es, an die Stelle der alten Kriegsmaschine
eine Kriegsvermeidungsmaschine zu setzen. Es sah nach Wirtschaftspolitik aus, aber alles zielte darauf ab, Aggressionen zu
reduzieren. Die Montanunion sollte die Kriegsgegner miteinander verbandeln, der Binnenmarkt sie auf ewig zur Vielvöl-
kergemeinschaft zusammenschweißen, die Währungsunion
den Weg zur politischen Union in Europa freimachen. Es ging,
so argumentierte Helmut Kohl in seiner dankenswert direkten
Art, nicht in erster Linie um Währungsrelationen, Zinssätze
und Inflationsraten, sondern um eine »Frage von Krieg und
Frieden«. Das war ins hohe Regal gegriffen, aber so dachten
damals alle.

Wir schauen heute auf ein Europa der Widersprüchlichkei-
ten, das so unmöglich gedeihen kann. Für Steckdosen, Kinder-
sitze und Teigwaren gelten die gleichen Normen, nicht aber für
Steuern und Sozialabgaben. Das Schwarzgeld, dessen Abfluss
die einen bekämpfen, locken die anderen kunstvoll an. Selbst
die reguläre Wirtschaft schiebt nun die Milliarden hin und her,
weil die von Land zu Land unterschiedlichen Grundsätze der
Unternehmensbesteuerung sie dazu ermuntern. Dieselben
Staatschefs, die auf europäischen Tagungen gern mit feierli-
cher Stimme vom geeinten Europa sprechen, liefern sich ein
heißes Spiel um Investitionen und Arbeitsplätze: Schließt der
eine ein Steuerschlupfloch, reißt der andere es auf.

Wie unterm Mikroskop lässt sich die schwindende Kraft
Europas bei der Betrachtung des »Lissabon-Prozesses« beob-
achten. Das Zentralkomitee der Sozialistischen Einheitspartei
Deutschlands (SED) hatte einst beschlossen, die Bundesrepu-

blik »zu überholen, ohne einzuholen«. In Lissabon wurde fest-gelegt, dass die Europäische Union bis zum Jahr 2010 der »wettbewerbsfähigste und dynamischste wissensbasierte Wirt-schaftsraum der Welt« werden sollte. Konkrete Wege dahin wurden beschlossen, so sollten alle Staaten unverzüglich ihren Geldeinsatz für Forschung und Bildung kräftig erhöhen. Min-destens drei Prozent des nationalen Sozialprodukts seien nötig, um gegenüber Amerika und Asien aufzuholen, hieß es.

Danach gab es weitere Beschlüsse, Broschüren wurden ge-druckt, Pressekonferenzen abgehalten und schließlich beauf-tragte man den ehemaligen niederländischen Ministerpräsi-denten Wim Kok, einen Halbzeitbericht abzufassen. Unter der Überschrift »Die Herausforderung annehmen« legte er ihn im November 2004 vor, die Ermattung der europäischen Eliten wird darin eindrucksvoll dokumentiert. Der Abstand zu den Amerikanern hatte sich vergrößert. 220 der 300 führenden Unternehmen der Informationstechnologie seien mittlerweile in den USA beheimatet, heißt es da. Asien war den Europäern weit davongezogen. Es sei beiden Konkurrenten gelungen, so Wim Kok, »den Abstand zu Europa zu vergrößern«.

So verpasst Europa beide Ziele: Es gibt weniger Macht und weniger Wohlstand. Der Kontinent steht heute relativ schwä-cher da als noch vor zehn Jahren. Noch mehr als dieser Befund verstört die Tatsache, dass keiner darüber diskutieren will. Viele im europäischen Haus empfinden bereits solche Debat-ten als Verstoß gegen die Hausordnung. Sie ahnen, dass diese Debatte – angesichts ungeklärter Nachbarschaftsverhältnisse – noch einmal zum alten Ausgangspunkt zurückkehren muss, zum Nationalstaat.

Auf den Nationalstaat kommt es an.
Ein Weckruf

Die Vitalität des Nationalstaats ist ungebrochen, die Anmaßungen von rechts und die Anfeindungen von links konnten ihm bisher erstaunlich wenig anhaben. Das Nationale gründet erkennbar nicht allein auf seiner Historie, sondern in mindestens gleichem Umfang auf dem Leben der jetzigen Generation. Die Wurzeln der Nation sind Alltäglichkeiten ohne Bombast, die Erziehung und die Sprache, der Speisezettel und das Liederbuch, politische Vorlieben und eine in Teilen noch immer gelebte Religiosität. Vor allem anderen aber ist der Nationalstaat bis in unsere Gegenwart hinein der primäre Ort des Politischen geblieben. Er ist eine natürliche Autorität, auch wenn er die Probleme allein nicht lösen kann. Völkerwanderung, Tierseuchen, Umweltverschmutzung und Kriminalität sind globale Probleme, aber Polizei, Veterinäramt und Umweltbehörde funktionieren national oder sie funktionieren gar nicht.

Das Nationale kommt heute in aller Regel ohne Nationalismus aus. Der Stolz auf das Eigene richtet sich nicht mehr automatisch gegen die anderen. Man darf Italiener, Brite, Franzose oder Deutscher sein, ohne zugleich in den Verdacht zu geraten, man sei den anderen Völkern feindlich gesinnt. Der Nationalstaat ist lebendig, auch wenn er heute zu seiner Selbstvergewisserung nicht ständig die Flagge hisst. Die Menschen wissen offenbar fein zu unterscheiden zwischen dem notwendigen Maß an Europäisierung und den Anmaßungen, die von der europäischen Kapitale ausgehen. Sie akzeptieren die einheitliche Währung, weil sie praktisch ist. Sie verweigern sich einer gemeinsamen Verfassung, weil sie als symbolischer Akt der Unterwerfung gegenüber den Mächtigen in Brüssel verstanden wird. Sie träumen den europäischen Traum, aber sie misstrauen dem Brüsseler Hofstaat.

Viele Bürger beweisen damit ein deutlich besseres Gespür für die Nation als jene, die in aller Welt das »Selbstbestimmungsrecht der Völker« fordern, und in derselben Stunde, wo dieses Recht sich in einer Nation materialisiert, es ihnen verdächtig, ja unheimlich erscheint. Peter Glotz polemisierte früh schon gegen das »unbrauchbar gewordene Gefäß des Nationalstaats«. Der Historiker Hans-Ulrich Wehler behauptet mit der ganzen Autorität seiner Zunft, die Völker seien dabei, sich seiner zu entledigen. Er spricht von dem »im Zeitalter der Globalisierung ohnehin verblassenden Ideal des souveränen Nationalstaats«.

Vorsichtshalber nennt er keine Staaten, in denen diese Verblassung zu beobachten wäre, denn welche hätten ihm einfallen können? Das erstarkende, nationalistisch gesinnte China sicher nicht. Die in gleicher Weise sich ihrer Nation bewussten Inder, Pakistani, Malaysier, Vietnamesen, Iraner – wohl kaum. Russen und Amerikaner kommen für eine solche Betrachtung ebenfalls nicht in Frage. Die ewigen Europakritiker von der britischen Halbinsel schon gar nicht. Die europamüden Holländer und Franzosen, die den Verfassungsentwurf für eine Europäische Magna Charta trotz eines imposanten Aufgebots an Pathos seitens ihrer Politiker zurückgewiesen haben? Die Deutschen, die ausweislich aller Umfragen dasselbe getan hätten, wenn man ihnen die Möglichkeit zur Volksabstimmung eingeräumt hätte? Kurz gesagt: Da verblasst nichts, da entschlummert nichts, da stirbt nichts ab, auch nicht in Europa. Die Nation lebt, wenn auch Gott sei Dank weniger schrill und roh als noch vor 60 Jahren.

Ein Tor, wer die Nation gegen Europa in Stellung bringt. Joschka Fischer hat dieser Versuchung widerstanden. In seiner Rede über die »Finalität der europäischen Integration« träumte er von dem einen Parlament und der einen Regierung, die demokratisch legitimiert von Brüssel aus wirken. Doch auch in diesem Traum war ausreichend Platz für den Nationalstaat alter Prägung: »Dies alles wird nicht die Abschaffung des Nationalstaats bedeuten«, sagte Fischer auf dem Campus der Humboldt-Universität. »Auch in der europäischen Finalität werden wir noch Briten und Deutsche, Franzosen und Polen sein.«

Vor allem aber werden wir die europäische Finalität, die Gründung der Vereinigten Staaten von Europa, nur durch den Nationalstaat bekommen, niemals gegen ihn. Er ist die Mutter Europas – oder Europas Totengräber. Er kann eine neue Ebene der Staatlichkeit gewähren oder verhindern, und sei es dadurch, dass er sich gleichgültig zeigt.

Früher wurde der Nationalstaat gefürchtet, weil er als Quelle großer Grausamkeit aufgefallen war. Er war waffenklirrend, kraftstrotzend und anmaßend, zwischen sich und dem Nachbarn zog er eine Grenze aus Hass, die lange Zeit unüberwindbar schien. Heute wird der Nationalstaat von denen, die ihn gestern fürchteten, als Schwächling bezeichnet. Er sei zu klein geraten, um in der globalen Welt als Problemlöser bestehen zu können, sagen sie. Der Berserker von gestern gilt nun als antiquiert, besitzt angeblich nur noch als Folkloreverein eine Existenzberechtigung.

Wer so redet, vergisst, dass der Nationalstaat noch immer und womöglich für lange Zeit die einzige legitimierte Macht verkörpert. Wer ihn beiseite schiebt, hat nichts zu gewinnen. Er schafft genau das, was er vorgibt, beseitigen zu wollen: Unsicherheit und Instabilität. Denn mit denselben Argumenten könnten wir auch das Wohnen in den eigenen vier Wänden aufgeben und mit den vielen Nachbarn der Stadt in der nächstgelegenen Kongresshalle zusammenziehen. Keine Familie kann glücklich werden nur mit sich allein, so könnte man den Menschen den Umzug in die Gemeinschaftsunterkunft schmackhaft machen. Das moderne Zusammenleben sei nun mal größer und komplexer als das alte Idyll, das doch in Wahrheit keines war. Fanden nicht in der Kleinfamilie die grausamsten Dinge statt, die Misshandlung von Frauen, Kindern und Alten, würden wir listig fragen? War dieses vermeintliche Idyll nicht in Wahrheit eine kulturelle Begrenzung, die fast zwangsläufig zur Engstirnigkeit führte, würden wir ihnen einzureden versuchen.

Mit solchen Propagandareden wurden im deutschen Osten erst das Gesellschaftsleben und dann die Landwirte zwangskollektiviert. Im Westen wurden nach ähnlichem Muster in den Wohngemeinschaften die Türen ausgehängt und in den Dörfern die Zwergschulen planiert. Die einen wollten die kleine Parzelle, die anderen die kleine Privatheit überwinden, was sich in beiden Fällen als Irrtum erwies. Wir sollten deshalb nicht beleidigt sein, sondern daraus die richtigen Schlüsse ziehen, zum Beispiel den, dass der Mensch nur begrenzt als Herdentier taugt. Er legt Wert auf sein Selbstbestimmungsrecht, die Unverletzlichkeit seiner Wohnung ist ihm heilig und auch die Souveränität seines Staats möchte er erhalten.

Bei den neuen Mitgliedsstaaten Europas, den Ungarn, Polen, Tschechen, Esten, Letten und Slowaken, können wir in Erfahrung bringen, wie ausgesprochen lebenslustig der Nationalstaat ist. Sie alle sind heilfroh, ihre Sprache und ihr Selbstbestimmungsrecht zurückerobert zu haben; auch die Familie gehört nun wieder ihnen, ohne dass sie sich dafür gegenüber einem übergeordneten Kollektiv entschuldigen müssen. Ihre Nationalstaaten empfinden sie keineswegs als antiquiert, sondern als hochmodern. Sie haben viel zu erzählen über Staatenverbände, die im Reich der Ideologie geboren wurden. Die westlichen Grabredner des Nationalstaats sollten ihnen zuhören. Die Leiche, die sie beerdigen wollen, ist putzmunter. Wir sollten es ihr nicht länger verübeln.

Natürlich ist der Nationalstaat nicht hermetisch abgeriegelt von der Welt. Es gibt Zugluft an allen Ecken. Krankheitsviren nehmen keine Rücksicht auf Passkontrolle und Einfuhrbestimmung, Drogen und Armutsflüchtlinge strömen genauso herein wie das internationale Spekulationskapital. Der Nationalstaat ist kein Bunker und kein Erdloch, sondern ein Haus mit vielen Eingängen. Er ist daher auch der Ausgangspunkt aller Überlegungen, nicht ihr Endpunkt. Wir mögen ihn, aber wir verehren ihn nicht. Er ist keine Gottheit, die neben sich keine anderen duldet.

Europa braucht selbstbewusste Nationen, die Europa als Chance und nicht als Anmaßung verstehen. Im Moment haben wir beides – zu wenig Europa und zu wenig Nationalstaat. Der eine fühlt sich für die Herausforderung durch die Globalisierung nicht mehr und der andere noch nicht zuständig. Die Nation macht sich kleiner, als sie ist, derweil die Brüsseler eine Stärke zur Schau stellen, die sie in Wahrheit nicht besitzen. So treffen die Veränderungen der Globalisierung auf einen Kontinent, dem das politische Kraftzentrum fehlt. Es besteht als Idee und als Möglichkeit, aber nicht im wahren Leben der Völker.

Notwendig wäre die Europäisierung des Nationalstaates, was nicht seine Überwindung, sondern seine Erweiterung meint. Jürgen Habermas spricht von der »Aufstockung« der nationalen Identität. Die Nationen müssten anerkennen, dass es unter ihnen die Regionen und neben ihnen die »Europäische Union« gibt, die jene Dinge zu regeln versucht, die einer allein nicht stemmen kann. Es geht um den Verzicht der Nation auf das Ausschließliche, um die Herausbildung einer multiplen Identität, die die bisherige Scheinehe von Nation und Europa beendet.

Europa ist eben nicht der Ersatz des Nationalstaats, sondern sein Partner, zuweilen auch nur sein Erfüllungsgehilfe. Wer die Dinge besser regeln kann als der andere, bekommt das Recht zum Handeln übertragen. Die Politiker durchstreifen ohnehin nicht selbst die Großstädte auf Verbrecherjagd, sie verhaften nicht und klagen nicht an, und auch das Verurteilen und Wegsperren übernehmen andere. So wie der Nationalstaat hoheitliche Aufgaben an Polizei, Staatsanwaltschaft und Richter überträgt, sollte er auch Europa für sich zu nutzen wissen. Die

Nation bleibt die einzige Quelle von Staatlichkeit, aber nicht ihr alleiniger Vollstrecker. Es kommt nicht zur Abtretung von Hoheitsrechten, wohl aber zu ihrer Übertragung. Die Nation verliert ihre Exklusivität, um im Gegenzug an Durchschlagskraft zu gewinnen. Die europaweite Verbrecher- und Terroristenjagd ist nun mal deutlich effizienter als die kriminalistische Kleinstaaterei, wo der eine den anderen in den Abendnachrichten mit den Grausamkeiten des Tages überrascht.

Ausgerechnet eine europäische Wirtschaftspolitik ist bisher über das Skizzenhafte nicht hinausgekommen. Dabei wäre die Bündelung der ökonomischen Interessen das Einzige, was im Weltkrieg um Wohlstand schnellen Erfolg verspricht. Eine Forschungspolitik, die weltweite Spitzenleistungen hervorbringt, ist heute nur europäisch vorstellbar. Der Rückfall in nationale Industriepolitik kann nur auf europäischer Ebene verhindert werden. Gegenüber den mächtigen Rivalen in Übersee hat Europa eine Stimme oder gar keine. In der Welthandelsorganisation sitzen die nationalen Minister ohnehin nur noch als Zaungäste dabei.

Gesucht werden also Politiker, die bereit sind, über das Nationale hinauszugehen, ohne es zu verraten. Fragen von historischer Dimension warten auf ihre Beantwortung: Wie kann eine wirksame Außenvertretung funktionieren, die mehr zu bieten hat als der Grüßaugust, den man heute als Kommissar für die Außenpolitik bezeichnet? Wie vertreibt man die grauen Gesellen des europäischen Bürokratismus, die bisher als Kräfte der wirtschaftlichen Entschleunigung wirkten? Was wäre zu tun, um die industriellen Kapazitäten Europas zu konzentrieren, damit sie international mithalten können? Wie lassen sich gemeinsam die ins Rutschen geratenen Grundlagen der europäischen Staatsfinanzierung neu befestigen? Welches Regime an den Außengrenzen der EU ist notwendig, um den Mitgliedernationen, ihren Firmen und deren Belegschaften jenen Schutz zu bieten, den sie zu Recht erwarten?

Der Sozialstaat ist tot. Es lebe der Sozialstaat!

Niemand braucht Krokodilstränen um den Sozialstaat zu weinen. Zur Mutlosigkeit besteht kein Anlass, auch wenn es schick ist, das Gegenteil zu behaupten. Der Minimalstaat als Antwort auf die Globalisierung ist eine Möglichkeit, aber keine Zwangsläufigkeit. Die Globalisierung hält Europa nicht davon ab, einen Wohlfahrtsstaat nach eigenem Gusto zu unterhalten. Er kann dicker oder dünner sein, großzügiger oder eher kleinlich; niemand wird es den Europäern verbieten oder auch nur verleiden, ihren Wohlfahrtsstaat auf alle nur denkbaren Lebensbereiche auszuweiten. Das Gesundheitssystem kann teuer oder billig, privat oder staatlich organisiert sein, und selbst wenn die EU-Kommission morgen auf die Idee käme, Salbeitee, Wadenwickel und den Besuch eines Yogakurses für jedermann verbindlich vorzuschreiben, wäre dagegen manches in Stellung zu bringen – aber nicht die Globalisierung.

Die globalisierte Welt wirkt nicht in jeder Hinsicht wie ein Normierungsinstitut, das allen Völkern die Gleichheit im Ziel verordnet. Die Gesellschaften können viel Benzin verbrauchen, wie die Amerikaner, oder sparsam damit wirtschaften, wie die Deutschen; sie können in ihr Gesundheitssystem sieben Prozent des Nationaleinkommens pumpen, wie die Engländer es tun – oder deutlich mehr, wie es die Deutschen für richtig halten. Wichtig sind nicht die Produkte, für die das Geld ausgegeben wird. Es ist der Volkswirtschaft herzlich egal, ob ein Volk mehrheitlich den Zug oder das Flugzeug benutzt, ob es sich schöne Häuser baut oder für dasselbe Geld Heerscharen von Altenpflegern und Masseuren unterhält. Das Aufbringen der Gelder, nicht ihre Verwendung macht den Unterschied.

Da nämlich ist die globalisierte Welt streng und fast schon diktatorisch in ihren Methoden. Sie gestattet es den Nationalstaaten nur bei Zahlung hoher Strafen, sprich der Inkaufnahme von Wohlstandsverlusten, ihre alten Finanzierungsmethoden weiter anzuwenden. Die Art der Gelderhebung hat direkte Auswirkungen auf die Produktionsfaktoren Arbeit und Kapital. Es kommt sofort zu Ausweichreaktionen und Umgehungsversuchen, weshalb auf dem Feld der Steuern und Abgaben höchste Alarmstufe herrscht. Wer hier die falschen Impulse setzt, hat nichts zu gewinnen.

Viele Staaten Europas finanzieren ihre sozialen Sicherungssysteme seit jeher über Beiträge, die auf das Arbeitseinkommen aufgeschlagen werden. Dieses Verfahren stammt aus der Zeit, als die westlichen Volkswirtschaften sich im Wettbewerb unter Gleichen befanden. Nach dem Zweiten Weltkrieg gab es Arbeit und Arbeiter reichlich; zu jener Zeit, als die europäischen Sozialsysteme ausgebaut wurden, herrschte annähernd Vollbeschäftigung. Was lag näher, als von der Schaffenskraft der Beschäftigten ein paar Prozente abzuzweigen für Rentner, Kriegswitwen und die wenigen Arbeitslosen, die es Ende der 60er Jahre gab. Der Sozialstaat war so national wie der Arbeitsmarkt. Selbst das Kapital – von dem das Börsensprichwort sagt, es sei scheu wie ein Reh – machte bis zur Mitte der 70er Jahre keine allzu großen Anstalten, sich in die Büsche zu schlagen.

Die sozialstaatlichen Verabredungen von damals sind noch immer in Kraft, die Bedingungen, unter denen sie eingeführt wurden, aber existieren nicht mehr. Der beitragsfinanzierte Sozialstaat verteuert daher nicht – wie so oft behauptet wird – die Arbeit. Das hat er gestern getan. Heute verteuert er ausschließlich die Arbeit deutscher, französischer und italienischer Arbeiter. Die Mobiltelefone aus Korea, die Kühlschränke aus Taiwan und die Computer aus China kennen derartige Aufschläge auf den Faktor Arbeit nicht, weshalb der beitragsfinanzierte europäische Sozialstaat für sie ein großes Glück ist. Ihre Arbeit bleibt unbelastet, ihre Produkte werden dadurch relativ verbilligt. Der beitragsfinanzierte Sozialstaat ist das wahrscheinlich größte Import-Förderungsprogramm, das je ein Staat aufgelegt hat. Es lockt die Ausländer und ihre Fabrikate herein, es räumt ihnen Vorzugskonditionen ein, derweil man den eigenen Herstellern mit geradezu unerbittlicher Härte einen Preisaufschlag aufbrummt, der viele Unternehmen schon in die Knie zwang.

Es wäre ein Leichtes, den Vorteil der Importeure zu zerstören und zumindest für Gleichstand zu sorgen. Ein Sozialstaat, der sich im Wesentlichen über Verbrauchssteuern finanzierte, würde In- und Ausländer mit mathematischer Exaktheit gleich behandeln. Das Automobil aus Korea wird durch die Mehrwertsteuer genauso verteuert wie die Modelle von Volkswagen und Opel. Die Käufer aller Produkte zahlen den Sozialstaat – und nicht mehr nur die Arbeiter deutscher, französischer oder italienischer Fabrikate. Kein ausländischer Konzern kann der Verbrauchssteuer ausweichen, es sei denn, er verzichtet auf den Verkauf seiner Produkte. Aber warum sollte er das tun? Er erleidet durch die erhöhte Mehrwertsteuer keinen Nachteil, nur sein bisheriger Vorteil wäre ihm genommen.

Das europäische Wirtschaftskabinett. Politiker aller Länder, vereinigt euch

Bei der Unternehmensbesteuerung herrscht dieselbe Dringlichkeit. Die Konzerne tragen zur Staatsfinanzierung nicht allzu viel bei. Die Steuersätze schnurren aller Orten zusammen, die absoluten und relativen Zahlen lassen keinen anderen Schluss zu als diesen: Die Unternehmen ziehen sich aus der Staatsfinanzierung allmählich zurück. Die deutsche Körperschaftssteuer brachte im gesamten Jahr 2005 nur so viel wie die Mehrwertsteuer in den ersten sechs Wochen des Jahres.

Auch dieses Leiden ist eines, das die Beschwerdeführer sich

selbst zugefügt haben. Das in Europa geltende Steuerrecht ist eine einzige Einladung an clevere Finanzvorstände und ihre Steueranwälte, den Weg der geringsten Tributzahlung zu beschreiten. Die Vorstände der Aktiengesellschaften sind per Gesetz sogar verpflichtet, den Nutzen ihrer Anteilseigner zu mehren und Schaden von ihren Firmen abzuhalten. Ihnen ist es verboten, unter Berufung auf Gott und Vaterland hohe Steuern zu zahlen, wenn es dazu Alternativen gibt. Und die gibt es reichlich: Europa ist aus Sicht der Investoren eine große Steueroase.

Der Wettbewerb der Finanzpolitiker trägt mittlerweile alle Züge einer Selbstzerstörung. Sie überbieten sich bei den Ansiedlungshilfen, unterbieten einander bei den Steuersätzen und versprechen investitionswilligen Firmen sogar, ihnen die Finanzaufsicht in den ersten Jahren vom Hals zu halten. Ausgerechnet bei der Geldbeschaffung leistet sich Europa eine Kleinstaaterei, die verblüffend ist. Der Binnenmarkt kam, die Einheitswährung trat in Kraft, die Normierung von Produkttypen und Haftungsrechten ist weit fortgeschritten, nur die Steuergesetzgebung blieb in nationaler Hand. Die Steuerhoheit gilt als das zentrale Recht der Nation, weshalb sich die Finanzminister daran klammern.

Sie wollen nicht begreifen, dass die Globalisierung ihnen einen bösen Streich gespielt hat. Die nationalen Regierungen haben ihre Steuerhoheit genau dadurch verloren, dass sie sich daran klammerten. Sie wollten frei entscheiden und können genau das nicht mehr tun. Die europäischen Staaten sind heute frei nur noch nach unten; sie dürfen die Steuern senken, einfrieren oder abschaffen. Der umgekehrte Weg ist ihnen versperrt. Nur der Souveränitätsverzicht würde sie in die Lage versetzen, neue Souveränität zu erzeugen.

Das freilich ist leichter gesagt als getan. Osteuropa spielt in der Steuerpolitik eine unrühmliche Rolle. Alle Beitrittsstaaten aus dem Beritt des ehemaligen Sowjetimperiums erhalten hohe Zuschüsse aus Brüssel, die ihren nationalen Haushalten Luft zum Atmen verschaffen. Die Polen bekommen doppelt so viel, wie sie einzahlen, Lettland erhält das Vierfache seines Einsatzes zurück. Das jetzige Europa ist für sie eine Spielbank mit Gewinngarantie.

Dieses Geld ermuntert die Regierungen, es gegen ihre Spender einzusetzen. Da die Staatsfinanzierung in Polen, Ungarn und andernorts auch dank der Brüsseler Zuwendungen schöne Extraeinnahmen verzeichnet, ging man daran, die Unternehmenssteuern zu senken. So sollen Unternehmer angelockt und abgeworben werden, vor allem solche, die bisher in Westeuropa ihre Heimat hatten. Mittlerweile zählen die Unternehmenssteuern in Polen, Ungarn und Lettland zu den niedrigsten der Welt. Die Firmen müssen nur zwischen 15 und 20 Prozent des Gewinns an den Fiskus überweisen, derweil in Deutschland durchschnittlich 38,3 Prozent des Gewinns dem Staat zustehen.

Lange durchhalten lässt sich eine solche Spreizung der Steuersätze nicht. Eine europäische Firmensteuer ist unausweichlich geworden. Die Frage ist nur, wer ihr Schöpfer ist. Wird die Politik sich zu einem Gemeinschaftsakt aufraffen oder wird diese Steuer in einem archaischen Ringen der Staaten gegeneinander auf dem Wege des Naturrechts durchgesetzt? Das gemeinsame Vorgehen würde den Staatshaushalten mutmaßlich besser bekommen als das aggressive Gegeneinander, das die Grundlagen der Staatsfinanzierung weiter erodieren ließe. Die Bedenken der Osteuropäer, von denen einige die niedrige Unternehmenssteuer für ihren wichtigsten Wettbewerbsvorteil halten, müssten zuvor ausgeräumt werden, notfalls mit politischem Druck. Denn die Grundlage ihrer Großzügigkeit ist die Naivität des Westens. Sie werden es nicht gerne hören, aber so ist es nun einmal: Sie prassen mit dem Geld anderer Leute, was diese ihnen ruhig verübeln sollten.

Natürlich kann die europäische Unternehmensbesteuerung keine Einheitssteuer sein. Dafür sind die Bedingungen, welche die Firmen vorfinden, in Europa zu unterschiedlich. Sie müsste eine Mindeststeuer sein, eine »floor tax«, wie die Amerikaner sagen. Der Unterschied zu dem heutigen Steuerwettbewerb wäre dennoch augenfällig: Jeder Staat könnte fortan mehr verlangen als der andere, aber nicht mehr weniger. Der Wettlauf nach unten wäre abgeblasen.

Wer den Handelskrieg verhindern will, muss ihn vorbereiten. Strategien einer Gegenwehr

Die Bekämpfung der Demokratie ist bekanntermaßen kein Kavaliersdelikt. Die Regierungen unterhalten tausende von Geheimagenten, die nichts anderes tun sollten, als die offene Gesellschaft vor ihren Feinden zu schützen. Die Regierungen schufen sogar eine Vielzahl von Gesetzen, deren einziger Sinn und Zweck es ist, den Störenfrieden das Leben schwer zu machen. Aus gutem Grund darf nicht jeder unsere Kinder unterrichten, die Verdrehung historischer Tatsachen ist strafbar, Satire findet da ihre Grenzen, wo sie andere in ihren Persönlichkeitsrechten verletzt. Wer das Volk verhetzt und andere zur Gewalt aufruft, darf sich nicht auf die Meinungsfreiheit berufen. Es gibt kein rechtsfreies Hinterland für die erklärten Feinde der offenen Gesellschaft. Da eben endet die Offenheit. Wir begrenzen sie, um sie zu schützen. Nicht ohne Grund wird von der wehrhaften Demokratie gesprochen.

Mit unserer Wirtschaftsordnung gehen wir deutlich liebloser um. Das Ritual verlangt zwar, dass sich die Politiker zur »Sozialen Marktwirtschaft« bekennen, aber diesem Bekenntnis folgt keine vorzeigbare Aktivität. Einen Ordnungsrahmen für die Globalisierung zu fordern, das gehört zum guten Ton der Parteiprogramme, doch gleich danach folgen die Leerzeichen. Es scheint, als würde ausgerechnet die wirtschaftliche Ordnung kampflos preisgegeben. Wobei der größte Gegner der sozialen Marktwirtschaft die Bequemlichkeit ihrer Freunde und die Ahnungslosigkeit ihrer Nutznießer ist.

Ein offenbar nur schwer auszuräumendes Missverständnis dient als Entschuldigung für diese Tatenlosigkeit: Die Globalisierung sei eine Naturgewalt, wird behauptet, ein geschichtsmächtiger Automatismus, eine weltweite Zwangsläufigkeit, der nur Urwaldvölker und totalitäre Regime wie das in Nordkorea entgehen könnten. Sie sei der Rhythmus der Zeit, dem man sich nur bei Strafe des eigenen Untergangs entziehen dürfe. Wer sich der Globalisierung in den Weg stelle, werde von ihr in den Staub gedrückt.

Würden wir Terrorismus, Rechtsradikalismus und politische Korruption mit gleicher Ergebenheit akzeptieren, könnten wir viel Aufwand sparen. Freie Bahn dem Schicksal, würden wir uns gegenseitig zurufen. Die Welt sei nun mal explosiv, gewalttätig und korrupt, weshalb man sich gar nicht erst dagegen zu stemmen brauche. Die Überwachungskameras auf Flughäfen, in U-Bahnhöfen und an Ministerien könnten abgeschraubt werden. Den Verfassungsschutz in Köln würde man dem Bundesarchiv in Koblenz zuschlagen.

Als Beleg einer allmächtigen Globalisierung wird die Ohnmacht der nationalen Institutionen angeführt. Die Gewerkschaften, die Umweltbehörden, die Parteien und ihre Minister, stehen sie nicht alle klein und oft sogar nackt vor dem Publikum? Ein kollektives Frösteln setzt ein, das viele als letztes großes Gemeinschaftserlebnis erfahren. Das erschlaffte Europa liebt seine Gespenster.

Natürlich haben die nationalen Interessenvertreter, von den Gewerkschaften über die Parteien bis zur Handwerksinnung, im Zeitalter der Globalwirtschaft einen Bedeutungsverlust zu beklagen. Aber dieser Bedeutungsverlust ist keine Kapitulationsurkunde, die der Weltgeist ausgestellt hat. Wir können ihn auch deuten als eine Aufforderung, über den bisherigen Aktionsrahmen hinaus zu denken. Wären die mittelalterlichen

Zünfte innerhalb der Stadtmauern geblieben, hätte niemand ihren Bedeutungsverlust stoppen können. Auch sie hatten die Wahl zwischen Untergang oder Expansion. Mit der Nation wuchs die Nationalökonomie und aus beidem zusammen ergab sich die Notwendigkeit für die Interessenvertreter, den neuen Herrschaftsraum zu betreten. Aus den Zünften wurden die überregionalen Handwerkskammern, aus den örtlichen Arbeitervereinen gingen die Gewerkschaften hervor, und bald schon entstanden nationale Parteien. Selbst die Sprache ging den Weg der nationalen Vereinheitlichung. Die Mundarten blieben als Relikt vergangener Zeiten in den Dörfern zurück.

Heute erleben wir, dass die Wirtschaft sich weltweit ausdehnt, und es klagen diejenigen, die innerhalb des alten Herrschaftsraumes zurückgeblieben sind. Sie stehen an der Schwelle zu einer neuen, für sie fremden Welt. Sie trauen sich den Schritt über die Schwelle nicht zu. Dabei müssten sie nicht klagen, sie müssen nur den anderen Akteuren folgen, vor allem gedanklich. Denn die Interessen der Beschäftigten sind nicht weniger global als die des Kapitals. Sie müssen heute außerhalb und innerhalb des Nationalstaats vertreten werden und außerhalb seiner Grenzen deutlich raffinierter, als das bisher der Fall ist.

Die Tarifpolitik ist dafür nur noch bedingt geeignet. Sie setzt die Preise der örtlichen Arbeitskraft fest, nicht die der Lohnkonkurrenz in China. Jeder Erfolg am Tariftisch kann sich binnen weniger Wochen in sein Gegenteil verkehren. Ein Bestellzettel aus China, Indien oder Taiwan reicht aus, die lokale Preisfestsetzung zu umgehen. Denn die Ware Arbeitskraft wird weltweit gehandelt, nur dass nicht Menschen verpackt und verschifft werden, sondern Produkte, die neben Plastik, Blech und Elektronik immer auch geronnene Arbeitskraft enthalten.

Wer Einfluss nehmen will auf den Preis der Ware Arbeitskraft und die Bedingungen, unter denen sie antritt, muss seinen

Aktionsradius erweitern und seine Methoden den neuen Möglichkeiten anpassen. Er muss sich, kurz gesagt, vom Tarif- zum Handelspolitiker entwickeln. Denn die Handelspolitik ist die Fortsetzung der Tarifpolitik mit anderen Mitteln. Die Löhne für einfache Industriearbeit werden derzeit auf dem Weltarbeitsmarkt festgesetzt. Nur der Handelspolitiker kann diese Arbeitskraft beeinflussen, sie begrenzen oder befördern, sie hereinrufen oder bei Bedarf auch vom Verkauf im Inland ausschließen. Das handelspolitisch aktive Europa ist souverän in seinen Entscheidungen. Der weltweite Drang zum Warenaustausch hat es sogar mächtiger gemacht.

Die Tarifpolitiker alten Schlags dagegen sind weitgehend machtlos, weil ihr Einfluss nur bis zur Landesgrenze reicht. Sie können den inländischen Bossen die Hölle heiß machen, deren ausländische Konkurrenten aber erreichen sie nicht.

Der Handelspolitiker hat einen deutlich längeren Arm. Er entscheidet, ob er seinen Landsleuten tatsächlich den Wettbewerb mit Lumpenproletariern und Umweltfrevlern zumuten will. Er ist der Türsteher der Globalwirtschaft. Die Ware kommt von sonst woher, aber sie muss an ihm vorbei; die Flughäfen in Paris, London und Frankfurt, die Seehäfen in Rotterdam, Amsterdam und Hamburg sind seine Kontrollstationen. Wichtig ist hier der Unterschied zwischen Handel und Handelspolitik. Der Händler schaut auf die Welt und sieht den Warenfluss, der sich wie ein Urstrom durch die Kontinente schiebt. Dieser dürfe von Menschenhand nicht berührt werden, glaubt er, weil das der Fließgeschwindigkeit nicht gut bekommt. Der Handelspolitiker sieht denselben Strom, doch er verspürt einen politischen Gestaltungsauftrag. Er will nicht zwingend den Handel mehren, wohl aber den Nutzen seines Volkes. »Managed trade« nennen die Amerikaner diesen Denkansatz, gestalteter Handel, was nicht zu verwechseln ist mit Protektionismus. Denn eine Außenhandelsdoktrin, die schützende Zollmauern und strenge Einfuhrquoten vorschreibt, ist ähnlich unsinnig und mindestens genauso schädlich wie die Lehre vom unbedingten Freihandel. Die Grundidee der Handelspolitik ist ja gerade die freie Wahl der Waffen: Der Staat gewährt die Eintrittskarte zum nationalen Marktplatz, und er tut dies zu seinen Bedingungen. Er verlangt Standgebühren oder er lässt es bleiben, vor allem aber erwartet er, dass man sich an die von ihm gesetzten Regeln hält. Er ist nicht die Marktfrau, die selbst verkauft. Aber der gestrenge Marktwächter ist er schon.

Der Staat sollte sich raushalten aus den Handelsströmen, er richtet nur Unheil an, wenn er sich auch da noch einmischt. Das ist bisher die europäische Position. Wer die Staatskunst unserer Zeit halbwegs richtig einschätzt, muss zugeben: Die Besorgnis ist nicht gänzlich von der Hand zu weisen. Der Staat hat schon häufiger bewiesen, dass er den hohen Erwartungen an ihn nicht gerecht wurde. Der Staat als Manager des internationalen Handels ist kein rundweg wohliger Gedanke.

Aber: Es ist ein notwendiger Gedanke. Denn der Besorgnis liegt ein Irrtum zugrunde, der hier nicht verschwiegen werden sollte, obwohl er von jenen, die sich besonders laut sorgen, gern verschwiegen wird. Der Staat, der sich heraushalten soll, tut das zwar in Europa, aber er tut es nicht in Indien, nicht in Singapur, Japan, Korea und Malaysia und schon gar nicht in China. Der Staat ist überall da, wo derzeit die rauschenden Erfolge gefeiert werden, der große Förderer und Beschützer der Exportindustrien, er organisiert und garantiert jene Bedingungen, die dazu führen, dass Europa unterboten wird. Der Aufstieg Chinas ist in erster Linie das Werk von Politikern, nicht das von Marktkräften. Die Staatsführung hat sich einer gelenkten Marktwirtschaft verschrieben und westliche Regierungschefs staunen nicht schlecht, mit welcher Lust und welchem Wagemut dort das Spiel mit den vielen Unbekannten betrieben wird. In Peking und anderswo setzt man auf die »schöpferische Zerstörung« – auch die des Westens.

»Ein Hauptgünstling des Glücks«.
Die Irrtümer des David Ricardo

Wer die Globalisierung nicht erdulden, sondern gestalten will, muss den Glauben an die Freihandelsideologie in sich zerstören. Dies sollte geschehen, ohne den freien Warenaustausch in Grund und Boden zu verdammen. Der Freihandel, also ein Warenverkehr ohne Schlagbaum und Zoll, ist als Idee großartig, als Möglichkeit eine Verlockung, als Ziel weiterhin erstrebenswert. Nicht zuletzt dem freien Welthandel verdanken Europa und Amerika ihre imposanten Aufstiege. Der Freihandel sichert in aller Regel einen Wohlstand, der durch das Gegenteil, die beinharte Abschottung, nicht zu erzielen ist.

Dennoch soll hier vor einem Irrtum gewarnt werden, der auch dann ein Irrtum bleibt, wenn er groß in Mode ist. Es gilt die Lehre vom unbedingten Muss des Freihandels zu widerlegen, die besagt, dass er für alle Völker zu allen Zeiten gleichermaßen nützlich ist. Es wird keinesfalls jeder, der Handel treibt, am Ende wohlhabender sein als zuvor. Der Warenaustausch, gleichgültig ob zwischen Unternehmen oder Nationen, kann den Wohlstand aller Beteiligten heben. Aber er muss es nicht tun. Er kann ihn sogar senken. Selbst wenn alle sich von dem Handel viel versprechen, wird diese Erwartung nicht mit naturgesetzlicher Kraft eintreten. Auf den Marktplätzen der Welt werden täglich Verlustgeschäfte abgeschlossen.

Dennoch gilt in den internationalen Wirtschaftsbeziehungen bis heute die Theorie von David Ricardo als eine Art Religionsersatz, die das Gegenteil glauben machen will. Freihandel bietet demnach eine Gewinngarantie für die Kaufleute und eine Wohlstandsgarantie für die beteiligten Nationen. Er nützt allen, die sich an ihm beteiligen, sagt Ricardo. Selbst Volkswirtschaften, die kein einziges Produkt günstiger anzubieten haben als die anderen, würden von einer regen Handelstätigkeit profitieren. Jeder werde unter Ausnutzung der ihm »von der Natur verliehenen besonderen Fähigkeit« das tun, was er am besten beherrsche. Der einzige Fehler, den ein Staat begehen könne, sei der, sich dem freien Warenaustausch zu versagen.

Wir müssten uns mit dem Mann nicht näher befassen, wären nicht nahezu alle Politiker des Westens heute Ricardo-Anhänger, George W. Bush und Tony Blair beispielsweise, mit besonderer Inbrunst auch Peter Mandelson, der in Europa das Kommissariat für Handelsfragen leitet. Freihandel fördert automatisch den Wohlstand, sagt er und sagen heute fast alle. Ricardos Theorie liefert die Grundlage der World Trade Organisation, die den britischen Ökonomen lange Zeit auf ihrer Internetseite mit einer Portraitskizze ehrte. Neidlos muss man anerkennen: Karl Marx gilt vielen als diskreditiert, John M. Keynes und Adam Smith sind wieder anderen suspekt, Ricardo aber hat sich durch die Jahrhunderte hindurch gut gehalten.

Wer die heutige Globalisierung verstehen will, muss sich daher mit ihm befassen. Vor allem, wer begreifen will, warum das globale Wirtschaften in den letzten Jahren dem alten Kontinent so arg zu schaffen macht, wieso selbst stolzeste Exportzahlen keine rechte Schubkraft mehr für die übrige Volkswirtschaft zu Stande bringen, ist gut beraten, die Hinterlassenschaft des Nationalökonomen genauer zu begutachten. Schauen wir also hin – erst auf den Mann, dann auf seine Idee.

Der Engländer David Ricardo war ein Börsenspekulant ohne akademische Bildung. Er hat die Universität nur als Besucher, nie als Student betreten. Seine Schulausbildung muss unter Zugrundelegung heutiger Maßstäbe als schmalspurig gelten. Schon mit 14 Jahren verließ er die Schule, um sich dem Börsenroulette zuzuwenden. Als eines von 17 Kindern des Finanzmaklers Abraham Israel Ricardo war er erkennbar nicht für die Studierstube, sondern für die Welt der Finanzakrobaten geboren. Erstmals als sechsjähriger Pimpf stand er inmitten eines Börsensaals. Der strenge Vater bildete ihn später in der eigenen Firma für das Geldgeschäft aus. Ab dem 21. Lebensjahr spekulierte der Junior auf eigene Faust.

Da zu jener Zeit erst wenige Aktiengesellschaften notiert waren, machte Ricardo das Geschäft mit den Staatsanleihen zu seiner Spezialität. Am 18. Juni 1815 erlebte er seinen größten Triumph, als weit entfernt von London die Schlacht zwischen der britischen Krone und dem französischen Kaiser tobte und er den Zuschlag der Westminster-Regierung für eine Kriegsanleihe in zweistelliger Millionenhöhe erhielt. Sie war aufgrund ihres großen Umfangs und der ungewissen Siegeschancen zu günstigem Kurs begeben worden. Der Krieg mit Napoleon hatte schon viele Jahre hinter sich, ohne dass ein Ende in Sicht war. Und dann das: Nur vier Tage nach Auflegen der Anleihe trafen das französische und das britisch-preußische Heer in Waterloo aufeinander, mit dem bekannten Ergebnis. Napoleons Niederlage beflügelte Ricardos Aufstieg. Früh schon hatte er, gemessen in heutiger Währung, eine Million Pfund beisammen, der im Laufe seines Spekulantenlebens weitere folgten. Ricardo war mit 25 Jahren bereits ein gemachter Mann, der sich mit Anfang 40 auf seinen Landsitz Gatcombe Park in der Grafschaft Gloucestershire zurückzog.

Später kaufte er sich noch einen Parlamentssitz im britischen Unterhaus dazu, was damals unter den Reichen gang und gäbe war. Mal stimmte er mit den Liberalen, mal mit den Konservativen, für die eindeutige Zugehörigkeit zu einer der beiden Parteien konnte er sich zeitlebens nicht entscheiden. Er warb für Versammlungs- und Meinungsfreiheit genauso leidenschaftlich, wie er gegen Importbeschränkungen zum Schutz der britischen Farmer wetterte. Als der 51-Jährige überraschend an einer Entzündung des Mittelohrs starb, hinterließ er sieben Kinder und ein Erbe von umgerechnet gut 35 Millionen Pfund. Wäre seinerzeit schon eine *Fortune*-Liste der hundert reichsten Briten erstellt worden, Ricardo hätte einen Platz auf den vorderen Rängen eingenommen. In einem Brief aus dem Jahr 1802 bezeichnete er sich selbst als »Hauptgünstling des Glücks«.

Die Zeitläufe wären über das Glückskind hinweggegangen, hätte er neben dem Geldscheffeln nicht einem merkwürdigen Hobby gefrönt. Der junge Mann liebte das Theoretisieren. War sein Tagewerk als Spekulant von großer Hast und der Abwesenheit von Tiefsinn geprägt, suchte er im Privaten den Ausgleich. Ricardo sinnierte und abstrahierte, er versuchte die Alltagswelt in Gleichnisse zu packen, die ihm das Verstehen des großen Ganzen erleichtern sollten. Er war einer jener Entdecker, die damals ohne Vorwarnung und ohne Vorbildung die akademische Bühne betraten. Ricardo junior sprang regelrecht hinauf, um seine Sicht der Dinge kundzutun.

Erst legte er sich eine mehr oder minder professionelle Mineraliensammlung zu, dann richtete er ein häusliches Labor ein, in dem er mit Elektrizität experimentierte. Er war neugierig, geltungsbedürftig und überaus schüchtern. »Ich bemühe mich, alles Zaghafte und Verschlossene in meinem Charakter zu überwinden«, schrieb er in einem Brief an seine Frau. Das war der eine Wesenszug. Den anderen verriet er wenig später einem Freund: »Ich habe den dringenden Wunsch, etwas Publikationswürdiges hervorzubringen.« Dass er einst als Klassiker der Nationalökonomie und Begründer der Freihandelslehre gelten würde, war damals nicht im Geringsten abzusehen. Wahrscheinlich wäre Ricardo selbst erstaunt, wie devot ihm fast 200 Jahre später viele Gelehrte begegnen. Zeitlebens hat er seine Theorien umgeschrieben und korrigiert, im 31. Kapitel seines Standardwerks räumte er freimütig ein, schon des Öfteren Auffassungen vertreten zu haben, die er »nunmehr für irrig halte«. Wahrscheinlich hätte er sein Ideengebäude von damals längst selbst über den Haufen gepustet. Nach seinem frühen Tod aber wurde es luftdicht abgeschlossen und in konserviertem Zustand von einer Generation an die nächste weitergereicht.

Seine Botschaft verpackte er in einfache Gleichnisse. Seine berühmteste Erzählung ging so: Er unterstellte ein »System des vollkommenen freien Handels«, also eine Welt ohne jeden staatlichen Eingriff, in der England Tuch und Wein produziert. Portugal stellt ebenfalls Wein und Tuch her, beides allerdings zu deutlich günstigeren Bedingungen. Dennoch wird sich der Handel zwischen beiden Volkswirtschaften zum gegenseitigen Vorteil entwickeln, sagt Ricardo. Es komme nicht auf den absoluten Vorteil und die tatsächlichen Preise an, sondern nur auf den vergleichbaren Vorteil und die relativen Preise. Im Fall von Portugal seien die Verdienstmöglichkeiten beim Export von Wein höher als beim Export von Tuch, weil es pro Zeiteinheit mehr Wein als Tuch herstellen könne. Deshalb sei es ökonomisch klug für die Portugiesen, sich darauf zu konzentrieren: Portugal also produziert Wein für den Export. Im Gegenzug erhält es aus England Tuch, und zwar mehr Tuch, als wenn es den Stoff selbst produziert hätte. Die englischen Tuchhersteller besitzen zwar keinen absoluten, wohl aber gegenüber der aufwendigeren Weinherstellung im eigenen Land einen komparativen, das heißt vergleichbaren Vorteil. Der reiche aus, damit der Handel für beide sich lohne, so Ricardo.

Übertragen auf den Radprofi Lance Armstrong bedeutet das: Der Mann ist ein Weltklasseradler und kann mit seinem Sport viel Geld verdienen. Zugleich wäre er ohne Zweifel der schnellste Fahrradkurier der USA, besäße damit einen weiteren, unschlagbaren Vorteil gegenüber jedermann. Doch der relative Vorteil des Radsports ist so groß, dass es lohnt, ihn auszukosten. Von dem so verdienten Geld wird Armstrong vernünftigerweise lieber einen Fahrradkurier beschäftigen, als selbst Briefe und Pakete auszufahren.

Die Welt der internationalen Wirtschaftsbeziehungen allerdings ist komplexer und widersprüchlicher als von Ricardo unterstellt. Sein Werk ist theoretisch im schlimmsten Sinne des Wortes. Das von ihm entworfene Modell ist von der Wirklichkeit derart entfremdet, dass es am Ende kaum noch praktische Aussagekraft besitzt. Die neueren Tendenzen der Weltwirtschaft haben den Abstand sogar weiter vergrößert. Wer es wagt, die Ebene der Abstraktion zu verlassen, gerät immer tiefer in Schwierigkeiten. Drei Argumente sind es, die wir Ricardo vorhalten müssen.

Erstens: Der Weinexporteur Portugal, der seine Tuchproduktion zugunsten des Weinanbaus aufgibt und damit besser fährt, als wenn er beides herstellt, verstößt gegen seine ureigensten Interessen. Das wahre Portugal besitzt ein handfestes, durch nichts zu dämpfendes Interesse, den Status als Land der Weinbauern zu verlassen. Wie jeder andere Nationalstaat auch will es auf die nächsthöhere Stufe des Wirtschaftens klettern, will Industrieprodukte erzeugen und moderne Dienstleistungen anbieten. Nur wo im Sortiment eines Landes Außergewöhnliches geboten wird, locken auch außerordentliche Handelsgewinne. Die Akteure im wahren Leben der Nationen denken seit jeher strategisch, deshalb sind sie bereit, auf einen Teil ihrer augenblicklichen Vorteile zu verzichten. Die meisten Staatsführer wissen, dass die von Ricardo empfohlene Arbeitsteilung sie in eine Spezialisierungsfalle tappen lässt, die sie am Ende mit dem Niedergang ihrer Volkswirtschaft bezahlen. Wer stehen bleibt, fällt zurück, weil alle anderen sich bewegen. Wer sich auf seine komparativen Vorteile verlässt, wird bald gar keine Vorteile mehr besitzen.

Ricardos Modell aber kennt keine Dynamik. Er ging von einem weltweiten Gleichgewichtszustand aus, was uns nur zeigt, wie wenig er, trotz seiner Börsenerfahrung, von den inneren Antriebskräften einer Volkswirtschaft verstand. Selbst der Staat spielt, seit es Staaten gibt, niemals nur die Rolle des Verwalters, er ist Antreiber, Trainer, und zuweilen versucht er, das entscheidende Tor selbst zu erzielen. Das fängt mit der

Währungspolitik an, die eine staatliche Notenbank steuert und kontrolliert; das reicht bis zur Technologieförderung, die Menschen und Firmen befähigen soll, Großes zu denken, zu planen und zu produzieren. Dutzende von Zollämtern, hunderte von Ausfuhrbestimmungen und ein tief gestaffeltes System der staatlichen Subventionen dienen dem ehrgeizigen Ziel, die Umtauschverhältnisse im internationalen Handel zum eigenen Vorteil zu verändern, was nicht immer gelingt, aber immer wieder probiert wird. Der Handel der Nationen war zu allen Zeiten vor allem eins: politisch. Die von Ricardo unterstellte Entstaatlichung der Handelsbeziehungen in einem windstillen Wirtschaftsraum gab es zu keiner Zeit.

Der zweite Einwand bezieht sich auf einen Spieler, dem Ricardo keine eigene Rolle beimaß: das Finanzkapital. Die Investoren aber denken von Hause aus in absoluten Vorteilen, nicht in relativen. Wer grob sein will, kann es auch so formulieren: Die von Ricardo angenommene Logik ist ihnen gänzlich wesensfremd. Sie betrachten die ganze Welt als ein Land. Sobald das Finanzkapital einen absoluten Vorteil erblickt, und sei er noch so winzig, wird unverzüglich zur Tat geschritten. Auch der Finanzinvestor selbst, der dieses Geld steuert, ist nicht mit der Scholle verbunden, auf der er sein Büro betreibt. Er sieht nur aus wie ein Brite oder ein Deutscher, in Wahrheit aber ist er ein Transnationaler. Er sitzt in London, aber er denkt nicht britisch. Er schaut auf den Eiffelturm in Paris, auf die Alte Oper in Frankfurt oder auf das Prado-Museum in Madrid, aber sein Instinkt lässt ihn einzig nach Rendite Ausschau halten.

Wenn in seinem Herzen nationale Gefühle sich regen, hat er seinen Beruf verfehlt. Weltweit, das ist sein Gencode, sucht er die besten Anlagemöglichkeiten und wird die Portugiesen, wenn sie tatsächlich die gleiche Qualität Tuch billiger als die Engländer herstellen, nach Kräften unterstützen. Das aber bedeutet, dass die von Ricardo angenommene Symbiose von

Nation und Finanzkapital im wahren Leben nicht existiert. Wir erinnern uns: Bei Ricardo produzieren die Portugiesen Wein und Tuch günstiger als die Engländer und dennoch konzentrieren sie sich am Ende auf den Weinexport, überlassen das Tuch also den Engländern. Im wahren Wirtschaftsleben sieht es dagegen so aus: Der absolute Kostenvorteil der Portugiesen würde den Todesstoß für die britische Textilindustrie bedeuten. Die unterstellte Arbeitsteilung der Nationen käme auf dieser Geschäftsgrundlage niemals zustande. Warum sollte sie auch? Die internationalen Investoren würden den Portugiesen unter die Arme greifen und sich von den teuren englischen Fabriken binnen kürzester Frist lossagen. Selbst gebürtige Briten würden so und nicht anders handeln. Ihr Nationalschmerz, so er sich meldet, wird mit hohen Bonuszahlungen betäubt. Das Finanzkapital ist keine Filiale der Heilsarmee. Die englische Wirtschaft müsste – und würde – sich nach einer Methode umschauen, kostengünstiger als die Portugiesen zu produzieren. Oder aber das Land entdeckt eine andere Produktion, die unzweifelhafte Vorteile gegenüber der portugiesischen ausweisen kann. Sofort würde das Investorengeld wieder landeinwärts strömen. Das ist ja gerade das Raffinierte (und Grausame) am Weltfinanzsystem, dass es wie ein Bewässerungssystem binnen kürzester Zeit die entlegendsten Winkel der Erde überschwemmen oder austrocknen kann. Wo immer sich ein fruchtbarer Boden befindet, wird er mit Geld versorgt. Wo immer ein Land seine Vorteile hat verkümmern lassen, herrscht bald schon die große Dürre. Asien wird in diesen Tagen überflutet, Afrika dagegen dürstet.

Der dritte Einwand wiegt am schwersten: Da Ricardo die Unternehmen, die Staaten und das internationale Finanzkapital falsch einschätzte, verwundert es kaum, dass auch seine Schlussfolgerungen nicht mit der Wirklichkeit übereinstimmen. Er sah nur Gewinner, wohin er auch blickte. Wer sich am freien Welthandel beteilige, stehe besser da, als wenn er es unterlasse. Wobei er davon ausging, dass geradezu mit naturgesetzlicher Kraft eine Arbeitsteilung zustande kommt. Dass Portugal den Briten Wein liefern könnte, ohne Tuch zu bestellen, kam ihm nicht in den Sinn. Die Handelsbilanz zweier Staaten war bei ihm immer ausgeglichen.

In Wahrheit aber sind Ungleichgewichte in den Handelsbeziehungen gang und gäbe. Die Chinesen liefern den Amerikanern und den Deutschen mehr, als sie bereit sind zu kaufen. Von einer Arbeitsteilung unter Gleichen kann in der Weltwirtschaft keine Rede sein. Das globale System der Wirtschaftsbeziehungen hat sich genau in die entgegengesetzte Richtung entwickelt: Es ist von Asymmetrie gekennzeichnet, der Gleichgewichtszustand, von dem Ricardo träumte, rückt sogar mit jedem Handelstag in weitere Ferne. Die chinesischen Exporte nach Amerika übersteigen die Exporte der USA nach China mittlerweile um das Fünffache.

Auch Länder mit Exportüberschüssen gehören nicht zwangsläufig zu den Siegern des Welthandels. Die Geschichte der deutschen Exporterfolge ist auch eine Geschichte der Niederlagen. Denn der Preis für den im Ausland errungenen Titel des Exportvizeweltmeisters wird im Inland entrichtet. Die internationale Wettbewerbsfähigkeit und der Abbau inländischer Beschäftigung sind keine Zufälligkeit. Ein Beschäftigter nach dem anderen muss das Boot der Volkswirtschaft verlassen, damit die anderen, um diesen Ballast befreit, ihr Tempo steigern können. Die gute Nachricht: Die vielen Boote einer Volkswirtschaft melden Tempogewinne. Die schlechte: Der Staat ist ohne Unterlass mit Bergungsarbeiten beschäftigt. In seiner Obhut landen die Gekenterten, also jene Menschen, die die stolze Exportflotte, der sie gestern noch angehörten, nun von hinten sehen.

Damit sind wir bei den Ausgabeposten, die neben den Kosten für das Herstellen von Tuch und Wein auch noch anfallen, den Zahlungen des Sozialstaats. Die Dauertiefstpreise in den

Kaufhäusern gehen heute einher mit steigenden Ausgaben für den staatlichen Wohlfahrtsstaat, der mehr Kundschaft hat, als ihm recht ist. Ausgerechnet die überzeugten Freihändler in Europa müssen erleben, dass weite Teile ihrer Bevölkerung zu den Verlierern des Welthandels zählen. Politiker und Ökonomen versuchen diese neue Wirklichkeit mit dem alten Denkschema zu erfassen, wenn sie den aufstrebenden Staaten die günstigeren Voraussetzungen für die Industrieproduktion attestieren. Der Westen müsse sich nun auf die Wissensgesellschaft konzentrieren, um weiter Gewinner der Globalisierung zu sein. Der Wein wird durch Kinderspielzeug und Textilien, das Tuch durch Software und Arzneimittel ersetzt. Auf diese Art neu geordnet, so hoffen viele, könnte die alte Theorie noch einmal funktionieren.

Aber sie wird dem Westen diesen Gefallen nicht tun. Es gibt in der globalen Wirtschaftswelt keine naturgesetzliche Arbeitsteilung, auf die Verlass wäre; kein Gleichgewicht der Beziehungen, das nicht morgen aus der Balance geraten kann. Der von Ricardo behauptete Automatismus zu mehr Wohlstand ist der kapitalistische Traum, der als Gegenentwurf zum kapitalistischen Albtraum seine Berechtigung hatte, der von der gleichermaßen automatischen Verelendung handelte. Beide Automatismen haben im Wachzustand keine Chance, zu bestehen.

Selbst das heutige Deutschland, eine der unbestreitbar erfolgreichsten Außenhandelsnationen der Welt, kann nicht länger als Beleg für Ricardos Thesen dienen. Das Land kauft und verkauft, ist in die Weltwirtschaft so tief integriert wie kaum ein zweites großes Industrieland, die Handelsbilanz ist seit jeher positiv, rund ein Viertel aller Beschäftigten lebt direkt und indirekt von den lebhaften Außenhandelsaktivitäten – und dennoch ist kein Anstieg des nationalen Wohlstands zu verzeichnen. Hier soll nicht gegen die Exporterfolge gesprochen werden, die ein Segen sind für das Land. Ohne sie sähe vieles trüber aus. Aber: Sie heben nicht mehr automatisch den Wohlstand der gesamten Nation.

Die höchst unbequeme Schlussfolgerung lautet: Es kommt auf die Bedingungen an, unter denen die Erfolge im Äußeren errungen werden. In Deutschland wird die Exportfähigkeit der Volkswirtschaft seit längerem mit dem Abbau inländischer Beschäftigung erkauft. Wobei es gleichgültig ist, ob der Verlust inländischer Beschäftigung eine Folge von Betriebsverlagerungen oder von Rationalisierung ist. Fest steht: Große Exporterfolge und eine im Innern schrumpfende Volkswirtschaft sind die zwei Seiten einer Medaille.

Versuchen wir Ricardo mit einem Gleichnis beizukommen: Früher waren 100 deutsche Arbeiter und Angestellte mit der Erstellung von Autobatterien beschäftigt. Wuchs der Export, kräftigte das auch die Binnenwirtschaft, denn die 100 Beschäftigten konnten Lohnsteigerungen für sich erzielen. Ihr Arbeitgeber fuhr einen stattlichen Gewinn ein. Je besser die Geschäfte im Äußeren liefen, desto besser war es auch für die Nationalökonomie. Der Arbeitnehmer konsumierte, der Arbeitgeber investierte.

Heute werden die Batterien von 50 deutschen Beschäftigten und 50 ausländischen Beschäftigten hergestellt, Letztere arbeiten zum halben Preis. Die Firma zahlt also nur noch 75 Prozent der Löhne, was der Wettbewerbsfähigkeit enorm gut tut. Der Export brummt wie eh und je. Unter veränderten globalen Bedingungen hat sich der Batteriehersteller behaupten können. Werfen wir nun einen Blick auf die staatliche und die volkswirtschaftliche Seite dieser Bilanz: Die 50 überzähligen deutschen Beschäftigten sind nur zur Hälfte bei anderen Firmen untergekommen; 25 von ihnen leben nun von staatlichen Sozialleistungen. Die Folge ist, dass der Sozialstaat expandiert, derweil die Binnenwirtschaft im Zuge dieser Entwicklung schrumpft. Nur noch 75 deutsche Beschäftigte sind in Lohn und Brot, 50 in der Batterieherstellung und 25 anderswo.

Zusammen mit den 25 ausgemusterten ehemaligen Kollegen, deren Kaufkraft mittelfristig nur noch ein Fünftel des letzten Lohnes ausmacht, sinkt die Kaufkraft auf 80 Prozent des Ursprünglichen. Eine derart verfasste Wirtschaft kann bei ihren Verkäufen im Ausland so erfolgreich sein, wie sie will. Der Binnenmarkt aber wird nie wieder in gleicher Weise profitieren wie früher. Er kann sogar schrumpfen, derweil der Außenhandel zulegt. Denn das Entscheidende sind die Bedingungen, unter denen der Außenhandel abgewickelt wird. Und diese Bedingungen, die Experten sprechen von den »terms of trade«, haben sich in den vergangenen Jahren zu Ungunsten des Westens verschoben.

Einer Versuchung muss hier widerstanden werden: Diese Zahlen sprechen nicht gegen den Freihandel, sehr wohl aber gegen Ricardo. Er hat die richtige Grundidee mit falschen Versprechungen verkauft. Er hat eine Möglichkeit zum Muss erklärt, eine politische Idee zur Religion erhöht. Sein Menschenbild war von zuweilen liebenswerter Harmlosigkeit geprägt, er sah alle Nationen der Welt »durch ein gemeinsames Band des Interesses« miteinander verbunden, wo doch in Wahrheit ein oft gnadenloser Wettbewerb tobt.

Schon zu Lebzeiten war er in die Defensive geraten, was uns die Schulbücher heute verschweigen. Es sei »beinahe Modesache geworden, von Ricardo in herabsetzender Weise zu sprechen«, klagte bereits 1893 der ihm nahe stehende Ökonom Knut Wicksell. John Maynard Keynes hatte weniger Mitgefühl. Er war der Meinung, dass Ricardo eine Bedeutung erlangt habe, die ihm und seinen Überlegungen unangemessen sei. Hätte sich die Nationalökonomie anderer Vorbilder bedient, seufzte er einmal, »um wie viel weiser und reicher wäre die Welt heute«.

Immer wieder schickte Ricardo seinem Modell Erläuterungen und Rechtfertigungen hinterher, auch solche, die ihn als großen Träumer überführten. Natürlich sei es für die englischen Kapitalisten und auch die englischen Konsumenten vorteilhaft, wenn angesichts der günstigeren Konditionen im Süden Europas das Kapital und die Arbeit »nach Portugal verlagert werden«, räumte er ein. Die Erfahrung zeige jedoch, so fuhr er fort, dass die »natürliche Abneigung jedes Menschen, das Land seiner Geburt und persönlichen Beziehungen zu verlassen und sich mit allen seinen eingewurzelten Gewohnheiten einer fremden Regierung und ungewohnten Gesetzen anzuvertrauen, die Abwanderung von Kapital hemmt«. Leicht melancholisch fügte er hinzu: »Diese Gefühle, deren Verschwinden ich sehr bedauern würde, bestimmen die meisten Menschen mit Vermögen, sich eher mit einer niedrigeren Profitrate im eigenen Land zu begnügen, als dass sie eine vorteilhaftere Anlage für ihren Reichtum bei fremden Nationen suchen.«

Dass dieser Schwärmer als Kronzeuge westlicher Handelspolitik eine so große Rolle spielten konnte, ist nur auf den ersten Blick überraschend. Theoretiker der Ökonomie haben ihre Bedeutung zu allen Zeiten auch den Interessen zu verdanken, denen sie nutzten. Die Sowjetunion hielt Karl Marx auch dann noch in Ehren, als weite Teile seiner Theorie von der Verelendung des Proletariats bis zum tendenziellen Fall des Unternehmerprofits durch die Praxis widerlegt waren. Eine Theorie wurde konserviert und ihr Erfinder götzenhaft verehrt, weil das der Legitimation der Sozialistischen Sowjetrepubliken und ihrer Satelliten diente. Keiner hatte so schauerlich-schön vor dem Kapitalismus gewarnt und insbesondere gegen den in Mode kommenden Freihandel polemisiert. Wo Ricardo nur Licht sah, konnte Marx ausschließlich Schatten erkennen. Mit jeder Zunahme des Welthandels, so seine Prognose, »wächst die Masse des Elends, des Drucks, der Knechtschaft, der Entartung, der Ausbeutung, aber auch die Empörung der vereinten und organisierten Arbeiterklasse«.

Im Westen wurde dasselbe Spiel mit anderen Darstellern aufgeführt. Ricardos harmonische Welt des Gleichgewichts verklärte eine Weltwirtschaftsordnung, die so ganz nach dem Geschmack der damals Mächtigen war. Die Teilung der Welt in Arm und Reich war demnach ein Naturzustand.

Heute wissen wir es besser: Auch im Westen sind nicht wenige Nationen gut damit gefahren, dem Freihandelsgedanken nicht bedingungslos zu folgen. Es war Napoleon, der aus dieser Erkenntnis Schlussfolgerungen zog, so radikal wie keiner zuvor. Er verhängte im November 1806 eine Wirtschaftsblockade des weitgehend unter seinem Einfluss stehenden europäischen Kontinents gegen Großbritannien. Diese Kontinentalsperre, eine durch Zoll und Militär gesicherte und durch öffentliche Drohgebärden begleitete Einfuhrbarriere, blieb bis 1813 in Kraft.

Das Ergebnis der Kontinentalsperre konnte sich trotz vieler Skurrilitäten sehen lassen. Den Franzosen, aber auch den angrenzenden Gebieten in Belgien oder dem Saarland tat es erkennbar gut, eine Weile für sich zu sein. Denn natürlich wurden die fehlenden Waren aus dem Empire bald schon durch eigene Produktion ersetzt. Da der Wettbewerb hinter den Sperranlagen nun weniger scharf geführt wurde, konnten die Fabrikanten das Wichtigste ansammeln, was der Kapitalismus in dieser frühen Stunde zum Wachsen brauchte: Kapital. Die höheren Preise, die nun für die inländischen Produkte verlangt wurden, waren nichts anderes als eine Sondersteuer zur Industrialisierung des Landes. Erst die relativ gesicherten Gewinnmargen, die nicht gleich im Preiskrieg mit den fortgeschrittenen Engländern verpulvert werden mussten, sicherten den Ausbau des Maschinenparks. Die Kaufkraft der Bürger diente dem Aufbau der eigenen Industrie und nicht mehr der Förderung der britischen.

Ohne die Kontinentalsperre hätten sich die ostdeutsche Textilindustrie und die linksrheinische Metallproduktion wohl kaum derart zügig entwickeln können. Vor allem die später zu Deutschland und damals zu Frankreich gehörenden Standorte der Metall- und Textilindustrie rund um Aachen, Krefeld und Saarbrücken erlebten einen raschen Aufstieg. Sie waren durch die Zolllinie gesichert und die Kontinentalsperre hielt ihnen die Engländer vom Leib. Überall in Europa erlebte der Zuckerrübenanbau einen Schub, galt es doch nun, das Zuckerrohr aus den britischen Kolonien zu ersetzen. Seine besondere Förderung gilt bis heute. Der europäische Tabakanbau boomte, die Schnapsbrennerei in Nordhausen, Quedlinburg, Wernigerode und Richtenberg kam in Fahrt, weil die Tabakplantagen und Rumdestillerien Westindiens als Lieferanten nicht mehr zu gebrauchen waren.

Knapp 30 Jahre nach dem Beginn der Kontinentalsperre gründete sich der Deutsche Zollverein, dem dieselbe Idee zugrunde lag wie der heutigen Europäischen Union. Eine Zollunion entstand, die aus der Ansammlung von Fürstentümern und Herzogtümern schließlich eine politische Einheit formte. Der Deutsche Zollverein nahm die Bismarcksche Reichsgründung vorweg. Er einte die Kleinstaaten und die Königreiche Bayern und Preußen, auch dadurch, dass er sie vor den überlegenen Engländern beschützte. Natürlich verteuerten sich die Waren hinter der Zollmauer, die vorhandene Kaufkraft wurde in ihrer Fähigkeit, Waren zu erstehen, herabgesetzt. Die Schlussfolgerung aber, dass dies automatisch zu einem Erlahmen der Volkswirtschaft, zu einem Sinken der Produktivität, zum Verlust an Kaufkraft und einem Rückgang des Außenhandels führe, wäre grundfalsch. Wer das behauptet, der irrt. Das kann so sein, aber das muss es nicht. Der Deutsche Zollverein lieferte den Gegenbeweis.

Die bis dahin zersplitterte deutsche Volkswirtschaft fand hinter der Schutzmauer des Zolls erstmals zueinander, man intensivierte die Austauschbeziehungen im Innern, aus Manufakturen wurden Fabriken, eine Industrielandschaft entstand, es blühte die Vielfalt der Produkte – und schließlich auch der Außenhandel. Die Kaufkraft fiel nicht, sie stieg an, weil die

Menschen innerhalb der Zollgrenze sich endlich entfalten konnten. Wettbewerb kann beleben, aber er kann, wenn der andere zu stark ist, auch alles erdrücken. Der Wirtschaftswissenschaftler Sartorius von Waltershausen zog schon in den 30er Jahren aus den ihm zugänglichen Erfahrungen eine höchst pragmatische Lehre: Beides, Protektion oder Freihandel, könne den Wohlstand einer Nation mehren. Der von der Politik vorgegebene Weg müsse nur »zur jeweiligen Entwicklungsfähigkeit der Volkswirtschaft« passen.

Wer in Gedanken die letzten anderthalb Jahrhunderte durchwandert, stellt schnell fest: Der Protektionismus kommt in der Morgenstunde einer Industrie genauso gern zum Einsatz wie in der Abendsonne einer Branche, wenn, wie bei Kohle und Stahl, das Feld der Verfolger zahlreich und mächtig ist. Auch die Nationen unterscheiden sehr wohl, in welchem Stadium sich ihre Produktivkräfte befinden. Industrielle Anfänger halten sich aus Prinzip eher geschlossen, in der Blütezeit wird der Freihandel propagiert, im Niedergang gewinnt der Protektionismus neue Freunde. Nur England bildet die große Ausnahme von der Regel, was dem Land nicht gut bekam. Es ist durch den Freihandel groß geworden, weil es als erste Nation moderne Produkte erzeugen konnte. Die Verfolger mussten erst noch geboren werden. Die aufsteigenden Volkswirtschaften in Amerika und Kontinentaleuropa aber holten mächtig auf, auch deshalb, weil sie die Engländer in ihren jeweiligen Inlandsmärkten auf Abstand hielten. Die deutschen und die amerikanischen Einfuhrzölle glichen einer Strafgebühr für die Engländer. Man wollte den Aufbau eigener Industrien fördern und nicht die Auslastung der britischen gewährleisten.

Auch im fortgeschrittenen Stadium ihrer Leistungsfähigkeit blieben die Verfolgerstaaten stur. Deutsche, Franzosen und Amerikaner nutzten die Freizügigkeit im britischen Imperium, derweil sie sich in ihren Heimatmärkten weiter reserviert zeigten. Der durchschnittliche Zollsatz für importierte Industriewaren lag im Jahr 1913 in Deutschland bei 17, in Frankreich bei 20, in den USA bei 44 Prozent, nur in Großbritannien wurde praktisch kein Zoll erhoben. Wahrscheinlich hat England seinen Abstieg damit selbst beschleunigt. Dutzende von Historikern stürzten sich später auf den Wettlauf der frühen Industrienationen, der für die Angreifer so überaus erfolgreich verlief. Über Ursache und Wirkung der Zollpolitik wird dabei bis heute gestritten. Fest steht aber, dass von 1870 bis 1913 Länder mit hohen Zolltarifen zugleich hohe Wachstumsraten aufwiesen, derweil niedrige Zolltarife mit niedrigem Wachstum einhergingen.

Ganze Staatenformationen, vorneweg Japan, gefolgt von Taiwan, Thailand, Singapur und Südkorea, organisierten ihren Aufstieg im Widerspruch zu Ricardos Theorien. Nicht Freihandel, sondern sanfte Abschottung war ihr Erfolgsrezept. Hinter den nationalen Schutzmauern ließen sie ihre produktiven Kerne wachsen, deren Größe mittlerweile derart beeindruckend ist, dass viele im Westen von einem asiatischen Wunder sprechen. Aber es war kein Wunder. Es war nur die richtige Mischung aus Schutz und Wettbewerb zur richtigen Zeit. Dem werdenden industriellen Leben wurde jene Protektion zuteil, die auch die frühen Amerikaner für sich in Anspruch nahmen. Wer das Beschützen allerdings als Verschanzen versteht und im Innern keinen Wettbewerb zulässt, hat seine Chance verspielt. Das luftdichte Abschotten tötet jedes industrielle Leben, wie am Beispiel der Sowjetunion zu besichtigen war. Deren Plansystem ist abgetreten, und auch ihr Schutzpatron Marx wurde mittlerweile beerdigt. Es ist an der Zeit, auch David Ricardo die letzte Ehre zu erweisen.

Protektion!

Wer den Krieg verhindern will, sollte auf ihn vorbereitet sein, lautet die Lehre aus der Geschichte, spätestens seit den alten Römern. Nach 1945 entstand deshalb die Nato als westliches Verteidigungsbündnis. Ihre Kampfverbände bereiten keinen Angriffskrieg vor, gleichwohl müssen sie das Undenkbare denken und planen und dann und wann sogar mit Einsatz drohen. Wer auch immer eine Lücke in ihrem Waffenarsenal erblickt, ist verpflichtet, Alarm zu schlagen, selbst auf den Verdacht hin, als Kriegstreiber zu gelten.

Es bleibt Helmut Schmidts Verdienst, Ende der 70er Jahre die Aufrüstung der Sowjetunion mit SS-20-Raketen gesehen und in ihrer Bedeutung erkannt zu haben. Der Westen hatte diesen Mittelstreckenraketen, die auf Westeuropa gerichtet waren, nichts Gleichwertiges entgegenzusetzen. Er war bedroht, auch wenn eine Mehrheit der Deutschen diese Bedrohung nicht sah und nicht fühlte. Sogar die eigenen Genossen empfanden den Ex-Oberleutnant Schmidt als Übertreiber, und einige bezichtigten ihn sogar, ein Kriegslüstling zu sein. Sein Werben für Pershing und Cruise Missile wurde von wütendem Protest begleitet. Die Nachrüstung kam, als Schmidt längst gegangen war.

In der heutigen Wirtschaftswelt ist mit dem Auftauchen und Erstarken der Wirtschaftsmacht China eine vergleichbare Sicherheitslücke entstanden. Die europäischen Freihändler stehen einer gelenkten Marktwirtschaft gegenüber, auf die sie gedanklich nicht vorbereitet sind. Im Weltkrieg um Wohlstand ist ein Rivale aufgetaucht, der gewillt ist, das volle Instrumentarium staatlicher Protektion für sich zu nutzen. China wird von einem Bankensystem bewässert, das nach anderen als nach Rentabilitätskriterien funktioniert. Die Zölle umgeben ganze Industrien wie einen Schutzwall. So will der Schuhexporteur China auf keinen Fall ein Schuhimporteur sein. Der Inlandsmarkt wird mit einem 27-prozentigen Preisaufschlag vor jenen Ländern abgesperrt, die noch billiger produzieren. Das geistige Eigentum fremder Firmen dagegen wird mit leichter Hand und ohne Entschädigung enteignet. Die chinesische Währungspolitik wirkt wie eine große Exportsubvention, weil sie die Preise der Ausfuhrware künstlich verbilligt. China versteht es wie kein anderes Land der Welt, über Marktwirtschaft zu reden und Staatswirtschaft zu betreiben. Die Führung des Landes folgt erkennbar nicht dem Fixstern des Freihandels, auch wenn sie sich in internationalen Verträgen dazu verpflichtet hat.

Europa schaut wie gebannt auf das fernöstliche Treiben. Das alte Ideal des unbedingten Freihandels verblasst, ohne dass bisher ein neues an seine Stelle getreten wäre. Es gibt keinen Konsens außer den einer kollektiven Empörungskultur, womit die chinesische Staatsführung zu leben gelernt hat. Besucher mahnen faire Handelsbedingungen an, fordern den Schutz geistigen Eigentums, äußern sich kritisch zur Rolle der Währungspolitik. Mit unbewegten Mienen nehmen Chinas Staats- und Regierungschefs das westliche Wehklagen entgegen, sie bitten um Verständnis, sie versprechen Abhilfe, um seit anderthalb Jahrzehnten nichts zu unternehmen.

Zu einem Wechsel vom Handel zur Handelspolitik konnte sich Europa bisher nicht entschließen. Wer das Wort Protektion nur ausspricht, riskiert Verdächtigungen aller Art. Den Männern der Wirtschaft schwillt der Kamm, Politiker rollen mit den Augen. So ist es seit jeher. Aber: So wird es nicht bleiben. Die neue Zeit dürfte schon bald eine Kurskorrektur erzwingen. Es geht nicht darum, mit leichter Hand die Festungsmauern hochzuziehen. Aber es geht darum, ihre Bauteile zu fertigen und vorzuzeigen mit dem erklärten Ziel, sie nach Möglichkeit nicht benutzen zu wollen. Europa in seiner heutigen Verfassung ist ein wirtschaftspolitischer Pazifist, den schon der Gedanke an die eigene Wehrhaftigkeit mit Unwohlsein erfüllt. Der alte Kontinent hat den Waffen des modernen Wirtschaftskriegs abgeschworen, weil man glaubte, der Freihandel werde im Selbstlauf für Wohlstand und Wachstum sorgen. So kommt es, dass ausgerechnet jene Kreise aus Wirtschaft und Wirtschaftspolitik, die sich selbst für hoch rational und am wenigsten schwärmerisch halten, als die großen Träumer vor uns stehen. Was einst über die Totalverweigerer, Friedensmarschierer und Blockierer von Mutlangen gesagt wurde, trifft auf sie heute auch zu: Sie sind gutmütig und deshalb gefährlich. Sie wissen viel und sind dennoch unfassbar naiv.

Die Frage lautet ja heute nicht: Sollte weltweit der Freihandel beendet werden? Auch Helmut Schmidt hat nicht die Entspannungspolitik beendet und ist gegen die Sowjets ausgerückt. Die Frage lautet vielmehr: Wann nimmt der Kontinent zur Kenntnis, dass es einen lupenreinen Freihandel nur im Denken europäischer Wirtschaftspolitiker gibt, nicht aber im wahren Leben der Staaten? Die Handelskonditionen sind für China eine Frage der Nützlichkeit, nicht des Glaubens. Europa täte gut daran, für Waffengleichheit zu sorgen.

Amerika ist unter dem Druck der Ereignisse längst vom einst propagierten Ideal abgerückt. Der Staat schützt und fördert seine Wirtschaft, auch wenn jede Einzelmaßnahme hoch umstritten ist. Die Stahlindustrie und die Farmer stehen unter seinem besonderen Schutz, bei Medienunternehmen dürfen Ausländer keinen beherrschenden Einfluss gewinnen, die Betreiber von Hafenanlagen konnten sich erst kürzlich dank einer Intervention des US-Kongresses eines ausländischen Aufkäufers entledigen, die Verletzung von Markenrechten und Softwareklau wird den Asiaten von höchster Stelle vorgehalten, für die chinesische Textilindustrie wurden Einfuhrquoten festgelegt, deren Überschreitung die Zollbehörden auf den Plan ruft. Importe und Exporte sind in den Augen von Demokraten und Republikanern keine Naturgewalten, die gottgegeben hineinfluten und hinausschwappen. Die Handelsströme werden als Produkte des politischen Willens betrachtet, des eigenen und des der anderen.

Der Handelsbeauftragte des US-Präsidenten ist Mitglied des Kabinetts. Der Präsident selbst besitzt in Handelsfragen nur ein eingeschränktes Mandat, das mitten in der Legislaturperiode erneuert oder verweigert wird. Die Abgeordneten fordern Rechenschaft über die Bedingungen des Welthandels. Eine Vielzahl von Universitätslehrstühlen und privaten Denkfabriken befasst sich praxisnah mit dem Instrumentarium der Handelspolitik, da sich auch in Wirtschaftsfragen eine multipolare Welt herausgebildet hat. Der neue Finanzminister Henry Paulson, einst Chef der Investmentbank Goldman Sachs, wurde vom US-Präsidenten zur Wehrhaftigkeit verpflichtet. Paulson werde den internationalen Freihandel vorantreiben, sagte Bush, was für ihn auch bedeute, darauf zu achten, »dass sich unsere Handelspartner an die Spielregeln halten«.

Die Kritiker einer Handelspolitik führen vor allem das Preisargument ins Feld. Eine derartige Politik schade am Ende nur den Verbrauchern, weil die günstigsten Anbieter nicht mehr zum Zuge kommen. Wer so spricht, der unterschlägt, dass die Verbraucher nicht nur nach billigen T-Shirts und günstiger Elektronik verlangen, sondern auch nach einem eigenen Arbeitsplatz. Hinzu kommt: Selbst die Verbilligung im Laden ist womöglich nicht von Dauer. Gelingt es einem Herstellerland, den Weltmarkt zu dominieren und die Konkurrenz zu vernichten, ist es mit den Dauertiefstpreisen schnell vorbei. Der Verbraucher aber hat an Monopolen und Kartellen kein Interesse, weshalb kluge Handelspolitik immer auch Anti-Monopolpolitik ist. Sie muss den Gedanken des Kartellrechts, den Ludwig Erhard zum Erhalt der Marktordnung als zwingend ansah, in den internationalen Raum übertragen. Denn die Weltmärkte funktionieren unter dem Diktat von Kartellen und Monopolen ähnlich schlecht wie die heimischen.

Der günstige Preis einer Ware ist immer ein, aber nicht das alleinige Kriterium für den Handel. Wer den Wohlstand seiner Nation (und nicht den des Importeurs) dauerhaft steigern will, muss genauer hinschauen. Die liberale Wirtschaftsordnung ist liberal nur innerhalb ihres Ordnungsrahmens. Zu dessen Durchsetzung bedarf sie einer Autorität, die auch abstrafen und kontrollieren darf. Sie muss sich interessieren dürfen für das, was auf den Märkten geschieht. Wer liefert da? Zu welchen Bedingungen? Wie kam der Preis der Ware zustande? Und welche Gründe zugunsten der heimischen Produktion gibt es außerhalb der Preisliste?

Das Drohen mit Quoten, Zöllen und Einfuhrverboten ist dabei wichtiger als der Vollzug. Die internationale Handelspolitik gleicht nun mal einem Pokerspiel, wo der eine den anderen zu übertrumpfen versucht, weil der Friedfertige immer auch der Dumme ist. Wer die Trumpfkarten aus ideologischen Gründen beiseite legt, wird die Partie schwerlich für sich entscheiden können.

Mit Bedauern wird in Europa bisher das Aussteuern der Arbeitskräfte zur Kenntnis genommen. Es ist zu einer merkwürdigen Ungleichzeitigkeit im politischen Handeln gekommen. Einerseits interessieren sich die Europäer sehr dafür, was jenseits der Landesgrenze mit Luft, Wasser und ihrem investierten Kapital passiert: Es gibt Umweltschutzabkommen und Verträge über den Schutz ausländischer Investitionen mit mittlerweile über 100 Ländern. Selbst für den Fall, dass irgendwo auf der Welt diese Regeln missachtet werden, bietet jeder westliche Staat seinen Unternehmen eine Ausfallversicherung an. Das Kapital genießt weltweiten Vollkaskoschutz, es braucht weder Wirbelsturm noch Enteignung zu fürchten.

Auch die Inhaber von Finanzkapital waren deutlich erfolgreicher als die Verkäufer der Ware Arbeit. Sie sorgten für eine enge Kooperation der Börsenaufsichtsämter. Die Wall-Street-

Banker wollen das ihnen anvertraute Kapital schließlich wachsen und nicht versickern sehen. Natürlich gibt es weiter Übertreibung und Spekulation, aber es gibt beides weltweit zu den gleichen Bedingungen. Die Finanzmärkte sind nicht perfekt, aber sie sind überall gleichermaßen unvollständig.

Der Staat achtet ebenfalls darauf, dass kein schmutziges Geld seine Grenzen passiert. Millionen aus Drogenschmuggel, Menschenhandel und illegalen Waffengeschäften wird mit allen Möglichkeiten moderner Kriminalistik nachgespürt. Es wird geschnüffelt und beschlagnahmt, was die Schwarzgeldverschieber unter Stress setzt. Der Staat gewinnt die Partie nicht automatisch, aber er weicht dem Spiel zumindest nicht aus. Er tut, was er kann. Seine Botschaft an die Kriminellen ist klar: Seid wachsam, denn wir sind es auch. Es gibt kein rechtsfreies Hinterland.

Selbst bei der Einfuhr von Lebensmitteln wird genau hingeschaut. Die Lebensmittelgesetze von Vietnam oder Marokko gelten in Vietnam und Marokko und müssen uns nicht weiter interessieren. Was aber zum Verzehr in Deutschland, Frankreich und Italien auf den Tisch kommt, regeln die Einfuhrbestimmungen. Sie dienen der Protektion, also dem Schutz der heimischen Bürger, weil es einen Konsens darüber gibt, dass Ernährung einen Wert und nicht nur einen Preis hat. Der Zugang auf nahezu alle sensiblen Märkte ist auf diese Weise reglementiert. Der Verkauf von Arzneimitteln ist nicht ins Belieben indischer Pharmakonzerne gestellt. Es gelten für den Verkauf in Europa die Zulassungsregeln der EU, die von den nationalen Behörden überprüft werden. Ein Atomkraftwerk vom russischen Tschernobyl-Erbauer hätte nirgendwo in Westeuropa die Chance, eine Zulassung zu erhalten. Automobile ohne moderne Katalysatortechnik dürfen auf unseren Straßen nicht fahren. Die Umwelt- und Sicherheitsstandards setzt aus gutem Grund das Land, in dem die Ware verkauft werden soll. Entscheidend sind die nationalen Bestimmungen, nicht für das Angebot, wohl aber für die Nachfrage – womit die Nachfrage oft auch das Angebot verändert.

Treffen im Tiefkühlregal Krabben aus der deutschen Nordsee und Shrimps aus China aufeinander, können die Kunden halbwegs beruhigt sein: Für beide gelten die gleichen Gesetze über verbotene Zusatzstoffe. Kühl heißt es in einer Mitteilung der deutschen Zollverwaltung vom 25.11.2005:

Bei verschiedenen aus China eingeführten Lebensmitteln wurde in der Vergangenheit immer wieder das Antibiotikum Chloramphenicol festgestellt. Die Mitgliedstaaten der Europäischen Gemeinschaft haben deshalb die gewerbliche Einfuhr von Erzeugnissen tierischen Ursprungs verboten. Ein Kontrollbesuch, bei dem Sachverständige der Gemeinschaft vor Ort in China beträchtliche Mängel festgestellt haben, hatte zu diesem Verbot geführt. Davon betroffen sind grundsätzlich alle Erzeugnisse tierischen Ursprungs, die zum menschlichen oder tierischen Verzehr bestimmt sind. Dazu gehören vor allem Lebensmittel wie Shrimps, Geflügel, Kaninchenfleisch und auch Honig.

So schützt die Bundesrepublik ihre Landsleute und erzieht ihre Lieferanten. Der Kunde entscheidet und da, wo er selbst die Wahl nicht treffen kann, schützt ihn seine Nation, ohne davon großes Aufhebens zu machen. Ganz selbstverständlich ist es heute so: Der Lebensmittelmarkt steht unter der besonderen Protektion der Europäischen Union.

Nur die Ware Arbeitskraft bildet eine seltsame Ausnahme. Sie unterliegt heute nahezu keiner Bestimmung, für sie herrscht im internationalen Handel ein Kapitalismus der urwüchsigen Art. Die eingeführte Arbeit kann so billig sein, wie sie will, sie kann unter menschenverachtenden Bedingungen erbracht werden, sie darf alle zu Hause geltenden Standards – von der Arbeitshygiene über die Frauengleichberechtigung bis zum Verbot der Kinderarbeit – großzügig unterbieten, und niemand im Zollamt interessiert sich dafür. Die Arbeitskraft ist von allen handelbaren Gütern die freieste; sie reist unbehelligt ein, unsere Wert- und Preisvorstellungen sind für sie suspendiert.

Treffen am Ladentisch zwei Mobiltelefone aufeinander, interessiert sich niemand dafür, dass sie zu unterschiedlichen sozialen Bedingungen hergestellt wurden. Das eine enthält alle sozialen Verpflichtungen eines entwickelten Industrielandes, von der geregelten Arbeitszeit bis zum Mutterschutz. Das andere entstand zu den Bedingungen der kapitalistischen Urgesellschaft, in der die Arbeiter nicht viel mehr Rechte genießen als ein Hofhund. Das klingt links und aufrührerisch, dabei beschreibt es lediglich die Realität einer globalen Wirtschaftswelt, in der sich die verschiedenen Epochen beim Warenaustausch ständig begegnen. Das Zeitalter der Sozialstaaten trifft auf die Ära des Manchester-Kapitalismus und plötzlich sehen die, die sich für modern hielten, ziemlich alt aus.

Vor allem China fällt als Spieler auf, der mit großer Kühle seine Interessen verficht. Erst im Sommer 2006 musste sich die Europäische Union mit einem neuen chinesischen Zollgesetz befassen, das die westliche Autoindustrie zur Totalverlagerung drängt. Demnach wird der Import von Autoteilen nach China mit einem 25-prozentigen Strafzoll belegt, wenn es der Hersteller wagt, mehr als 60 Prozent des Wagenwertes auswärts fertigen zu lassen. Auf diese Art will die chinesische Führung die ausländischen Autobauer dazu bringen, ihre Fertigung komplett nach China zu verlagern oder beim örtlichen Zulieferer zu bestellen. Ein solcher Strafzoll ist in den Regularien der Welthandelsorganisation streng verboten, wie überhaupt jede Vorgabe über die im Inland zu erbringenden Wertschöpfungsanteile. China weiß das, setzt aber auf die Langsamkeit der westlichen Demokratien. Zwischen einem solchen Regelverstoß und einem offiziellen Beschwerdeverfahren vor den Gremien der WTO vergehen, wie in diesem Fall, mehrere Jahre.

Die Mindeststandards für die Arbeit, die von der Internationalen Arbeitsorganisation in Genf entwickelt wurden, werden mit der gleichen Kaltblütigkeit ignoriert. Sie sind kein Muss im internationalen Warenverkehr, eher eine unverbindliche Empfehlung, weshalb für sie die alte Bürokratenregel gilt: gelesen, gelacht, gelocht. Die EU täte sich selbst den größten Gefallen, würde sie nicht nur den eigenen Bürgern, sondern auch den Regierungen anderer Länder etwas zumuten. Die Forderung nach Zulassung freier Gewerkschaften beispielsweise. Deren Einfluss auf die Arbeitsbedingungen und die Lohnfindung wäre die einzige halbwegs verlässliche Garantie dafür, dass die Löhne der Aufsteigerstaaten zügiger steigen als bisher. Heute halten die Kommunistische Partei Chinas und die von ihr kontrollierten Arbeitnehmerorganisationen die Beschäftigten kurz, auch um die schnellen Exporterfolge fortsetzen zu können. Freie Gewerkschaften wären für den Westen doppelt nützlich – sie entspringen seiner Wertewelt und sind zugleich der Garant für einen Preisanstieg im Weltarbeitsmarkt, der den Schroffheiten unserer Tage entgegenwirken kann. Die freie Preisbildung im Weltarbeitsmarkt wird automatisch zur Erhöhung der Löhne führen, und auch die Arbeitsbedingungen dürften sich dann schneller annähern. Das Fehlen eines Vertragspartners auf der Seite der Lohnempfänger hat die heutigen Tiefstpreise erst ermöglicht.

In das internationale Regime der Welthandelsorganisation fanden die in Genf formulierten Kernarbeitsnormen bisher keinen Eingang. Die WTO, die Zitadelle der Freihändler, mag solche Themen nicht. Sie lehnt es bisher ab, über einen vertraglichen Rahmen für den Weltarbeitsmarkt auch nur zu reden. US-Präsident Bill Clinton hatte es zuletzt versucht und war gescheitert – auch an den Europäern. »Wirtschaft findet in der Wirtschaft statt«, hieß es damals aus Bonn.

Nun kann niemand im Ernst vom anderen verlangen, er möge weichen. Die sich entwickelnden Staaten sind nicht in der Lage, zu den Bedingungen der reiferen Nationen zu produzieren. Wer das verlangt, könnte auch gleich einen Produktionsstopp über China und Indien verhängen. Auf ewig würden die Aufsteigerstaaten in Armut versinken, was niemand sich auch nur wünschen darf. Andererseits können die reiferen Nationen nicht auf das Niveau ihrer Verfolger absinken. Wer das empfiehlt, riskiert soziale Verwerfungen, politische Unruhen und eine handfeste Wirtschaftskrise, weil die Weltwirtschaft schrumpfen und nicht wachsen würde. Schon heute ist der soziale Stress im Westen erheblich.

Es kommt also darauf an, den grenzüberschreitenden Verkehr der Ware Arbeitskraft als politisches Betätigungsfeld zu begreifen. »Auch beim Schutz der Arbeitnehmer bedarf es internationaler Kooperation«, sagt heute selbst der ehemalige Bundesbankchef Hans Tietmeyer. Denn die Praxis des Zuschauens und Durchwinkens ist erkennbar ein schlechtes Geschäft für den Westen. Das Aussteuern der einfachen Arbeitnehmer und der Diebstahl geistiger Arbeitsleistung haben ihn einer Zangenbewegung ausgesetzt. Am unteren und am oberen Ende des Arbeitsmarkts kommt es zu erheblichen Wohlstandsverlusten. Die Innovationserlöse sinken, die Sozialkosten steigen.

Die bisherige Gesprächstherapie der Europäer mit den Angreiferstaaten hat keine Ergebnisse erbracht, die vorzeigbar wären. Solange der Westen nicht in der Lage ist, seine Wünsche mit Drohungen und seine Drohungen mit Konsequenzen zu kombinieren, wird er keine Erfolge haben.

Westintegration. Die Idee einer europäisch-amerikanischen Freihandelszone

50 Jahre lang wurde es von vielen bestritten, heute weiß es jedes Kind: Ohne die Nato gäbe es kein freies Europa. Hätte das westliche Verteidigungsbündnis nicht mit großer Entschlossenheit immer wieder seine Kampfbomber und Panzerdivisionen vorgezeigt, modernisiert und sie zuweilen auch aufgestockt, wäre der Sowjetkommunismus nicht implodiert, sondern in Richtung Westen expandiert. Am Ende des Kalten Krieges hatten auch die letzten Skeptiker den Clou der Geschichte verstanden: Das Edelste wurde gerade dadurch verteidigt, dass man zum Grausamsten bereit war. Die Friedenstaube überlebte, weil oben auf der Zinne der Falke saß.

Der Weltkrieg um Wohlstand verlangt eine andere, aber nicht minder widersprüchliche Antwort. Und wieder fehlt vielen die Phantasie, sich vorzustellen, dass das Gegenüber anderen als friedlichen Zielen nachhängt. Das Irritierende, den Westen in seiner Entschlusskraft Lähmende, ist die Lautlosigkeit des gegnerischen Vorgehens. Es steht in einem auffälligen Kontrast zu allem, was wir gewöhnlich einen Konflikt nennen. Zwischen Europa und Amerika auf der einen und Asien auf der anderen Seite wurde bisher nicht gebrüllt, getobt oder geschossen, niemand droht, fordert oder klagt an. Es regiert die reinste Freundlichkeit, wohin unsere Politiker und Geschäftsleute auch reisen. In Peking, Jakarta, Singapur und Neu-Delhi liegen die roten Teppiche ausrollbereit am Flughafen, die westlichen Hymnen werden bei Bedarf akkurat vorgespielt und selbst die westlichen Klagen über Ideenklau, Umweltzerstörung und Menschenrechtsverletzung parieren die Gastgeber mit bewundernswertem Langmut. Die Asiaten sind die freundlichsten Angreifer der Weltgeschichte.

Ihre Waffe ist die stoische Beharrlichkeit, mit der sie ihre

Interessen verfolgen und unsere missachten. Es beginnt schon bei der Rangfolge der Wichtigkeiten, die unterschiedlicher kaum sein kann. Was in Asien nach Marktwirtschaft aussieht, folgt in Wahrheit den Regeln einer Gesellschaftsformation, die Ludwig Erhard als »Termitenstaat« bezeichnete. Das Kollektiv, nicht das Individuum setzt in ihm die Prioritäten, weist dem Einzelnen auf geheimnisvolle und für den Außenstehenden kaum nachvollziehbare Weise seine Aufgaben zu, die dem höheren Nutzen der Führung zu dienen haben. So viel Freiheit wie nötig, so viel Kollektiv wie möglich, lautet die Maxime, die genauso unausgesprochen bleibt wie all die anderen Dinge. China ist dem Wortsinne nach eine düstere Großmacht, weil wir nicht fühlen, was sie fühlen, nicht wissen, was sie denken, und nicht einmal ahnen, was sie planen. Es ist eine geschlossene Gesellschaft, die sich von niemandem in die Karten schauen lässt.

Überall in Asien stoßen wir auf eine sehr ähnliche Gleichgültigkeit gegenüber den westlichen Werten, auch wenn das keiner so sagen würde. Gerade das Unausgesprochene trennt die Welten voneinander. Freie Gewerkschaften werden nicht geschmäht, aber auch nicht zugelassen. Die Umwelt wird als schützenswertes Gut gepriesen und gleichzeitig wie ein Autowrack ausgeschlachtet. Kinderarbeit wird verurteilt und toleriert. Zum Schutz westlicher Erfindungen gibt es umfangreiche Gesetze, die nur leider keine Anwendung finden. Alles, was uns wichtig ist, die soziale Umrahmung des Arbeitsalltags beispielsweise, der individuelle Leistungsgedanke und seine Verankerung in der vom Staat garantierten Wettbewerbsordnung, wird von den Mitgliedern der asiatischen Elite höflich belächelt. Das für uns Elementare ist in ihren Augen bürgerlicher Brokat. In ihrem Denken spielt der Staat (Indien) oder die Partei (China) die entscheidende Rolle als Preisfestsetzer, Technologieförderer, Rohstoffbeschaffer, Schutzpatron und Impulsgeber für wirtschaftliche und politische Aktivitäten aller Art. Selbstverständlich kennen auch ihre Gesellschaften den Interessenausgleich, betreiben einen Prozess des Gebens und Nehmens, aber es sind Staat oder Partei, die bestimmen, was gegeben und was genommen wird. Den triumphalen Erfolg ihrer Exportindustrien empfinden sie als Richterspruch der Geschichte, der keine Berufungsinstanz benötigt.

Amerikaner und Europäer könnten mit der gebotenen Liberalität auf das andere Menschenbild und das uns fremde Staatsverständnis blicken, würde es nicht in einer Welt des freien Handels zu enormen Rückkopplungen kommen. Der Westen wird, wo kein Schiedsrichter auf die Einhaltung gleicher Regeln pocht, zur raueren Spielweise ermuntert, gedrängt, zum Teil durch die Verhältnisse regelrecht gezwungen. Will er nicht an jedem Handelstag als Verlierer vom Platz gehen, muss auch er seine Betriebsräte domestizieren, seine Umweltgesetze lockern und die soziale Absicherung stückweise wieder an die Familie oder den Einzelnen zurücküberweisen. Der Westen glaubt, er verkaufe Maschinen, Automobile und Flugzeuge. Doch als Beigabe verkauft er mittlerweile auch ein Stück von sich selbst. Nicht wenige Politiker und Unternehmer sind bereit, Selbstmord aus Angst vor dem Tode zu begehen.

Dabei wäre mehr Selbstbewusstsein durchaus angebracht. Die Weltgeschichte trifft keine Festlegungen aus sich heraus. Eine Lösung oder doch zumindest Linderung unserer Probleme ist durchaus möglich. Was die Nato im Zeitalter militärischer Bedrohung für den Westen bedeutete, könnte im Angesicht der ökonomischen Herausforderung eine transatlantische Freihandelszone leisten. Zwei Wirtschaftszonen, die EU und die USA, vielleicht noch um Kanada erweitert, würden dem Schwinden ihrer jeweiligen Marktmacht durch die Addition der Kräfte entgegenwirken. Gemeinsam bringen Europäer und Amerikaner noch immer einiges Gewicht auf die Waage. Rund 13 Prozent der Menschheit und rund 60 Prozent der heutigen Weltwirtschaftskraft stünden bereit, nicht nur als Produzenten und Konsumenten von Waren, sondern auch als Nachfrager und Anbieter von Werten aufzutreten.

Drei Gründe sind es, die der Idee ihren Charme verleihen, und der erste Grund ist ein politischer. Amerikaner und Europäer würden im Licht dieser Kooperation wieder dichter zueinander rücken. Der kindischen und in Anbetracht der asiatischen Herausforderung sogar schädlichen Versuchung, sich auf Kosten des jeweils anderen in Pose zu werfen, würde die Grundlage entzogen. Es gibt viele Gründe, gegen Bush zu sein. Es gibt aber wenige Gründe, gegen Amerika zu sein. Und es gibt viele handfeste Gründe, auch auf ökonomischem Gebiet stärker mit der westlichen Führungsmacht zu kooperieren. Die im Kalten Krieg bewährte Waffenbrüderschaft könnte im Weltwirtschaftskrieg fortgesetzt werden, wobei das Ziel, Freiheitserhalt und Wohlstandsmehrung, das alte bliebe und nur das Instrument sich verändert hätte. Es käme im Zuge einer solchen Freihandelszone unweigerlich zur Konvergenz der Wirtschaftssysteme; Europa würde amerikanischer, die USA müssten sich europäisieren, wenn auch beides in einem langsamen und Jahrzehnte währenden Prozess. Wer alle Handelsbarrieren niederreißt, die Standards für Buchführung, technische Normen, das Urheberrecht, das Börsengeschehen vereinheitlicht, wird von alleine zusehen, dass am Ende auch seine Finanz-, Sozial-, Steuer- und Umweltpolitik nicht auseinander driftet. Die Politik hätte ihren Herrschafts- und Gestaltungsraum vergrößert. Große Chancen und Erwartungen lasteten auf ihr.

Zweitens: Der ökonomische Nutzen der Veranstaltung liegt auf der Hand. Ein Binnenmarkt dieser Größe und mit dieser Verlässlichkeit könnte günstig für beide sein, Investoren und Arbeitnehmer. Er würde Wachstumsimpulse auslösen, auch wenn die in ihrer Stärke nicht überschätzt werden dürfen. Doch wo das Kapital hinströmt, wird am Ende auch der Faktor Arbeit wachsen. Der Westen würde vor allem zurückgewin-

nen, was er teilweise verloren hat: Die Kraft nämlich, technische Standards zu setzen; wobei setzen in der Weltwirtschaft
von heute durchsetzen meint.

Die imposanteste Wirkung einer solchen Megafusion der
Märkte ließe sich aber zweifellos in Fernost erzielen. Die
Boomregion der vergangenen anderthalb Jahrzehnte würde zu
Recht aufhorchen. Die neue Botschaft würde lauten: Der Preis
der Ware interessiert den Westen noch immer, aber genauso
interessiert ihn die Art seines Zustandekommens. Länder, die
in ihren Grenzen keine freien Gewerkschaften dulden, die
Frauen und Kinder genauso ausbeuten wie die Natur, würden
nicht länger mit Zollpräferenz verwöhnt. Der Vorteil, den sich
die Angreiferstaaten durch ihr heutiges Verhalten zu verschaffen suchen, könnte sich erstmals als Nachteil erweisen. Die
Freihandelszone wäre nach innen eine Freiheitszone, die ihren
Bewohnern Mut macht, und nach außen wäre sie eine Festung,
zumindest für jene, die sich bewusst ihren Werten verweigern
oder diese gar mit Füßen treten. Der Fehler der Europäischen
Union, die sich an den Außengrenzen bisher servil verhalten
hat gegenüber den Feinden der Freiheit, die nahezu jedem
Drittstaat das Recht auf gleiche Konditionen zugestand und
so den Exklusivitätsvorteil der Mitglieder weitgehend zerstörte, wäre damit behoben. Eine transatlantische Freihandelszone hätte Größeres im Auge als nur die Interessen der Import-
und Exporthändler. Frieden in Freiheit war das Motto der
Nato. Ein Wohlstand mit Werten wäre das Ziel der transatlantischen Freihandelszone, und einer dieser Werte wäre der feste
Wunsch und Wille, dass dieser Wohlstand für möglichst alle
gilt.

Der Gedanke eines selbstbewussten und daher wehrhaften
Westens bewegt auch die Frau im deutschen Kanzleramt. In
den seltenen Momenten, in denen es für Angela Merkel jenseits der Tagespolitik um strategische Weichenstellungen
geht, rückt die transatlantische Freihandelszone in ihr Blick-

feld: Einen Zusammenschluss der Gleichgesinnten sieht sie dann vor sich. Die asiatische Variante des alten Teile-und-Herrsche-Spiels, das darauf setzt, Europäer und Amerikaner gegeneinander in Stellung zu bringen, könnte auf diese Art zumindest erschwert werden. Die deutsche EU-Präsidentschaft ließe sich womöglich nutzen, dieses Jahrhundertprojekt anzuschieben.

Wenn Merkel von der Idee einer Freihandelszone spricht, denkt sie an das Ökonomische, aber nicht ausschließlich. Der Vorteil der Firmen lässt sich noch am ehesten auf Heller und Pfennig berechnen, wenn man an den Wegfall von Zöllen und die Beseitigung bürokratischer Regularien denkt. Aber zusätzlich tritt ein Nutzen hinzu, der unsichtbar ist, der auf dem Rechenschieber keinerlei Spuren hinterlässt, um dennoch die Topographie der Macht zu beeinflussen. Merkel spricht von den »nicht materiellen Werten«, die auf diese Art erhalten und gestärkt würden. Ein den Nordatlantik umschließender Verbund von Demokratien und Marktwirtschaften würde gut tun nach all den Jahren, in denen die Globalisierungsangst überall in den westlichen Hauptstädten de facto Kabinettsrang besaß. Der Westen erhielte durch das neue Projekt neuen Lebensmut.

Denn auch das lehrt die Geschichte des wehrhaften Westens: Wer seine Werte verteidigt, verbreitet sie. So wie die Helsinki-Konferenz 1975 einen großen Sog zugunsten der Menschenrechte im Ostblock erzeugte, so könnte auch die Idee des fairen Handels in Fernost verbreitet werden. Asien hat ein Recht zum Aufstieg. Aber: Der Westen darf mit gleichem Recht dafür kämpfen, dass seine Errungenschaften überleben.

Kann eine westliche Freihandelszone den Aufstieg der Asiaten wirklich verhindern? Die Antwort lautet: eindeutig nein. Das wird sie nicht schaffen und das ist auch nicht ihr Ziel. Was sie aber sehr wohl bewirken kann, ist den asiatischen

Steigflug zu beeinflussen, seine Richtung so zu verändern, dass sich ihre und unsere Flugbahnen nicht ständig in die Quere kommen.

Klingt das nicht zu defensiv, lohnt denn dafür der ganze Kraftaufwand, den die Schaffung einer westlichen Freihandelszone ohne Zweifel bedeutet? Und ob! Aufstieg ist nicht gleich Aufstieg. Es gibt einen Aufwind, der am Boden Turbulenzen auslöst, und es gibt jene mildere Thermik, die andere mitzieht in die höheren Lüfte. Dieser Aufstieg verläuft womöglich weniger steil und schnell, aber er bedeutet nicht Zerstörung andernorts. Ja, das weltweite Wachstum würde sich verlangsamen. Aber das wäre nicht so tragisch, wie viele glauben. Das Wachstum der vergangenen Jahre war ohnehin ungenießbar geworden durch die vielen Sünden, mit denen es erkauft wurde, in Asien wie im Westen. Allzu viel von diesem Wachstum können wir uns nicht mehr leisten.

Eine transatlantische Freihandelszone würde ein Signal aussenden, das einer politischen Fanfare gleichkäme. Seht her, die Gleichgesinnten schließen sich zusammen. Die Herkunftsländer der Aufklärung fühlen sich zwar dem Individuum und seinen Freiheitsrechten verpflichtet, aber nicht in einer Ausschließlichkeit, die der kollektiven Kraftanstrengung entgegenstünde. Die Führung der Welt mögen am Ende andere übernehmen, aber sie wird ihnen weder willfährig angedient noch kampflos überlassen. Noch brauchen die Asiaten uns mehr als wir sie, sie dürsten nach westlichem Kapital, westlichem Know-how, und ohne die westlichen Absatzmärkte käme ihr Exportmotor schnell ins Stottern.

Niemand Geringeres als Henry Kissinger, der Altmeister der amerikanischen Außenpolitik, ermuntert die westlichen Regierungschefs, konkrete Schritte in Richtung einer solchen Freihandelszone zu wagen. Die Größe der Aufgabe solle niemanden schrecken. Die Aufgabe der Regierenden bestehe schließlich darin, sagt er, ihre Gesellschaften von dem Punkt, an dem sie stehen, dorthin zu führen, wo sie noch nie gewesen sind.

Die große Kraftanstrengung

Was also hindert Europa, Angst und Apathie zu überwinden, das noch immer beeindruckende Potential gebildeter Menschen und angehäufter Reichtümer zu einer großen Anstrengung zu bündeln? Warum schaut der Kontinent nicht wenigstens den Angreiferstaaten ins Gesicht, fixiert sie, um sich dann mit Mut und Raffinesse seiner Haut zu wehren? Niemand, so sollte man meinen, dreht doch seinem Herausforderer den Rücken zu, um freiwillig dem Abgrund entgegenzulaufen. Europa ist alt, aber nicht senil. Die Eliten sind reich, aber nicht dekadent. Das Volk ist mürrisch, aber nicht lebensmüde. Das Abendland sehnt sich nicht danach, die düsteren Untergangsphantasien eines Oswald Spengler wahr werden zu lassen. Der Philosoph hatte in seiner »Morphologie der Weltgeschichte« die Europäer zu Beginn des abgelaufenen Jahrhunderts als »Menschen des beginnenden Winters« bezeichnet, die in einer »Welt des wunderbaren Werdens und Vergehens« dabei seien, sich von der Hochkultur zu verabschieden. Eine naturgesetzliche und daher unbeeinflussbare Kraft dränge sie, meinte er. Die Menschheit habe nun mal kein Ziel, keine Idee, keinen Plan, so wenig wie die Gattung der Schmetterlinge oder der Orchideen ein Ziel habe.

Wenn das so wäre, hätten wir diese Betrachtungen gar nicht erst anstellen brauchen. Europa wäre dem Untergang geweiht, alles mahnen, fordern und vorschlagen würde verhallen, wäre nichts anderes als das Läuten zum letzten Geleit.

Aber so ist es nicht, was man schon daran erkennen kann, dass Europa in der zweiten Hälfte des 20. Jahrhunderts einen Wiederaufstieg ohne Beispiel erlebte. Ein Vierteljahrhundert nach Spenglers Tod kletterte aus den Kriegstrümmern ein Kontinent hervor, der binnen weniger Jahrzehnte strahlender dastand als jener, der zuvor in die Völkerschlacht zog. Es war Frühling, nicht Winter in Europa. Der schon bisher beeindruckenden Geschichte des alten Europa wurde ein neues, glückliches Kapitel hinzugefügt.

Auch heute ist der Wiederaufstieg möglich. Er setzt allerdings eine Kraftanstrengung voraus, die über das hinausgeht, was Europa in den Nachkriegsjahren zu leisten hatte. Vor allem die mentale Anstrengung wird das Damalige übersteigen, denn nach Kriegsende konnte jedermann die Lage erkennen. Das alte Europa war untergegangen. Umringt von amerikanischen und russischen Soldaten, inmitten von Trümmern und Toten, blieb kein Raum für Realitätsverweigerung oder ihre kleine Schwester, die Zauderei. Selbst jene endlos geführten Debatten, bei denen Zeitverzehr und Erkenntnisgewinn im umgekehrten Verhältnis zueinander stehen, hatten sich erübrigt. Es gab keine zwei Sichten auf die Welt. Die Geschichte hatte die Überlebenden mit ungestümer Kraft nach vorn gestoßen, wo das Aufbauwerk nur darauf wartete, begonnen zu werden. Die Stimmung war so trostlos wie die Lage, was paradoxerweise in dieser Eindeutigkeit zur Mobilisierung der letzten Reserven führte. Der große Bruder und Lehrmeister aus Amerika, das kam dankenswerterweise hinzu, stand hilfreich zur Seite. Er forderte und förderte.

Das heutige Europa ist auf sich allein gestellt. Der Lehrmeister von einst ist noch immer Freund, aber auch Rivale. Auch die nackte Not steht als Geburtshelfer nicht mehr zur Verfügung. Sie war für die Betroffenen der Nachkriegsjahre schmerzhaft; für die gemeinsame Sache aber, das europäische Aufbauwerk, leistete sie wertvolle Dienste. Auf starke Politiker vom Schlage eines de Gaulle, Churchill oder Adenauer sollte heutzutage keiner hoffen. Unter den Bedingungen parzellierter Macht, im weiten Zwischenraum von Nation und

Europa, hat kein Einzelner eine Chance, den Kontinent aus der Krise zu führen. Wäre ein europäischer Churchill auch nur denkbar, sähe ja vieles anders aus. Aber das heutige Europa gestattet Führung nur bis zum nächsten Sitzungssaal.

Die entscheidende Frage lautet diesmal: Wollen wir oder wollen wir nicht? Lässt Europa sich weiter fallen oder greift es noch einmal beherzt in den Lauf der eigenen Geschichte ein? Ist die politische Klasse stark genug, ihre vorsätzliche Ahnungslosigkeit zu beenden? Die Rettung wird diesmal dem eigenen Wollen entspringen – oder gar nicht. Objekt und Subjekt der Ertüchtigung können nach Lage der Dinge diesmal nur die Völker selber sein. Europa entscheidet erstmals wirklich frei. Diese Freiheit schließt allerdings auch die Freiheit zum Scheitern ein.

»Die Welt ist nervöser geworden«

Gespräch mit dem Wirtschaftsnobelpreisträger Paul A. Samuelson, 91, über wachsende Arbeitslosenzahlen, schrumpfende Sozialstaaten und sein Leben im Zeitalter der Globalisierung

Paul A. Samuelson wurde 1915 als Sohn polnischer Einwanderer in der Stahlstadt Gary, Indiana, geboren. Er studierte an der Universität von Chicago und später an der Harvard-Universität, half unter Präsident Franklin Roosevelt im so genannten National Resource Planning Board, die Kriegswirtschaft zu organisieren, und zählte Ende der 50er Jahre zum Beraterstab von John F. Kennedy. 1970 erhielt er in Oslo den Nobelpreis für Wirtschaftswissenschaften. In den USA mischt sich der 1986 emeritierte Professor des Massachusetts Institute of Technologie (MIT) noch heute in die politische Debatte ein. Im vergangenen Jahr forderte er eine grundsätzliche Neubewertung der Globalisierung.

Professor Samuelson, besitzen Sie eine Erinnerung an das Amerika Ihrer frühen Kindheit?

Meine Kinderheitserinnerung setzt Gott sei Dank sehr früh ein, deutlich früher als mit vier Jahren. Ich wuchs in der damals neu gegründeten Stadt Gary auf, direkt an der Frontier, der Grenze zum noch unbesiedelten Teil der USA. Die Menschen lebten in Zelten, als meine Familie zusammen mit vielen anderen Siedlern dort eintraf. Die Stadt war gegründet worden von der damals weltgrößten Stahlfirma, US Steel. Denn in Gary traf sich der Eisenerzstollen aus Minnesota mit der Kohle, die auf dem Boden des Michigan-Sees lagerte.

Woher stammten Ihre Eltern und was verschlug sie in diese raue Gegend am Ende der Zivilisation?

Mein Vater war Drogist und zusammen mit meiner Mutter kam er schon in jungen Jahren nach Amerika, was sich später als großes Glück herausstellte. Beide stammten aus dem Teil Polens, der nahe der Grenze zu Russland lag. Während des Ersten Weltkriegs war es mit Sicherheit besser, in Amerika zu sein als in diesem unruhigen Teil Europas. Als Apotheker war mein Vater ein gefragter Mann. Es gab praktisch keine Ärzte, aber viele Kranke. Die Arbeitsbedingungen im Stahlwerk sorgten von ganz allein für den Nachschub.

Haben Sie oder Ihr Vater das Stahlwerk jemals von innen gesehen?

Das war unmöglich. Niemand in Gary, der nicht dort arbeitete, hat das Werk von innen gesehen. Dieses Stahlwerk glich einem Militärlager; es wurde Tag und Nacht bewacht. Aber wir wussten dennoch viel über die Arbeitsbedingungen.

Die Krankheiten der Arbeiter waren gewissermaßen das Fenster, durch das Sie in das Stahlwerk blickten?

Mein Vater konnte nicht nur verschreiben, er konnte auch Krankheiten diagnostizieren und selbst Medizin herstellen. Für die Arbeiter gab es keinen Arzt und so wurde er ihr Arzt. Wir waren wirklich gut darüber im Bilde, was im Innern der Fabrik vor sich ging. Die Arbeiter schufteten zwölf Stunden am Tag, und das sieben Tage in der Woche. Wenn einem Arbeiter der heiße Stahl über das Bein lief, war niemand da, der die Maschinen anhielt. Die Stahlproduktion lief weiter und der Mann verlor sein Bein. Sie denken vielleicht, dass ich 91 Jahre alt bin; aber in Wahrheit bin ich 140 Jahre alt. Ich verbrachte meine Kindheit zur Hälfte im 19. Jahrhundert. Es gab keine Toilette im Haus, keinen Strom; und es gab im Stahlwerk diesen 100-Prozent-Kapitalismus.

Ihr Studium begannen Sie an der Universität von Chicago. Haben Sie in all den Jahren des eigenen Aufstiegs das Leben der Menschen in Gary weiterverfolgt?

Oh ja! Ich bekam vor einigen Jahren eine Honorarprofessur von der nahe gelegenen Universität Valparaiso verliehen – nicht für meine Verdienste, sondern weil ich aus der Region stamme. Also packte ich die Gelegenheit beim Schopf und begann nach meinen Wurzeln zu forschen. Aber es gab in Gary keine Wurzeln mehr. Wo vorher unser Haus stand, befand sich nun ein großer Parkplatz. Das Stahlwerk war verschwunden. Die wunderbare Carnegie-Bücherei gab es nicht mehr. Gary ist heute die Mörderhochburg der Vereinigten Staaten. Die Stadt sieht aus wie Rotterdam, aber wie Rotterdam nach dem Bombenangriff.

Sie selbst wurden Teil des amerikanischen Traums. Als Einwandererkind stiegen Sie auf in die höchsten Etagen von Wissenschaft und Politik. Was trieb Sie an?

Ich sage Ihnen ohne jede Übertreibung, was passiert ist: Als mir irgendwann in der Bibliothek meines Vater das Buch *Der Wohlstand der Nationen* von Adam Smith in die Hände fiel, wurde ich ein zweites Mal geboren. Vor mir tat sich eine neue, eine faszinierende Welt auf. Die 30er Jahre, die Zeit der Großen Depression, waren eine wirklich perfekte Zeit, um Ökonomie von Grund auf zu studieren. Der 2. Januar 1932, der Tag, an dem ich um acht Uhr morgens meine erste Vorlesung an der Universität von Chicago besuchte, markierte zugleich den tiefsten Punkt der Großen Depression. In Deutschland und in den USA war rund ein Drittel beziehungsweise ein Viertel der Arbeiter arbeitslos. Auch die Familien der Mittelklasse spürten die Krise. Es war nicht eine dieser kleinen Rezessionen, die nur ein Harvard-Absolvent bemerkt. In meinem Teil von Amerika gingen reihenweise die Banken pleite, und das bedeutete, dass die Sparer von einem Dollar nur noch 10 Cent zurückbekamen. Dies war ein wirklicher Tiefpunkt im Leben von Millionen.

Es gab damals Hungertote in den USA. Haben Sie persönlich etwas mitbekommen von der Not der Arbeiterfamilien?

Nein, aber ich wurde Augenzeuge, wie die Hungernden einen Kühlwagen plünderten, der gerade die Schlachthöfe von Chicago verlassen hatte. Es waren ungefähr 50 Leute, die ihn zum Stehen brachten, und innerhalb von nur zehn Minuten verschwanden alle Schinken und Schweinenacken aus dem Innern des Fahrzeugs.

Herbert Hover war damals amerikanischer Präsident...

...und unbestritten war er ein Mann von überdurchschnittlicher Intelligenz. Ein Mann von Prinzipien war er auch – von falschen Prinzipien allerdings. Als er feststellte, dass die Futtermittel eines staatlichen Agrarprogramms nicht in den Mägen der Tiere, sondern in den Bäuchen hungriger Menschen gelandet waren, hat er die Organisatoren dieser Aktion verfolgen lassen. Er glaubte, was ich auch an der Universität lernte: Dass Massenarbeitslosigkeit von allein verschwindet. Wenn einer von drei Arbeitern keine Arbeit hat, so die Theorie, dann fällt der Lohn für die zwei noch beschäftigten Arbeiter so lange, bis der Arbeitslose wieder in Lohn und Brot ist. Die Welt der Wirtschaft würde von allein ihr Gleichgewicht finden, hieß es. Ich konnte auf meinem Weg zur Universität jeden Tag studieren, dass diese Theorie nicht der Wirklichkeit entsprach.

Sie glauben, dass die Krise durch das Ignorieren und Nichthandeln der Politiker verschärft wurde. Konnte sie sich womöglich erst dadurch zu einer wirklich großen Depression entwickeln?

Viele meinten ja damals, der Börsencrash vom Oktober

1929 habe die Weltwirtschaftskrise ausgelöst. Aber auch das stimmte nicht. Aus einer normalen Rezession wurde erst durch das Wegschauen und Ignorieren der Probleme eine große Depression.

Wie ist es Ihrer Familie zu dieser Zeit ergangen?

Meine Familie war nicht reich, aber durchaus ein bisschen vermögend. Und was glauben Sie, wo ich in dieser schweren Zeit meine Sommerferien als Student verbracht habe? Am Strand! Fühlte ich mich deshalb schuldig? Nein! Ich wusste von meinen ärmeren Mitstudenten, die sich zum Teil bei 800 verschiedenen Firmen um einen Ferienjob beworben hatten, dass es keine Jobs gab. Also habe ich es gar nicht erst probiert und bin direkt ans Meer gefahren.

Wann haben Sie zum ersten Mal den Namen Adolf Hitler gehört?

Eines Tages, im März 1933, kam ein Universitätslehrer in den Vorlesungssaal, rieb sich die Hände und sagte: »Gute Nachrichten aus Europa, Adolf Hitler kommt an die Macht.« Dieser Lehrer war keineswegs ein Freund der Nazis. Seine Freude resultierte aus einer Fehleinschätzung: »Hitler hat allen alles versprochen. Er kann unmöglich allen alles liefern. In einem Jahr wird er entzaubert sein.«

So dachten damals viele, auch innerhalb der konservativen Eliten in Deutschland. Es kam bekanntlich anders. Hitler hatte zunächst beachtliche Erfolge vorzuweisen, auch deshalb, weil er die Wirtschaftskrise mit einem staatlichen Investitionsprogramm in den Griff bekam. War er der Erste, der die Ideen des britischen Ökonomen John Maynard Keynes erfolgreich umsetzte?

Hitler und Roosevelt taten zur gleichen Zeit dasselbe. Beide setzten mit beachtlichem Erfolg auf staatliche Ausgabenprogramme, wenn auch aus unterschiedlichen Motiven. Hitler wollte in erster Linie den Versailler Vertrag revidieren und bereitete deshalb einen Krieg vor. Er ließ viel Geld drucken und investierte in die Rüstungsproduktion, erst heimlich, dann offen. Aber sein erstes Ziel war es, Krieg zu führen. Roosevelt gab seinen Regierungsmitgliedern Millionen von Dollar, damit die das Geld in Arbeit verwandeln. Er ließ sie regelrecht gegeneinander antreten in der damals einzig richtigen Disziplin, dem Geldausgeben. Denn die Wirtschaft hatte sich zusammengezogen und von allein wäre sie aus dem Strudel nicht mehr herausgekommen.

Auch heute berufen sich viele Regierungen auf die Lehren von Keynes. Das Nebenprodukt dieser Politik ist eine enorme, man kann auch sagen unverantwortliche Staatsverschuldung. Betrachten Sie eine Politik der staatlichen Milliardenprogramme noch immer als ein geeignetes Mittel der Wirtschaftspolitik?

Jede Politik muss auf konkrete Situationen reagieren, sonst verfehlt sie ihr Ziel. Damals war die Wirtschaft in eine Liquiditätsfalle getappt, weil die gesamte Wertschöpfung im Westen sich zusammenzog. Daraufhin wurden Millionen Menschen entlassen und im Ergebnis zog sich die Wirtschaft weiter zusammen. Die Situation im heutigen Europa und im heutigen Amerika ist eine völlig andere.

In Ihrem Lehrbuch für Studenten der Volkswirtschaft spielt die Liquiditätsfalle noch immer eine wichtige Rolle.

Jetzt wieder! Mein Buch war zwischendurch überarbeitet worden und der Verlag nutzte die Überarbeitung zur Entrümpelung, zur Modernisierung, zur Beschneidung. Ein solches Textbuch wuchert wie Krebs. Wenn man es wachsen lässt, schwillt es auf über 1000 Seiten an. Also meinte der Verlag, man müsse den neuen Erkenntnissen mehr Raum geben und könnte die alten Dinge rausschneiden; die Kaufkrafttheorie, die Liquiditätsproblematik, die ganze Keynesianische Lehre. Ich sagte dem Verlag: In der Wirtschaft kehrt alles zurück, was verschwunden ist. Bitte, bitte, lassen Sie uns die Liquiditätsfalle wieder aufnehmen. Japan hat uns gezeigt, dass auch heute noch Nationen in die Liquiditätsfalle tappen können.

Heißt das, Sie waren und sind ein glühender Verehrer der Lehren von Keynes?

Zuerst war ich sehr gegen Keynes eingestellt, weil seine Lehre allem widersprach, was ich an der Universität von Chicago gelernt hatte. Ich konvertierte im Angesicht dessen, was ich draußen sah. Irgendwann musste ich mich entscheiden, ob ich der Wirklichkeit oder der Ideologie folgen wollte. Joseph Schumpeter, der große aus Österreich stammende Ökonom, war aus Deutschland an die Harvard-Universität geflohen und wurde dort mein Lehrer. Er war während der Großen Depression wirklich schwer erträglich. Er sah in der Weltwirtschaftskrise eine gesunde Sache, eine kreative Zerstörung, die in der gesamten Wirtschaft die Produktivität erhöhen würde. Aber in Wahrheit war das nicht der Fall. In meinem nächsten Umfeld verloren die Besten der Besten ihre Jobs. Allein in meinem ersten Harvard-Jahr mussten 40 Physiker und 40 Biologen ihren Arbeitsplatz räumen. Wie sollte das der Produktivität Amerikas nutzen?

Haben Sie über die damaligen Beobachtungen und Ihre daraus gezogenen Schlussfolgerungen mit Schumpeter diskutiert?

Natürlich. Aber er war nicht sehr einsichtig. Ich glaube, er war eifersüchtig auf Keynes. Er sagte mir: »Sie sind für Keynes, weil Sie Sozialist sind.« Ich erwiderte: »Aber, Herr Professor Schumpeter, ich komme von der Universität von Chicago, der Zitadelle des Kapitalismus. Man muss kein Sozialist sein, um für Keynes zu sein.« Er daraufhin zu mir: »Sie sind Sozialist in dem Sinn, dass Sie dem kapitalistischen System misstrauen.« An dieser Stelle muss ich zugeben: Das stimmt. Er hatte Recht. Ich lebte die ersten 15 Jahre meines Lebens unter einem System des puren Kapitalismus. Ich habe miterlebt, dass dieses System große Vorteile und große Nachteile hat. Ich blieb mein Leben lang misstrauisch.

Der Kapitalismus der frühen Jahre verwandelte sich auch in den USA zu einer sozialen Marktwirtschaft. Ihre Skepsis aber blieb. Warum?

Vergessen Sie nicht, dass seit 1980 zuerst Reagan und später Bush alles Mögliche versuchten, um den Wohlfahrtsstaat zu schwächen. Und wenn wir heute über die Globalisierung sprechen, dann beobachten wir doch dieselben beiden Phänomene wie in der Frühzeit des Kapitalismus. Die Globalisierung hat große Vorteile und sie hat große Nachteile, wie ich neulich in einem Artikel für das *Journal of Economic Perspectives* geschrieben habe.

Das Echo war zweigeteilt.

Ich bekam viel Zustimmung und großen Widerspruch. Der damalige Vorsitzende des Rats der ökonomischen Ratgeber von Präsident George W. Bush, Gregory Mankiw, schrieb eine 48-seitige Erwiderung, deren Kernbotschaft lautete: »Samuelson gibt Schützenhilfe für den Feind.« Es war interessant für mich zu sehen, dass er nicht sagte, es sei unwahr, was ich über die Globalisierung schrieb. Aber er war der Meinung, so etwas sagt man nicht. Ich denke, es ist besser für die Menschen zu wissen, was draußen vor sich geht.

Die herrschende Lehre in allen westlichen Staaten sagt, dass die Globalisierung allen gleichermaßen nützt, die sich an ihr beteiligen. Sie sagen: ein großer Irrtum.

Die Globalisierung bedeutet derzeit eine Win-Win-Situation für China. Sie nützt den armen Chinesen genauso wie den wohlhabenderen Chinesen. In den USA sieht das Bild sehr gemischt aus. Die hoch spezialisierten Experten unserer Volkswirtschaft profitieren, die untere Hälfte der Bevölkerung verliert. Es ist für den Westen eine Win-and-Lose-Situation entstanden.

Gerade die einfachen Leute haben Vorteile, weil sie billig einkaufen können, sagen viele Volkswirte. Noch nie waren Autos, Kinderspielzeug, Textilien, Computer und Urlaubsreisen so billig wie heute.

Besuchen Sie einen amerikanischen Supermarkt von Wal-Mart und Sie können die Widersprüchlichkeit der Globalisierung mit eigenen Augen besichtigen. Sie treffen dort arme Amerikaner, die billige Produkte kaufen. Die Leute wollen dadurch ihren Lebensstandard verbessern, aber gleichzeitig müssen sie fürchten, ihren Arbeitsplatz zu verlieren oder auf eine schlechter bezahlte Stelle zu wechseln. Es ist ein Irrtum zu glauben, die Globalisierung produziere nur Gewinner.

Ist die Globalisierung Ihrer Ansicht nach also ein Nullsummenspiel, bei dem der eine gewinnt, was der andere verliert?

Nein, nur der Krieg ist meistens ein Nullsummenspiel. Der Aufstieg Bismarcks im deutsch-französischen Krieg von 1870/71 bedeutete den Abstieg von Napoleon III. Die ökonomische Globalisierung nach dem Zweiten Weltkrieg nutzte Amerikanern und Europäern gleichermaßen. Der nachfolgenden Generation ging es besser als der Elterngeneration. Auch heute ist die Globalisierung kein Nullsummenspiel. Der Wohlstand der Welt steigt. Aber wenn wir genauer hinschauen, müssen wir erkennen: Nicht jeder profitiert von der Globalisierung. Sie nutzt, aber sie nutzt nicht allen. Wir haben viele Gruppen unserer Gesellschaft, die verlieren etwas, ohne in gleichem Umfang zu gewinnen. Die Frage, die sich für eine Nation stellt, lautet: Wie sind Gewinne und Verluste verteilt? Und die noch wichtigere Frage: Wiegen die einen die anderen auf?

Ihre Antwort?

Ich habe eine Berechnung angestellt und öffentlich vorgelegt, die den Beweis antritt, dass die Gewinne der Gewinner die Verluste der Verlierer im Westen derzeit nicht mehr ausgleichen. Die Globalisierungsbilanz für Länder wie Deutschland oder Amerika ist seit geraumer Zeit negativ. In Deutschland verlieren viele Millionen ihren Job. In Amerika verlieren Millionen zwar nur kurzfristig ihren Job, allerdings um anschließend eine schlechter bezahlte Tätigkeit aufzunehmen. Wir sind heute im Wettbewerb mit den Asiaten in einer Win-Lose-Situation, in der die einen gewinnen und die anderen unterm Strich verlieren.

Wer vor allem treibt diese Entwicklung voran?

Die Verbreitung von Wissen beseitigt einen Großteil der Vorteile, die der Westen besaß. Wenn China seine Produktivität durch eigenen Einfallsreichtum oder auch nur durch die Kopie unserer Produkte erhöht, kann das zu Wohlstandsverlusten bei uns führen. Wir verlieren einen Handelsvorteil, China gewinnt einen Handelsvorteil. Zumal das Wissen sich heute in jene Länder ausbreitet, die mit niedrigeren Löhnen arbeiten. Das wiederum verändert das Gleichgewicht auf unseren Arbeitsmärkten. Es ist derselbe Sachverhalt, als ob wir eine massenhafte Einwanderung billiger und gut ausgebildeter Arbeitskräfte zu verzeichnen hätten.

Wollen Sie damit sagen, dass die Globalisierung inzwischen damit begonnen hat, sich gegen den Westen zu richten?

Ich will sagen, der Prozess der Globalisierung verändert das

Kräfteverhältnis in jeder Phase unserer Geschichte. Es ist naiv zu glauben, es gehe immer allen Staaten besser. Es kommt immer wieder zu relativen Veränderungen und manchmal auch zu absoluten Verschlechterungen. Großbritannien hat sich nach dem Ersten Weltkrieg nicht mehr erholt. Die hegemoniale Stellung blieb verloren. Gemessen allein in ökonomischer Stärke überholte Amerika Großbritannien bereits um das Jahr 1900. 1946 war dann für Amerika der Zenit relativer Stärke erreicht: Fünf Prozent der Weltpopulation produzierten rund die Hälfte des Weltsozialprodukts. Natürlich war das nicht nachhaltig, weil diese relative Stärke Amerikas darauf beruhte, dass Europa und Japan daniederlagen.

Derweil China noch schlief.
Zehn Jahre später sah die Welt schon anders aus: Der Marshallplan zeigte Wirkung. Die Europäische Union begann zu arbeiten. Europa war unser China. Wir scherzten damals, dass es sich offenbar auszahlt, besiegt zu werden. Die bestfunktionierenden und am schnellsten sich entwickelnden Volkswirtschaften der Welt waren die von Deutschland, Italien und Japan. Vorher waren Ford, Chrysler und General Motors die absoluten Könige. Nun kamen Mercedes, BMW und Volvo, und wenig später folgten Toyota und Nissan. Was wir derzeit erleben, ist eine Wiederholung dessen, was wir bereits erlebt haben. Jeder kann das erkennen, wenn er nur die richtige Brille aufsetzt. Ich sehe ein wagnerianisches Leitmotiv in der Weltwirtschaft.

Sie betrachten die Weltgeschichte als eine Geschichte des schicksalhaften Werdens und Vergehens?
Gewinner und Verlierer wechseln einander ab, niemand ist nur auf eine Rolle abonniert. China war im Jahr 1000 wahrscheinlich das Land mit dem höchsten Lebensstandard. Danach wurden die Niederländer die Reichsten, wenn man das

Sozialprodukt pro Kopf zugrunde legt. Irgendwann folgten die Briten, bevor die Kinder der Briten, die nach Amerika ausgewandert waren, die Führung übernahmen.

Welche Bedeutung messen Sie dem Aufstieg Chinas bei, ökonomisch und politisch?

Was wir in Asien sehen, ist mit großer Wahrscheinlichkeit nicht das Ende, sondern der Beginn einer Entwicklung. China tritt mit seiner Bevölkerung von mehr als einer Milliarde Menschen an. Derzeit ist nur ein kleiner Teil von ihnen wettbewerbsfähig. Aber auch die anderen, die noch nicht Teil des Weltmarkts geworden sind, besitzen keine minderwertigere DNA und keinen geringeren Intelligenzquotienten als wir. Das Wissen verbreitet sich rasend schnell. Auch diese Menschen werden sich integrieren. China kann sich noch hundertmal die Nase stoßen und wird auch in 25 Jahren nicht den Pro-Kopf-Reichtum der USA erreicht haben. Aber als Volkswirtschaft wird das chinesische Sozialprodukt das amerikanische in nicht allzu ferner Zeit übersteigen. Das ist es, was zählt in der Geopolitik. Schreibt man die Entwicklung fort, wird China bald die beherrschende Volkswirtschaft der Welt sein. China ist schon heute ein 800 Pfund schwerer Gorilla, der mitten im Wohnzimmer steht.

Der Aufstieg Chinas, so er sich fortsetzt, wird ohne Zweifel eine Zäsur bedeuten. Was ist Ihrer Ansicht nach die einschneidendste Veränderung für das Leben im Westen?

Das sind ohne Zweifel die Veränderungen in unserer Arbeitsgesellschaft. Die Gewerkschaften, die großen Gegenspieler der 100-Prozent-Kapitalisten, sind dabei, aus unserem Leben zu verschwinden. Streiks sind eine seltene Erscheinung geworden. Jeder Erfolg der Gewerkschaften, zum Beispiel in der Autoindustrie, beschleunigt nur das Tempo, mit dem Menschen ihre Arbeitsplätze verlieren. Derzeit gelingt es ja kaum, die Firmen zur Einhaltung ihrer Pensionszusagen zu bewegen. Die von früheren Gewerkschaftsmitgliedern erzielten Erfolge werden jetzt wieder aufgehoben.

Würden Sie so weit gehen und von einem chinesischen Jahrhundert sprechen, das soeben erst begonnen hat?

Niemand kann das heute mit Gewissheit sagen. Die menschliche Natur ist nicht perfekt. Ein Land kann schnell drei Generationen von politischem Chaos erleben und alles erscheint in einem anderen Licht. Wenn Sie 1945 zu mir gekommen wären und hätten mich gefragt: Welcher Teil der Welt wird am schnellsten wachsen?, dann hätte ich ohne zu zögern Chile und Argentinien genannt. Beide Länder schienen mir damals reif zu sein.

Rund drei Milliarden neue Menschen sind in die Weltwirtschaft eingetreten, Chinesen, Inder, Osteuropäer. Wie verändert diese Erweiterung des weltweiten Arbeitskräftepotentials das Leben im Westen?

Die heutige Globalisierung bedeutet für uns zwei Dinge. Erstens wächst die Ungleichheit in den westlichen Gesellschaften. Zweitens geht die Verlässlichkeit der Biographien verloren. Früher war es doch so: Du hattest deinen Hochschulabschluss in der Tasche, von der Harvard-Universität, vom MIT, von irgendeinem lokalen College, und damit hast du einen guten Job bekommen. Wenn du sauber bliebst, war dein Erwerbsleben von steigendem Gehalt begleitet. Du verdientest mehr mit 50 als mit 40 Jahren, und am meisten bekamst du mit 60. Mit Erreichen des 65. Lebensjahrs überreichte dir deine Firma eine Uhr und du gingst samt deiner Pension in den Ruhestand. All dies ist Vergangenheit. Meine sechs Kinder können sich keinen Moment der Entspannung gönnen. Wir haben heute überall verängstigte Arbeitnehmer. Die Globalisierung hat einigen zusätzlichen Wohlstand gebracht, aber sie bringt uns ebenso zusätzliche Unsicherheit und Spannungen. Die Welt ist nervöser geworden. Was glauben Sie, was General Motors und Ford heute noch wert sind? Vielleicht besitzen sie gar keinen Wert mehr, wenn es den Konzernführern nicht gelingt, die Beschäftigten um ihre Pensionszusagen zu betrügen. Viele Ökonomen versuchen immer noch, die Widersprüchlichkeit der Globalisierung in ihrer Bedeutung herunterzuspielen.

Gegensteuern oder kapitulieren: Was kann eine Regierung tun?

Sie muss versuchen, durch Investitionen in Forschung und Entwicklung einen neuen Wissensvorsprung herauszuarbeiten. Und: Sie sollte versuchen, durch ihre Steuerpolitik die Nachteile der Globalisierung auszugleichen. Ich würde mir wünschen, dass sich die Politiker wieder stärker an die Ideen von Roosevelt und Kennedy erinnern. Beide Präsidenten versuchten die Ungleichheiten in der Gesellschaft zu mildern, nicht sie zu beseitigen. Eine Steuersenkung zugunsten der Reichen, wie sie Bush nun schon mehrfach durchgesetzt hat, bedeutet das Gegenteil. Sie ist unverantwortlich, weil sie die negativen Seiten der Globalisierung vergrößert. Der heutige Präsident verschärft die Spannungen, die Ungleichheiten und auch die Nervosität. Wenn mich Deutsche, Italiener oder Franzosen fragen, was zu tun ist, sage ich daher immer: Versucht es nicht mit dem amerikanischen Weg. Das ist ein Weg, auf dem vor allem eines steigt: Die Wut der Menschen.

Andererseits scheint die Konsumlust der Amerikaner ungebrochen und sie ist mittlerweile zu einer wichtigen Stütze der Weltwirtschaft geworden. Wie passt das zu Angst und Nervosität?

Wir sind eine Gesellschaft geworden, die kaum noch spart, eine Gesellschaft des Ich, Ich, Ich und des Jetzt. Die Arbeiter sollten sparen wie die Teufel, aber sie geben das Geld mit vollen Händen aus. Ohne die Kredite, die uns ärmere Länder einräumen, sähe hier vieles anders aus. Aber die Welt wird den amerikanischen Konsum nicht dauerhaft finanzieren. Sollten die Chinesen ihr Geld abziehen, werden die vermögenden Amerikaner dasselbe tun. Ich glaube, dass vor uns eine ziemliche Holperstrecke liegt. Glauben Sie mir: Amerika taugt heute nicht mehr zum Vorbild für andere. Schauen Sie lieber auf die europäischen Länder mit der geringsten Arbeitslosigkeit.

Sie sprechen von Skandinavien?

Schauen Sie auf Dänemark! Ich habe mir das Land genau angesehen, denn es weist einige interessante Besonderheiten auf. Es besitzt einen ordentlich ausgestatteten Wohlfahrtsstaat. Andererseits ist es jederzeit möglich, Menschen zu entlassen, auch mit Zustimmung der Gewerkschaften. Die Betroffenen bekommen dann für ein Jahr ihr Geld von der Arbeitslosenversicherung. Wenn sie danach keinen neuen Job haben, müssen sie eine Weiterbildung absolvieren. Wichtiger noch ist: sie sind verpflichtet, jeden Job anzunehmen, auch wenn dieser Job schlechter bezahlt ist als der frühere.

Das sei eine Spirale nach unten, sagen die Kritiker einer derartigen Arbeitsmarktpolitik.

Widerspruch. Das ist eine Spirale in Richtung Realität. Der Arbeitsmarkt bleibt funktionstüchtig und der Sozialstaat, der deutlich besser ausgestattet ist als der amerikanische, bleibt finanzierbar. Das ist ein Teil von dem, was man braucht, um zu überleben und zu wachsen.

Aber warum steht dann Amerika in nahezu allen Statistiken besser da als Europa?

Weil die Statistik in Geld rechnet. Die Europäer und insbesondere die Deutschen haben international viel an Boden verloren, weil sie ihren Reichtum in Freizeit verwandelten. Sie wissen, wovon ich spreche: 35-Stunden-Woche, sechs Wochen Jahresurlaub, kurze Lebensarbeitszeit. Bevor die deutsche Volkswirtschaft wieder an Fahrt gewinnen kann, müssen die Menschen ihre Einstellung zur Arbeit und zur Leistung ändern. Es ergibt keinen Sinn, überkommene Strukturen zu beschützen. Man befindet sich sehr schnell im stagnierenden Teil der Welt, derweil alles rundherum wächst. Viele Menschen in Deutschland werden sich an den Gedanken gewöhnen müssen, dass sie demnächst Jobs annehmen, die 30 Prozent schlechter bezahlt sind als ihre früheren.

Die politischen Folgen dessen, was Sie skizzieren, sind derzeit schwer abschätzbar. Wohlstandsvermehrung und Demokratie waren im Westen eng miteinander verbunden. Was halten Sie von einer Verlangsamung der Globalisierung, anstatt sie mit immer neuen politischen Initiativen stimulieren und damit beschleunigen zu wollen?

Ich glaube, dass man in jedem Fall versuchen sollte, den Prozess zu verlangsamen. Man kann ihn nicht stoppen und sollte es auch nicht tun. Damit tötet man nur die Gans, die die goldenen Eier legt. Aber eine Entschleunigung wäre sinnvoll.

Was würden die großen Ökonomen der Vergangenheit den heute Regierenden raten, Karl Marx zum Beispiel?

Ich halte Marx nicht für einen guten Ökonomen. Ich weiß, dass sein Bild hier im Institut an der Wand hängt, aber da hängen auch viele andere. Wir sind am MIT eben liberal. Aber Marx hat jeden pragmatischen Ratschlag vermieden. Er war voll von unverdientem Selbstvertrauen.

Was hätte uns Ihr ehemaliger Lehrer Joseph Schumpeter zu sagen?

Er starb 1950, und ich war der letzte Ökonom, der zehn Tage

vor seinem Tod mit ihm sprach. Er hätte die heutige Dynamik gemocht und diesen Ausbruch von Energie gelobt, auch deshalb, weil er gesagt hätte: Das steht im Einklang mit meinen Schriften. Schumpeter hat allerdings nie viel Zeit darauf verschwendet, sich mit Verlierern zu befassen. Und er hat nie realisiert, wie produktiv die gemischten Wirtschaftssysteme waren, in denen Privatwirtschaft und Staat ihre Rollen spielen.

Und Keynes?

Das ist wirklich schwer zu sagen, was Keynes uns heute raten würde. Er wechselte seine Meinung zu Lebzeiten in teils atemberaubender Geschwindigkeit. Aber soll ich ihm das vorwerfen? Es ist manchmal besser, seine Meinung zu ändern, als wie eine Stoppuhr herumzulaufen, deren Zeiger sich nicht mehr bewegen.

Was würden Sie selbst den Mächtigen zurufen?

Mein erster Rat lautet: Geht den mittleren Weg! Wir verfügen über keine Alternative zur Marktwirtschaft. Aber ohne politisches Korrektiv schafft der Markt kein Gleichgewicht, sondern eine sich vergrößernde Ungleichheit. Wir sollten uns immer bewusst sein: Der Markt besitzt kein Gehirn und kein Herz. Zweitens: Die Globalisierung in ihrer jetzigen Ausprägung und im jetzigen Tempo macht die Welt unsicherer und nervöser. Wir sollten versuchen, das Tempo zu drosseln und in unserem eigenen Interesse sanfter zu sein.

Bleib-so-Deutschland!
Anstelle eines Nachwortes

Es gibt derzeit in Deutschland eine Partei, die findet sich auf keinem Wahlzettel, sie sitzt in keinem Fernsehaufsichtsrat, und noch nie hat sie zu einer Versammlung geladen. Ihr Einfluss auf die politische Stimmung ist dennoch nicht zu unterschätzen.

Sie heißt »Bleib-so-Deutschland« und wehrt sich gegen Veränderungen aller Art. Schon Veränderungen im Denken lehnt sie ab, weil diese das Risiko bergen, dass einem Neu-Gedacht auch ein Neu-Gemacht folgen könnte.

Ihre Anhänger rekrutieren sich aus allen Alters- und Bevölkerungsschichten, leben in Dörfern wie in Städten, sie besitzen Professorentitel und bekleiden Ministerränge. Ihr wichtigstes Erkennungsmerkmal sind die trotzig über der Brust verschränkten Arme. Sollte man das ungeschriebene Programm dieser Formation charakterisieren, drängen sich einem Begriffe auf, die nur schwerlich als Kompliment zu verstehen sind. Die Anhänger dieser Partei sind beharrlich und nostalgisch, sie lieben die Bequemlichkeit, auch die geistige, sie sehnen sich nach einer Zukunft, die aussieht wie ihre Vergangenheit. »Wer morgen sicher leben will, muss heute für Reformen kämpfen«, der Schlachtruf der Willy-Brandt-Wahl von 1972, ist erkennbar nicht der ihre. Am liebsten würden sie ihre bisherigen Biografien als Biosphärenreservat staatlich schützen lassen.

Die »Bleib-so-Deutschland«-Partei ist die wahre Große Koalition unserer Tage, eine Allparteien-Formation, die angesichts der Stabilität ihrer Wertvorstellungen und der Beharrlichkeit ihrer Anhänger auch den nächsten Wahltag unbeschadet überstehen wird. Sie ist einflussreich, weil unsichtbar. Sie ist aggressiv, weil apathisch. Sie ist dominant, auch dank der unglaublichen Trägheit ihrer Anhänger.

Für all diejenigen, die in den anderen, den traditionellen Parteien für Veränderung streiten, sind sie eine asymmetrische Bedrohung. CDU und CSU verändern sich bereits unter dem Druck der unsichtbaren Macht. Der Reformmut der Konservativen schwindet. Der Volkspartei SPD, die mit der Agenda 2010 aus Sicht der Beharrlichen schwere Schuld auf sich geladen hat, könnten diese Kräfte sogar den Todesstoß verpassen.

Das hier vorliegende Buch hat die Mitglieder der »Bleib-so-Deutschland«-Partei bis aufs Blut gereizt, wofür man sie ausdrücklich loben sollte. Ihre Erregung ist ein Zeichen ihrer Vitalität. Immerhin haben die Anführer dieser deutschen Trägheitsbewegung registriert, dass diese Ausarbeitung, die nun auch als Taschenbuch vorliegt, vieles in Frage stellt, was sie für nicht verhandelbar hielten.

Der freie Welthandel nützt allen, die sich daran beteiligen, heißt es seit jeher. Dieses Buch bezweifelt das. Die Globalisierung ist ein großes Friedenswerk, weil die Nationen miteinander ökonomisch verflochten werden. Dieses Buch tritt die Gegenthese an. Unser Wohlstand wird am besten dadurch gesichert, dass der Staat sich zurückhält, heißt es allenthalben. Diesem Glaubensbekenntnis wird hier widersprochen. Die Globalisierung kennt nur Gewinner, glauben noch immer viele. Dieser Glaube wird hier zerstört.

Je ausdauernder dieses Buch seinen Platz in der Bestsellerliste verteidigte, desto energischer die Reaktionen. Zunächst versuchte die »Bleib-so-Deutschland«-Partei die Fakten zu relativieren, zum Beispiel den Aufstieg Chinas. Mit väterlicher

Strenge mahnte Wirtschaftsminister Michael Glos in der »Frankfurter Allgemeinen Zeitung« den Autor zur Mäßigung:

»Gabor Steingart hat dem ›Raubkatzenkapitalismus‹ den Krieg erklärt. Aufrufe zum Kreuzzug gegen die Globalisierung, sei es gegen ›Heuschrecken‹ oder gegen angebliche chinesische Billigexporte, finden hierzulande immer wieder große Resonanz. Ende der 60er Jahre gab es schon einmal eine Publikationsflut zur ›amerikanischen Herausforderung‹, die seinerzeit unüberwindbar erschien. Ende der 70er Jahre ließ die ›japanische Herausforderung‹ uns erzittern. Beide Male haben die Schwarzmaler unrecht behalten. Warum sollte es diesmal anders sein?«

Nun könnte man mit Fug und Recht darauf verweisen, dass ein kriegszerstörtes Japan in genau diesen Jahren der öffentlichen Erregung zum Überholmanöver ansetzte und sich schließlich als Industrieland Nummer zwei etablierte – vor Deutschland und hinter den USA. Man könnte anmerken, dass Amerika Weltgeschichte geschrieben hat und weiter schreibt. Die Antwort auf die »amerikanische Herausforderung« hieß nicht Nichtstun, sondern sie hieß Europa.

Ein ungebremster Aufstieg Chinas, das ist eine der Kernbotschaften des vorliegenden Buches, wird die Aufstiege dieser beiden Nationen in vielerlei Hinsicht übertreffen. Schon allein die Größe des Landes verleiht dem Vorgang seine Singularität: Chinas Bevölkerung ist zehnmal größer als die japanische und knapp viermal so groß wie die der USA. Und nicht zu vergessen: China ist politisch ein Rivale des Westens, nicht sein Partner. Niemand weiß heute, was von einer kommunistischen Weltmacht China wirklich zu erwarten ist.

Der Minister aber hofft, dass sich Geschichte wiederholt und China eine zweite Bundesrepublik wird: »Die ›Dumping-Länder‹ von heute sind die Wohlfahrtsstaaten von morgen«, sagt er. Die Marktwirtschaft lasse »in den von ihr eroberten Ländern« von allein ein Sozialsystem entstehen. Das klingt nach Francis Fukuyamas These vom »Ende der Geschichte«, dem Endsieg von Demokratie und Marktwirtschaft, verfasst in der Euphorie nach dem Scheitern des Sowjetkommunismus. Der Aufstieg der zahlreichen autoritären Staaten Asiens zerstörte diese Hoffnung, weshalb Fukuyama längst öffentlich widerrufen hat.

Glos wird das nicht tun. Er hat die Ehre des Wirtschaftsministeriums zu verteidigen. Dort wird gegen staatliche Zusammenarbeit polemisiert, und zwar von Anfang an. Schon die Römischen Verträge von 1957, die Gründungsurkunde des heutigen Europa, wurden im Wirtschaftsministerium bekämpft, weil dieser Staatenverbund bei den Ministerialen unter Protektionismusverdacht stand. Erst Adenauers »Integrationsbefehl« brachte den damaligen Amtsinhaber, Ludwig Erhard, zum Verstummen.

Die Freiheit der Wirtschaft rangiert im Wirtschaftsministerium vor allen anderen Freiheiten, auch der eines Ministers auf seine eigenen Meinung. Das Beruhigende im Falle Michael Glos: Der Mann ist persönlich keineswegs uneinsichtig, und da, wo seine Partei allein das Sagen hat, in Bayern, besitzt die pragmatische Handhabung hehrer Prinzipien eine lange Tradition. Bayern ist das China unter den Bundesländern. Die Ähnlichkeiten reichen von der Einparteienherrschaft bis zum erfolgreich praktizierten Modell eines starken Staates.

Unter allen Vorhaltungen, die die Kritiker dieses Buches dem Autor machten, ist ein Punkt immer wieder erstaunlich: Vehement wird eine freie Weltwirtschaft verteidigt, die es in der Wirklichkeit gar nicht gibt. Denn die asiatischen Angreiferstaaten gehören fast ausnahmslos zu einer Staatenformation, die sich dem Leitbild einer gemischten Ökonomie verschrieben haben. Indien und China besitzen Fünf-Jahres-Pläne, China weigert sich, seine Währung freizugeben, der Staat spielt in allen strategisch wichtigen Industrien die entscheidende Rolle, ausländische Investoren unterliegen überall in Asien strenger Kontrolle und besitzen nur limitierte Rechte, auf dem Arbeitsmarkt gibt es schon deshalb keine freie Preisbildung, weil freie Gewerkschaften fast überall verboten sind. Aber: Dieses merkwürdige Mischmodell funktioniert, zumindest für sie.

Das wiederum verwirrt den Westen mehr, als er sich eingestehen mag. Ganz offensichtlich ist es so, dass es bis heute keine Theorie gibt, die den Erfolg der Asiaten schlüssig erklären kann. Alle Großen der Wirtschaftswissenschaft – Karl Marx, John Stuart Mill, Adam Smith, David Ricardo, John Maynard Keynes, Alfred Müller-Armack, Milton Friedman – haben den Kapitalismus vor dem Eintritt Asiens in die Weltwirtschaft analysiert. Unsere heutige Wirtschaftswelt ist die am wenigsten untersuchte der Weltgeschichte.

In ihrer Not gibt ein Großteil der Professoren daher Glaubensbekenntnisse zum Besten. Die Marxisten bekennen sich zu Marx. Die Keynesianer bekennen sich zu Keynes. Und die derzeitige Hauptströmung der Wirtschaftswissenschaft klammert sich an die Erkenntnisse von Smith und Konsorten, was diese Urahnen zwangsläufig überfordern muss. Sie werden in den Zeugenstand gerufen für Vorgänge, die sie mit eigenen Augen nie gesehen haben.

So versuchen denn die Kritiker einen Mangel an Analyse durch eine Überdosis Pathos auszugleichen. Thomas Straubhaar, Chef des Hamburgischen Weltwirtschaftsinstituts (HWWI) und gewissermaßen der Chefökonom der »Bleib-so-Deutschland«-Bewegung, schreibt: »Der in der Tat beeindruckende, rasante Wiederaufstieg Chinas ist keine bedrohliche Kriegserklärung. Er ist eine stimulierende und neue Kräfte freisetzende Herausforderung für die Europäer, ebenfalls besser und schneller zu werden. Europa hat die besten Karten, wenn es sich auf seine historisch bewährten Trümpfe konzentriert.«

Bei so viel fröhlichem Optimismus wollte Horst Siebert, fast zwei Jahrzehnte lang Chef des Kieler Instituts für Weltwirtschaft, nicht abseits stehen. Der Aufstieg Chinas bedrohe nicht den Wohlstand des Westens, sondern steigere ihn, schrieb er in einer Buchkritik. Die Abstiegsängste des Westens seien unbegründet, der schrille Weckruf des Autors diene lediglich der Steigerung des Buchverkaufs: »Man nehme eine wilde Idee, mische Grusel, Bammel, Furcht und Panik, spitze alles auf den düsteren Krieg zu – und schon hat man einen Bestseller«, schreibt der Professor.

Doch so weit, wie er glauben machen will, liegen seine und die hier gezogenen Schlussfolgerungen nicht auseinander. Die Meinung sei verbreitet, schreibt Siebert, dass die Globalisierung die Ungleichheit in der Welt vergrößert habe. Diese Meinung sei falsch, denn der Wohlstand zwischen den Ländern habe sich angeglichen. Genau davon handelt dieses Buch. Nur dass der Angleichungsprozess hier als Aufholjagd beschrieben wird.

Auch über die ökonomische Wirkung des internationalen Handels herrscht weitgehend Einigkeit. Volkswirtschaften gewinnen durch Handel, sagt Siebert, um dieser Aussage allerdings einen entscheidenden Zweifel hinterherzuschieben: »Ob die Einkommensverteilung innerhalb von Volkswirtschaften ungleicher geworden ist, ist eine andere Frage.« Volkswirte hätten nie behauptet, führt er weiter aus, dass alle Gruppen der Gesellschaft aus dem Außenhandel Vorteile ziehen. Während etwa in China unqualifizierte Arbeitskräfte gewinnen, geraten sie bei uns unter Druck, sagt er.

Genau dieses »unter Druck geraten« beschreibt das vorliegende Buch. Es ist den Zweifeln gewidmet, nicht den Gewissheiten. Die weltweite Annäherung der Löhne scheint paradoxerweise im Innern der Nationalstaaten eine Lohndrift zu bewirken. Diese Entwicklung, die im Grunde eine Spaltung der westlichen Volkswirtschaften in Gewinner und Verlierer der Globalisierung bedeutet, birgt den politischen Sprengstoff. Ihn zu erkennen und zu entschärfen ist Ziel dieses Buches.

In Deutschland ist das Problem mittlerweile für jedermann offensichtlich geworden: Mit Gründung einer bundeseinheitlichen Linkspartei haben die Globalisierungs- und die Wendeverlierer sich ihre eigene Partei geschaffen. Sie erleben die neue Zeit schon seit Längerem als eine nicht enden wollende Abfolge von Abwertungen. Für sie gibt es von allem weniger als zuvor: weniger Lohn, weniger Rente, weniger Sicherheit, weniger Zukunftschancen, und weniger Wertschätzung seitens der Gesellschaft gibt es ebenfalls.

Auch Siebert gesteht zu, dass die Spannungen innerhalb der Staaten und zwischen ihnen im Zuge der Globalisierungsprozesse keineswegs verschwunden sind. Er kommt zu sehr ähnlichen Schlussfolgerungen, nur eben weniger deutlich. »Soll das Konfliktpotenzial in der Weltwirtschaft verringert werden, so sind multilaterale Regelmechanismen zu stärken«, sagt auch er.

Da aber enden die Gemeinsamkeiten, vor allem deswegen, weil Siebert den eigenen Gedanken nicht zu Ende denkt. Wie anders als durch Kooperation Gleichgesinnter sollen die »multinationalen Regelmechanismen« durchgesetzt werden? Was spricht dagegen, dass Amerika und Europa sich zusammentun, um innerhalb und außerhalb der Welthandelsorganisation für ihre Interessen einzutreten? Und kann nicht ein großer westlicher Binnenmarkt, der den Atlantik überwindet und damit den größten Wirtschaftsraum der Welt schafft, der amerikanisch-europäischen Freundschaft neue Impulse geben, die über das Ökonomische weit hinausreichen?

Viele reagierten entsetzt auf die Vision von einer »Nato der Weltökonomie«, wie Ulrich Schäfer in der »Süddeutschen Zeitung« die Idee prägnant zusammenfasste. So mancher Diskutant erwiderte die Zuspitzungen des Autors mit Zuspitzungen aus eigener Fertigung. So wurde eigens ein »Anti-Steingart« verfasst, der als »Leitfaden zur geistigen Selbstverteidigung gegen Kriegstreiber und Protektionisten« dienen soll. Auf den

Seiten des Internetbuchhändlers Amazon wird die 64-seitige Streitschrift als »Juwel der Freiheitsliteratur« beworben. Das Heftchen belege, heißt es dort, »wie sich auch Intellektuelle, die es besser wissen müssten (wie Steingart) und wohl auch besser wissen, mit Schielblick auf Machtelite und Zeitgeist zu Schranzen der Mainstream-Meinung machen«.

Da die Globalisierungsdebatte vom Widerspruch und nicht vom Konsens lebt, soll das Werk trotz heftiger Autorenbeschimpfung hier zur Lektüre empfohlen werden. Manches, was dort vorgebracht wird, ist bedenkenswert, anderes abwegig. Diese Streitschrift wurde mit heißem Herzen verfasst, was als Kompliment gemeint ist. Willkommen ist, was anregt und aufregt!

Die »Bleib-so-Deutschland«-Partei ist groß, aber nicht allmächtig. Es gibt namhafte Politiker, die verstanden haben, dass sich die neue Zeit mit den Rezepturen von gestern – Flexibilisierung, Deregulierung, schlanker Staat – nicht bewerkstelligen lässt, ohne dass im Umkehrschluss das Gegenteil davon richtig wäre. Denn Bürokratisierung, Regulierung und ein fetter Staat sind eben auch nicht die Antwort auf die anstehenden Probleme. Das macht ja gerade den intellektuellen Reiz der neuen Herausforderung aus, dass auf sie mit keiner der bisher bekannten Stereotypen geantwortet werden kann. Die Herausforderung ist atypisch, die erfolgversprechende Antwort muss sich dem unterwerfen.

Ausgerechnet eine konservative Bundeskanzlerin hat das früher erkannt als andere, was im Zuge dieser Nachbetrachtung nicht verschwiegen werden soll. Das World Economic Forum im Januar 2007 nutzte sie, um sich von den Denkfaulen auch in ihrer eigenen Partei abzusetzen. Sie sprach von der »geistigen Herausforderung«, mit der Globalisierung umzugehen: »Die alte Übersichtlichkeit für uns ist dahin.« Das Festhalten am »Altbewährten« reiche nicht mehr aus.

Europa allein, das im Gründungsjahr rund 21 Prozent der

Weltbevölkerung ausmachte, heute noch 11 Prozent und zur Mitte dieses Jahrhunderts noch sieben Prozent der Weltbevölkerung, sei gut beraten, sich mit anderen zusammenzutun: »Nur ein geschlossenes Auftreten der G8 kann dazu beitragen, die Schwellenländer überhaupt in die gemeinsame Verantwortung zu nehmen.« Europa und Amerika, so die Kanzlerin in Davos, müssten ihrer Ansicht nach so eng und so verbindlich zusammenarbeiten wie noch nie: »Binnenmarktähnliche Strukturen sollten unser Ziel sein.«

Eine von Merkel initiierte »Transatlantische Wirtschaftspartnerschaft«, die mittlerweile auch von der EU-Kommission und der US-Regierung getragen wird, hat ihre Arbeit aufgenommen. Es gibt einen von George W. Bush und EU-Kommissionspräsident José Manuel Barroso unterzeichneten Gründungsauftrag. EU-Kommissar Günter Verheugen leistet im Tagesgeschäft die Arbeit der Annäherung.

Die Wirtschaftspartnerschaft soll dem Gewichtsschwund der beiden westlichen Hemisphären durch die Bündelung ihrer Kräfte entgegenwirken – angestrebt werden einheitliche Bilanzierungsregeln und ein gemeinsames Patentrecht, das Ziel ist die Entwicklung gemeinsamer Standards bei den neuen Techniken, etwa der Bio- oder der Nanotechnologie, und auch die Zusammenarbeit von Zoll und Geheimdiensten zur Aufdeckung und Ahndung der systematischen chinesischen Produktpiraterie wurde verabredet. Für Merkel ist dieser Wirtschaftspakt Europas mit Amerika »von strategischer Bedeutung« – auch parteipolitisch.

Wem es gelinge, die noch zu Zeiten des Nationalstaates entwickelte Soziale Marktwirtschaft in das Zeitalter der Globalisierung zu übersetzen, sie »auf die dazu notwendige neue Stufe« zu heben, dem gehöre die Zukunft, glaubt Merkel. Für sie ist das eine Transformationsleistung, die eben beides bedeutet: im Innern Reformen und im Äußeren die Durchsetzung westlicher Wertvorstellungen. Die europäische Wirtschaftsordnung globalisierungsfest zu machen, das sei »der Kern des politischen Handelns im 21. Jahrhundert«, rief sie auf dem CDU-Parteitag im November 2006 in Dresden den Delegierten zu.

Die in Bedrängnis geratene SPD steht vor derselben Herausforderung. Regierungspolitiker sind schließlich nicht nur Interpreten der Zeitläufte, sondern auch deren Schöpfer. Reformen im Innern und der Kampf für die Durchsetzung eigener Wertvorstellungen in der Sozial-, Umwelt- und Technologiepolitik sind die zwei Seiten einer Medaille.

Auch führende Männer der Sozialdemokratie haben diesen Paradigmenwechsel von der nationalen Reformpolitik, die notwendig bleibt, zur Internationalisierung der Wirtschaftspolitik, die erst noch gelernt werden muss, verstanden. Das Engagement von Vizekanzler Franz Müntefering für einen Mindestlohn in Deutschland zielt in diese Richtung, weil es dem Entstehen einer europäischen Bewegung von Wanderarbeitern den Boden entziehen soll. Auch der Vorschlag von Umweltminister Sigmar Gabriel, große Umweltsünder wie China und Indien künftig mit einer »Bordertax«, einem europaweiten CO_2-Strafzoll, zu belegen, zeugen vom neuen Denken.

Gabriel würde nur zu gern die SPD, die sich mit der Agenda 2010 von der Umverteilungspartei zu einer Zumutungspartei gewandelt hat, wieder für ihre Stammwähler attraktiv machen. Das aber erfordert die klare Botschaft, dass die Kernprozesse der Globalisierung verstanden sind und nicht als Vorwurf gegen die eigenen Landsleute verwendet werden. Die SPD im Gabriel'schen Sinne wäre eine Partei, die das Aufstiegsversprechen an die Unter- und Mittelschicht erneuert. Eine Globalisierungspolitik, die die schutzbedürftigen Interessen dieser Menschen wirksam nach außen vertritt, gehört dazu. Denn der einzelne Unternehmer ist gegen Produktpiraten so wehrlos wie der Fabrikarbeiter gegen die Billiglöhner.

Ein Ordnungsrahmen für das internationale Wirtschaftssystem, der mehr als das Recht auf Gewinnerwirtschaftung garan-

tiert, ist die politische Aufgabe der heutigen Politikergeneration. Erst wenn Millionen von Menschen die Arme vor der Brust
lösen und ihre Gemütshaltung von ängstlich auf neugierig
umschalten, wird Deutschland sich verändern können.

Um die Große Koalition der Zweifelnden mit den Unwilli-
gen aufzulösen, ist ein großer politischer Brückenschlag
nötig. Was sich ändern muss, ist oft genug gesagt worden.
Jetzt müsste verbindlich erklärt werden: Was bleibt? Wo ist
die Demarkationslinie, an der fallende Löhne und
geschrumpfte Sozialstandards zum Stehen kommen? Und:
Was tun die gewählten Interessenvertreter, um diese Haltelinie
zu verteidigen?

Damit richtet sich das Augenmerk der Politik von ganz
allein auf jene aufstrebenden Staaten, die unsere Wertvorstellungen bewusst unterlaufen. An Themen, über die mit den
Befehlshabern der gelenkten Marktwirtschaften zu reden
wäre, herrscht kein Mangel: Vom milliardenteuren Ideenklau
über systematische Umweltzerstörung bis hin zu Kinderarbeit
und der offen zur Schau gestellten Unterdrückung freier
Gewerkschaften reicht die Liste dessen, was wir heute akzeptieren und in dieser Bedingungslosigkeit nicht akzeptieren
müssten. Der Westen, das ist die Kernbotschaft dieses Buches,
ist nicht so wehrlos, wie er sich fühlt. Möge die politische
Arbeit derer, die das erkannt haben, erfolgreich sein.

Washington D. C., im August 2007   Gabor Steingart

Literaturverzeichnis

Abele, Eberhard; Kluge, Jürgen; Näher, Ulrich (Hrsg.): *Handbuch Globale Produktion.* München/Wien: Carl Hanser Verlag, 2006

Alfred Herrhausen Gesellschaft für internationalen Dialog: *Wege aus der Ohnmacht. Regieren im Zeitalter der Globalisierung.* Frankfurt am Main: F.A.Z.-Institut für Management-, Markt- und Medieninformationen, 2004

Ali, Tariq: *Die Nehrus und die Gandhis. Eine indische Dynastie.* München: Heinrich Hugendubel Verlag, 2005

Altvater, Elmar; Mahnkopf, Birgit: *Grenzen der Globalisierung. Ökonomie, Ökologie und Politik in der Weltgesellschaft.* Münster: Verlag Westfälisches Dampfboot, 2004

Anderson, Sarah; Cavanagh, John; Lee, Thea and the Institute for Policy Studies: *Field Guide to the Global Economy.* New York: The New Press, 2005

Augstein, Franziska: Globalisierung – Rede vor dem Gründertreff der Wirtschaftsjunioren, Handelskammer Hamburg, 13. 4. 2004

Aust, Stefan; Schmidt-Klingenberg, Michael (Hrsg.): *Experiment Europa. Ein Kontinent macht Geschichte.* München/Stuttgart: Deutsche Verlags-Anstalt, 2003

Bach, Stefan; Bartholmai, Bernd: *Perspektiven der Vermögensbesteuerung in Deutschland. Endbericht.* Berlin: Deutsches Institut für Wirtschaftsforschung, 2002

Beck, Ulrich: *Was ist Globalisierung? Irrtümer des Globalismus – Antworten auf Globalisierung.* Frankfurt am Main: Suhrkamp Verlag, 1997

Beck, Ulrich; Sznaider, Natan; Winter, Rainer (Hrsg.): *Globales Amerika? Die kulturellen Folgen der Globalisierung.* Bielefeld: Transcript Verlag, 2003

Beck, Ulrich; Sznaider, Natan (Hrsg.): *Empire Amerika. Perspektiven einer neuen Weltordnung.* München: Deutsche Verlags-Anstalt, 2003

Bender, Peter: *Weltmacht Amerika – Das Neue Rom.* Stuttgart: Klett-Cotta, 2003

Blanchard, Olivier; Illing, Gerhard: *Makroökonomie.* München: Pearson Studium, 2004

Bonner, William; Wiggin, Addison: *Empire of Dept. The Rise of an Epic Financial Crisis.* Hoboken, New Jersey: John Wiley & Sons, 2006

Boockmann, Hartmut; Schilling, Heinz; Schulze, Hagen; Stürmer, Michael: *Mitten in Europa. Deutsche Geschichte.* Berlin: Siedler Verlag, 1984

Bootle, Roger: *Hoffnung auf Wohlstand. Chancen und Risiken der Weltwirtschaft.* Hamburg: Murmann Verlag, 2004

Brösse, Ulrich: *Industriepolitik.* München: R. Oldenbourg Verlag, 1996

Buchsteiner, Jochen: *Die Stunde der Asiaten. Wie Europa verdrängt wird.* Reinbek bei Hamburg: Rowohlt Verlag, 2005

Butschek, Felix: *Europa und die Industrielle Revolution.* Wien, Köln, Weimar: Böhlau Verlag, 2002

Chandler, Alfred D. Jr.: *Scale and Scope. The Dynamics of Industrial Capitalism.* Cambridge, Massachusetts; London: The Belknap Press of Harvard University Press, 1990

Dahrendorf, Ralf: *Der Wiederbeginn der Geschichte. Vom Fall der Mauer zum Krieg im Irak. Reden und Aufsätze.* München: C. H. Beck Verlag, 2004

Davis, Mike: *Die Geburt der Dritten Welt. Hungerkatastrophen und Massenvernichtung im imperialistischen Zeitalter.* Berlin: Assoziation a, 2004

Delacampagne, Christian: *Die Geschichte der Sklaverei.* Düsseldorf, Zürich: Artemis und Winkler Verlag, 2004

Deppe, Frank; Heidbrink, Stephan; Salomon, David; Schmalz, Stefan; Schoppengerd, Stefan; Solty, Ingar: *Der neue Imperialismus.* Heilbronn: Distel Verlag, 2004

Deutscher Bundestag (Hrsg.): *Schlussbericht der Enquete-Kommission. Globalisierung der Weltwirtschaft.* Opladen: Leske + Budrich, 2002

Diamond, Jared: *Arm und Reich. Die Schicksale menschlicher Gesellschaften.* Frankfurt am Main: Fischer Taschenbuch Verlag, 2000

Dippel, Horst: *Geschichte der USA.* München: C. H. Beck Verlag, 2003

Duché, Jean: *Vom Tauschhandel zur Weltwirtschaft.* Wien: Österreichischer Bundesverlag, 1969

Ederer, Günter; Franzen, Jürgen: *Der Sieg des himmlischen Kapitalismus. Wie der Aufstieg Chinas unsere Zukunft verändert.* Landsberg/Lech: Verlag Moderne Industrie, 1996

Ehrenreich, Barbara: *Arbeit poor. Unterwegs in der Dienstleistungsgesellschaft.* München: Verlag Antje Kunstmann, 2001

Ellwein, Thomas; Hesse, Joachim Jens: *Der überforderte Staat.* Frankfurt am Main: Suhrkamp Taschenbuch, 1997

Emmott, Bill: *Vision 20/21. Die Weltordnung des 21. Jahrhunderts.* Frankfurt am Main: Fischer Taschenbuch Verlag, 2003

Engels, Wolfram: *Der Kapitalismus und seine Krisen. Über Papiergeld und das Elend der Finanzmärkte.* Düsseldorf: Wirtschaftswoche, Verlagsgruppe Handelsblatt, 1996

Erling, Johnny: *China – Der große Sprung ins Ungewisse. Ein Report.* Freiburg im Breisgau: Verlag Herder, 2002

Erzberger, Matthias: *Reden zur Neuordnung des deutschen Finanzwesens vom Reichsminister der Finanzen.* Berlin: Verlag von Reimar Hobbing, 1919

Faßbender, Heino; Kluge, Jürgen: *Perspektive Deutschland. Was die Deutschen wirklich wollen.* Berlin: Econ/Ullstein Buchverlage, 2006

Faux, Jeff: *The global class war. How America's bipartisan elite lost our future – and what it will take to win it back.* New Jersey: John Wiley & Sons., 2006

Feldbauer, Peter; Hardach, Gerd; Melinz, Gerhard (Hrsg.): *Von der Weltwirtschaftskrise zur Globalisierungskrise (1929–1999). Wohin treibt die Peripherie?* Frankfurt am Main: Brandes und Apsel Verlag, 1999

Ferguson, Niall: *Das verleugnete Imperium. Chancen und Risiken amerikanischer Macht.* Berlin: Propyläen Verlag, 2004

Ferguson, Niall: *Economics, Religion and the Decline of Europe.* Oxford: Blackwell Publishing, 2004

Ferguson, Niall: Empire: *The Rise and Demise of the British World Order and the Lessons for Global Power.* New York: Basic Books, 2003

Ferguson, Niall: *Politik ohne Macht. Das fatale Vertrauen in die Wirtschaft.* Stuttgart/München: Deutsche Verlags-Anstalt, 2001

Ferguson, Niall: »Sinking Globalization«, in: *Foreign Affairs,* Volume 84. No. 2, 2005

Fischer, Joschka: *Die Rückkehr der Geschichte.* München: Droemer Knaur Verlag, 2006

Frankenfeld, Thomas: »Das neue Wettrüsten in Fernost«, in: *Hamburger Abendblatt,* 84/2005, S. 3

Frieden, Jeffrey A.: *Global Capitalism. Its Fall and Rise in the Twentieth Century.* New York: W. W. Norton & Company, 2006

Fröhlich, Michael: *Geschichte Großbritanniens. Von 1500 bis heute.* Darmstadt: Wissenschaftliche Buchgesellschaft, 2004

Fülberth, Georg: *G Strich – Kleine Geschichte des Kapitalismus.* Köln: Papyrossa Verlagsgesellschaft, 2005

Garten, Jeffrey E.: *Der kalte Frieden. Amerika, Japan und Deutschland im Wettstreit um die Hegemonie.* Frankfurt am Main: Fischer Taschenbuch Verlag, 1995

Gasteyger, Curt: »Globale Machtverschiebungen«, in: *ÖMZ,* 4/2005

Gersemann, Olaf: *Cowboy Capitalism. European Myths, American Reality.* Washington D. C.: Cato Institute, 2004

Gömmel, Rainer; Denzel, Markus A. (Hrsg.): *Weltwirtschaft und Wirtschafts-ordnung. Festschrift für Jürgen Schneider zum 65. Geburtstag.* Stuttgart: Steiner, 2002

Graf, Otto: *Imperium Britannicum. Vom Inselstaat zum Weltreich.* Leipzig: Wilhelm Goldmann Verlag, 1937

Gray, John: *Die falsche Verheißung. Der globale Kapitalismus und seine Folgen.* Frankfurt am Main: Fischer Taschenbuch Verlag, 2002

Greider, William: *The Soul of Capitalism. Opening Paths to a Moral Economy.* New York: Simon & Schuster Paperbacks, 2004

Guggisberg, Hans R.: *Geschichte der USA.* Stuttgart, Berlin, Köln, Mainz: Verlag W. Kohlhammer, 1988

Gurbaxani, Indira: *Industriepolitik in den Vereinigten Staaten. Diskussion und praktische Ausgestaltung.* Baden-Baden: Nomos Verlagsgesellschaft, 2000

Habermas, Jürgen: *Der gespaltene Westen.* Frankfurt am Main: Suhrkamp Verlag, 2004

Habermas, Jürgen: *Zeitdiagnosen. Zwölf Essays 1980–2001.* Frankfurt am Main: Suhrkamp Verlag, 2003

Haffner, Sebastian: *Die sieben Todsünden des Deutschen Reiches im Ersten Weltkrieg.* Bergisch Gladbach: Gustav Lübbe Verlag, 1981

Haffner, Sebastian: *Im Schatten der Geschichte. Historisch-politische Variationen aus zwanzig Jahren.* Stuttgart: Deutsche Verlags-Anstalt, 1985

Haffner, Sebastian: *Winston Churchill.* Reinbek bei Hamburg: Rowohlt Taschenbuch Verlag, 2002

Hanke, Thomas: *Der neue deutsche Kapitalismus. Republik im Wandel.* Frankfurt am Main: Campus Verlag, 2006

Harrison, Selig S.; Kreisberg, Paul H.; Kux, Dennis: *India and Pakistan: The First Fifty Years.* Cambridge: Cambridge University Press, 1999

Heideking, Jürgen (Hrsg.): *Die amerikanischen Präsidenten. 41 historische Portraits von George Washington bis Bill Clinton.* München: C. H. Beck Verlag, 1995

Heideking, Jürgen: *Geschichte der USA.* Tübingen und Basel: A. Francke-Verlag, 2003

Heitmann, Matthias: *Neue Weltordnung. Wissen 3000.* Hamburg: Europäische Verlagsanstalt/Sabine Groenewolt Verlage, 2004

Held, David; McGrew, Anthony: *Globalization/Anti-Globalization.* Cambridge: Polity Press, 2003

Hennicke, Peter; Müller, Michael: *Weltmacht Energie. Herausforderung für Demokratie und Wohlstand.* Stuttgart: S. Hirzel Verlag, 2005

Hentzen, Matthias Klaus: *US-amerikanische Exportkontrollen. Die Systematik ihrer gesetzlichen Grundlagen.* Heidelberg: Verlag Recht und Wirtschaft, 1988

Heymann, Eric: »Umweltsektor China. Von Großbaustelle zum Wachstumsmarkt«, in: Deutsche Bank Research, *Aktuelle Themen* 341, 2006

Heymann, Eric: »Containerschiff. Überkapazitäten trotz steigender Nachfrage programmiert«, in: Deutsche Bank Research, *Aktuelle Themen* 347, 2006

Hirn, Wolfgang: *Herausforderung China. Wie der chinesische Aufstieg unser Leben verändert.* Frankfurt am Main: S. Fischer Verlag, 2005

Hobsbawm, Eric J.: *Das imperiale Zeitalter. 1875–1914.* Frankfurt am Main: Fischer Taschenbuch Verlag, 2004

Höffe, Otfried: *Wirtschaftsbürger. Staatsbürger. Weltbürger. Politische Ethik im Zeitalter der Globalisierung.* München: C. H. Beck Verlag, 2004

Huntington, Samuel P.: *Kampf der Kulturen. Die Neugestaltung der Weltpolitik im 21. Jahrhundert.* Berlin: Siedler Verlag, 1998

Huntington, Samuel P.: *Who are we? Die Krise der amerikanischen Identität.* Hamburg: Europa Verlag, 2004

Hutton, Will; Giddens, Anthony (Hrsg.): *Die Zukunft des globalen Kapitalismus.* Frankfurt am Main: Campus Verlag, 2001

International Forum on Globalization: *Alternatives to economic globalization. A better world is possible.* San Francisco: Berret-Koehler Publishers, 2002

Ikenberry, G. John: »Illusions of Empire. Defining the New American Order«, in: *Foreign Affairs,* Volume 83 No. 2, 2004

Irwin, Douglas A.: *Free Trade under Fire.* New Jersey: Princeton University Press, 2005

Junker, Detlef: *Power and Mission. Was Amerika antreibt.* Freiburg im Breisgau: Verlag Herder, 2003

Kaesler, Dirk: *Max Weber. Schriften 1894–1922.* Stuttgart: Alfred Kröner Verlag, 2002

Kagan, Robert: *Macht und Ohnmacht. Amerika und Europa in der neuen Weltordnung.* Berlin: Siedler Verlag, 2003

Kahn-Strauss, Dominique: *Building A Political Europe. 50 Proposals for the Europe of Tomorrow.* Summary and Synthesis. 2004

Kaiser-Seeleib, Martin: *Globalisierung und Sozialpolitik. Ein Vergleich der Diskurse und Wohlfahrtssysteme in Deutschland, Japan und den USA.* Frankfurt am Main: Campus Verlag, 2001

Kaufmann, Franz-Xaver: *Varianten des Wohlfahrtsstaats. Der deutsche Sozialstaat im internationalen Vergleich.* Frankfurt am Main: Suhrkamp Verlag, 2003

Keegan, John: *Der Erste Weltkrieg. Eine europäische Tragödie.* Reinbek bei Hamburg: Kindler Verlag, 2000

Kempf, Gustav: *Chinas Außenpolitik: Wege einer widerwilligen Weltmacht.* München, Wien: Oldenbourg Verlag, 2002

Kennedy, Paul: *In Vorbereitung auf das 21. Jahrhundert.* Frankfurt am Main: S. Fischer Verlag, 1993

Kennedy, Paul: *Aufstieg und Fall der großen Mächte. Ökonomischer Wandel und militärischer Konflikt von 1500 bis 2000.* Frankfurt am Main: Fischer Taschenbuch Verlag, 2000

Kenwood, A. G.; Lougheed, A. L.: *The Growth of the International Economy 1820–2000. An introductory text.* London: Routledge, 1999

Kissinger, Henry: *Die Herausforderung Amerikas. Weltpolitik im 21. Jahrhundert.* München/Berlin: Propyläen Verlag, 2002

Krugman, Paul: *Der Mythos vom globalen Wirtschaftskrieg. Eine Abrechnung mit den Pop-Ökonomen.* Frankfurt am Main: Campus Verlag, 1999

Krugman, Paul: *The great untravelling. From boom to bust in three scandalous years.* London: Penguin Books, 2004

Kulke, Hermann; Rothermund, Dietmar: *Geschichte Indiens. Von der Induskultur bis heute.* München: C. H. Beck Verlag, 1998.

Kupchan, Charles: *Die Europäische Herausforderung. Vom Ende der Vorherrschaft Amerikas.* Berlin: Rowohlt Berlin Verlag, 2003

Lafontaine, Oskar; Müller Christa: *Keine Angst vor der Globalisierung. Wohlstand und Arbeit für alle.* Bonn: Verlag J. H. W. Dietz Nachf., 1998

Landes, David: *Wohlstand und Armut der Nationen. Warum die einen reich und die anderen arm sind.* Berlin: Siedler Verlag, 1999

Larsson, Tomas: *The race to the top. The real story of globalization.* Washington, D. C.: Cato Institute, 2001

Leggewie, Claus: *Die Globalisierung und ihre Gegner.* München: C. H. Beck Verlag, 2003

Lösche, Peter; von Loeffelholz, Hans Dietrich (Hrsg.): *Länderbericht USA. Geschichte, Politik, Wirtschaft, Gesellschaft, Kultur.* Frankfurt/New York: Campus Verlag, 2004

Loth, Wilfried: *Der Weg nach Europa: Geschichte der europäischen Integration.* Göttingen: Vandenhoeck und Ruprecht, 1996

Luttwak, Edward N.: *Weltwirtschaftskrieg. Export als Waffe – aus Partnern werden Gegner.* Reinbek bei Hamburg: Rowohlt Verlag, 1994

Lübbe, Hermann: *Abschied vom Superstaat. Vereinigte Staaten von Europa wird es nicht geben.* Berlin: Siedler Verlag, 1994

Mander, Jerry; Goldsmith, Edward (Hrsg.): *Schwarzbuch Globalisierung. Eine fatale Entwicklung mit vielen Verlierern und wenigen Gewinnern.* München: Riemann Verlag, 2002

Magaziner, Ira C.; Patinkin, Mark: *The silent war. Inside the global business battles shaping America's future.* New York: Random House, 1989

Mann, Michael: *Geschichte Indiens. Vom 18. bis zum 21. Jahrhundert.* Paderborn: Ferdinand Schöningh, 2005

Matussek, Matthias: *Wir Deutschen. Warum uns die anderen gern haben können.* Frankfurt am Main: S. Fischer Verlag, 2006

Mazower, Mark: *Der dunkle Kontinent. Europa im 20. Jahrhundert.* Frankfurt am Main: Fischer Taschenbuch Verlag, 2002

Menges, Ph. D.; Constantine, C.: China. *The gathering threat.* Nashville: Nelson Current, 2005

Misik, Robert: Mythos Weltmarkt. *Vom Elend des Neoliberalismus.* Berlin: Aufbau Taschenbuch Verlag, 1997

Mommsen, Wolfgang J.: *Vom Imperialismus bis zum Kalten Krieg. Das Zeitalter des Imperialismus.* Frankfurt am Main: Fischer Taschenbuch Verlag, 2003

Moynahan, Brian: *Das Jahrhundert Englands.* München: Wilhelm Goldmann Verlag, 2002

Mundorf, Hans: *Nur noch Markt, das ist zu wenig.* Hamburg: VSA-Verlag, 2006

Münkler, Herfried: *Imperien. Die Logik der Weltherrschaft – vom Alten Rom bis zu den Vereinigten Staaten.* Berlin: Rowohlt Verlag, 2005

National Research Council: *Monitoring International Labor Standards. Techniques and sources of information.* Washington, D. C.: The National Academies Press, 2004

Narasimha Rao, P. V.: *A long way.* Kottayam: D C Books, 2002

Neue Gesellschaft Frankfurter Hefte: *Kapitalismen.* Bonn: Verlag J. H. W. Dietz Nachf., 2006

North, Michael: *Deutsche Wirtschaftsgeschichte. Ein Jahrtausend im Überblick.* München: C. H. Beck Verlag, 2000

Oberender, Peter; Daumann, Frank: *Industriepolitik.* München: Verlag Franz Vahlen, 1995

Olson, Mancur: *Aufstieg und Niedergang von Nationen: ökonomisches Wachstum, Stagflation und soziale Starrheit.* Tübingen: Mohr Siebeck, 1991

Olson, Mancur: *Macht und Wohlstand: kommunistischen und kapitalistischen Diktaturen entwachsen.* Tübingen: Mohr Siebeck, 2002

Pilny, Karl: *Das asiatische Jahrhundert. China und Japan auf dem Weg zur neuen Weltmacht.* Frankfurt/Main: Campus Verlag, 2005

Plessner, Helmuth: *Die verspätete Nation. Über die politische Verfügbarkeit bürgerlichen Geistes.* Stuttgart, Berlin, Köln, Mainz: W. Kohlhammer Verlag/Suhrkamp Taschenbuch Verlag, 1974

Polanyi, Karl: *The Great Transformation. Politische und ökonomische Ursprünge von Gesellschaften und Wirtschaftssystemen.* Wien: Europa Verlag, 1977

Prestowitz, Clyde: *Three Billion New Capitalists. The Great Shift of Wealth and Power to the East.* New York: Basic Books, 2005

Prestowitz, Clyde: *Trading Places. How We Are Giving Our Future to Japan and How to Reclaim It.* New York: Basic Books, 1988

Reich, Robert B.: *The work of Nations. Preparing ourselves for 21st Century Capitalism.* New York: Vintage Books, 1992

Reich, Robert B.: *Die neue Weltwirtschaft. Das Ende der nationalen Ökonomie.* Frankfurt am Main: Fischer Verlag, 1997

Reinhard, Wolfgang: *Geschichte der Staatsgewalt. Eine vergleichende Verfassungsgeschichte Europas von den Anfängen bis zur Gegenwart.* München: C. H. Beck Verlag, 2002

Ricardo, David: *Über die Grundsätze der politischen Ökonomie und der Besteuerung.* Marburg: Metropolis-Verlag, 1994

Rivlin, Paul: *The Russian Economy and Arms Exports to the Middle East.* Tel Aviv: Jaffee Center for Strategic Studies, Tel Aviv University, 2005

Rothermund, Dietmar: *Krisenherd Kaschmir. Der Konflikt der Atommächte Indien und Pakistan.* München: C. H. Beck Verlag, 2002

Rothermund, Dietmar: *Geschichte Indiens. Vom Mittelalter bis zur Gegenwart.* München: C. H. Beck Verlag, 2002

Rürup, Bert: *Nachhaltige Sozialpolitik im alternden Deutschland.* Universität Tübingen, 2003

Rürup, Bert; Steger, Ulrich (Hrsg): *Arbeit 2000. Soziale, ökonomische und politische Trends für Unternehmen.* Frankfurt: Campus Verlag, 1992

Rürup, Bert: Koordination der Wirtschaftspolitik in Zeiten schnellen strukturellen Wandels, Berlin, Rede am 22. 2. 2006

Sachs, Jeffrey D.: *Das Ende der Armut. Ein ökonomisches Programm für eine gerechtere Welt.* München: Siedler Verlag, 2005

Safranski, Rüdiger: *Wie viel Globalisierung verträgt der Mensch?* Frankfurt am Main: Fischer Taschenbuch Verlag, 2004

Schaaf, Jürgen: »Outsourcing nach Indien: der Tiger auf dem Sprung.«, in: Deutsche Bank Research, *Aktuelle Themen* 335, 2005

Schafmeister, Klaus: *Entstehung und Entwicklung des Systems der politischen Ökonomie bei Friedrich List. Eine Rekonstruktionsanalyse seiner Beiträge zur wirtschaftlichen Entwicklung in Württemberg 1806–1823 und Pennsylvania 1806–1835.* St. Katharinen: Scripta Mercaturae Verlag, 1995

Schieder, Theodor: *Staatensystem als Vormacht der Welt. 1848–1918.* Berlin: Propyläen Verlag, 1999

Schirrmacher, Frank: *Minimum. Vom Vergehen und Neuentstehen unserer Gemeinschaft.* München: Blessing Verlag, 2006

Schneider, Wolf: *Große Verlierer. Von Goliath bis Gorbatschow.* Reinbek bei Hamburg: Rowohlt Verlag, 2004

Scholte, Jan Aart: *Globalization. A critical introduction.* New York: St. Martin's Press, Scholarly and Reference Division, 2000

Scholz, Rupert: *Deutschland – In guter Verfassung?* Heidelberg: C. F. Müller, Hüthig Jehle Rehm, 2004

Schui, Herbert; Paetow, Holger (Hrsg.): *Keynes heute. Festschrift für Harald Mattfeld zum 60. Geburtstag.* Hamburg: VSA-Verlag, 2003

Schulze, Hagen: *Staat und Nation in der europäischen Geschichte.* München: C. H. Beck Verlag, 2004

Schwanitz, Dietrich: *Die Geschichte Europas.* München: Wilhelm Goldmann Verlag, 2003

Schwarz, Hans-Peter: *Das Gesicht des Jahrhunderts. Monster, Retter und Mediokritäten.* Berlin: Siedler Verlag, 1998

Schwerin, Kerrin Gräfin von: *Indien.* München: C. H. Beck Verlag, 1996

Seifert, Thomas; Werner, Klaus: *Schwarzbuch Öl. Eine Geschichte von Gier, Krieg, Macht und Geld.* Wien: Deuticke im Paul Zsolnay Verlag, 2005

Seitz, Konrad: *China. Eine Weltmacht kehrt zurück.* Berlin: BvT Berliner Taschenbuch Verlag, 2000

Seitz, Michael J.: *Staatliche Industriepolitik. Begründungen, Instrumente und Probleme.* Baden-Baden: Nomos Verlagsgesellschaft, 2000

Semjonow, Juri: *Glanz und Elend des französischen Kolonialreiches.* Berlin: Deutscher Verlag, 1942

Siebert, Horst: *Außenwirtschaft.* Stuttgart: Lucius und Lucius Verlagsgesellschaft, 2000

Sieren, Frank: *Der China-Code. Wie das boomende Reich der Mitte Deutschland verändert.* Berlin: Econ Verlag, 2005

Simons, Jürgen: *Industriepolitik. Theorie, Praxis, politische Kommunikation.* Stuttgart: Schäffer-Poeschel Verlag, 1997

Sinn, Hans-Werner: *Die Basar-Ökonomie. Deutschland: Exportweltmeister oder Schlusslicht?* Berlin: Econ/Ullstein Buchverlage, 2005

Six, Clemens: *Hindu-Nationalismus und Globalisierung. Die zwei Gesichter Indiens: Symbole der Identität und des Anderen.* Frankfurt am Main: Brandes und Apsel Verlag, 2001

Sloterdijk, Peter: *Im Weltinnenraum des Kapitals. Für eine philosophische Theorie der Globalisierung.* Frankfurt am Main: Suhrkamp Verlag, 2005

Smith, Adam: *Untersuchung über Wesen und Ursachen des Reichtums der Völker.* Band I. Düsseldorf: Verlag Wirtschaft und Finanzen, Verlagsgruppe Handelsblatt, 1999

Smith, Adam: *Untersuchung über Wesen und Ursachen des Reichtums der Völker.* Band II. Düsseldorf: Verlag Wirtschaft und Finanzen, Verlagsgruppe Handelsblatt, 1999

Stapelfeldt, Gerhard: *Der Merkantilismus. Die Genese der Weltgesellschaft vom 16. bis zum 18. Jahrhundert.* Freiburg: Ca Ira Verlag, 2003

Stern, Herbert: *Presidential Economics. The making of economic policy from*

Roosevelt to Reagan and beyond. New York: A Touchstone book, Simon and Schuster, 1985

Stiglitz, Joseph: *Die Schatten der Globalisierung*. Berlin: Siedler Verlag, 2002

Stiglitz, Joseph: *Die Roaring Nineties. Der entzauberte Boom*. Berlin: Siedler Verlag, 2004

Strauss-Kahn, Dominique: Building a Political Europe, 50 Proposals for the Europe of Tomorrow. Report to the European Commission, April 2004

Thurow, Lester: *Die Zukunft der Weltwirtschaft*. Frankfurt am Main: Campus Verlag, 2004

Todd, Emanuel: *Weltmacht USA. Ein Nachruf*. München: Piper Verlag, 2003

Umbach, Frank: »Aufrüstung und neue Sicherheitskooperationen in Asien-Pazifik«, in: *Internationale Politik,* 9/2004

U.S. Trade Deficit Review Commission: *The U.S. Trade Deficit. Causes, Consequences and Recommendations for Action*. Washington, 2000

Verheugen, Günter: Europa in der Krise. *Für eine Neubegründung der europäischen Idee*. Köln: Verlag Kiepenheuer und Witsch, 2005

Walter, Norbert: »Asien 2005: Indian Summer«, in: Deutsche Bank Research, *Aktuelle Themen* 336, 2006

Walter, Norbert; Deutsch, Klaus-Günter (Hrsg.): *Mehr Wachstum für Deutschland. Die Reformagenda*. Frankfurt, Campus Verlag, 2004

Waltershausen, A. Sartorius von: *Die Entstehung der Weltwirtschaft*. Jena: Verlag Gustav Fischer, 1931

Wartenberg, Ludolf von; Haß, Hans-Joachim: *Investition in die Zukunft. Wie Deutschland den Anschluss an die globalisierte Welt findet*. Weinheim: Wiley-VCH Verlag, 2005

Wehler, Hans-Ulrich: *Nationalismus. Geschichte, Formen, Folgen*. München: C. H. Beck Verlag, 2004

Weizsäcker, Carl Christian von: *Logik der Globalisierung*. Göttingen: Vandenhoeck und Ruprecht, 1999

Went, Robert: Globalization. *Neoliberal challenge, radical responses*. London: Pluto Press, 2000

Willke, Gerhard: *John Maynard Keynes*. Frankfurt am Main: Campus Verlag, 2002

Willms, Johannes: *Napoleon. Eine Biographie*. München: C. H. Beck Verlag, 2005

Wissmann, Matthias: *Für eine starke transatlantische Wirtschaftspartnerschaft*. Berlin, 2006

Yew, Lee Kuan: *The Singapore Story*. Singapore: Times Edition Pte; 1998

Zukunftskommission der Friedrich-Ebert-Stiftung: *Wirtschaftliche Leistungsfähigkeit, sozialer Zusammenhalt, ökologische Nachhaltigkeit. Drei Ziele – ein Weg*. Bonn: Dietz, 1998

Danksagung

Was auch immer die Unzulänglichkeiten dieses Buches sind, sie wären zahlreicher ohne die Hilfe von Freunden, Kollegen und Experten. Ich danke sehr herzlich Professor Bert Rürup, der neben seiner Arbeit als Vorsitzender der Fünf Weisen die Zeit fand, dieses Buchprojekt zu begleiten. Seine Anmerkungen als Erstleser des Manuskripts waren überaus wertvoll. Für die aufwendige Recherche und die akribischen Dokumentationsarbeiten danke ich Bernd Musa, Rainer Lübbert und Holger Wilkop; ihr Widerspruchsgeist war hilfreich, ihr Detailwissen mehr als beeindruckend. Ohne die engagierten Diskussionen an der Harvard University und dem Massachusetts Institute of Technology sähe dieses Buch anders aus, weshalb ich insbesondere den Professoren Paul Samuelson, Dan Rodrick und Guido Goldman zu Dank verpflichtet bin. Zu danken habe ich auch dem Harvard-Absolventen und heutigen Statthalter der Bertelsmann-Stiftung in Brüssel Gregor Schmitz, der mich mit aktuellem Lesefutter aus den USA versorgte und mit mir zusammen das Samuelson-Interview führte. Ein besonderes Dankeschön gebührt dem Sprecher der Geschäftsführung der Alfred Herrhausen Gesellschaft Wolfgang Nowak und dem ehemaligen *Spiegel*-Kollegen Hans Halter, die das Buchprojekt über die vergangenen zwei Jahre mit reichlich eigenen Ideen, freundschaftlichem Zuspruch und – wo nötig – mit leidenschaftlicher Gegenrede beförderten. Zu danken ist Martin Brinker, der mit seinen kreativen Grafik-ideen nicht unwesentlich zum Gelingen beitrug; ich danke den Kollegen Konstantin von Hammerstein, Jan Fleischhauer und Armin Mahler, deren Kritik stets Ansporn war; meinem Lektor Ulrich Wank für die engagierte und kollegiale Zusammenarbeit, ebenso wie meinem Verleger Wolfgang Ferchl; Christophe Hocquet für seine über all die Jahre ungebremste Lust an der französisch-deutschen Debatte; Sandra Latz, Sandra Roderburg, Julia Groten, Brigitta Witt, Simone Miesner, Petra Beck, Kristina Wolf, Anuradha Sammaddar und Hannah Schiller für Fröhlichkeit und Fleiß beim Bearbeiten der Manuskriptseiten. Stefan Aust danke ich für Kritik und Unterstützung. Hilfreich und anregend waren auch die zahlreichen Gespräche mit Politikern, Spitzenbeamten, Botschaftern, Vertretern der Wirtschaft aus aller Herren Länder, die mir mit großer Offenheit ihre Sicht der Dinge schilderten. Nicht selten kontrastierte sie mit dem öffentlich ausgestellten Optimismus und der diplomatisch gebotenen Zurückhaltung gegenüber den neuen Rivalen. Den größten Gefallen, meinten daher nicht wenige, täte ich ihnen, wenn ich ihren Namen im Anonymen beließe, was ich hiermit tue.

SERIE PIPER

Günther Lachmann

Tödliche Toleranz

Die Muslime und unsere offene Gesellschaft. Mit dem Text »Muslimische Frauen, fordert eure Rechte ein!« von Ayaan Hirsi Ali. 304 Seiten. Serie Piper

Seit vierzig Jahren leben Muslime in Deutschland – warum wird die Kluft zwischen ihnen und den Deutschen immer größer? Warum führen so viele Spuren der islamistischen Terroristen ausgerechnet nach Deutschland? Und wie kommt es, dass muslimische Frauen hier im liberalen Westen immer noch unterdrückt werden? Lange Zeit wollte es niemand wahrhaben: Die Integration der Muslime in die westliche Welt ist gescheitert. Verantwortlich dafür sind sowohl die westliche Mehrheitsgesellschaft als auch die muslimische Minderheit. Günther Lachmann analysiert nicht nur, sondern zeigt auch Wege auf, wie statt Gleichgültigkeit und falsch verstandener Toleranz eine echte Integration und ein friedliches Miteinander entstehen können.

Ulrich Wickert

Die Zeichen unserer Zeit

Was ist aus Freiheit, Gleichheit, Brüderlichkeit geworden? Mit einem Portrait von Heribert Klein und Ulrich Wickert. Anworten im Fragebogen des F.A.Z.-Magazins. 160 Seiten. Serie Piper

Die moderne Gesellschaft beginnt mit der Französischen Revolution. Die damals aufgestellte Forderung nach Freiheit, Gleichheit und Brüderlichkeit hat seitdem den Kampf um die demokratische Ordnung tief geprägt – nicht nur in Deutschland und bei seinen Nachbarn im Süden, Westen und Norden, sondern auch in den Ländern des ehemaligen Ostblocks, die seit 2004 zur Europäischen Union gehören. Wie steht es bei uns um die Verwirklichung dieser Forderung? Warum fällt es so schwer, ihr im Alltag immer gerecht zu werden? Ulrich Wickert schildert in diesem Buch anhand vieler Beispiele Licht und Schatten von Freiheit, Gleichheit und Brüderlichkeit und erkennt darin »die Zeichen unserer Zeit«.

Hannah Arendt

Vor Antisemitismus ist man nur noch auf dem Monde sicher

Beiträge für die deutsch-jüdische Emigrantenzeitung »Aufbau« 1941–1945. 244 Seiten. Serie Piper

Spätestens durch ihre Berichterstattung vom Prozeß gegen Adolf Eichmann und ihr Buch »Eichmann in Jerusalem« wurde sie weltbekannt. Doch schon die junge Hannah Arendt war in ihrem politischen Denken und Handeln eine herausragende Persönlichkeit. Ihre Beiträge für den »Aufbau«, die in New York publizierte Zeitung des »German Jewish Club« für deutsche Emigranten, zeigen sie als wache Zeitzeugin und als engagierte Vertreterin des jüdischen Freiheitskampfes. Die Herausgeberin Marie Luise Knott hat die Texte ausführlich kommentiert und deren Bedeutung in ihrem Nachwort gewürdigt.

»Arendts Kommentare zum Zeitgeschehen sind voller Leidenschaft und Verstandesschärfe.«
Süddeutsche Zeitung

Andreas von Bülow

Die CIA und der 11. September

Internationaler Terror und die Rolle der Geheimdienste. 272 Seiten mit 15 Abbildungen. Serie Piper

Der Geheimdienstexperte und frühere Bundesminister Andreas von Bülow bezweifelt die offizielle Version zum Ablauf der Anschläge des 11. September 2001 vehement. Die Regierung Bush wußte nichts von der Terrorgefahr, konnte jedoch sofort die neunzehn Täter und mit Osama bin Laden und Saddam Hussein auch deren Hintermänner benennen. So viele Ungereimtheiten, ebenso viele Fragen, vor allem: Kann es sein, daß die Anschläge der Regierung gelegen kamen? Viele Spuren führen ins Netzwerk der Geheimdienste und vor allem zur CIA.

»Andreas von Bülow hat mit großem Detailwissen sämtliche Ungereimtheiten um den 11. September zusammengetragen. Ein intensiv recherchiertes Buch, das jede Menge Fragen offenläßt.«
Norddeutscher Rundfunk

SERIE PIPER

Ayaan Hirsi Ali

Ich klage an

Plädoyer für die Befreiung der muslimischen Frauen. Aus dem Niederländischen von Anna Berger und Jonathan Krämer. 224 Seiten. Serie Piper

Das Bild schockierte die Welt: Dem toten Filmregisseur Theo van Gogh hatte sein Mörder einen Drohbrief an die Brust geheftet, adressiert an Ayaan Hirsi Ali – eigentlich hätte sie sterben sollen. Ihr lebensgefährlicher Kampf gilt dem Schicksal der muslimischen Frauen, und sie ruft diese dazu auf, die Fesseln der unterdrückerischen Tradition abzustreifen, damit endlich sie selbst bestimmen können, wie sie leben wollen.

»Hirsi Alis Anklageschrift kann gar nicht hoch genug geschätzt werden. Denn sie kennt den Islam von innen, und sie nutzt die Meinungsfreiheit im Westen, der islamischen Kultur einen Spiegel vorzuhalten.«
Berner Zeitung

Inci Y.

Erstickt an euren Lügen

Eine Türkin in Deutschland erzählt. 304 Seiten. Serie Piper

Unter dem Pseudonym Inci Y. bricht eine Türkin das Schweigen der Frauen und erzählt stellvertretend für Hunderttausende ihr Leben: als Mädchen eingesperrt, als Frau gedemütigt, geprügelt, vergewaltigt. Von Liebe spricht keiner. Die einen hintergehen ihre Männer, die anderen sind stumme Dulderinnen. In Anatolien genauso wie im Land der Verheißung, in Deutschland.

»Inci Y. schildert ihre persönliche Geschichte so ergreifend und erschütternd ehrlich, daß der Leser einen intensiven Einblick in die Gesellschaft bekommt, in der die Autorin lebt.«
Nürnberger Zeitung

PIPER

Alan Weisman

Die Welt ohne uns

Reise über eine unbevölkerte Erde. Aus dem Englischen von
Hainer Kober. 384 Seiten. Gebunden

Angenommen, die Menschheit verschwindet von einem Tag
auf den anderen von unserem Planeten: Welche Spuren
hinterlassen wir auf der Erde? Alan Weisman beschreibt, wie
die Welt ohne uns der Auflösung anheimfällt, wie unsere
Rohrleitungen zu einem Gebirge reinsten Eisens korrodieren,
warum einige Bauwerke und Kirchen womöglich als letzte
Überreste von Menschenhand stehen bleiben, wie Ratten und
Schaben ohne uns zu kämpfen haben und dass Plastik und
Radiowellen unsere langlebigsten Geschenke an den Planeten
sein werden. Schon ein Jahr nach unserem Verschwinden
werden Millionen Vögel mehr leben, weil die Warnlichter unserer Flughäfen erloschen sind. In 20 Jahren werden die
großen Avenues in Manhattan zu Flüssen geworden sein. Unsere Häuser halten 50, vielleicht 100 Jahre. Großstädte in
der Nähe von Flussdeltas, wie Hamburg, werden in 300 Jahren fortgewaschen. Und nach 500 Jahren wächst Urwald
über unsere Stadtviertel.
Mehr dazu unter:
www.worldwithoutus.com

01/1656/01/R